INTELLECTUALS
知识分子

[英] 保罗 · 约翰逊 (Paul Johnson) – 著

杨正润 – 译

新 华 出 版 社

图书在版编目（CIP）数据

知识分子 /（英）保罗·约翰逊著；杨正润译. —北京：新华出版社，2020.11
书名原文：Intellectuals
ISBN 978-7-5166-5518-4

Ⅰ. ①知… Ⅱ. ①保… ②杨… Ⅲ. ①知识分子－研究－西方国家 Ⅳ. ①D561

中国版本图书馆CIP数据核字（2020）第236761号
著作权合同登记号：01-2020-6343

First published in Great Britain in 1988 by George Weidenfeld & Nicolson Limited.
This published in 1996 by Phoenix, an imprint of Orion Books Ltd, Orion House, 5 Upper St Martin's Lane, London WC2H 9EA Reissued 2005
3579108642

知识分子

作　　者：［英］保罗·约翰逊　　**译　　者**：杨正润

选题策划：巴别塔文化　　**责任编辑**：江文军　樊文睿
特约编辑：任志远　董　桃　　**责任校对**：刘保利
封面设计：今亮后声 HOPESOUND pankouyugu@163.com · 任晓宇

出版发行：新华出版社
地　　址：北京市石景山区京原路8号　　**邮　　编**：100040
网　　址：http：//www.xinhuapub.com
经　　销：新华书店、新华出版社天猫旗舰店、京东旗舰店及各大网店
购书热线：010－63077122　　**中国新闻书店购书热线**：010－63072012

照　　排：胡凤翼
印　　刷：北京长宁印刷有限公司天津分公司

成品尺寸：145mm×210mm　32开
印　　张：15　　**字　　数**：330千字
版　　次：2021年2月第一版　　**印　　次**：2021年2月第一次印刷
书　　号：ISBN　978-7-5166-5518-4
定　　价：68.00元

目录
CONTENTS

译者序

关于知识分子的一种思考

自20世纪80年代以来，世界上许多地方，包括美国、俄罗斯、西欧和东欧，一些学者在讨论一个问题：什么是“知识分子”？

问题的提出并非偶然。1789年法国大革命后的两百年，世界历史突飞猛进地发展，在其中发挥了巨大作用的，甚至具有决定意义的，是一种新的社会力量——世俗的（即非宗教的）知识分子。从18世纪起，知识分子在经济上取得了相对的独立，不再需要依赖恩主的庇荫和供养；在思想上摆脱了神权的束缚，开始意识到自身存在的力量，他们以强烈的使命感探讨人类的各种问题，为人类的未来设计了种种蓝图。他们的理想有的实现了，有的没有实现，但即使没有实现，也成为一种精神的财富。

毫无疑问，没有现代意义上的知识分子，就没有现代社会；可奇怪的是，我们看到知识分子的贡献常常被人忽视，社会对知识分子的总体评价，似乎并不很高，而对知识分子的调侃和讽刺，无论在中国还是在外国，都可以收集到一大堆妙言警句。在第二次世界大战中任盟军总司令、后来又当上第34任美国总统的艾森豪威尔就说过："我听到过一个关于知识分子的非常有趣的定义：一个人用比必要的词语更多的词语，来说出比他知道的东西更多的东西。"这位五星上将尽管说他是"借用"别人的话，对"文人"的鄙薄也不加掩饰。这也难怪，在一些西文中，"知识分子"一词本来就有"夸夸其谈的人""空谈家"这样的含义。至少在英语国家，不会有什么人作自我介绍的时候，说自己是一位"知识分子"；而那些贬低知识分子的人，从他们的经历和职业来看，许多也正是属于知识分子的范围，看来他们不愿意同知识分子"同流合污"。

在关于知识分子的讨论中，有人说，知识分子正在退化，知识不再是他们探索真理的武器，而是买卖的资本，他们失去了使命感，变成追名逐利的庸人。有人说，知识分子的天职是保持独立的人格，做社会的良心和监督者，而现实中知识分子为了个人的利益，大都投靠于政治集团或者商业集团，对既定的社会秩序丧失了批判的锋芒。

在这场讨论中，一位英国作家对知识分子做出了更消极的评价：人们越来越相信，作为导师，或是作为榜样，知识分子并不比古代的巫医或牧师更聪明、更值得尊重。我也具有这种怀疑。在街上随便找十来个人，他们对道德和政治问题所提出的观点，很可能至少同一个层面的知识分子一样合乎情理。但我还要再进一步说，在我们这个悲剧的世纪，千百万无辜的生命牺牲于改善全部人性的那些计划——最主要的教训之一是提防知识分子，不但要把他们同权力杠杆隔离开来，而且当他们试图集体提供劝告时，他们应当成为特别怀疑的对象。

对知识分子提出如此尖锐批评的是保罗·约翰逊（1928—）。约翰逊毕业于牛津大学麦格德林学院，此后一直担任《新政治家》的编辑（至少在我们中国人看来，他是一个典型的知识分子）。他著作极丰，有二十余种，大都是政治和历史作品，诸如《犹太人史》《现代》（江苏人民出版社2000年出版）、《英国人民史》等，其中最著名、争议也最多的就是他的《知识分子》一书。

《知识分子》涉及的人物中多数是中国读者十分熟悉并深深敬仰的西方思想家和作家，一些影响了历史进程的人物，如卢梭、雪莱、易卜生、托尔斯泰、海明威、布莱希特、罗素、萨特等人；其余的几位，一般中国读者不一定熟悉，但也是西方世界有影响的人物，比如英国出版家维克多·高兰茨、美国作家埃德蒙·威尔逊、剧作家莉莲·赫尔曼等。

这是一部很独特的作品，很难说它是哲学著作，还是历史著作或传记著作，实际上这些成分都兼而有之，约翰逊在追寻这批知识分子的足迹，不过他不是要记述他们的生平，或是评述他们的业绩、表彰他们的功勋，他有着另一种完全不同的目的。他清扫历史的尘埃，找来各式各样的参考资料，他全神贯注、小心翼翼地搜索每一个角落，不放过任何一个疑点，他充满怀疑的眼光把这些大人物重新检视一遍，特别是他们的私生活，看看他们是否配得上他们头上的光环。有人称约翰逊是一位“道德侦探”，确实如此。他的辛劳使他得到了他所需要的东西，他重新发现了这些知识分子个性中的弱点和他们所犯过的错误，他们生活中种种可恶、可耻、可笑、可悲的方面，他把这些已经被人们遗忘或淡忘的东西组合在一起，毫不留情地抖落给读者。

约翰逊认为，这些知识分子中的领袖人物通常宣称他们热爱人类，或许真的是如此，但是他们爱的是抽象的人，而不是现实生活中具体的人，他们可以为人类设想出种种美妙的图景，但在实际生活中，在同家人或朋友相处时，他们大都是极端的个人主义者和自我中心主义者。约翰逊所要证明的，正像我们中国人的一句老话："文人无行。"

卢梭是这些知识分子中的第一个。他自称生来是为了爱的，他是"人类的朋友"，可是他又最忘恩负义，他的养母兼情妇华伦夫人至少援救过他四次，他也一再表示对她的感激，但是到了华伦夫人落魄时，卢梭对她的求助却置之不理，听任她贫病而死；他自称"没有一个父亲会比我更加慈爱"，却把自己的五个亲生孩子送进育婴堂，此后就不再过问。雪莱的道德纯洁的说法，是他的第二任妻子玛丽编造出来的，实际上并非如此。他对宠爱他的父母十分粗暴，甚至可以诬蔑自己的母亲同妹妹的未婚夫通奸，还说母亲同意妹妹的这门婚事就是为了掩盖自己的丑行。布莱希特除了自己的名声，其他什么也不关心，他说："人们饿死关你什么事，一个人应该有所成就，应该使自己出名。"他两面三刀，周旋在两大敌对的阵营之间，终于从各个方面得到了他所需要的东西：奥地利的护照、东德的支持、西德的出版商、瑞士的银行户头。

托尔斯泰所以信奉"博爱"，是因为这可以在公众舞台上表演得更加喧嚣、更富戏剧性和轰动效果。其实，他是个"罕见的利己主义者"，他的日记充分而生动地反映出他的自私，他以为别人都是为他而存在的。他没有爱过一个具体的人，包括他的亲人。对自己的私生子，他从来没有承认过，也没有给予丝毫的关心。对临死的兄弟，他都不愿意去看一眼。他同自己的夫人索尼娅之间的争吵，“充塞着猜疑、怨恨、报复、狡诈、背叛、脾气暴躁、歇斯底里以及褊狭卑劣的行径”。他自认为是上帝，甚至是上帝的兄长，他希望创立一种新宗教来改造世界，“但无论从道德方面还是从智力方面来看，他都没有完成这些任务的资格”，结果是拖着他自己和他的家庭走进一片混乱的荒野。

这些知识分子在两性关系上大多谈不上什么道德，通常是把妇女当作满足性欲的工具，他们看中了妇女就不择手段地勾引，什么时候厌倦了，就一脚踢开，无论这可能给对方带来多少痛苦，他们都毫不在乎。雪莱不断找来一些年轻的妇女围着他，“总是以为对于性行为的通常准则，自己永远有一种豁免权”，实际上同他有关系的妇女，总是因他而遭遇灾难。萨特“一心想成为他所仰慕的女子芬芳的闺房里的中心人物”，在他的伴侣西蒙·德·波伏娃的帮助下，他勾引了好些十六七岁的女学生，他如同东方的君王，她们组成了他的“后宫”。以坦率诚实自命的罗素“不顾他的高龄，仍在追逐他遇到的每一个穿裙子的人”，而且什么手段都使得出来。布莱希特和海明威也都是利用他们名作家的地位，引诱众多的女性。

他们当中一些人爱慕虚荣，一些人对金钱特别贪婪，也有些人两者兼备。罗素把他的一笔笔收入都记载在一个小本子上，放在贴身口袋里，心绪不佳时就掏出来仔细翻阅，称之为最有益的消遣。赚钱和存钱是易卜生生活中一股强大的驱动力，他是个十足的市侩，他逢迎权贵，他最喜爱的是各种各样的奖章和勋章，一有机会就挂在身上，炫耀一番，并且乐此不疲。他回到挪威时，当年出身微贱的酒友去码头迎接他，他却躲进船舱，不肯相见。他把自己青年时代的不幸归咎于父母，同他们以及弟弟妹妹断绝了一切联系，当他十分富有以后，也不肯给他们任何帮助。他用5个克郎就打发掉他的私生子，还说："这对你来说是足够了。"

他们言行不一，嘴上说得很好，却不肯去实行，他们制定的原则是要别人去做的，对他们自己并不适用。他们特别善于说谎、伪装和欺骗，萨特、德·波伏娃、罗素、海明威、高兰茨是突出的典型，他们的回忆录是完全不可信的。但是这些知识分子的自我美化中最危险的地方，是他们用似乎是惊人的坦率和承认有罪来麻痹读者，比如托尔斯泰的日记，虽然好像是诚实的，但实际上它们隐瞒的比披露的要多得多。卢梭的《忏悔录》，正如狄德罗和其他认识他的人当时就已经察觉的，是精心设计的欺骗实验，一块坦率的装饰板掩盖了谎话连篇的泥坑。海明威也是说谎成性，他厚颜无耻地伪造自己在大战中的经历，无中生有地编造自己的性爱故事。布莱希特过着优裕的生活，但在一个号称无产阶级领导的国家里，他穿着工人的服装，每天花几个小时把灰尘弄到指甲里，以装成工人的样子。

这些知识分子还有一种对暴力的迷信。这是个十分矛盾的现象，一般来说，知识分子信奉理性，但是在一定的条件下，知识分子又最迷信暴力，他们理论上反对权力机关施行的有组织的暴力，但在实践中又不反对、甚至支持个人使用暴力。罗素是个著名的和平主义者，但第二次世界大战刚结束，他就主张赶在苏联造出原子弹之前发动一场"预防性战争"来消灭它。萨特也迷恋暴力，他是"20世纪60年代末起扰乱社会的恐怖活动的理论教父"，波尔布特和“红色高棉”的其他头目就是接受了萨特“必要的暴力”理论，结果造成了柬埔寨几百万人的死亡。

约翰逊对知识分子领袖人物的攻击非常集中和尖锐。1988年，《知识分子》在伦敦问世，此后立即在大西洋两岸引起了强烈的反响，在英国和美国一版再版，始终畅销不衰，各种媒体也纷纷予以评介。《伦敦书评》发表文章称它是“一本有说服力、也有趣的书；即使那些不喜欢它的人，也会从中得到乐趣”。《纽约邮报》认为“任何人一拿起这本书就难以再放下”。《纽约时报书评》俏皮地说：“约翰逊先生在那些伟大的思想家们所干的一切坏事中扬扬得意，书中扬扬得意的部分读来十分有趣。”

尽管《知识分子》写得很生动，一些材料是一般读者难得见到或不予注意的，但本书的缺点也是显而易见，个别资料方面的错误姑且不论，约翰逊评价人物的方法却是难以令人信服的。虽然他没有捏造事实，但是他只列举符合他需要的事实，并按照自己的目的解释这些事实，对书中的许多人物，特别是雪莱、托尔斯泰等最重要的人物，我们也可以举出同他的例证完全相反的东西。

约翰逊列举的主要是这些知识分子私人生活中所犯的错误和他们的弱点，却很少谈到他们对社会的贡献。他们是一些思想家、作家、诗人，约翰逊对他们在思想史和文学史上的地位却很少涉及，这未免有舍本逐末之嫌。评价卢梭、萨特和罗素，不研究他们的著作和他们所创造的新概念、新理论在哲学史上的意义；说到雪莱、托尔斯泰、海明威、布莱希特，无视他们是自己时代文学中最杰出的代表。这就让人感觉到如同在讨论《哈姆雷特》的时候，撇开了那位丹麦王子。这些知识分子的作品都很多，经历一般都非常丰富，性格也常常相当复杂，对他们必须进行深入、细致的研究，才能做出全面的评价，约翰逊所做的结论显然是过于简单化了，这些人物涉及的领域是如此广泛，恐怕他也不具备进行深入研究的各种专业知识。

而且，从18世纪以来，对现代社会产生重大影响的西方知识分子还有很多，比如大诗人歌德、主张进化论的达尔文、提出相对论原理的爱因斯坦、提出无意识理论的弗洛伊德等，都是第一流的、具有世界意义的人物。此外，二百多年来，欧美还有一大批知识分子，比如俄国的陀思妥耶夫斯基、德国的尼采、法国的柏格森、英国的T.S.艾略特、美国的福克纳等，他们的影响未见得就比约翰逊所评述的那些人小。约翰逊却没有论析他们，他仅仅根据不足二十个人物的经历和性格，就得出关于知识分子的总的结论，否定知识分子对社会进步的特殊贡献，就更不公平、不科学，难以使人信服。

不过，约翰逊的这本书也有其价值。《知识分子》的广大读者并不都是出于猎奇的目的，通过阅读本书，还是可以从中得到某些教益，约翰逊为我们认识和评价知识分子提供了一个新的视角。

不能不承认，约翰逊击中了知识分子致命的一种弱点：脱离实际。罗素喜欢喝茶而不会煮茶，妻子外出时，把煮茶的程序一条条写在纸上，放在厨房里，让他依照着操作，可是这位大哲学家，还是把一切搞得一团糟。这类事情在知识分子中是司空见惯的，大人物有这样的小故事也无伤大雅，人们听了感到好笑，并不以为奇。约翰逊对此却有更深一层的思考，他发现，某些大知识分子不光是在日常小事上，而且在重大的社会问题上，也可能脱离实际，但又不容易被人们发觉。他们是思想领域的探索者，他们的思维方式常常以自我为中心，把自己的思想成果绝对化，自以为是真理的发现者而一意孤行，而且他们是公众的精神领袖，他们的弱点会影响到社会，被人们所盲从。这将带来严重的后果，甚至是空前的灾难。因此约翰逊在《知识分子》一书中发出了“警惕乌托邦”的呼吁。

历史正是如此。因为人类总是不满于现实，知识分子的那种如彩虹一般绚丽迷目的幻想常常可以得到大批信徒，众多的追随者心甘情愿地为之献出一切。早在希腊时代，哲学家柏拉图就写了一部《理想国》。柏拉图对自己不中意的人物，比如诗人，就要把他们驱逐走，不过他还准许诗人们做出答辩。此后，基督教的早期博士们在《圣经》的基础上又吸收了柏拉图的某些思想，建立了基督教的乌托邦——“天堂”。掌握了世俗权力的基督教会为了实现这种乌托邦（当然也包含了各种实际的政治和经济利益），所采取的手段远远超出了柏拉图。他们使用了铁与火，双手带上了浓烈的血腥味，其中包括对异端的残酷迫害和十字军的七次远征。天堂离人们毕竟过于遥远，15世纪，英国哲学家托马斯·莫尔在他的《乌托邦》中设计了一个尘世的理想国，此后各种此岸世界的乌托邦就接踵而来，层出不穷，这些都是知识分子的杰作。他们以为自己的信仰是人类唯一正确的选择，谁不接受，谁就是傻瓜或反动派；目标既然如此伟大，当然也就可以采取一切手段，至于所付出的代价，那只不过是无足轻重、必不可少的牺牲。

比如，高兰茨和赫尔曼，不惜故意歪曲事实，拼命掩盖20世纪30年代苏联发生的恐怖主义大清洗。乌托邦主义一旦与权力相结合，会让人类付出更惨重的代价。我们应当思考约翰逊在本书中最后的结论：“任何时候我们必须首先记住知识分子惯常忘记的东西：人比概念更重要，人必须处于第一位，一切专制主义中最坏的就是残酷的思想专制。”

对历史人物的评价历来是个难题，中国历来有所谓“公德”和“私德”、“大节”和“小节”之说，许多人看重的是“公德”和“大节”，对大人物就更是如此，“私德”和“小节”对他们似乎并不重要。约翰逊所揭露的大体都属于“私德”之类，其实在许多地方两者是很难区分的。约翰逊认为：“知识分子领袖人物的私人生活同他们的公开形象是不能分开的，一个可以帮助解释另一个。私人的罪恶或弱点几乎总是反映到他在世界舞台上的行为中。”约翰逊的这一观点已为无数事实所证明。世界上固然没有完人，但私德极糟的人真的会有什么“公德”、会“大节无亏”吗？在这个全世界都在呼吁重建道德的时代里，我们的道德标准应当是两者的统一。《知识分子》的一位美国读者说得好：“我们有着太多的道德相对主义，这是20世纪真正的宗教，它导致在各种各样的乌托邦中尸积如山。”一个人如果真的是在为国家、为民族，以至为人类着想，就应当多考虑一些实际的、具体的问题，我们最好也听其言、观其行，首先看看他是否爱他周围的人，对朋友、对家人是否诚实和忠诚。

英雄崇拜是人类的一种本能。英雄固然可以为人们树立榜样，给人们以鼓舞和激励，但是盲目的英雄崇拜却会给人类带来灾难。希特勒曾被德国人奉为民族的英雄和救星，但他被德国人捧上台以后，却给德意志民族，也给全世界带来空前的祸害，类似的例子我们还可以举出许多。谁又能保证人们现在或将来崇拜的人物当中，没有当年的希特勒？当然，英雄身上有着崇拜者的投影，偶像是自我的一种寄托、一种希望，所以偶像的幻灭总是一件令人痛苦的事。有时人们宁愿闭起眼睛，无视事实，也不愿让泥足的巨人坍塌，这就是约翰逊所说的："正如意大利南方的农民，他们所喜爱的圣徒被揭露只是虚构的人物，并没有存在过，但过了很久，他们还是继续去贡献祭品和进行祈祷。"约翰逊认为，人类有一种"拒绝接受他所不愿承认的证据"的嗜好；果真如此，揭露并不存在的圣徒，或是还人物以本来的面目，匡正一种未必有益的嗜好，也是人类的进步所需要的，从这一点看，约翰逊的《知识分子》也有其价值。

南京大学教授　杨正润

1

卢梭："有趣的疯子"

过去两百多年中，知识分子的影响力稳步增长。在现代社会形成的进程中，世俗知识分子地位的上升在其中扮演着关键的角色。回顾漫长的历史，在许多领域内，这都是一个新的现象。诚然，"知识分子"开始是指教士、书记员，还有占卜者。从那时起，他们就宣称自己在指导着社会。但不管怎样，他们都是宗教文化的卫道士，所以无论他们是天真质朴，还是老于世故，他们对于道德及意识形态方面的革新，都必然受制于外部权威确定的准则和既定的传统。他们不是也不可能具有自由的精神，成为思想的探险家。

随着教权的没落，18 世纪出现了一类新型的导师来填补空缺，引起社会的注意。这些世俗知识分子可能是自然神论者、怀疑论者或无神论者。他们像任何一位主教或长老一样，随时准备着告诉人类如何处理各类事务。从一开始，他们就宣称要致力于为人类谋利，有责任宣讲福音，通过他们的教诲引导人类前进。对这一自封的任务，他们比他们的神职前辈们表现出更激进的态度。他们认为自己与那些自称得到神示的宗教毫无瓜葛。对于过去集体创造的智慧结晶、传统的遗产以及先辈经验形成的既定法规，是有选择地信从，或是全盘否定，都取决于他们自认为良好的感觉。伴随着不断增长的自信和勇气，人类历史上第一次有人宣称，他们可以诊断社会的弊病，而且能用独立的智慧来加以治疗：甚至于他们凭此不仅能够设想出社会结构的模式，并且认为可以把人类的基本习俗改造得更好。与他们的僧侣前辈不同，他们不再是诸神的仆人和阐释者，而是神的取代者。他们的英雄是普罗米修斯，是他盗取了天火，并带到了人间。

这批新的世俗知识分子最鲜明的特征之一，是他们的一种爱好：对宗教及其主要人物进行批判性的考察。这些伟大的信仰体系，在多大程度上有益于或是有害于人性？在多大程度上，这些教皇和牧师实践了他们关于纯洁和真理、关于博爱和仁慈的戒律？无论是对教会还是对教士，他们的评价都是尖刻的。到现在，两百多年过去了，在此期间，宗教的影响继续衰落，世俗知识分子在我们观念和制度的形成方面扮演着越来越重要的角色。现在是考察他们的档案的时候了，这不仅包括他们公开的，也包括私人的方面。我特别看重这类证据：知识分子告诉人们该如何行事时，他的道德和判断力的可信程度。他们在生活中是如何管理自己的？他们对自己的家庭、朋友和同伴，表现出了几分忠诚？他们在处理性和金钱问题时，是否公正？他们所说的、所写的，都是真实的吗？他们自己的体系是如何面对时间和实践的考验的？

让我们从让－雅克·卢梭（1712—1778）开始探究吧。他是现代知识分子的第一人，是他们的原型，在许多方面是他们中最有影响力的。年长些的人物，如伏尔泰，已经着手摧毁祭坛和给理性加冕。卢梭却第一个结合了所有现代普罗米修斯的显著特点：宣称他有权全盘拒绝现存秩序，有信心以自己的能力按照自己所构想的原理彻底重建新秩序，相信这可以通过政治程序来实现。还有，并非最不重要的是，他认识到本能、直觉和冲动在人类行为方面的巨大作用。他相信他对人类有一种无与伦比的爱，并富有超卓的天分和领悟力来增加人类的福祉。在卢梭的时代以及之后的岁月里，无数人根据他对自己的评价去认识他。

无论从长期还是短期来说，他的影响都是巨大的。在他去世后的那一代人中，他的影响力达到了神话般的地步。虽然他死于1789年法国大革命前的10年，可是许多同代人认为，这场革命以至欧洲旧秩序的推翻都应归结于他，路易十四和拿破仑也持有这样的观点。爱德蒙·伯克[①]谈到大革命中的杰出人物时说："在他们的领袖中有一场激烈的争论，他们之中到底谁与卢梭最相似？……卢梭便是他们标准的完美人物。"正如罗伯斯比尔说的："卢梭通过高尚的灵魂和高贵的人格表明他作为人类导师的价值。"在大革命期间，国民议会投票决定把卢梭的遗骸迁葬于先贤祠。在仪式上，主持者宣称："我们在道德、风俗、法律、情感和习惯方面有益于健康的改善应归功于卢梭。"

然而，在一个更深的层次上，在一段更长的时间中，卢梭改变了文明人的一些基本看法，更换了人类思想的内容。卢梭的影响戏剧性地延续了很长时间，可以归纳为五个主要方面。

---

① 爱德蒙·伯克（1729—1797），英国辉格党政论家，法国大革命的反对者。

首先，我们所有的现代教育思想在一定程度上都受到卢梭学说的影响，尤其是他的作品《爱弥儿》(1762)。他推广并在一定程度上开创了对自然的崇拜，对野外生活的兴趣，对清新、自然、富有生机和天然而生的事物的探索。他开始了对城市生活的腐败性的批判，他对文明进行了鉴定，对其虚假打上烙印。他首倡冷水浴、系统的锻炼、塑造个性的体育运动、周末的乡居。

其次，与他重新估价自然相联系，卢梭教导人们对实利主义者文化的缓慢进展所导致的逐渐累进的变革表示怀疑。就这个意义上来说，他拒绝启蒙主义，尽管他也是其中的一个部分，他寻找更加激进的解决方式。他坚持认为，“理性”作为治疗社会弊端的方法，其本身就存在严重的局限性。然而这并不意味着人类的心灵不能适应必要的变化，因为它是被隐藏着的、未被发掘的诗意的洞察力和直觉的资源，必须用它来裁决理性否弃一切的指令。循着这种思想线索，卢梭写下了《忏悔录》。这部作品完成于1770年，不过在他去世后才出版。

再次，卢梭为浪漫主义运动和后世的自省文学开了个头，他把文艺复兴的主要成就——人的发现，进一步领入一个巨大的舞台。他深入自我的内部并把它表现出来给公众检查。这是第一次向读者展现一颗心灵的内部，也是现代文学的一个特色，尽管他的描述具有欺骗性，被展示的这颗心带有误导性，表面坦率，内里却充满狡诈。

卢梭所推行的第四个观念在某些方面是他所有观念中影响最深远的。社会从它的自然原始状态演化到复杂的城市，他认为这时人类腐化了：他天生的自私（卢梭称之为 amour de soi，即自爱）转变成一种伤害性要大得多的本能，他称之为amour-propre，即虚荣。其中包含自负和自尊，每个人都用别人对自己的看法评价自己，因而企图让别人对他的金钱、力量、智慧和优秀的品德留下深刻的印象。他天生的自私心变得好胜和贪婪，于是他疏远他人，把别人视为对手而不是兄弟，从而使别人与自己疏远。[①]疏远导致人们的心理病态，其特征是外表和真相之间悲剧性的分离。正如卢梭所看到的，竞争的罪恶摧毁了人类与生俱来的公有观念，并激发了人类所有最邪恶的品质，包括剥削他人的欲望。这使卢梭不信任私有财产，他把私有财产作为社会犯罪的根源。

他的第五个革新，是在工业革命前夕，发展了批评资本主义的成分。在剧本《纳尔西斯》的序言以及那篇《论人类不平等的起源和基础》的论文中，他都把财产和竞争作为疏远的首要原因。这是一个思想的矿床，马克思和其他人都在此开采，包括卢梭有关文化进化的思想。在卢梭看来，"自然"是指"原始"或前文化。所有的文化都带来问题，因为文化是人与他人的联系，导致恶的倾向：在《爱弥儿》中所指出的"人的呼吸对他的同伴来说就是致命的"。因此，人们生活于其中的文化，其本身是一个发展的、人造的结构，它支配着人的行为，你能够通过改变其文化和竞争的力量来改善，更确切地说是彻底改造人的行为——就是说，凭借社会工程。

这些观点涵盖内容之广泛，几乎自身就可以组成一部现代思想的百科全书。当然并不是所有的思想都发源于卢梭，他的阅读面很广：笛卡尔、拉伯雷、帕斯卡、莱布尼兹、培尔、封坦奈尔、高乃

① 疏远，也可译为"异化"。

依、彼特拉克、塔索等人。他特别专注于洛克和蒙田。斯塔尔夫人相信卢梭拥有“人所蒙赐的最卓绝的才能”，她说：“他什么都没有发明。”但又接着说：“他把一切都注入激情的火焰。”卢梭的文风简洁、直率、强劲有力，更确切地说是热情洋溢，这使得他的观点显得如此生动、清新，使男男女女在震惊中得到启示。

那么这位具有非凡道德和智慧力量的药剂师究竟是什么样的人物？他又是如何得到这一切的？卢梭是瑞士人，1712 年生于日内瓦，成长在一个加尔文派教徒的家庭。他的父亲伊萨克是一个钟表匠，生意并不兴隆，是个招惹是非的人，常常卷入暴力和骚乱。他的母亲苏珊娜・蓓纳出身于一个富裕的家庭，生下卢梭后不久死于产褥热。父母双方都不是出身于那些联系紧密的家族，那些家族形成日内瓦的寡头统治，并组成了“二百人议会”和“二十五人核心议会”。但是卢梭父母两家都享有完全的表决权和合法的特权，卢梭也一向很清楚自己优越的身份。从权益出发（而不是通过智力），他天生就是一个保守主义者，他终身鄙视没有表决权的民众。此外，这个家庭经济上也很殷实。

卢梭没有姐妹，只有一个年长他 7 岁的哥哥。因为卢梭的容貌和他母亲非常相似，所以鳏居的父亲对他很宠爱。然而伊萨克对待儿子的态度总在含泪的关爱与暴力威胁之间摇摆，以至于受宠爱的卢梭后来在《爱弥儿》中，对父亲的这种教养方式有所指责：“那些充满野心、贪婪，而又专制、褊狭的父亲，对自己的孩子漠不关心，畜牲般的麻木不仁，这对孩子所造成的伤害超过母亲不动脑筋的溺爱一百倍。”卢梭的哥哥正是其父野蛮行为的主要受害者。1718 年，卢梭的哥哥被送往一个管教所，这是父亲的要求，因为他的邪恶已无可救药。1723年，他从那儿逃跑了，从此再也没有露面。这样卢梭实际上就是家中唯一的孩子，他的这种处境与不少现代知识分子相似。尽管他在许多方面备受溺爱，可是从童年开始，他就表现出一种强烈的被剥夺感——也许是他最明显的个性特征——自怜。

死亡又很快使他失去了父亲和养母。他不喜欢做雕刻匠的学徒，于是在1728年15岁时逃走，改奉天主教，目的是得到华伦夫人的庇护，她住在安西。关于卢梭早年经历的细节，在他的《忏悔录》中有记录，然而并不可信。但是他自己的信件和大量有关卢梭的原始资料，已经被用来确定明显的事实。华伦夫人享受着法国皇室提供的年金，似乎同时为法国政府和罗马天主教会做代理人。卢梭在她家中靠她养活度过了14个年头（1728—1742）中的大半时光。这期间，卢梭做过华伦夫人的情夫，也曾独自外出漫游。一直到30多岁，卢梭都过着失败而又依赖他人的生活，尤其是依赖女人。他自己至少尝试过13种职业，比如雕刻匠、男仆、神学院学生、乐师、公务员、农夫、私人教师、出纳员、乐谱抄写员、作家、私人秘书。1743年，他有了一份似乎是肥缺的差事：法国驻威尼斯大使孟泰居伯爵的秘书。但这份差事也只维持了11个月，以他的被解雇并为逃避威尼斯立法院的逮捕而告终。孟泰居说（他的说法似乎比卢梭自己的要可信），他的这位秘书注定是贫困的，因为他"性情令人讨厌""说不出的傲慢"，这是他"精神错乱"和"自视过高"的结果。

经过许多年，卢梭逐渐认识到自己天生是一位作家。他使用文字有非凡的技巧。他写到自己的时候特别富于感染力，而不太忠于事实。卢梭确实可以成为一位出色的律师。（作为军人的孟泰居不喜欢卢梭的原因之一，就是当这位大使为了一个词而绞尽脑汁时，负责记录的卢梭习惯于夸张地打哈欠，甚至走到窗口去）1745 年，卢梭遇上了比他年轻 10 岁的女仆苔莱丝·勒瓦塞，她同意成为他家中永久的主妇。这使卢梭漂泊不定的生活在某种程度上稳定下来。与此同时，他遇见了德尼·狄德罗，并成了朋友。狄德罗是启蒙运动的主要人物，后来是《百科全书》的主编。与卢梭相似，他也是个工匠的儿子，一位典型的靠自己奋斗成功的作家。他是一个友善的人，也是天才人物殷勤的培养者。卢梭要大大感谢狄德罗，因为卢梭通过他结识了德国文学评论家兼外交官弗里德里希·梅尔基·格里姆。格里姆地位显赫，正是他将卢梭引入被称为“哲学家旅馆的主人”德·霍尔巴赫男爵的著名的激进派沙龙。

法国知识分子的力量正在显现，并在 18 世纪下半叶稳步增强。但是在 18 世纪 40 年代和 50 年代，他们作为社会批评家的处境仍不稳定。一旦国家觉得受到了威胁，很容易就会向他们突然施以暴行。卢梭后来大声指责他所遭受的迫害，可实际上与多数同时代的人相比，他受到的迫害并不多。伏尔泰就曾被他冒犯过的一个贵族的仆人公开杖笞过，而且在巴士底狱待过将近一年。当时，如果有谁出售禁书，就会被罚在奴隶船上服 10 年苦役。1749 年 7 月，狄德罗因为出版了一本为无神论辩护的书，就被逮捕并单独囚禁在范塞纳堡。狄德罗在那儿被关了 3 个月，卢梭曾去探望他。在去范塞纳堡的路上，卢梭看到了第戎科学院的征文布告，题目是：“科学和艺术的复兴是否有助于道德的改善？”

发生在 1750 年的这段插曲成为卢梭一生的转折点。在灵感的闪光中，他发现了他该做些什么。其他应征者很自然地为科学和艺术事业进行辩护，卢梭却论证自然的优越。正如他在《忏悔录》中所述，他突然对"真理、自由和美德"产生了一种极度狂热。他说他对自己宣布："美德，真理！我哭得越来越厉害：真理，美德！"他接着说，他的短衣"在不知不觉中，已为泪水所湿透"。浸透的泪水可能是真的：对他而言，眼泪是说来就来的。可以肯定的是，卢梭在那儿就下了决心，随后写下了论文的几行，这是他的信念的精华。他以这种怪诞的方式得了奖，并几乎在一夜之间成名。这是一个 39 岁的男人，迄今为止不得志并遭受痛苦，又渴求别人的注意和获取名声，他终于一举达到目的。他的论文软弱无力，现在看来几乎无法卒读。回顾这段文学事件时，人们通常会觉得一篇如此无价值的文章竟然能够引起轰动，似乎是不可思议的；确如著名评论家朱尔斯·勒梅特所说，卢梭的一步登天，是"人类的愚蠢最有力的证据之一"。

《关于艺术与科学》的论文的出版，尽管流传很广，发表后收到的回信就近三百封，但这并没有使卢梭富有起来。论文实际的售出量不大，而且从中赚到钱的是那些书商。但从另一方面来说，卢梭可以自由进出贵族的府第和庄园了，这是为那些走红的知识分子设立的。卢梭可以、实际有时也确实靠抄写乐谱养活自己（他有一手漂亮的字），但在 1750 年以后，他的生活就一直依靠贵族的款待了，除非卢梭宁可选择同他的资助人激烈地争吵一番（这种情况经常出现）。卢梭成为一个职业作家，他总是有着丰富的思想，当他沉静下来时，就能轻松地写出好文章。但是无论在卢梭的时代，还是在以后的很长时间里，他的作品的影响变化极大。通常认为《社会契约论》包含了卢梭成熟的政治哲学。这本书始写于1752年，10年以后才最终出版，在他生前很少被人阅读，只是在1791年被重印了1次。当时的500家图书馆中只有1家收藏了这本书。一位名叫琼·麦克唐纳的学者曾查阅过出版于1789—1791年的1114种政治性小册子，发现只有12种参考了《社会契约论》。正如她所说的："必须将对卢梭的崇拜和他的政治思想的影响区分开。"这种崇拜始于那篇得奖论文，但围绕着他的另外两本书，这种崇拜继续膨胀。第一部是他的小说《新爱洛伊丝》，副标题是"一对恋人的情书"，这部作品模仿了理查逊的《克拉丽莎》。小说叙述了一位年轻女子的追求、诱惑、懊悔和惩罚。此书具有非凡的技巧，它既引起读者，特别是妇女——尤其是萌芽中的中产阶级妇女市场对淫欲的兴趣，同时还引发了他们的道德感。书中的题材在当时看来是非常直露的，但最终的教训却是很在理的。巴黎大主教指控这部小说"暗中撒下淫欲的毒药，表面上似乎是在禁止它"。但这只会增加此书的销售量。卢梭的一篇措辞巧妙的序言也达到了这个效果。他在序言中断言，只读书中一页的姑娘是迷途的人，接着又说，而"那些贞洁的少女是不读爱情小说的"。事实上，无论是贞洁的少女，还是正派的妇人，都读这部小说，并引用书中高度道德化的结论来为自己辩护。总而言之，这天生就是一本畅销书，事实上也成了一本畅销书，尽管大部分人买的是盗版。

1762年，随着《爱弥儿》的出版，卢梭的声望再一次得到提高，在此书中，他阐发了大量关于自然、关于人对自然的反应的观点。这些观点成为浪漫主义时代的主要食粮，但在当时是原创的。这本书也出色地为他获取了最大数量的读者。但从另一个方面来看，卢梭太聪明了，他知道自己的长处，作为真理和美德的先知，他指出理性的缺陷，并考虑到宗教在人们心灵里所占有的位置，这是他日益增长的感召力的一个部分。因此，《爱弥儿》中有一章，标题就是“信仰宣言”。在这一章中，他指责了启蒙运动中他的知识分子伙伴，尤其是那些无神论者和纯粹的自然神论者，指责他们自高自大、固执己见，“他们自称怀疑论，又宣称自己无所不知”，他们无视削弱信仰对正派的男士和女士所造成的损害：“他们不仅毁掉了人们所尊崇的一切，而且将之践踏在脚下。他们盗走了受苦受难的人们从宗教获得的慰藉。他们取消了可以约束富贵者和权势者的情欲的唯一力量。”这类指责极富效果。但为了与之平衡，卢梭觉得有必要对官方教会也进行批评，尤其是他们崇拜奇迹和鼓吹迷信。卢梭阻止盗印他的书是极为冒失的，特别是从他冒险在作品上签名以后。在法国教会的眼中，卢梭已经被怀疑是双重叛教者：他曾改奉天主教，后来为了重新成为日内瓦市民，他又重新信仰加尔文教。巴黎议会当时由詹森教派统治，他们对《爱弥儿》中的反天主教思想表示最强烈的不满，下令在法院门口当众焚毁该书，并发出逮捕卢梭的命令。一些高层的朋友及时向卢梭提出警告，从此他便开始了长达数年的逃亡生活。天主教以外的加尔文教徒也反对《爱弥儿》，卢梭被迫从一个城镇迁往另一个城镇。不过，无论在英国（1766—1767 年，他在那儿待了 15 个月），还是在法国（从 1767 年以后，他居住在法国），卢梭从来不缺乏有权势的保护人。卢梭最后的 10 年中，政府对他失去了兴趣，而且他的主要敌人是知识分子同行，特别是伏尔泰。为了回应他们，卢梭在巴黎写了《忏悔录》，1770 年后在那儿定居。卢梭没有冒险去出版，但此书通过他在时尚豪宅中的朗诵而广为人知。1778年当卢梭去世时，他的名声即将重新高涨，而在大革命时期达至顶峰。

卢梭在生前已获得巨大的成功。在不带偏见的现代人眼中，他似乎没有太多好抱怨的。可在文学史上，卢梭是最大的牢骚者之一。他一直坚持认为他一生悲惨而又遭受迫害。他以那么惨痛的话语，如此经常地重复着怨言，人们感到不能不相信他。从另一方面来看，卢梭的确是坚强的：他忍受着慢性疾病的折磨。他是“一个备受疾病困扰的可怜人。……一生中的每一天，都在病痛与死亡之间挣扎”。他“30年不能入睡”。接着他说：“自然造就我是为了让我受苦受难的，它给了我一个耐得住病痛的体格，疾病不能耗尽我的力量，而我的体格总是以同样的强度感受到自身。”确实，卢梭的生殖器官一直都有病症。1755年在给他的朋友童贤医生的信中，他说：“我的器官先天畸形。”他的传记作家莱斯特·克罗克在经过一番仔细调查分析后，写道：“我可以肯定，让－雅克生下来就患有尿道下裂症，阴茎是畸形的，上面尿道裂开，直通腹表。”他成年后，尿道变窄，他不得不痛苦地使用一根导管，这无论从心理上，还是生理上，都使问题更加恶化。卢梭混迹于上流社会的时候，他时常觉得需要解手，麻烦便来了。卢梭曾这样写道：“我仍会发抖地想到自己处在女士的包围中，被迫一直等到某个好话题结束……当我终于找到一处合适的楼梯间，那儿另外一群女士又把我挡住了，我又来到庭院，那里川流不息的马车随时会向我撞过来，贵妇的女仆们看着我，跟班们在墙边排成一线在笑话我。我找不到一面墙或废弃的角落可以适合我的目的。总而言之，我只能在所有人的全部视线中解手，还会溅到一些贵族穿着白袜的腿上。”

这段话中充满自怜，但它也表明，此外还有许多其他证据，卢梭的健康状况并没有他自己所描绘的那样糟。有时为了适应他的论点，他又会说自己的健康极佳。他的失眠症，部分出自他的幻觉，因为各种各样的人都证实听见过他的鼾声。曾与卢梭结伴同去英国的大卫·休谟写道："卢梭是我所认识的最身强力壮的人之一。在最恶劣的天气中，所有的水手几乎都快要被冻死了，他却还能彻夜伏案工作 10 小时，而且毫发无损。"

卢梭不断担心自己的健康状况，无论是否经过证实，这是他自怜的原动力，这种担心将他包围并成为他一生中每段插曲的食粮。在很早的时候，他就形成了一种向别人讲述自己的"故事"的习惯，目的是博得同情，尤其是那些名门贵妇的同情。他称自己是"所有凡人中最不幸的"，说"无情的命运总是追随我的足迹"，并声称"没有什么人流过我那么多眼泪"。他坚称"我的命运是那种样子，没有人敢描述，没有人会相信"。实际上，他经常描述自己的遭遇，有不少人信了他的话，直到他们更多地了解了他的为人。尽管那样，仍有不少怜悯保留下来。德·艾皮奈夫人曾经是卢梭的一位女恩主，卢梭对待她非常刻薄。但即便在看清楚卢梭的为人后，这位夫人仍说："当他用那朴实而又独创的方式复述自己的不幸时，我的心仍会被打动。"像卢梭这种人在军队中被叫作"老兵"，即深谙人们心理的老练的骗子。卢梭年轻的时候，曾写过求助信，其中的一封被保留下来，人们并不为这种事感到惊奇。这封信是写给萨瓦的总督的，申请一份年金，理由是他患上了一种可怕的、会毁坏容貌的疾病，他很快就会死掉。

自怜的背后是一种压倒一切的利己主义。无论是他受的苦难，还是他的品质，卢梭都觉得自己与其他人完全不同。他写道：“你们的不幸怎么会和我的相同呢？我的处境绝无仅有，有史以来闻所未闻……”类似的话还有：“能够以我爱的方式来爱我的人尚未出世。”“从来没有人比我更具有爱的禀赋。”“我天生就是从未有过的最好的朋友。”“如果我知道还有人比我更好，我会非常恐惧地放弃这种生活。”“为我介绍一位比我更好的人吧：比我更有爱心，比我更温柔，比我更敏感……”“子孙后代会向我表示敬意……因为这是我应得的。”“我为自己而喜悦。”“……因我的自尊而得到安慰。”“……如果欧洲能有一个开明的政府，那他们一定会为我树立雕像。”无怪乎伯克会做出这样的评价：“自大，就是卢梭仅次于疯狂的第二大弱点。”

卢梭自大的一个方面是他相信自己没有卑劣的情感。“我的感情是如此优秀，根本就不会有仇恨。”“我对自己太热爱了，不会去恨任何人。”“我从来不知道什么是仇恨的感情，至于妒忌、邪恶、报复，从来没有进入我的心……我偶然会生气，但我从不耍弄心机或是心存恶意。”事实上，他经常会记仇和寻机报复。人们注意到了这一点。在知识分子中，卢梭第一个反复宣称自己是“人类的朋友”。尽管总体上他爱人类，但他却养成了一种爱与人争吵的特别喜好。日内瓦的童贤医生曾是他的朋友，也是受害者之一，他就抗议道：“人类的朋友怎么可能从来不是人的朋友？或者难得是？”卢梭对此做了回答，并维护了自己对那些应受到指责的人进行谴责的权利：“我是人类的朋友，而人是到处都有——我也没有必要走得太远。”作为一个利己主义者，卢梭往往将自己所遭受到的敌意，同样施于真理和美德本身。因此，无论怎样对付他的敌人，没有什么是过分的，他们的存在本身就使永恒惩罚的教义具有了意义。他曾对德·艾皮奈夫人说过："我天性并不残忍，但是当我看到这个世界因为那些妖魔鬼怪而没有正义存在，我就宁愿相信，有个地狱在等着他们。"

既然卢梭自视过高、自私自利、又爱吵架，可为什么有那么多人准备与他交朋友？这个问题把我们引入卢梭个性的核心及其历史意义。部分出于偶然，部分出于本能，部分是精心的设计。卢梭在知识分子中第一个系统地利用特权阶层的有罪心理，而且他这样做的时候还采用了全新的方式，有意利用了对原始质朴的崇拜。他成为具有现代特征的人物——"愤怒的青年"[①]的原型。就天性而言，他不是反社会的，其实从很小起，他就想在社会中大放光彩。他特别渴望得到上流社会妇女的微笑，他写道："女裁缝、女侍者、女店员，我对她们不感兴趣。我所需要的是年轻的贵妇。"他是个明显的、而且无法改变的外省人，在很多方面是乡巴佬，也没受过良好的教育。18 世纪 40 年代，他初次试图闯入上流社会，参加上流社会自身的游戏，却彻底失败；他的第一个剧本是为了取悦一位上流社会的有夫之妇，结果却是一场耻辱和灾难。

然而，他的论文成功了，他打出"自然"这张牌，富人的奖赏向他开放了，他改变了自己的策略。他没有遮掩他的土里土气，反而强调这一点，并将之作为一种美德。接着计谋奏效了，在受过良好教育的法国贵族中已经形成一种习俗，他们对老一套等级特权的旧制度感到越来越担忧，于是就培养作家作为避邪的护身符。当代

① 愤怒的青年，指20世纪五六十年代英国一批对现实不满的青年作家。

社会评论家C.P.杜克洛写道："在那些大人物中，即便有些人并不是真的喜欢知识分子，也要假装喜欢，因为这是时尚。"所以大多数作家都得到恩主的庇护，并且极力模仿他们的上司。卢梭的做法正相反，他成为他们沙龙中一位更有趣、更受欢迎的来客。他是那么出色，正如他们称呼他的那样，一头高智慧的"自然的野兽"或"熊"。卢梭刻意强调情感，用以反对传统，他强调的是内心的冲动而不是礼仪。他宣称："我的感情就是这样绝不能伪装，这使我不必温文尔雅。"他承认"照常规看来，我笨拙、不讨人喜欢而又粗野。我不会为两个小钱奉承人，我是一个野蛮人"。或是这样的话："我内心的东西使我免受礼貌的约束。"

卢梭的这种处世态度与他的作品非常适合，这比同代的大部分作家的藻饰文风要简约得多。他的直白坦率同他对性问题的直言不讳十分般配（《新爱洛伊丝》是最早谈论妇女紧身胸衣之类东西的作品之一）。卢梭有意夸大他对社会常规的反抗，他精心选择简朴、宽松的服装，这成为后来所有早期浪漫主义作家的一大特征。他自己后来回忆道："我是从我的穿着开始我的革新的。我抛弃了镶金饰带和白长袜，带上圆假发，我抛弃了佩剑、卖掉了手表。"然后他又留长了须发，他称之为"我那留着杂乱胡须的日常随意风格"。卢梭可以说是第一个毛发蓬乱的名士。多年下来，他形成了一套用服装变化来吸引公众注意力的方法。在纽沙特尔，艾伦·拉姆塞曾为卢梭作过画，在画中卢梭身着亚美尼亚式长袍——一种束着腰带的长袖长袍。穿着这件长袍，卢梭甚至上过教堂。刚开始，当地人对此非常反感，但渐渐也就习以为常了，这也成为卢梭的标志了。在访问英国期间，卢梭仍是这身行头来到特鲁里街剧院，他急于回答围观人群的欢呼，加里克[①]夫人不得不抓住他的长袍，以防他从车上跌下去。

无论有意与否，卢梭是一位超级自我宣传家。他的怪异癖好，他的离经叛道，他的极端化的个性，甚至于他的吵架，都极大地吸引了人们的注意，无论对那些贵族恩主，还是对读者和崇拜者，无疑也是他的吸引力的一个方面。一个显而易见的事实是：对于相当多的知识分子领袖人物而言，个人与公众的关系是他们获得成功的重要因素，其中怪诞的服饰和外表并非微不足道。在这个方面以及其他许多方面，卢梭都称得上是潮流的领导者。谁能说他有什么不对呢？多数人对于别人的观念，尤其是新观念，往往会排斥，但是又会被人格所吸引。放纵的个性是一种方法，它把苦药包上了糖衣，诱使公众去看看那些论述观念的作品。

卢梭是一位出众的心理学家，即便是忘恩负义这种最令人讨厌的恶行，他也从中得到积极的好处，成为他出风头、获取关注和恩宠的技巧的一部分。对他而言，这似乎不是过错。他在表白信仰自然的同时，实际上是一个精于算计的人；毫不夸张地说，他使自己相信，他就是人类道德的楷模，所以按照这样的逻辑，其他人就比他更加会算计，动机更加不纯。所以他们在同他的交往中，会极力占便宜，他一定要以机智胜过他们。因此他与别人打交道的原则十分简单：他们给予，他拿走。他还以一个厚颜无耻的理由来支持这个原则：因为他是世上无与伦比的，所以任何帮助他的人，实际上

① 加里克（1717—1779），18世纪英国著名演员，以演出莎士比亚戏剧中的人物著称。

都是在为自己谋利。他的这套理论模式见于他给第戎科学院颁奖信的回信中。信中说，他的论文揭示出未为人知的真理的界限，“你们慷慨地赞美了我的勇气，你们也给了自己更高的荣誉。是的，先生们，你们给我的光荣，也是你们自己的桂冠”。当他的名声为他带来别人的殷勤款待时，他使出了同样的手法；这确实成了他的第二个天性。首先，他坚持那些关爱不过是他应得的。“作为病人，我有权放纵，这是人类亏欠那些陷于痛苦中的人的。”或者说，“我是那么贫穷……应受到特别的宠爱”。他还说，他只有在迫不得已的情况下，才会接受援助，这使他非常苦恼。“当我屈服于人们的再三恳求，不得已接受了某种馈赠的时候，与其说是为了利益，还不如说是为了得到和平与安宁。赠予者无论花费了多少，实际上他还是欠我的——因为我付出的更多。”这样一来，比如说对别人的乡间别墅或是小庄园，他有权确定借用的条件。他不承担任何社会义务，因为“我的幸福观是……绝不做任何自己不乐意做的事”。因此，他会对东道主说出这样的话：“我必须强调，你一定得给我完全的自由。”“如果你让我感到一丝不快，你将永远不会再看见我。”他的致谢信（如果这个名称合适的话）往往是些令人很不舒服的东西：“我感谢你。”接下来就是这样：“在你的一再劝说下，我进行了这次造访。如果你没有让我为这次造访付出如此高昂的代价，我的感谢也许会更为热烈。”

正如卢梭的一位传记作家指出的，他总是给人们设下小小的圈套。他会强调自己的困难，自己的贫穷，当别人提供帮助时，他却装作受到了意外的伤害，他甚至表现出愤慨。诸如“你们的建议让我感到寒心。当你们把一个朋友当作仆人时，你们是多么误解了自己的利益"。接着他说："我不是不愿意听从你们的提议，假若你们懂得我不是廉价出售的。"卢梭的这番话，使得打算邀请他的东道主乱了手脚，只好重新制订招待计划。这是卢梭诱惑人们（不仅是比他社会地位高的人）的心理手法之一。在他的字典里是没有真心诚意的"感谢"这个词的。蒙特莫伦西－卢森堡公爵曾借给他一处庄园，卢梭写信给他说："我既不赞扬你，也不感谢你，但是我住在你的屋子中。每个人都有自己的说话方式——我也用自己的语言来表达一切。"这一策略非常灵光，公爵夫人满怀歉意地回复他："你不必感谢我们——是元帅和我欠了你的债。"

但卢梭并不打算只过哈洛德·斯金波那种惬意的生活。他这个人太复杂，也对那种生活方式没有兴趣。他除了冷静而又精明实际的特点外，还确实带有妄想狂的成分，这不允许他满足于一种轻松的、以自我为中心的寄生生活。实质上，他与每一个和他有亲近关系的人，尤其是与那些和他交朋友的人争吵，激烈而且常常是永久性的争吵；研究了这些令人痛苦而又反复重现的吵架故事，不能不得出这样的结论：他是一个精神病患者。他的病症混杂着一种伟大又独创的天才思想，而且这两者的结合不仅对卢梭个人是危险的，对于其他人也是危险的。毫无疑问，坚信自己完全正确，这是他的主要症状。如果卢梭没有什么才能，也许这种症状就可以得到治疗，或者最坏也不过是造成一场小小的个人悲剧。可是卢梭作为作家具有惊人的天赋，这使他为人们所接受和称赞，甚至享有盛名。他确信他永远是正确的，这不是他主观的评判，而是世界对他的评判——当然，除去他的敌人，这种想法对他来说是不可动摇的。

这些敌人，每一个都是卢梭昔日的好友或赞助人，他们戴着友善的假面具，竭力利用他和毁灭他（这是卢梭与他们吵翻后得出的结论）。无私友谊的观念对他来说是陌生的，而且因为他比别人好，他自己都不能感受到这种强烈的要求，其他人就更不可能感受到了。卢梭对他所有的“朋友”的行为一开始就进行仔细的分析，当他们有所欺骗，他就立即察觉。他与狄德罗争吵，尽管狄德罗对他的帮助极大。他与格里姆争吵。对卢梭最慈善的资助人是德·艾皮奈夫人，可是他恩将仇报，特别粗暴地伤害了她。卢梭与伏尔泰争论不休——关于这一点并不难理解。卢梭与大卫·休谟也吵翻了，而休谟以自己的价值标准把他视为文坛上的殉道士，将他介绍到英国，当作英雄欢迎，并且尽其所能使他的英国之行成功和愉快。此外还有几十次小一些的争执，比如与他日内瓦的朋友童贤医生之间的争吵。卢梭把他与别人之间的大多数主要争论都写成长篇的抗辩信。这些文献是他最出色的作品，也创造了辩护技巧的奇迹，它们以超人的计谋狡猾地编造证据，篡改历史，混淆时间次序，目的就是证明对方是个怪物。1766 年 7 月 10 日，卢梭给休谟写过一封对开纸 18 页的信。休谟的传记作者说这封信“同一个痴呆病人始终如一的逻辑相一致。它至今仍然是一个精神错乱者所制造出来的最杰出、最迷人的文献之一”。

卢梭逐渐相信，那些假装爱他的男女各自对他的敌对和行为并不是孤立的，而是统一行动的组成部分。在一个错综复杂的长期阴谋中，他们全都是代理人，他们要打垮他，使他烦恼，甚至于毁灭他，破坏他的工作。他回顾自己的一生，决定将阴谋追溯到他 16 岁为凡赛莉伯爵夫人当侍仆的时候：“我相信，从那时起，我就遭受秘密势力的恶意玩弄，此后它们一直在反对我，这使我厌恶对此要负责任的表面上的秩序，这是可以理解的。"其实毫不夸张地说，与其他作家比起来，法国当局对待卢梭是相当不错的，只有一次想逮捕他，而且首席审查官马尔舍伯总是想方设法使他的作品得以发表。不过，卢梭越来越觉得自己是一个国际网络的受害者，特别是在他访问英国期间。他确认休谟在几十个帮手的帮助下正在策划这场阴谋。为此他曾写信给大法官坎登爵士，说他的性命正处于危险之中，要求提供武力保护，让他离开这个国家。但大法官对这个疯子的来信已经习以为常了，没有采取任何行动。卢梭最终离开英国之前，在多佛尔的表现简直是歇斯底里。他跑到一艘船上，把自己锁在一个船舱里，还爬上一根杆子，异想天开地对人群说道：现在勒瓦塞也是阴谋中的一分子，要用武力使他留在英国。

回到欧洲大陆后，卢梭在前门钉上布告，控诉和他敌对的各种社会成员，他列举的有：牧师、知识界名流、平民、妇女、瑞士人。他认定法国外交大臣什瓦则尔公爵亲自负责这个国际阴谋，他花费大量时间组织了一个庞大的间谍网络，他们的任务就是使卢梭的生活陷入悲惨的境地。一些社会事件，比如法国占领科西嘉，卢梭专门为此撰文，在他的笔下被巧妙地编织成传奇故事。说也奇怪，卢梭是在什瓦则尔的请求下动笔的。为争取波兰独立，卢梭为波兰的民族主义者们写过类似的文章。1770年，当什瓦则尔下台时，卢梭还曾经心绪烦乱：又一个不祥之兆。卢梭宣称，他从未发现过原罪（这不同于他自己同真理和正义的同一性），正是因为这一点，"他们"下决心要惩罚他。但阴谋的细节是毫无疑问的，它"巨大得无法想象""他们要围着我建造一座密不透风的、黑暗的大厦；他们要把我活埋在棺材里……如果我要旅行，无论我去哪儿，一切都是预先安排好用来控制我的。指令将会下达给旅客、马车夫、客栈老板……我在路上每走一步，每见一事，都有这些令我厌恶的东西，我的心将会受到伤害”。这种受迫害的妄想症在他最后的作品《对话录》(始写于 1772 年)和《一个孤独漫步者的遐想》(1776)中都有反映。当完成了《对话录》后，卢梭确信“他们”企图消灭他。1776年2月24日，卢梭来到圣母院，打算要求保护自己的手稿，并将它放在圣坛上，但是通向圣坛的门却被莫名其妙地锁上了。不祥之兆！于是他将手稿抄写了六份，非常迷信地分别存放于不同的人手中：其中的一份落到约翰逊博士的学者女友——列支菲尔德的布鲁克·布斯白女士手中，也正是她在 1780 年将此稿首次出版。当然，那时卢梭已经入土了，不过他仍然坚信有成千上万的特务在追踪着他。

这种精神病症所带来的折磨真使人苦不堪言，因此这时或那时，不可能不对他产生同情。不幸的是，他不能就这样被打发掉，卢梭是有史以来最有影响力的作家之一。他把自己描绘成人类的朋友，尤其是真理的原则和美的典范，他过去是，现在仍然是这样广泛地被人接受。因而，有必要更认真地考察一番他作为一个真理的阐述者、一个富有美德的人的操行，我们可以发现什么呢？事实真理的问题意义尤为重大，因为卢梭死后，是他的《忏悔录》使他广为人知。他自己宣称，要以一种前所未有的方式努力披露一个人一生全部的内心真实，这是一种新的、绝对真实的自传。正如十年后，詹姆斯·鲍斯韦尔为约翰逊博士写了一部绝对精确的新型传记。

卢梭声称这部作品是绝对诚实的。在 1770—1771 年的那个冬天，卢梭在拥挤的沙龙中举行了《忏悔录》的朗诵会，包括吃饭休息，朗诵持续了 15 个至 17 个小时。他的攻击令人如此难以忍受，受害者之一的德·艾皮奈夫人请求政府下令停止朗诵。卢梭同意停止，但在最后一次朗诵会上，他又说了这样的话："我讲的都是真话。如果有什么人知道的事实与我刚才说的相反，即使他们得到一千次证实，那仍然是谎言和蒙骗……（任何人）用他自己的眼睛来考察我的天性、性格、操守、志趣、爱好、习惯以后，如果还认为我是一个不诚实的人，那么他自己就是一个理应被掐死的人！"这席话带来的是令人印象深刻的一片沉默。

卢梭声称拥有超人的记忆力，并以此来支持自己"说实话者"的头衔。更重要的是，他要读者们确信他是真诚直率的，因为他是第一个披露自己性生活细节的人。他的态度不是强健男子的自我炫耀，而是怀着羞愧和勉强。正是他把自己的性经历称作"一座黑暗而污秽的迷宫""最难说出口的倒不是罪恶的事，而是那些使我们觉得可笑又可耻的事"。但是他的勉强又有几分可信呢？年轻的卢梭曾在黑夜中游荡于都灵的偏僻街区，向妇女裸露自己的臀部。"在她们眼前展露我的臀部时，我从中获取了无法形容的愚蠢的愉悦。"卢梭天生有裸露癖，在性方面和其他方面都是如此，他叙述自己性生活的方式就有这种意味。他描述过他的性取向——受虐。当严厉的牧师的妹妹朗拜尔西埃小姐处罚他，打他的屁股的时候，卢梭是多么地乐意，他是故意犯错去招惹惩罚。卢梭还鼓励一位稍年长的格罗登小姐也来抽打他，"当我躺在一位专横的女士的脚下，服从她的命令，向她讨饶——这使我感到一种甜蜜的快乐"。他还告诉读者，当还是一个小男孩的时候，他是怎样开始手淫的，卢梭还对手淫进行了辩护，因为这可以使青年避免得性病，还因为“容易害羞和胆怯的人发现这种恶习非常方便，对于想象力丰富的人，它有巨大的吸引力，它可以对一切女士想入非非，让美人服务于快乐，可以随心所欲而不必征得其同意”。他还为自己在都灵收容所时被一个同性恋者所诱惑寻找借口。他也承认自己曾和一个花匠同享华伦夫人的宠爱。据卢梭描述，当他突然发现一个女孩的一个乳房上没有乳头，便无法和她做爱，并且记下了那个女孩恼羞成怒地离他而去，她说道：“离女人远一点，去研究数学吧！”卢梭坦白地承认，在晚年，他又恢复了手淫，这比追求一种积极的情爱生活要便利得多。部分是出于故意，部分是出于无意识，卢梭在性问题上的态度留给别人的印象基本上带有些孩子气，他一直把他的情妇华伦夫人称作“妈妈”。

这些有损名声的供认使人们相信卢梭是尊重事实的，他还叙述其他可耻但同性爱无关的事件，包括偷窃、说谎、怯懦、背信弃义，来强化人们对他的信任。不过在他的叙述中，带有狡猾的成分。他的自我指控使得其后对敌人的指控更加具有说服力。比如狄德罗曾愤怒地发现：“他用令人厌恶的色彩描绘自己，以便给他那些不公而又残酷的非难披上真理的外衣！”此外，卢梭的自我责难带有欺骗性，因为每到关键之处，在赤裸裸的坦白之后就是表述得极富技巧的无罪开脱。这样，读者最终还是对他抱以同情并对他的诚实予以绝对的信任。而且，卢梭所讲的实话，往往证明只有一半的真实：他所选择的诚实，在许多地方是《忏悔录》以及他的书信中最不诚实的方面。卢梭那么坦率地承认的“事实”常常是冒出来的，按照现代学者的观点，是不精确的、歪曲的，或根本不存在的，有时他的作品内部就有证据清楚地证明这一点。例如，关于他的同性恋的进展情况，在《忏悔录》和《爱弥儿》中有两种完全不同的说法。关于他巨细无遗的记忆力，只是一个神话。他记错了父亲的去世年份，而且说他父亲活到大约60岁，其实是75岁。关于他在都灵收容所的所有细节实际上全是谎言，而这是他早年生活中最重要的经历之一。人们渐渐发现，《忏悔录》中的叙述如果没有书外的证据来证明，就不能相信。确实，人们很难不赞同关于卢梭的一位最渊博的现代评论家J.H.赫伊津赫的观点。他认为，卢梭一再强调《忏悔录》的真实和诚实，这就使得其中的歪曲和虚假显得尤为可耻："越是一遍又一遍地仔细阅读此书，越是深入地钻研进去，越多的丑行便显而易见。"为什么卢梭的欺骗如此危险，为什么他的昔日友人对于他的杜撰如此担忧——因为他具有魔鬼般的技巧和才华。就像他的一位公正的传记作者克罗克教授所说的："卢梭对他的争吵的所有叙述（包括他在威尼斯的那一段）表现出来的令人难以抗拒的信服力和雄辩，以及他表现出来的真诚的神态，都使他所讲的能震撼人心。"

卢梭对于事实的忠实就是如此。那么他的美德又如何呢？我们任何人的生活几乎都经不起切近的考察。经过无数个学者的研究，卢梭的生活便可怕地暴露出来，在进行道德评价时，就被发现了某些卑鄙的东西。假定他的主张对道德、操守的影响是正确的，那就别无选择了。卢梭说自己是个生来就为了爱的人，而且他说起有关爱的教义来，比大多数的教士都执着得多。既然如此，他是如何对最亲近的那些人表达爱的天性的呢？卢梭刚出生就失去了母亲，也失去了正常的家庭生活。他对母亲没有任何这样或那样的感情，因为他从未见过她。但是他对其他家庭成员也没有表露过感情，确切地说，是毫无兴趣。父亲对他来说什么也不是，去世只是为他提供了一个继承遗产的机会。从这个意义上讲，卢梭关心失散多年的哥哥，在某种程度上是为了确认他已不在人世，这样家产就是他的了。他是以财产来看待家庭的。《忏悔录》中他曾这样形容过自己："我的一种明显的自相矛盾是：把几乎是贪得无厌同对金钱的极度蔑视结合在一起。"在卢梭的一生中找不出太多的蔑视金钱的证据来。他描述过家庭遗产被证明该为他所得以及他收到汇票时的情景。经过极力克制，他拖到第二天才打开信封，"我故意慢慢地打开它，看见那笔汇款就在里面。我立即就感到了欣喜，我发誓，最强烈的快乐征服了我"。

如果说这就是他对待自己家人的态度，那么他又是如何对待华伦夫人——他事实上的养母呢？答案是：卑鄙！在卢梭贫困潦倒时，华伦夫人至少援救过他四次。到后来卢梭得势，而她却变得落魄时，他却什么事也没有为她做。按照他的说法，18 世纪 40 年代在继承了家庭遗产后，卢梭寄给华伦夫人"一点钱"，可是他拒绝拿出更多的钱来，因为他觉得这些钱只会被围绕在她身边的"无赖们"拿走，这是一个借口。后来，华伦夫人又向他求助，卢梭却置之不理。华伦夫人最后的两年时光是在病榻上度过的。1761 年，她可能死于营养不良。夏梅特伯爵和他们两人都认识，他强烈谴责卢梭没有"至少返还他所花费的那位慷慨的女恩主的那部分钱"。卢梭在《忏悔录》中，以一种完美无缺的谎言来谈论她，称颂她是"女人和母亲当中最好的一位"。他解释自己为什么没有给她写信，是因为害怕华伦夫人知道自己的困窘后会忍不住感到悲伤。他最后说道："去享用你慈爱的果实吧，在你身边为你的弟子准备好他希望有一天能获得的那个位置吧！你算是不幸中有幸的了，因为上天结束了你的苦难，免得让你看到他的痛苦处境。"这是典型的卢梭风格，以纯粹自我中心主义者的态度对待她的去世。

卢梭真的能爱一个女人而没有极端自利的保留吗？据他说，"我一生中第一个，也是唯一的爱人"是索菲，即居德托伯爵夫人，她是他的女恩主德·艾皮奈夫人的表妹。也许卢梭爱过她，不过他说他给她写情书是非常"小心谨慎"的，因为把它们发表后，对她就如同对他自己一样，会有所伤害。1745年苔莱丝·勒瓦塞成为卢梭的情妇，当时她是一个23岁的女仆，她同卢梭同居了33年，直至卢梭过世。他说自己"从未对她感到一点点爱意……我用她满足肉体的需要，这纯粹是一种性关系，这种需要同她本人毫无关系"。他还写道："我曾经对她说过，我不会和她分手，也永远不会娶她。"两人在一起生活了25年之后，他们在一些朋友面前举行过一次模拟婚礼。卢梭借此机会发表了一通自吹自擂的演说，宣称后人一定会为她塑像，而且"作为让-雅克·卢梭的朋友，将不是空虚的荣誉"。

在一定程度上，卢梭看不起勒瓦塞，认为她是一个粗俗的、没有文化的女佣人；他也看不起自己，因为自己居然与这样一个女人为伴。卢梭指责她的母亲太贪婪，她的兄弟偷了他42件上好的衬衫（不过无法证明勒瓦塞的家人像卢梭所描绘的那样坏）。据卢梭说，勒瓦塞不会读、不会写，而且不会报出钟点，也不知道是几月几号。他从不带她外出。宴请宾客时，卢梭不允许她入座，当她送进食物时，他便"拿她取乐"。卢梭甚至把勒瓦塞犯的一些语法错误汇编起来，以博蒙特莫伦西－卢森堡公爵夫人一乐。他那么傲慢地使唤勒瓦塞，甚至使他的一些有身份的朋友都感到震惊。当时人们对勒瓦塞有不同的看法。一些人认为她是一个歹毒的搬弄是非的人。无数把卢梭偶像化的传记作家用最不堪的手法描绘勒瓦塞，以此来为卢梭对她的心胸狭窄的行为开脱。但是她也有一些强有力的辩护者。

公正地说，卢梭也称赞过勒瓦塞：“天使般的心肠”“温柔而正直”“一个出色的顾问”“一个单纯而毫不轻佻的姑娘”。他发现她“胆怯而且容易控制”。其实，卢梭是否了解勒瓦塞，这一点完全不清楚。这可能是因为卢梭太自恋，不可能去研究她。詹姆斯·鲍斯韦尔提供了一幅关于她的最可靠的画像。他曾在 1764 年拜访过卢梭 5 次，后来他又把勒瓦塞护送到英国。他认为她是“一个娇小的、活泼的、整洁的法国姑娘”。鲍斯韦尔希望通过收买她能够进一步接近卢梭，并且从她手中乞得两封卢梭写给她的信（只剩下一封存世）。信中的卢梭是深情的，他们的关系相当亲密。勒瓦塞告诉鲍斯韦尔：“我已经跟随卢梭先生 22 年了。我不会放弃我的这个位置去当法兰西皇后。”从另一方面来说，当鲍斯韦尔成为她的旅伴后，他不费吹灰之力就勾引了她。有关这段经历的详尽记叙被他的文学遗嘱执行人从他的日记手稿中删去了，遗嘱执行人在空白处标上了“应受指责的章节”的字样。不过，还是有一句被疏漏了。那是在多佛尔，鲍斯韦尔记道：“昨天一大早，我就到了她的床上，又做了一次那件事，总共 13 次了。”他留下的叙述足以说明，超乎绝大多数人的想象，勒瓦塞是一个相当复杂、老于世故的女人。事实似乎是这样，在许多方面，勒瓦塞忠实于卢梭，但也会利用他，这是卢梭以自己的行为教会她的，因为卢梭也在利用她。卢梭把最大的温情放在动物身上。鲍斯韦尔记录下卢梭与他的小猫还有小狗苏丹在一起嬉戏的愉快场面。他给了苏丹一个情人（还有它的前任托克），他是不可能去为人寻找的。他带着苏丹一同来到英国，而苏丹的狂吠差一点使卢梭不能出席一场特别义演——这是加里克专为卢梭在特鲁里街举办的。

卢梭把勒瓦塞留在身边，甚至珍爱她，因为她能为他做一些动物做不到的事：比如，为他安置导管来缓解尿道狭窄的痛苦。卢梭绝不允许第三者介入他们的关系。有一次，一个出版商送给勒瓦塞一条裙子，卢梭为此大发雷霆；他还迅速否决了一项向她提供年金的计划，因为这可能使她不再依赖于他。最主要的是，他不准孩子们来侵占他对她的权利，这也导致他犯下了最大的罪行，因为卢梭的名声很大程度上有赖于他的儿童教育理论。他的《论人类不平等的起源和基础》《爱弥儿》《社会契约论》，甚至还有《新爱洛伊丝》，都以许多教育理论作为主要的和基本的主题。不过令人费解的是，在现实生活中却与他所写的相反，他对孩子毫无兴趣。没有任何证据显示，他为证实自己的理论而去研究过孩子。他曾经声称，没有人比他更喜欢和孩子们一块玩耍。但这方面的一件逸事却不足以消除人们的疑虑。法国画家德拉克洛瓦在他的日记中（1824 年 5 月 31 日）写道，有人在杜伊勒利宫的花园中见到过卢梭，"一个小孩子的球碰到了这位哲学家的腿，卢梭勃然大怒，拄着手杖追赶这个小孩子"。根据我们对卢梭个性的了解，他很可能从来就没有做过好父亲。虽然如此，当发现卢梭对他自己的亲生骨肉做了些什么的时候，就会感到一种令人厌恶的震惊。

1746—1747年的冬天，勒瓦塞生下第1个孩子。我们不知道这孩子是男还是女，名字也没有。（据卢梭自己说）“世界上最大的难题”就是说服勒瓦塞必须遗弃这个孩子，以“保全她的名誉”。她“哀叹着顺从了”。卢梭在孩子的襁褓里放了1张带暗记的卡片，然后叫助产士把包裹放到育婴堂去。卢梭与勒瓦塞后来又生下了4个孩子，他们用完全相同的方式处置了，只是在第1个孩子以后，卢梭再也不自找麻烦地放卡片了。5个孩子都没有名字，很可能都没活多久。1746年的《法兰西信使报》上有一篇有关育婴堂历史的文章说，它已被每年3000以上的弃婴挤满了。1758年，卢梭指出这个数字已上升到了5082人。1772年平均数上升到近8000人。大约有三分之二的弃婴在头一年就死亡了。平均14%的弃婴可以活到7岁，在这些孩子中间又只有5%活到成年。他们中的绝大多数沦为乞丐和流浪汉。卢梭从未记住过他5个孩子的出生日期，对他们的命运没有表现出任何兴趣。只有在1761年，他以为勒瓦塞将不久于人世，于是凭着当年做过标记的卡片对第1个孩子的下落草草地进行了一番寻查，但很快就停止了。

卢梭不可能使自己的行为完全保密，在不同的场合，例如1751年和1761年，卢梭被迫在一些私人信件中为自己进行辩解。卢梭对无神论的攻击触怒了伏尔泰，1764年，伏尔泰出版了一个小册子，题目叫《公民感情》，署名日内瓦一牧师。文中公开指责卢梭抛弃了自己的5个孩子，还说卢梭是梅毒病患者和杀人凶手。卢梭对此指控的否认被普遍接受了。然而，对这段插曲的思考，成为卢梭下决心写他的《忏悔录》的一个因素。这本书基本上是为了反驳或掩饰已为公众所知的事实。在此书中，他两次就孩子的问题为自己辩解，在《一个孤独漫步者的遐想》和许多书信中，他又回到这一主题。在所有这些作品中，在25年之久的时间里，他以各种不同的方式，公开地或私下里，努力为自己辩护。但这却使事情变得更糟，因为这些辩护把冷酷和自私结合在一起，又加上了虚伪。首先，他指责那个不道德、不信神的知识分子小团体，是他们把孤儿院的概念放进他那天真的头脑中。接着他说，有孩子是"一件很麻烦的事"，他负担不起。"当房间里充满了家庭的烦恼和孩子的吵闹时，我的心灵如何能得到我的工作所必需的宁静呢？"他将被迫降格去做卑贱的工作，"所有那些不光彩的行为，使我充满了正当的恐惧"，"我完全知道没有一个父亲会比我更加慈爱"，不过他不希望自己的孩子与勒瓦塞的母亲有任何接触，"一想到要把我的孩子托付给那种粗俗的家庭，我忍不住会发抖"。至于说他残忍，一个有着他那种卓越的道德品性的人怎么会犯下这种罪行？"……我热爱伟大、真、美与正义；我痛恨任何类型的恶，我根本没有憎恨或伤害的能力，甚至于没有能力想到它们。当我看到一切善良、慷慨、和蔼的人，就感受到甜美而又愉快的情绪；我要问，在同一颗心里，也赞赏着堕落，没有丝毫的自责，就把最甜蜜的义务践踏在脚下，这可能吗？不！我认为，并高声地断言——这是不可能的！让－雅克，在他的一生中没有一时一刻是一个没有感情、没有怜悯心的人，是一个丧失天性的父亲。"

为了肯定自己的善行，卢梭不得不进一步用明确的理由来为他的行为辩护。在这一点上，几乎是很意外地，卢梭把我们直接引进了他的私人事务和政治哲学的核心。我们详细讨论卢梭抛弃孩子的行为，这是正确的，不仅仅因为这是反映他不近人情的最引人注目的一个事例，而且这也是一个过程的有机组成部分，这个过程产生了他的政治和国家职能理论。卢梭把自己也看作是一个弃儿。在很大程度上，他从未真正长大，他一生都是依赖别人的孩子，他把华伦夫人当作母亲，把勒瓦塞当作保姆。《忏悔录》中的许多篇章以及在他更多的书信中，都强调了孩子的成分。不少与卢梭有过交往的人，例如休谟，都把他看成一个孩子。他们一开始把卢梭当作一个无恶意的孩子，是可以管教的。付出一定代价后，他们才发现与他们打交道的是一个才华横溢而又富有野性的少年犯。在许多方面，卢梭也自觉是个孩子，于是他也就无法养育自己的骨肉。必须有某种东西来取代他的位置，这便是国家，以孤儿院的形式出现的国家。

所以，卢梭认为他所做的是“一个正确而又明智的安排”。这正是柏拉图所提倡的。孩子们“最好都不要过于小心地养育，这样才会使他们更加强健”，他们将会“比他们的父亲更加快乐”。“我过去曾希望”，他写道，“我现在仍希望自己像他们那样成长和受教育。”总而言之，卢梭把他的责任转嫁给国家，“我若是能够拥有同样的幸运，我想我就是在履行一个公民和一个父亲的职责，而且我把自己看作是柏拉图的共和国中的一员”。

卢梭宣称，他对处置自己子女的方法的思考，形成了他在《爱弥儿》中表述出来的教育理论。显然，这也有助于他完成同年出版的《社会契约论》。开始是在特定的情况下，一种个人的自我辩护——对他的行为的一系列匆忙的、病态的，又反复考虑过的辩解，这一点他自己起初也知道，这个开端就是不正常的——其后又逐步发展，由于反复的自辩和日益增长的自负，就连自己也真的相信了，并形成一种主张：对于社会道德的改善，教育是关键，既然如此，教育就是国家的事。国家必须造就所有人的思想，不仅仅是儿童（因为孤儿院已经对卢梭的孩子这样做了），而且也包括成年的公民。根据一连串古怪的而又可耻的道德逻辑，卢梭作为人父的恶行是同他思想的子孙——未来的极权主义国家联系在一起的。

围绕着卢梭的政治学观点，总是存在着不少混乱，因为在很多方面，他是一个前后不一、自相矛盾的作家。有关卢梭的研究变得如此庞大的一个原因是学术研究要致力于解决“难题”。卢梭在一些文章中表现为保守主义者，强烈反对革命，“想象到将群众发动起来后所造成的危险”，“那些制造革命的人几乎总是以大发怒火结束，使自己套上比过去更重的枷锁”，“我就不愿卷入任何革命阴谋，这一向会导致混乱、暴力和血腥”，“整个人类的解放不应该以任何个人的生命为代价”。但是他的作品也充满强烈的悲痛。“我痛恨那些大人物，我痛恨他们的等级，他们的尖刻，他们的偏见，他们的吝啬！痛恨他们所有的罪恶！”他曾写信给一位贵妇说：“正是你们这些有钱人、你的那个阶级，从我手中夺去了我的孩子们的面包。”卢梭还承认“对那些有钱人和功成名就的人心怀愤恨，就好像他们的财富和幸福是损害了我才获得的”。好些富人们“是一群饿狼，一旦尝过人肉的味道后，就拒绝其他食物了”。他有许多有力的格言，语气激进，这使得他的作品对年轻人特别富有吸引力。“土地里结出的果实属于我们大家，土地本身不属于任何人。”“人生而自由，但到处都是锁链。”他在《百科全书》“政治经济学”条目中概括了他对统治阶级的态度：“你们需要我，因为我富有而你们贫穷。让我们达成协议吧，我给你们为我服务的荣幸，若是你们把所有的麻烦都交给我，我会指导你们。”

然而，一旦我们理解了卢梭要创建的国家的性质，他的观点就开始连贯起来。必须以一种完全不同的、本质上是平等主义的社会制度来取代现存的社会制度，但是实现这个目的时，不允许用革命来破坏秩序。有钱人和特权阶层作为统治力量，将被代表着普遍意志的国家所取代，所有的人根据契约都应当服从它。这种服从将会变成本能的和自愿的，因为国家会通过系统的文化工程的作用，向所有人灌输美德。国家就是父亲，是家长，它的全体公民就是父亲般的孤儿院中的孩子。（约翰逊博士有关的评论似乎令人困惑，但他一针见血地戳穿了卢梭的诡辩：“爱国主义是流氓的最后庇护所。”）诚然，儿童公民，与卢梭自己的孩子不同，他们最初通过自由契约同意服从于国家孤儿院。这通过了他们的集体意志，因此具有合法性。此后，他们没有权利觉得是在被限制，因为他们要法律，就必须热爱他们承担的义务。

尽管卢梭将普遍意志解释为自由，但它本质上是独裁者的工具，是后来所谓的“民主集权制”的雏形。在普遍意志的名义下制定的法律，必须具有道德的权威。“人们为自己制定的法律不可能是不公正的。”“普遍意志是永久合理的。”此外，倘若国家具有“良好的动机”（例如，它的长期目标是令人向往的），普遍意志就可以很安全地让领袖们来解释，因为“他们很清楚地知道，普遍意志永远支持最有利于公众利益的决定”。因此，任何人一旦发现自己是在普遍意志的对立面，他就一定是犯了错误：“当一种与我的观点对立的观点盛行时，那就证明我错了，我以为是普遍意志，其实并不是。”更确切地说，“如果我独特的见解被时代所接受，我就走到了我的意志的反面，我也会因此失去了自由”。这种说法使我们几乎进了亚瑟·凯斯特勒[①]的小说《中午的黑暗》中的寒冷区，或是想到乔治·奥威尔的“新话语”[②]。

卢梭的国家不仅是权威主义的，而且是极权主义的。因为它控制着人类活动的每个方面，也包括思想。在社会契约之下，个人被要求“将他自己和他所有的权利转让给整个社区（即国家）”。卢梭坚信在人天生的自私与他的社会责任之间，在人与公民之间，存在着无法消除的冲突，这使人感到痛苦。社会契约使国家成为国家，其功能就是使人重新统一，“让人成为人，你就会使他尽可能地幸福。要么让他把一切都交给国家，要么把一切都留给自己。但是你要把他的心灵分开，就是把他劈成了两半”。因此，你们必须把公民当成儿童来看待，控制他们的发育和思想，把“社会法律种植在他们的心底里”。这样，他们便成为“天生的社会人，自觉的公民；他们将会成为一体，他们一定善良，他们一定幸福，而他们的幸福就是共和国的幸福”。

这一程序要求完全的服从。最初的社会契约是他为科西嘉所设计的制度，其誓词是这样的：“我把我自己、我的身体、我的财物、我的意志和我所有的权利都奉献给科西嘉国家，承认她对我、对我自己以及所有靠我生活的人的所有权。”这样，国家“拥有所有的人和他们的所有权利”，并控制着他们经济和社会生活的每一方面。

---

① 亚瑟·凯斯特勒（1905—1983），匈牙利裔英国小说家、新闻记者，20世纪30年代曾为共产党员，被关进法西斯集中营。代表作为《中午的黑暗》。

② 新话语，以模棱两可和自相矛盾为特点的宣传语言。（出自奥威尔的小说《一九八四》）

这种生活是斯巴达式的，反对奢侈，反对城市，人们除非获得特殊批准，否则不能进入城镇。卢梭为科西嘉所设想的国家，在许多方面实际上正是波尔布特政权试图在柬埔寨创立的国家的先例。这完全不必惊奇，因为巴黎政权受过教育的领袖已经全盘吸收了卢梭的学说。当然，卢梭自己也非常真诚地相信，这样的国家是令人满意的，因为人民会被训练得去喜欢它。他没有用“洗脑”这个词，可他写道：“谁控制了人们的思想，谁就可以控制他们的行动。”这种控制的确立，要从婴儿期开始就将公民当作国家的子女对待，训练他们，“只是在同国家机体的关系中考察自己”“因为不依靠国家，他们就不存在，没有了国家，他们也不复存在，国家拥有他们所有的一切，国家也就是他们的一切”。这也预示了墨索里尼的法西斯主义的核心理论：“一切都存在于国家之内；国家以外，什么也没有；没有什么可以对抗国家。”要使国家被人接受和达到成功，就需要文化工程，教育的进步便成为文化工程成功的关键。卢梭思想的核心是：公民是孩子，国家是父亲，他坚持政府应全盘掌握所有子女的抚育工作。这是卢梭的学说带来的真正的革命——这样，他就把政治程序引入人类存在的中心位置。他使立法者同时也是导师成为救世主，他能够解决人类所有的问题，创造新人。他写道：“一切根本上都依靠政治。”美德是好政府的产物，“与其将恶归咎于人，不如归咎于没有管理好的人”。政治的进步和新型国家的实现是医治人类弊病的万能药物，政治无所不能。因而，卢梭就为20世纪的主要欺骗和愚蠢行为准备了蓝图。

卢梭生前的名望以及死后的影响力向人们提出了一些令人困惑的问题，即关于人类易于受骗上当。实际上这是人类的一种嗜好，他们拒绝接受不愿承认的证据。卢梭作品易于被人接受，在很大程度上是因为他提出了一个尖锐的要求：不但要成为一个有品德的人，而且要成为那个时代最有品德的人。当卢梭的种种缺点和恶行不仅广为人知，而且成为国际性的论题时，为什么他的这种荒谬而卑劣的要求并没有崩溃？对卢梭进行攻击的毕竟不是陌生人，也不是政治对手，而是他昔日的友人和曾专门帮助过他的同伴。他们对卢梭的指责是严厉的，他们的集体控诉是毁灭性的。休谟一度这样评价卢梭："和蔼、谦逊、多情、无私而且极其敏感。"但经过更多的接触以后，他的判断是：卢梭"简直是个怪物，他自以为是世间唯一的重要人物"。狄德罗与卢梭经过长时间的交往后，这样概括卢梭的为人："不老实、像撒旦一样自负、忘恩负义、残忍、伪善、充满敌意。"格里姆认为他"可恶而可笑"。在伏尔泰的眼中，他是"一个自负而卑鄙的怪物"。在对卢梭的所有评价中，最可悲的是那些心地善良而又帮助过他的女人们做出的，如德·艾皮奈夫人，还有她那并无恶意的丈夫。她给卢梭最后的话是："我没有什么东西留给你，只有怜悯。"这些评价并不是以卢梭的言论，而是以他的行动为根据的。从那时算起，200多年过去了，学者们挖掘出大量资料，无情地证实了这些评价。一位现代学者将卢梭的缺点列举如下：他是"受虐狂，暴露狂，神经衰弱者，疑病症患者，手淫者，隐性同性恋，缺乏父母人情，早期妄想狂患者，孤芳自赏，满腹内疚，病态的胆怯，盗窃癖，幼稚病，易怒而且贪财"。

这样的指斥以及所列举的广泛的证据，并没有改变某些人对卢梭和他的作品的尊敬，对他们来说，过去和现在，其人其作都具有智慧和情感上的吸引力。在他的一生中，无论与多少朋友反目成仇，他总能轻松地找到新朋友，招募到新的崇拜者、信徒、显贵，为他提供住宅、晚宴和他所渴望的奉承。卢梭去世后，他的遗骸葬于爱尔美农维尔湖中的白杨岛上，这里很快成为来自欧洲各地的男女的世俗朝圣地，如同中世纪圣徒的殿堂。对这些朝圣者们怪诞举止的描述，读来可博一笑："我跪下双膝……将我的唇贴在冰凉的石碑上……一遍又一遍地亲吻着。"众所周知，他的遗物，如烟袋和瓶子，在"圣堂"里被妥善保存。有人记得，1512 年伊拉斯谟和约翰·科利特[①]到坎特伯雷去参观圣托马斯·贝克特[②]的墓地时嘲笑过那众多的朝拜者。宗教改革已经过去 300 年了，如果他们发现了"圣卢梭"（乔治·桑对他的敬称），不知他们会说些什么？他们会以为这类事早已结束了。当卢梭的遗骸被迁到先贤祠后，人们的欢呼延续了很久。康德说卢梭"有一个无比完美的敏感的心灵"。雪莱把卢梭看成"卓越的天才"。席勒认为"只有天堂中的安琪儿才与他的基督一般的灵魂相匹配"。约翰·斯图尔特·穆勒、乔治·艾略特、雨果、福楼拜都向他表示过深深的敬意。托尔斯泰曾说卢梭与福音书"两者对我的一生起过重大和有益的影响"。一位当今最有影响的知识分子克劳德·列唯－施特劳斯在他的重要著作《忧郁的热带》中，热情地赞扬卢梭，说他是"我们的大师，我们的兄弟……如果把书的每一页都献给他，并非是同他的伟大不相称的纪念"。

---

① 伊拉斯谟和约翰·科利特（1467—1519），英国神学家，伦敦圣保罗学校创建人，人文主义者。

② 圣托马斯·贝克特（1118—1170），英格兰国王亨利二世的枢密大臣，后任坎特伯雷大主教，因反对亨利二世控制教会事务遭杀害。

所有的一切都令人非常困惑，而且使人想到知识分子也会和其他任何人一样，失去理性，不合逻辑和迷信。事实似乎是这样：卢梭是一位天才作家，但他的生活和思想都致命地不健全。一位女士对卢梭做了最好的概括，她就是卢梭自称唯一爱过的索菲·居德托伯爵夫人。她一直活到 1813 年，在生命的最后时刻，她做了这样的评价："他丑陋得令我害怕，爱情没有使他更有吸引力。不过，他是个可怜的人，我只有用温柔和仁慈去对待他。他是一个有趣的疯子。"

2

雪莱：无情的理念

1811年6月25日，一位19岁的英国从男爵爵位继承人写信给苏塞克斯郡的一个年轻女教师说："我不是贵族，根本不是其中的一员，我热烈地盼望着这样一个时代：人们勇于依据自然和理性生活，因此也合于德行。"这种说法完全是卢梭式的，不过信的作者、诗人珀西·毕西·雪莱的那种由知识分子和作家指导人类的主张，比起卢梭要走得远得多。和卢梭一样，雪莱相信，社会已经完全腐败，应该被改造，开明人士具有道德的权利和义务，通过自己独立的理智，依据基本的原则重建社会。但雪莱也在证明，知识分子，特别是诗人——他认为诗人是知识群体的领袖——在这一过程中占据着一个享有特权的位置，实际上，"诗人是这个世界未被承认的立法者"。

1812年雪莱在他长达一万字的论文《诗辩》中，代表他的知识分子同伴，发出了这一挑战，这篇论文是自古代以来关于文学的社会目的的最有影响的论述之一。雪莱论证说，诗不仅是展示词语的技巧，不仅是一种消遣，它在所有写作形式中具有最严肃的目的，诗是预言、法律和知识。社会只有在一种道德感受力的指导下才有可能取得进步。教会本应提供这种指导，但已证明是失败的。科学也不能提供。理性主义本身不能产生道德目的，当科学和理性主义伪装成伦理学的时候，就制造出道德的灾难，诸如法国革命的恐怖和拿破仑的独裁。只有诗才能填补道德的真空，并给进步提供一种真正创造性的力量。诗“给心灵提供千万种尚未被理解的思想的组合，从而唤醒了心灵，扩大了心灵的领域。诗揭开了世界隐藏着的美的面纱”。“道德的最大秘密就是爱；或者说超越我们自己的本性，把我们自己同他人的思想、行为或人身上的美统一起来。”“诗同自私自利和物质的算计进行斗争，它鼓励群体精神。”“人为了达到至善，就必须深刻而周密地想象，他就必须把自己放在另外一个人和其他许多人的位置上；他人的痛苦和快乐必须成为他自己的痛苦和快乐。道德的伟大工具是想象，诗则作用于原因而有助于效果。”诗的成就推动着文明的道德进步：事实上，诗自身，它的侍女想象，它天然的环境自由，构成了一切文明和道德准则栖息于其上的三足祭坛。对社会的彻底重建需要想象性的诗歌，“我们需要创造机能来想象我们的所知；我们需要丰富的冲动来实践我们的想象；我们需要生活的诗”。确实，雪莱不仅提出了对诗人的要求准则，而且他第一次对后来成为19世纪社会主要特征的物质主义提出了根本的批评：“诗，以及以金钱为其看得见的化身的自我原则，成为世界的上帝和财神。”

雪莱在诗歌中确实实践了他所宣扬的东西。他是个伟大的诗人——他的诗歌可以在许多层面上欣赏和理解，但最深的层面，雪莱所想达到的层面，本质上是道德的和政治的，他是最彻底政治化的英国诗人。他所有的主要作品以及他许多比较短的诗，都对某种社会行动发出号召，都是一种公开的预言。他最长的诗篇《伊斯兰的背叛》（近 5000 行）关系到压迫、起义和自由。《赞智力的美》意指善的精神，体现一切人的自由和平等，庆祝它战胜了既定的恶。《解放了的普罗米修斯》叙述了另一场取得成功的革命和这位神话人物的胜利，这一人物对于雪莱来说（正如对于马克思和其他人）象征着领导人类在地球上建立乌托邦的知识分子。《沈西》重复了反叛暴政的主题，《肿腿的僭主》① 也是这一主题，是对乔治四世② 的攻击。《暴政的假面游行》攻击了乔治四世的大臣。《欧兹曼迪尔斯》只是一首十四行诗，但很有力量，在诗中，雪莱赞美了对专制的复仇。在《写于欧根山中》这首抒情诗里，他指出包围着世界的是周而复始的暴政，并吁请读者加入他的正义的乌托邦。《西风颂》又一次请求读者传播他的政治信息，“把我不能流动的思想传遍宇宙”，以此“加速新生”“把我的文字撒向人间”。《给云雀》中有类似的诗句，说到诗人的声音难以被人听到，他的信息难以流传。雪莱在世时，对自己的作品不能流行感到失望，他渴望自己的道德和政治主张能够深入社会。他最富激情的诗歌中的两首都是恳求他的作品能广泛流传和为人注意的，这并非偶然。简而言之，作为一位艺术家，雪莱显然不是自我中心主义者，没有什么诗人像他那样，很少为自我满足而写作。

---

① 即《俄狄浦斯王》或《肿腿的僭主》。

② 乔治四世（1762—1830），英国国王（1820—1830）。

雪莱是怎样一个人呢？直到最近，总的观点还是他的第二任妻子和未亡人玛丽·雪莱所做的不疲倦的宣传：这位诗人是一个极其纯洁、天真、不谙世事的人物，他没有过失和恶行，他献身于艺术和同胞，虽然他绝不是一个政治家，毋宁说是个极其聪明和过分敏感的孩子。这一观点被他同时代人对他外貌的描述所强化了：他苗条、苍白、纤弱，直到二十好几还保持着青春的娇嫩。卢梭开创的对波希米亚式服装的崇拜也为第二代和第三代浪漫派知识分子所保留。拜伦所炫耀的不仅是适于他的那种地中海式样或东方式样的服装，而且甚至当他穿欧洲式服装时，也总是喜欢宽宽大大，并且免去了精致的领带，敞着衬衫的领口，甚至根本不穿外套只穿衬衣。他对令人不舒服的习俗，表现出一种贵族式的蔑视，这也为比较平民化的诗人如济慈所效仿。雪莱同样接受了这种时尚，还加上了自己的风格：他喜爱学生式的夹克衫和帽子。对他来说，有时衣服显得有些瘦，但特别适宜于他想带来的效果：那种青春的本色和清新，有点笨拙，但很迷人。女士们特别喜欢这样，正如她们喜欢不系饰带、不扣纽扣的拜伦。这有助于创造一个具有影响力的、始终如一的、但又是神话式的雪莱的形象。在马修·阿诺德[①]对他的赞颂中可以发现这一形象几乎有了大理石般的形式，阿诺德说他是“美丽而不切实际的安琪儿，枉然地在空中拍着他闪烁的银色翅膀”。阿诺德的这一评论见于他有关拜伦的论文，他发现拜伦的诗歌远比雪莱的诗歌严肃和厚重，后者具有“不实在”这种“无可救药的毛病”。另一方面，从人品来说，雪莱是个“美丽而有魅力

① 马修·阿诺德（1822—1888），英国诗人和文艺批评家。

的人物”“不可计量地超出拜伦”。很难想象有什么比阿诺德更不合情理的评判了，他的全部观点都是错误的，这表明阿诺德对这两人所知甚少，也没有认真阅读过雪莱的作品。但十分奇怪的是，他对雪莱性格的判断同拜伦的并没有什么不同，拜伦写道，雪莱“无疑是我认识的人中最好、最少私心的人，我所认识的一切人同他相比，无不显得粗鲁”。他还说雪莱是“最无私而善良的人，比我知道的任何人都更能为别人而牺牲自己的财富和感情”。这些评论是雪莱的悲剧结局还清楚地留存在拜伦心中时做出的，所以他的态度并不能当真。拜伦对于雪莱的认识大多是依据他同雪莱本人的谈话为基础。尽管如此，拜伦又是个深谙世故的人，是个敏锐的裁判官、狂热的谎言揭露者，拜伦的说法是有影响的，雪莱也给同时代的那些心胸比较封闭的波希米亚式的艺术家留下了同样的印象。

然而，实际情况根本不是如此，任何一个把雪莱作为诗人来尊敬的人（就如我），都会对此感到惊讶。事实真相见于各种不同的材料，最重要的材料之一是雪莱自己的信件。这些信件表明，在追求自己的理想时，雪莱的专心致志令人吃惊，但他又是冷酷无情甚至是野蛮地清除那些阻挡他道路的人。同卢梭一样，总的说来他爱人类，但对特定的人他常常是残酷无情的。强烈的爱使他燃烧，但这是一种抽象的火焰，可怜的凡人靠近时常常会被烤焦。他把观念放在人之上，他的一生就是在证明无情理念是怎么一回事。

雪莱 1792 年 8 月 4 日出生在苏塞克斯郡靠近豪希姆的菲尔德庄园。这是一幢乔治王朝式的大房子，同许多重要的知识分子一样，他不是独生子女，但在许多方面，他却占据着一个更容易堕落的位置：他是家中唯一的男孩、一份巨大的财产和一个爵位的继承人。作为长兄，他下面有 4 个妹妹——她们比他小 2 岁至 9 岁。现代人已经难以理解，他的这一位置在 18 世纪末的意义：对于他的父母，甚至对于他的妹妹们而言，他是万物的君王。

雪莱的家庭是一个古老家族的一个较小的分支，它同当地的大地主诺福克公爵有着种种联系。这个家庭家财极丰，这是由雪莱的祖父、第一代从男爵毕西爵士新近聚积起来的，他出生在新泽西的奈瓦克，是一位新世界的冒险者，粗俗、顽强、精力充沛。雪莱显然继承了他那种干劲和冷酷。雪莱的父亲蒂莫西爵士 1815 年继承了爵位，比较而言，他性格温和，不得罪人，作为索瑞汉姆的下议员，多年来他忠于职守，生活上无可指责，他逐步从稳健的辉格党立场转为托利党的中间派。

雪莱在庄园中被溺爱他的父母和崇拜他的妹妹们所包围，懒散地度过了童年时代。他很早就显示出对自然和自然科学的热情，他曾用化学试剂和热气球进行实验，他一生都保留着这方面的兴趣。1804 年，他 12 岁的时候被送进了伊顿公学，在那里度过了 6 年。雪莱学习很努力，他极其熟练地掌握了拉丁语和希腊语，对古代文学也有着广泛的知识，他终身都是如此。对那些严肃的作品、对小说，他都是一位贪婪而且速度极快的读者。他是那个时代继柯勒律治之后又一位读书最多的诗人，他也是学校的神童。1809 年，他 17 岁时，前任王室医生、伊顿公学的兼职教师詹姆斯·林德博士向他介绍了威廉·葛德文的《政治正义论》，这是当时左派的基本教科书。林德对信奉魔鬼也有兴趣，他激发了雪莱对超自然和神秘事物的激情，这种激情不只是在当时流行的、在简·奥斯丁的《诺桑觉寺》中被十分出色地嘲笑的哥特式小说[①]，而且是伊路米那提以及其他秘密革命社团的实际活动。

伊路米那提是1776年由作为启蒙运动中的理性主义者的保护人阿登·威肖普特在德国的因古兹塔德大学建立的，其目标是给世界以启蒙，直至（如他所说的）“君王和国家不经过暴力从地球上消失，人类组成一个家庭，世界成为有理性的人的居所”。从某种意义上说，这也成了雪莱始终如一的目标。但是他在吸取伊路米那提的思想时，也一道吸取了它的敌人的攻击性的宣传，特别是巴路埃尔神父轰动一时的极端主义小册子《阐述雅各宾主义历史的回忆录》（伦敦，1797—1798），这本小册子不但攻击伊路米那提，而且攻击共济会成员、玫瑰十字架基督徒[②]和犹太人，雪莱多年中一直迷恋这本令人生厌的书，还常常把它推荐给朋友（他的第二任妻子玛丽1818年写作《弗兰肯斯坦》[③]时就利用过这本书），在雪莱的脑海中，它同他当时和以后所阅读的大量哥特式小说混合在一起了。

这样，从十多岁起，雪莱对政治的投入既带着对秘密会社的兴趣，又带上了巴路埃尔神父及其同道所宣传的历史阴谋理论的色彩。他始终摆脱不了这些，这实际上妨碍了他去认识英国的政治以

---

① 哥特式小说是18世纪流行的一种小说式样，内容恐怖、怪诞，多以中世纪的哥特式城堡为背景，故得此名。

② 玫瑰十字架基督徒是17、18世纪欧洲一些秘密会社成员的总称，这些会社如玫瑰十字架兄弟会、玫瑰十字架武士等，均以中间有一朵红色玫瑰的十字架为标志。

③ 《弗兰肯斯坦》是玛丽·雪莱1818年创作的小说，弗兰肯斯坦是一位研究医学的大学生，他被自己制造的一个人形怪物所毁灭。

及利物浦和卡色尔瑞[1]这些人的动机和政策，只是把他们看作恶的化身。他早期的几乎全部政治活动，都是向激进派作家李·亨特[2]提议成立一个由“开明的、公正的人士”组成的秘密会社，以抵抗“自由的敌人的联合”。事实上，一些熟悉雪莱的人，从来都是把他的政治看作不过是一种文学上的空话，纯粹是哥特式小说在现实生活中的投影。托马斯·勒夫·皮科克[3]在他的小说《梦魇修道院》中讽刺了这种对秘密会社的爱好，他把雪莱描绘成书中的斯西罗坡，他“如今被那种改造世界的激情弄得困扰不安，他在空气中建立了许多城堡，里面满是秘密法庭和伊路米那提那帮人，这些人始终是他所想象的更新人类的计划中的成员”。雪莱在一定程度上应当为他这种毫无意义的乌托邦主义而受到责备。按照他的朋友托马斯·杰弗逊·豪格[4]的说法，他不仅坚持“以一种狂热的激情”向一切愿意听的人大声朗读一本叫《恐怖秘事》的书，而且他写过两部哥特式小说：《查斯特罗齐》出版于他在伊顿的最后一学期；在牛津的第一学期出版了《炼丹术士圣欧文》。它们被伊丽莎白·巴瑞特·勃朗宁[5]公正地看作“寄宿学校的白痴行为”而不予置评。

雪莱还在学校里的时候就被称作“伊顿的无神论者”，他因此

---

① 罗伯特·斯图亚特·卡色尔瑞（1769—1822），英国政治家，子爵，曾任爱尔兰事务大臣、外交大臣等职。

② 李·亨特（1784—1859），英国激进派作家、诗人和评论家，雪莱的好友。

③ 托马斯·勒夫·皮科克（1785—1866），英国小说家、诗人，雪莱的好友。

④ 托马斯·杰弗逊·豪格（1792—1862），雪莱在牛津大学时的同学，因支持雪莱关于无神论的著作，同雪莱一道被牛津大学开除。

⑤ 伊丽莎白·巴瑞特·勃朗宁（1806—1861），英国女诗人。

而著名，或者说臭名昭著。注意到这一点是重要的，这可以联想到后来他对家庭的毫不宽容的责怪。他的祖父和父亲绝没有想到要去约束他青年时期的写作，其中当然也包括诗歌，他们鼓励他写，资助他出版。据雪莱的妹妹海伦说，老毕西爵士为他的学生的诗歌出版付了款。1810 年 9 月，就在他去牛津大学之前，毕西爵士为雪莱的一册所谓《维克多和卡吉尔原创诗集》付费印刷了 1500 册。这年秋天，雪莱去牛津，他的父亲蒂莫西带他去著名书商斯拉特的书店，并且说："这是我儿子，他具有文学才华，他已经是个作家了，无论他要印什么古怪的东西，都请满足他的愿望。"蒂莫西确实鼓励他写出能获奖的诗歌，在《帕台农神殿》[①] 上发表，并给他寄去材料。显然，他希望引导雪莱离开他认为的青春期的骚动，进入严肃的文学。他对儿子写作的资助，有着一个明确的条件：雪莱可以在他的朋友中间表达他的反宗教观点，但不能把它们出版，以免毁了他的大学生活。

毫无疑问，雪莱是同意这一点的，这在现存的一封信中透露出来。此后他却开始以一种最恶劣、最彻底的方式来违背他的诺言。1811 年 3 月，他是牛津大学学院一年级学生，写了一本挑衅性的小册子来表明他的宗教观。他的论述既不新鲜，也不特别蛮不讲理——它直接来自洛克和休谟。雪莱写道，既然思想来自感觉，"上帝"就不可能从感性、知觉中推导出来，信仰不是自由意志的行为，因此不信仰也不可能是罪恶。雪莱把这一通沉闷的诡辩加

① 牛津大学的一份文学杂志。"帕台农神殿"原为公元前5世纪雅典人为供奉雅典娜女神所建造的庙宇。

上了一个富有煽动性的标题——“无神论的必然性”，把它印了出来，放在牛津的书店里，并寄给所有的主教和各学院的首脑。简单地说，他的行为是精心设计的挑衅，在大学当局看来，它所产生的反应也许正是他所期待的：他被开除了。蒂莫西·雪莱灰心丧气，特别是因为他收到过儿子的一封信，信上否认做过任何这类事情。两人在伦敦的一家旅馆里进行了一次痛苦的会面，父亲要求儿子放弃他的观点，至少到他长大一点再说；儿子则坚持说，这些观点对他来说比家人心灵的平静更为重要。父亲“骂着、叫喊着、赌咒发誓，然后又哭起来”，雪莱大声笑着，“突然爆发出一阵恶魔般的笑声”“他从座位上滑了下来，背着地，全身平躺在地上”。结果达成的协议是雪莱从父亲那里每年得到一笔200英镑的生活费。随后又有了一件出人意料的事（1811年8月）：雪莱同妹妹伊丽莎白的同学、16岁的哈丽艾特·威斯特布鲁克结婚。

此后，雪莱同家庭的关系破裂了。在争论中他开始是试图把母亲，后来又想把妹妹拉到他这边来，但失败了。他在给一个朋友的信中宣称他全家是“一群冷酷、自私、精于算计的动物，除了吃、喝、睡，活在世上就没有其他的目的和事情”。他给家中各人的信读来让人惊奇，在他想榨出钱来的时候，狡猾地连哄带骗，其他时候就凶狠、粗暴并加以威胁。他给父亲的信，从虚伪的辩护升格为责骂，还混合着令人难以容忍的恩赐的意味。比如1811年8月30日，他在信中求情说：“我在困境之中求助，不知道除了你以外还有什么更多成功的把握……你会宽宏地原谅年轻人的错误的。”他在10月12日的信中傲慢地说：“虽然社会的习俗使你这一家之长，会同别人一样，易于为偏见和情欲所误导，但我愿坦承，除了社会的最高层，在一般人士的心目中，甚至对于错误，因有其价值也给予尊重，这几乎是很自然的事。”三天以后，他谴责蒂莫西“怯懦的、下流的、卑鄙的迫害手段……你对我粗暴而无耻。当我因无神论被开除，你就希望我在西班牙被人杀掉，这种美妙的愿望同犯罪完全一样，也许对我来说这也好：让英国的法律去惩罚凶手，让懦夫受到谴责而退缩。我一有机会就会去见你——如果你不想听到我的名字，我就偏要叫它，不要以为我是个任人宰割的可怜虫——只要我有足够的钱，我就会到伦敦来见你，对着你的耳朵喊：毕西、毕西、毕西，一直喊毕西，直到把你喊聋”。这封信没有署名。

雪莱对他的母亲就更加凶狠。他妹妹伊丽莎白同他的朋友爱德华·弗格斯·格莱汉姆订婚了，他母亲同意这桩婚配，他却不赞成。10 月 22 日雪莱给母亲写信，指责她同格莱汉姆有私，就用伊丽莎白的婚姻来掩盖它。这封可怕的信看来没有任何事实基础，他还在同一天给伊丽莎白写了信，告诉她那封信的内容，并要她把信给父亲看。在同别人的通信中，他也说到母亲的“下流和堕落”。结果家庭律师威廉·惠吞被委派拆阅和处理雪莱写给家中的一切信件。惠吞是个很和蔼的人，他急于在父子之间缔造和平，但结果被傲慢的雪莱完全拒之门外。他抱怨雪莱给母亲的信“不适当”（在那种情况下的一个温和的说法），此后惠吞的信就被雪莱退了回来，上面潦草地写着这样几句：“威廉·惠吞的信上所用的词语证明 P. 雪莱先生把它退回去是公正的，好让他冷静地仔细阅读，雪莱先生要求威廉先生在同绅士打交道的时候（这种机会也许并不会很多）不要拆开私人信件，否则，厚颜无耻的卑鄙行为将会遭到严惩。”

全家似乎都害怕雪莱动粗，蒂莫西·雪莱写信给惠吞说："只要他留在苏塞克斯，我一定要招来特警到我身边来。他的母亲和妹妹被他吓得要命，现在她们一听到狗叫就赶快跑上楼梯，他现在除了一年 200 英镑之外就无话可说。"还有一件更令人感到可怕的事，雪莱这时过着一种波希米亚式的浪荡生活，他还在引诱一个或几个妹妹到他那里去。在日期注明是 1811 年 12 月 13 日的一封信中，他企图劝诱菲尔德庄园的一个猎人把一封信偷偷带给海伦（"记住，艾伦，我不会忘记你"）。这封信显然是很阴险的——海伦还只有 12 岁，它足以使父母感到心寒。他还急于逗弄一下他更年幼的妹妹玛丽。雪莱很快成为葛德文[①]圈子里的一员，他结识了葛德文那个不受拘束的女儿玛丽——她母亲是女权主义的领袖玛丽·沃尔斯通格拉夫特[②]——以及与玛丽同父异母的妹妹、更具野性的克莱尔·克莱蒙特。成年以后的雪莱始终找来一些年轻的妇女围着他，生活在一起，并且让属于他圈子的无论什么男子分享——至少在理论上是如此。对他来说，他的妹妹们似乎是这种"家庭"的天然的候选人，而且在他看来，帮助她们"逃离"父母家中讨厌的物质主义，是他的道德责任。他还有个计划：把伊丽莎白和海伦从她们在哈克莱的寄宿学校里诱骗出来，让玛丽和克莱尔同她们会合。幸运的是，这种事没有发生。雪莱本来就没有给乱伦划出过一条界限，他同拜伦一样，迷恋于这类事。他没有像拜伦走得那样远，拜伦同

---

① 威廉·葛德文（1756—1836），英国哲学家，雪莱的第二任妻子玛丽·葛德文的父亲。

② 玛丽·沃尔斯通格拉夫特（1759—1797），英国女作家，女权运动的先驱，雪莱的第二任妻子玛丽·葛德文的母亲。

他的同父异母姐姐奥古斯塔·李相恋。但是雪莱的长诗《伊斯兰的背叛》中的男女主人公莱昂和茜斯娜就是兄妹，后来印刷商表示反对，强迫雪莱做了修改，这同拜伦《厄巴德斯的新娘》中的塞利姆和朱蕾卡的关系是一样的。雪莱也和拜伦一样，总是以为对于性行为的通常准则，自己永远有一种豁免权。

雪莱的这种做法使同他有关系的那些妇女活得很艰难。她们之间除了克莱尔可能是例外，无法证明她们有谁喜欢那种共享的想法，或是对任何形式的乱伦有丝毫的兴趣。使雪莱不快的是，他们所有的人（正如他的家人）都想过一种正常的家庭生活，但这位诗人却不能这样活下去，在各种各样的变更、替换、危险和刺激中，他才显示出勃勃生机；动摇不定、焦虑不安，对于他的作品似乎是必不可少的。他可以卷起一本书或一张纸，来到任何地方，倾泻出他的诗句。当他生活在有家具的出租房或住宅里的时候，他四处搬家，常常被债主逼债，或者继续处于令人十分痛苦的人物戏剧的中心，受到四面八方的打击。但是他继续工作和写作，他博览群书，产量惊人，而且其中大多数都具有很高的质量。他发现很有刺激性的那种动荡不定的生活方式，不仅对他的妻子哈丽艾特，对其他人也都是灾难性的。

哈丽艾特是一位可爱的中产阶级少女，喜爱整洁，非常传统，她是一位成功的商人的女儿。她为神一般的诗人而倾倒，失去了理性，同他私奔，此后她的一生不可避免地走向灾难。在四年中，她同雪莱一起过着不稳定的生活，先后移居伦敦、爱丁堡、约克、凯斯威克、北威尔士、林茅斯，又到威尔士、都柏林、伦敦和泰晤士河谷。在其中一些地方，雪莱从事非法的政治活动，引起地方法官和警察以至中央政府的注意；他到哪里都同商人们发生麻烦，他们等着他付清账单；他也同邻居结怨，他那些危险的化学实验使他们惊恐，他们看到他那个家庭中的不正当关系，也感到厌恶和气愤，这种关系几乎总是包含着两个或者更多的年轻女人。在迪斯特里克湖和威尔士，有两次他的住房受到当地民众的攻击，他被迫逃亡，面对债主和警察，他也是一逃了之。

哈丽艾特尽其所能分担他的活动，帮助他散发非法的政治传单。雪莱的第一部长诗《麦布女王》是题献给她的，这使她非常高兴。她为他生了一个女儿伊丽莎·艾安蒂，她又怀上了一个孩子，儿子查尔斯。但是她没有能使雪莱永远迷恋的能力，其他任何女人也都是这样。雪莱的爱情深沉、诚挚、热烈甚至是持久的——但他的爱情总是变换对象。1814 年 6 月，他突然向哈丽艾特宣布了一个消息：他同葛德文的女儿玛丽相爱了，已同她一起去了欧洲大陆（克莱尔紧跟在后面）。她得到这一消息大吃一惊，做出的反应出乎雪莱的意料，也使他不快。他是那种崇高的利己主义者，有一种强烈的道德化的倾向，他认为对于他的决定，别人不但有义务服从，而且要欢呼，别人没有这样做时，他立即就表示气愤。

雪莱在离开哈丽艾特以后给她的信，同他给父亲的信是一个模式，开始是屈尊恩赐的样子，当哈丽艾特没有照他的方式看问题的时候，就转为一种自以为正当的愤怒。他在 1814 年 7 月 14 日给哈丽艾特的信中写道："你从来没有以能使我完全满足的激情来填补我的心灵，这并不是我的耻辱。"他说他始终对她宽宏大量，而且仍然是她最好的朋友。到了下个月，他又邀请她去特鲁瓦，加入他、玛丽、克莱尔之中去："在那里你至少可以找到一个坚定的、永远的朋友，对他来说，你的利益永远是宝贵的，你的感情永远不会被他故意伤害。除我之外，你从任何人那里都别指望这样。”一个月以后，雪莱发现自己的这种策略没有起到作用，他变得更加咄咄逼人了：“我认为自己比那些你名义上的任何朋友都更有价值、更好得多……我的主要意图一直是要用津贴费让你大吃一惊。甚至现在，我对另一个人的狂热而持久的激情指引着我宁愿同她、而不是同你交往，我仍然一直在忙于考虑怎样才能对你长久地、真正地有所帮助……不料回报却是用耻辱和责备使我受到伤害——如此空前而卓越的关爱是要求得到一种完全不同的回报的。”第二天，他又这样写道：“无论你是否继续充分信任我的经受了考验的、始终如一的诚实，想一想吧，这么长时间来，你一直是乐于把你未来的生活置于我的心灵的监督和影响之下，服从我们之间的友谊所建造的法则的。”

写这些信的部分目的是从哈丽艾特那里要钱（这时她还有些钱），部分目的是向她施加压力，向债主和敌人隐瞒他的行踪，还有就是为了阻止她去找律师。信中不时提到“我的人身安全”和“我的安全和舒适”，雪莱是个极其敏感的人，他对别人的感情却似乎十分迟钝（这种结合并不少见）。当雪莱发现哈丽艾特为了自己的权利，最终采取法律步骤时，他的怒火爆发了：“如果你真的已经堕落到这种程度，你这样做就毁了你自己的目标。甚至现在，我还会想起我们过去的友情，我还希望你没有完全丧失宽宏大量的美德，这会使我对你做出的让步比法律能提供给你的要多得多。如果收到这封信，你还坚持要诉诸法律，显然，我今后就只能把你看作敌人了，把你看作是……最卑鄙、最阴险的叛徒。”他还加上这样几句："我是个白痴，还在等待你的伟大或宽宏大量。"他责怪她"丑恶而卑鄙的自私"，企图"伤害一个正在同贫困进行斗争的无辜者"。这时他的自我欺骗完美无缺了，他确信，他的行为自始至终无可指责，而哈丽艾特则是不可原谅的，他写信给他的朋友豪格说："我深信，这使我成为人类更永恒的朋友和更有用的恋人，真理和美德的更热烈的拥护者。"

雪莱有许多孩子气的特点，其中之一就是他能把最伤人的辱骂同要求得到恩惠结合在一起，比如他在给母亲的信中指责她同别人通奸，随后又要求她寄给他"我的电动机和日光显微镜"；他对哈丽艾特的辱骂中又夹着要求，不只是要钱，还要衣服，"我需要袜子、毛衣和沃尔斯通格拉夫特夫人的《遗著》"。他还告诉哈丽艾特，没有钱，"我必定会饿死……亲爱的哈丽艾特，快给我寄些生活费来"。他也不问一下她的情况，虽然他知道哈丽艾特怀着他的孩子，此后，突然没有信来了，哈丽艾特写信给一个朋友说："雪莱先生变得放荡荒淫，这完全归功于葛德文的《政治正义论》……下个月我要分娩了，他不会在我身边，不会的，他现在不关心我了，他再也不会过问我，或给我来信说说他在做些什么。一句话，我曾经爱过的人死了。这是个吸血鬼。"

雪莱的儿子，哈丽艾特起名为查尔斯·毕西，生于 1814 年 11 月 30 日，他的父亲是否见过他，这一点并不清楚。哈丽艾特的姐姐伊丽莎仍然对妹妹忠心耿耿——因此雪莱开始带着强烈的敌意来看待伊丽莎——她决心不让雪莱的波希米亚式的女人来抚养孩子。雪莱同卢梭不一样，他不把自己的孩子看作"麻烦的东西"，他竭尽全力要得到他们，但是法律上的战斗必然对他不利，孩子由大法官法庭监护，此后雪莱对他们也失去了兴趣。哈丽艾特的生活被毁坏了，1816 年 9 月，她把孩子留给了父母，在切尔西[1]住下了。她的最后一封信是写给她姐姐的："你的一切友爱，我都无法报答了，想到这些，我就常常心痛。我知道你会原谅我的，因为天性使你对任何人都不会苛刻严厉。"11 月 9 日，哈丽艾特失踪了。12 月 10 日，她的尸体在海德公园的塞本庭河中被人发现。尸体肿大，据说怀着孕，但这并没有确凿的证据。雪莱很久以来一直到处说假话，说他同哈丽艾特是依据共同的协议分居的，他对哈丽艾特死亡的反应是责骂她的家庭并制造出一套谎言，他写信给玛丽说："事情似乎是这样：这个可怜的女人——她那个讨厌的、不合人情的家庭中头脑最简单的女人——被从她父亲的家中赶了出来，就堕落为妓女，后来又同一个叫史密斯的马夫同居，那家伙抛弃了她，她就自杀了。毫无疑问，她的姐姐是一条贪婪的毒蛇，没有从我同她的关系中得到好处，就通过这可怜人的死，以保证她自己能继承老人——他现在也快死了——的家产！……人人对我都很公平——都在证明我对她诚实而慷慨。"接着，两天以后，他又给这位姐姐写了一封特别冷酷无情的信。

在雪莱虚伪的谎言中，有一部分可以用这样一个事实来解释：他正在为另一个自杀事件而困扰不安，他对此也负有责任。范妮·伊摩莱是葛德文的养女，是他第二任妻子同他结婚之前所生。她比玛丽年长四岁，被认为（哈丽艾特这样说的）"极其单纯、极其敏感"。雪莱用尽办法想把她弄到手，早在 1812 年 12 月，就给

① 切尔西是位于伦敦西南、泰晤士河北岸的住宅区，为艺术家和作家的聚居地。

她写信说：“我是被称为‘人’的那种可怕的、长着长爪的动物之一，我向你保证，我一直是我的同类中最不会害人的，我靠素食生活，自我出生以来，从没有伤过人，我鼓足勇气请你一定要关心我。”范妮也许在雪莱的计划里起过重要作用：雪莱试图建立一个激进的同仁团体，实行性共享，由他本人、玛丽、克莱尔、豪格、皮科克以及克莱尔的兄弟查尔斯·克莱蒙特等人组成。不管怎么说，雪莱使她着迷了，而葛德文和他的妻子则认为，她是悲剧性地爱上了雪莱。1814 年 9 月 10 日至 14 日，雪莱独自在伦敦，玛丽和克莱尔在巴斯，范妮晚上去雪莱的住所拜访，可能他在那里诱奸了她。此后雪莱去了巴斯，10 月 9 日，他们三人收到范妮的一封非常消沉的信，邮戳上是布雷斯特尔。雪莱立即动身去找她，但没有找到。实际上她已去西万斯了，第二天她在麦克威斯·阿姆斯旅馆的一个房间里服用了过量的鸦片。雪莱在他的信里从来没有提过她，但在 1815 年的一首诗中说到她（“我们分手时，她的声音在发抖”），写到自己（“一个头发灰白、有着雄鹰般眼睛的青年”）坐在她的墓旁，但这只是一个念头，他从来没有去过她的坟地，那里没有标记。

在雪莱理念的祭坛上，还有其他牺牲品，其中一位是伊丽莎白·希钦纳。她是苏塞克斯一个年轻的工人阶级妇女，父亲是走私起家的酒店主，她的努力和牺牲带来了奇迹，她成了赫斯特皮尔保因特的教师。她以思想激进闻名，雪莱开始同她通信。1812 年雪莱在都柏林鼓吹爱尔兰的解放，却没有得到响应。离开那里时，他手头有一大堆颠覆性的材料，他很聪明地把材料寄给希钦纳小姐，让她在苏塞克斯散发。他把它们放在一个大木箱里，但是颇具特色的是，他只付了可以寄到豪里海德的钱。他想的是，邮件会继续往前送，希钦纳小姐收到时会付款的。但是邮箱在进入口岸时被打开了，内政部自然得到了报告，就对这位女教师进行监视，这事实上毁了她的前程。但她还有她的名誉，这时雪莱又邀请她加入他的小团体，她的父亲和朋友竭力反对，她却同意了。雪莱还说服她借给他 100 英镑，大概是作为她的生活储金。

在这一阶段，雪莱对她大加赞扬："虽然她出身于一个非常微贱的家庭，但她在青年时代就养成了一种进行深入和细致的思考的习惯；她的心灵超越了偏见的束缚，天生喜欢追究和探讨。"雪莱还在给她的一封信中，称她是他的暴风雨中的"岩石"，"我的更好的本质，我的理性的判断者、行为的指导者、价值的启迪者"；她是"给所到之处带来幸福、革新和自由的那些人中的一个"。她去了林茅斯，加入雪莱一伙。在那里，据说她"整天笑啊、讲啊、写啊"，并散发雪莱的传单。但是哈丽艾特和她的姐姐很快增长了对她的不满，雪莱并不反对他那些女人之间有某种竞争性的紧张，但这一次，他很快同她们一样，对希钦纳不满了。他似乎同她在海边长时间地散步时诱奸过她，不过不久就感到厌倦了。到哈丽艾特和伊丽莎转而攻击她时，他就做出决定：希钦纳必须离开。总之，那时他已经同葛德文一家接触，他发现那里的年轻女士们更让人激动，于是希钦纳被打发回到苏塞克斯，继续她在那里的事业，并答应给她每星期 2 英镑的薪金。在那里她被当作某位先生遗弃的情妇，成了笑柄。雪莱在给豪格的信中嘲弄地说："这个已走了的痛苦地折磨人的女教师，我称她是褐色魔鬼，她一定收到我们的津贴了。我付出这笔款子的时候心情沉痛，但不得不付。由于我错误的、草率的决定，她失去了安宁的生活环境；她现在说，由于我的残暴，她失去了名誉，健康受到了损害，心灵的平静遭到了破坏：承受着一切女主人公精神上和肉体上所经历的痛苦，完全是一个牺牲品。”雪莱又忍不住再加上一句，“这女人是个狡猾、浅薄、丑陋、不男不女的野兽”。事实上，希钦纳只收到工资中的第一笔，她借出的 100 英镑再也没有被归还。她重新回到微贱之中，是雪莱把她拉出来的，她是为雪莱的激情所烧焦的牺牲品。

还可以举一个相似的、地位甚至更低下的人物为例，这就是丹恩·希莱。他是个 15 岁的小伙子，雪莱把他当作仆人从爱尔兰带了回来。我们对雪莱的仆人所知甚少，虽然他一般有三四个仆人。在给葛德文的一封信中，雪莱为他的懒散生活以这样的理由进行辩解：“如果用我去织布，用我妻子去烹饪或做家庭主妇，那么在目前这种社会状态中，我们很快就会变成和现在完全不同的人，我可以说，那对我们的同胞更没有用处。”所以一定得有仆人，无论雪莱是不是养得起他们，他通常是用很低的工资雇用本地人，但是丹恩不同，因为雪莱在都柏林时发现，他在张贴非法标语时非常能干。1812 年在林茅斯，他又让丹恩在墙上和谷仓上贴传单，并告诉他，如果被当局盘问，就编造“在路上遇到两位先生”这样一套故事。8 月 18 日，丹恩在邦斯特普尔被捕，他就照此说了一通，但是根本没有用，依据乔治三世 39 号法令 79 款判定他有罪，判处罚款总计 200 英镑，如不罚款就是六个月的囚禁。谁都以为（包括当局）雪莱会交付罚款的，但雪莱的处理方法却是从他的一个清洁女工那里借来 29 先令，从一个邻居那里借来 3 英镑，作为丹恩逃跑的费用[1]，这样丹恩进了监狱。他被释放以后又去雪莱那里做工，但6个月后他被解雇了，正式的理由是他的行为“不道德”——他可能在监狱里学到一些坏习惯——真正的原因是雪莱必须省钱。丹恩还有10英镑工资被欠着，这笔钱从来没有还。这是另一个受到伤害又淹没在黑暗之中的牺牲品。

关于雪莱的行为，必须说明的是，所有这些事情发生的时候，他还很年轻，1812年，他才20岁，他遗弃哈丽艾特，同玛丽私奔时22岁。我们常常会忘记，这一代英国诗人在改造了英语世界的文学时是多么年轻。他们去世的时候实在是太年轻了——济慈25岁，雪莱29岁，拜伦36岁。拜伦永远离开英国以后，1816年5月10日在日内瓦湖边同雪莱第一次相会时，只有28岁，雪莱才24岁，玛丽和克莱尔仅仅18岁。对于玛丽在初夏的长夜里，在日内瓦湖畔写出的小说《弗兰肯斯坦》，你也许会说，这是女学生的作品；然而，如果从某种意义上说，他们还是孩子，但是他们也是成人，他们否定了这个世界的价值标准，提出了自己的体系来取代它，这很像20世纪60年代的学生。他们并不认为自己过于年轻就可以不承担责任，或是出于年轻而要求特权——正好完全相反。特别是雪莱，他坚持认为自己对世界有一种极其严肃的使命，他智力上的成熟非常迅速。他的《麦布女王》尽管某些方面还比较幼稚，但极为有力，这是他20岁时写的，次年出版。1815—1816年以后，雪莱进入20岁至30岁这一阶段的中期，他的创作进入高峰，在这一阶

---

① 作者原注：当自己的仆人碰到麻烦时，拜伦给他们的帮助同雪莱形成显著的对比，拜伦不断为他那个长络腮胡子的总管G-B.福西里支付罚款。

段，不仅显示出他极其广博的阅读范围，而且显示出巨大的思想深度。毫无疑问，雪莱有着强健的、同时也是细致和敏感的心灵。他还那么年轻，就接受了作为父母的责任。

让我们现在看看他的孩子。他总共有 7 个孩子，他们有 3 个不同的母亲，头两个孩子艾安蒂和查尔斯，哈丽艾特所生，被判由法庭监护。雪莱为此苦苦争夺，他失败的部分原因是法庭被他在《麦布女王》中所提出的某些观点吓坏了，雪莱则认为这场诉讼主要是企图迫使他从思想上放弃革命目标。针对他的判决做出以后，他继续思考其中的不公平，恨透了大法官艾尔顿勋爵，但是他也没有对孩子们表现出进一步的关怀。根据法庭的判决，他每 4 个月应当付出 30 英镑给那两个同养父母住在一起的孩子，这笔款项从他的津贴费中扣除。他从来没有使用过法庭允许的那种看望孩子的权利，虽然孩子中年龄较大的艾安蒂在死的时候已经 9 岁了，他也从来没有给他们写过信。除了做做样子，他从来没有关心过他们的幸福，他在 1820 年 2 月 17 日不得不给他们的养父托马斯·休谟写了唯一的一封信，信的实质是诉说自己的冤屈，这是一份冷酷无情的文献。此外，在他现存的任何信件和日记中，从来没有提到过这两个孩子，他似乎已经把他们赶出了脑海，不过在他的自传体诗歌《心之灵》中，他们幽灵般地出现过（诗中把哈丽艾特作为“那时的行星”而撇开）：

姐姐和弟弟，长得像孪生的婴儿，
一个被抛弃的母亲恍惚中的希望。

他同玛丽生了4个孩子，其中3个死了，儿子珀西·佛罗伦萨生于1819年，只有他一人活了下来，维持了这一家系。玛丽的第一个孩子，是个女儿，幼年很早就死了；他们的儿子威廉，4岁时在罗马得了肠胃炎，雪莱在他身边连坐了3夜，但这孩子还是死了。女儿卡莱拉的死，一部分是由于雪莱的罪过，也许这一点促使雪莱尽了各种努力去挽救她，她死得太早，还是个婴儿。1818年8月，玛丽和这婴儿留在比较凉爽的度夏胜地卢卡温泉，雪莱自己在艾斯特，位于俯视威尼斯的群山中。他坚持要玛丽和孩子立即到他那里去，这是一年最热的季节中可怕的5天旅行，雪莱并不知道在动身前小卡莱拉就不太好了，她到了那里就明显病了，情况没有好转。然而，3个星期以后，又是完全为了雪莱自己的方便——他正醉心于同拜伦交流他们的激进观点——专横地指示玛丽带着孩子同他一起去威尼斯。可怜的卡莱拉，按照她母亲的说法，“虚弱而且发烧，十分可怕”，这次旅行在酷热的天气里从上午3点30分持续到下午5点，到达帕都厄的时候，孩子显然已病得很厉害了，雪莱却坚持去威尼斯。途中，卡莱拉发展到“嘴和眼睛不断抽搐”，到达威尼斯一个小时以后，她死了。雪莱承认，“这一料想不到的打击”（这实在是可以预见的）使玛丽陷入“一种绝望状态”。这是他们关系恶化过程中的一个重要阶段。

那年冬天进入下一个阶段，一个非婚生的女孩，以艾琳娜为名做了洗礼，她是雪莱在那不勒斯的孩子。在给这孩子登记的时候，雪莱把自己的名字和她母亲的名字给了她，取名玛丽·葛德文·雪莱，但是雪莱的妻子肯定不是孩子的母亲。此后不久，雪莱过去的一个仆人波罗·福基——他娶了雪莱孩子的保姆伊丽丝——对雪莱进行敲诈，他的借口是雪莱称这孩子的母亲是玛丽，犯了虚假申报罪。可能伊丽丝是孩子的母亲，但也有很多反对这一说法的强有力的证据，伊丽丝则有一个完全不同的故事。1820 年，她告诉英国驻威尼斯的领事理查德·豪普纳，雪莱在那不勒斯育婴堂里寄放着一个女婴，是克莱尔·克莱蒙特所生的。豪普纳迄今为止对雪莱都给予很高的评价，尽管雪莱的声誉不佳。这时，他对雪莱的行为感到厌恶，他把这件事告诉了拜伦，拜伦回信说："这些事实没有多少可以怀疑的——情况就是这样。"他知道雪莱和克莱尔·克莱蒙特所有的事情。克莱尔是拜伦非婚生女儿阿丽格拉的母亲。在拜伦 1816 年春天离开英国前，克莱尔已经在挑逗他，拜伦对于诱奸处女是有些犹豫不决的，只是克莱尔告诉他，她已经同雪莱上床睡过觉，这时拜伦才同她上床。事实上，克莱尔不但勾引了拜伦，而且也想帮助他勾引玛丽·雪莱，所以拜伦对克莱尔的道德评价极低，这也是他为什么不允许她抚养阿丽格拉的一个原因，虽然把孩子同她母亲分开，对孩子是不幸的事。拜伦感到满意的是，阿丽格拉是他的，而不是雪莱的孩子，因为他确信，那个时候雪莱同克莱尔没有发生过性关系。但拜伦确信，从那以后，当玛丽不在家的时候，他们不时重温旧情，艾琳娜就是其结果。雪莱的辩护者们还做过种种其他的解释，但是克莱尔和雪莱是那孩子的母亲和父亲，这具有最大的可能性。玛丽被这件事压垮了——她从来没有喜欢过克莱尔，反对她继续出现在他们家中。如果这婴儿仍同他们在一起，克莱尔就成了这个家庭中一个永久的成员，她同雪莱的私通可能恢复。为了对玛丽的忧伤做出回应，雪莱决定抛弃这个婴儿，以他的英雄卢梭为榜样，利用孤儿院。1820 年，这孩子才 18 个月就死在那里，这也毫不奇怪。第二年，为了对豪普纳和其他人的批评表示不屑理睬，雪莱在给玛丽的一封信中用一句毫不带感情的话对这件事做了总结，也透露出他的内心世界："除了我们自己的知觉以外，对任何东西或任何人的意见——这本来完全应当注意的，我很快又变得漠不关心了。"

那么，雪莱是在乱交吗？他与拜伦确实不可相提并论。拜伦在 1818 年 9 月宣称，在两年半的时间里，他在威尼斯女人身上花了 2500 英镑以上，睡过"至少 200 个各种各样的人——也许更多"；后来他又列举了他的情妇中 24 个人的姓名。另一方面，拜伦在某些方面，比雪莱有一种更好的荣誉感，他从不躲躲闪闪或欺骗哄人，雪莱曾写信给两性关系的改革家和女权主义者 J.H. 劳伦斯说："如果我被指控犯下什么巨大的、破坏性的罪恶，我会发抖的，那就是诱奸。"这是他的理论但不是他的实践。除了说过的这些事外，雪莱还同一位出身上层的意大利妇女爱米丽·维维安尼有过一段恋爱。他把有关她的一切都告诉了拜伦，但又补充说："我告诉你的这些请什么也不要说，因为这一切未为人知，玛丽也许会为此而十分生气。"似乎雪莱所希望的，是一位妇女给他提供稳固而舒适的生活，又允许他附带进行一些私通作为回报，他也允许（原则上在任何情况下）妻子有同样的自由。我们将会看到，这样的一种安排成为主要的男性知识分子不断出现的目标。但这种目标从来不能实行，在雪莱那里就确实行不通，他自己所获得的自由首先是给哈丽艾特、后来是给玛丽带来了极度痛苦；她们完全不需要相应的自由。

雪莱显然常常同他的激进派朋友李·亨特讨论这类观点，画家兼日记家本杰明·罗伯特·海顿有这样的记录：雪莱“向亨特夫人以及其他在场的妇女滔滔不绝地谈论……贞操的邪恶和荒谬”。在谈论中，亨特的话使海顿大吃一惊，“如果他同意，任何年轻人同他妻子睡觉他都不会介意”，海顿又写道，“雪莱勇敢地以自己的原则行事——亨特为这些原则辩护，虽然没有精力去实行，但满足于私下的爱抚”。这些妇女是怎么想的，并没有记录。当雪莱告诉哈丽艾特，她可以同他的朋友豪格睡觉，被她断然地拒绝了；雪莱又向玛丽提供了同样的便利，她似乎同意了，但最后的决定是她不喜欢这个男人。现存的证据表明，雪莱性爱自由的实验只是同那些最普通的奸夫一样偷偷摸摸、见不得人，而且把他卷入难免的遮掩和撒谎的纷扰之中。

同样的故事也见之于他对钱财的处理方式，它们过于复杂，说来折磨人，我在这里只是最简单地说一下。在理论上雪莱完全不承认私有财产，更不用说继承权和他自己从中得到好处的长子继承权了。在《改革的哲学观》中，他宣布了自己的社会主义原则：“财产的平等必然是文明不断完善的最后结果，这也是社会制度走向完善的条件之一，无论最后成功的希望有多少，我们有责任去关注它。”但同时，对那些具有特权、但是开明的人士，就如他本人，也必须牢牢掌握他们所继承的财富，以便推进这一事业。在富有的、激进的知识分子当中，这种说法已为人们所熟悉，几乎是普遍地用来证明自己的正义性，雪莱就是利用这种说法从他父亲的家庭里榨取尽可能多的钱来。对他来说，不幸的是，他在给自己的导师葛德文的第一封信里，就做了这样的自我介绍，他骄傲地宣称：“我是苏塞克斯一个有钱人的儿子……我是通过限定继承权，每年

6000 英镑财富的继承人。”对这段话，葛德文必定是竖着耳朵听的。葛德文不仅是激进派的主要哲学家，而且是财务方面天才的糊涂虫，也是从未有过的、最无耻的钱骗子之一。从各种各样好心的朋友那里弄来的、真让人吃惊的大笔钱财，在他那纠缠不清的重重债务中消失了，什么痕迹也没有留下。他抓住了当时还很年轻无知的雪莱，就再也不放过他了。他不但拿走雪莱家中的钱，而且用 19 世纪初期债务人的一切下流伎俩把他彻底拖垮：过期未付的债券，打折的证券，还有臭名昭著的“死后清还契约”，即某一限定财产的年轻的继承人，在他的父亲死亡之前，大大地提高折扣数目，以大利率借款。雪莱采取了所有这些灾难性的步骤，把利率抬得极高，直落进葛德文的财务黑洞。

葛德文从来没有还过一个便士，这似乎也没有给他的贫困家庭带来过任何益处。雪莱终于对这条寄生虫发火了，他写信说：“我在几年之中给你的钱已经达到了一个很大的数目，为了筹措这笔钱，我又花了差不多 4 倍的款项，这已使我赤贫。这种交易在你我之间似乎产生了良好的意愿，但除此以外，这些钱并没有给你带来任何好处，像是被扔进了大海。”钱的损失还不是雪莱同葛德文交往中所受到的唯一伤害，哈丽艾特非常正确地发现，这位大哲学家用各种方法使她的丈夫变得粗俗冷酷，特别是在对钱的态度上。她说雪莱为了玛丽而抛弃她以后，多次去看她，这时玛丽的孩子威廉已经出世，“他说他很高兴这是个男孩，因为这样弄钱便当些”。他的意思是说，他可以用较低的利率用“死后清还契约”来借款了，说这种话的不是一位 22 岁的诗人——理想主义者，而是一个要弄花招的长期欠债人。

葛德文并不是雪莱生活中唯一的吸血鬼，还有另一个始终向他讨钱的知识分子李·亨特。四分之一世纪以后，托马斯·拜宾顿·麦考莱[①]对《爱丁堡评论》的编辑那皮埃这样概括亨特：他给亨特回信时，“并不是不害怕成为许多这样的人中的一个：他什么时候需要，就去向他们借20英镑”。实际上亨特已经被写成了《荒凉山庄》[②]中的哈罗德·斯金坡尔而流传千古了，狄更斯对一个朋友承认：“我想他是一切文字的图画中最精确的一幅肖像……他绝对是一个真实人物的重现。”在雪莱生前，亨特才刚开始他漫长的借贷生涯，他使用了卢梭那种颇有效验的技巧，他劝告他的牺牲品，他从他们的慷慨中得到好处是给他们帮忙。雪莱死了以后，亨特就转向拜伦，拜伦后来明确地免除了亨特欠他的债务。拜伦认为亨特在掠夺雪莱。其实，亨特做的某些事比这更坏，他劝诱雪莱说，对他们这样具有先进思想的人来说，还清欠债在道德上是不必要的，为人类而工作这本身就够了。

这样，雪莱这位信奉真理和美德的人，变得终身都在躲避债务，成了骗子。他到处借钱，向各种各样的人借钱，对其中多数人从来没有还过。雪莱无论什么时候搬家，通常都是匆匆忙忙的，丢在后面的是曾经信任过他、而现在对他非常气愤的一群人。年轻的丹恩·希莱并不是雪莱欺骗过的唯一的爱尔兰人，他显然还向约翰·劳来斯借过一大笔钱，这是一位共和主义的编辑，他们在都柏

---

① 托马斯·拜宾顿·麦考莱（1800—1859），英国政治家、历史学家，曾任陆军大臣、军需总监，著有《英国史》等。

② 英国小说家查尔斯·狄更斯（1812—1870）所写小说。

林成了朋友。雪莱离开以后，他无法还清这笔款项，就非常焦急地给豪格写信，打听雪莱的行踪，不久以后他就因欠债被捕。雪莱不但没有打算向他还债，好让他从监狱中放出来，反而责骂抱怨他，他给他们在都柏林的共同的朋友卡萨琳·纽金特写信说："我担心他欺骗了你，正如他欺骗了我一样。"更恶劣的是，雪莱在林茅斯用他的名字（"尊敬的劳来斯先生"）签了一张借据，这是伪造罪，是可以判处死刑的。

雪莱在威尔士逗留的时候欺骗了另外一些人。他 1812 年到了那里，租了一个农庄，雇用了一些仆人（"你能雇一个可以信任的女仆吗？我们总共需要 3 个"），但他很快就因为 60 英镑至 70 英镑的债务在卡尔那温被捕了。约翰·威廉斯是他在威尔士的投资的保证人，威廉·罗伯茨博士是一位乡村医生，他们把雪莱保释了出来，债务和费用则是由伦敦的一位律师约翰·拜德威尔支付的。他们 3 个人都要为他们的大方感到后悔。30 多年以后的 1844 年，罗伯茨博士仍然企图从雪莱的财产中收回所欠的 30 英镑。拜德威尔同样是徒劳地想要回他的钱。1 年后，雪莱写信给威廉斯说："我从拜德威尔先生那里收到一封非常令人不愉快的、专横的来信，对此，我以不可屈服的精神做了答复。"雪莱喜欢唱高调。威廉斯的兄弟欧文是个农场主，他借给雪莱 100 英镑。我们看到雪莱给威廉斯的信，要求欧文再提供 25 英镑，并且说："我将从你对这一要求的依从而得知，朋友不在场是不是友谊的冷却剂。"下一年，雪莱为欠威廉斯的这笔钱做了一场纠缠不清的反诉，两人的关系破裂了。无论威廉斯还是欧文都没有收回任何欠款；然而雪莱对任何一个欠他钱的人（葛德文和亨特除外），都是非常凶狠并且大义凛然的。另一位威尔士人约翰·伊万斯收到过两封讨债信，雪莱提醒他，他欠雪莱的钱："对其他任何人来说，信用借款都是最紧迫的事，必然是急于尽快归还的，也会为淡忘和拖欠而感到悔恨。"

雪莱说的信用借款指什么，这还不清楚。他在向妇女借钱的时候也不迟疑，包括洗衣妇、打杂女工、林茅斯的女房东；她最后非常聪明地扣住雪莱的书，从欠她的 30 英镑中要回 20 英镑——以及他的意大利女友爱米丽，从她那里他借到 220 克郎。他欠各种商人的钱，比如说，1817 年 4 月，他和亨特同意付款给一个叫约瑟·克尔克曼的人，要从他那儿买一架钢琴。钢琴及时送来了，但是直到 4 年后钱还没有交。同样的，雪莱说动了朋德街著名的马车制造商查特尔，给他造一辆好车，价值 532 英镑 11 先令 6 便士。雪莱到死都在用这辆车，查特尔最后把这位诗人送上了法庭，但是到了 19 世纪 40 年代他还在试图收回车钱。受到雪莱特别剥削的一伙人是赊账出版他的诗集的小印书商。开始是他向牛津的书商斯拉特借 20 英镑，这时雪莱被开除了，斯拉特显然喜欢他，急于把他从贪得无厌的放债人那里救出来，结果雪莱却把他卷入一种耗费惊人的困境。1831 年，斯拉特的兄弟，一位管子工写信给蒂莫西爵士说："为了使你的儿子不必去找犹太人以极高的利率借钱，这样一种正直的努力结果却是巨大的灾难……我们已经损失 1300 英镑以上。"他们终于因债务而被逮捕，欠款似乎始终没有得到偿还。出版《阿拉斯特》的韦布里吉的印刷商，直到 4 年半以后还在催促雪莱付款，无法证明他最终是否收到了欠款。对第三位书商，雪莱写信给他说："如果你给我供书，我答应给你'死后清还'的债券，比例是每提供价值 100 英镑的书，我付 250 英镑。"他告诉书商他父亲和祖父的年龄是 63 岁和 85 岁，当时他们实际上是 61 岁和 83 岁。第四位书商兼出版商托马斯·豪克汉姆不仅欠账给雪莱印刷了《麦布女王》，而且还贷款给他。豪克汉姆也是没有得到偿还的，而且因为犯了同情哈丽艾特的罪过，成为被雪莱痛恨的对象。雪莱在 1814 年 10 月 25 日给玛丽的信中写道："如果你见到豪克汉姆，不要公开侮辱他，我还抱有希望……我要让这个无情无义的恶棍悔恨不已——终身悔恨，他会不得好死，他的傲慢会被打得粉碎，我要一点一点地扼杀他那自私的灵魂。"

雪莱在性关系和财务问题上的不端，他同父亲、母亲、妻子、孩子、朋友、同伴和商人的关系，在所有这些问题中，共同的分母是什么？他除了自己的观点，没有能力看到别人的观点，确实是这样，简言之，是想象力的缺乏。这是非常奇怪的，因为想象处于他的政治复兴理论的核心，按照雪莱的说法，需要用想象或"智力的美"来改造世界；正是因为诗人在最高水平上具有这种品质，因为诗人的想象力在人类的全部中最具有价值、最富创造性，所以他才把诗人称作世界自然的立法者，尽管没有被承认。然而他就是这样一个诗人，而且是最伟大的诗人之一——也许他能够想象性地同情整个阶级、被奴役的农业劳动者、路德派成员[①]、彼得卢[②]的叛乱者、工厂工人，他却从来没有拿眼睛看人；他能够抽象地感受整个人类的苦难，然而，不是一次而是多少次、几百次可以证明，他不可能

① 19世纪初英国工人捣毁机器的运动，被称为路德运动，这些工人被称为路德派。

② 1819年8月16日，英国8万多工人在曼彻斯特郊外圣彼得广场发生骚乱，当局进行镇压，11人死亡，400余人受伤。一些人套用英法滑铁卢大战称这次事件为"彼得卢"。

通过想象深入所有同他每日交往的那些人的头脑和心灵之中。从书商到从男爵，从女仆到情妇，雪莱完全不能看到他们有权采取同他自己不同的观点。对他们（对他的）不肯让步，他就转而辱骂。雪莱 1813 年 3 月 21 日写给约翰·威廉斯的一封信就把他想象力的局限完全概括出来，信的开头是对不幸的拜德威尔的文字攻击；接着是对更加不幸的希钦纳小姐的猛烈抨击（“一个具有极端的观点和可怕的热情，而又是冷酷地、坚定不移地进行报复的女人……对她落入磨难我由衷感到高兴”）；这封信以对人类的誓言结束——“我准备为我的国家和朋友做任何事，为他们服务”；最后是“其中也包括你，我仍然是你亲爱的朋友”。就是这位威廉斯正在受他的骗，很快就成为另一个吃足苦头的债权人。

雪莱运用他所具有的卓绝的诗才，一生致力于政治的进步，他从来没有意识到他在想象力上的欠缺，也没有努力去改善它，去了解他希望帮助的那些人的实际情况。他甚至在把脚踏进爱尔兰之前就写好了《告爱尔兰人民书》，到了那里以后，他也从来没有带着同情试图去调查情况，了解爱尔兰人自己实际上需要些什么；他甚至秘密地计划着消灭他们所信奉的宗教。对于英国的政治和公众的意见，对于滑铁卢战役之后政府所面临的问题的危险性以及解决这些问题的真诚的努力，雪莱同样一无所知。他自己也从来没有通过正如他说的、必不可少的那种想象性的深入的探索，去增加这方面的了解，或者公正地对待卡色尔瑞和罗伯特·皮尔爵士[①]那样有着

① 罗伯特·皮尔（1788—1850），英国政治家，保守党创始人，两度任英国首相（1834—1835；1841—1846）。

良好意愿、又很敏感的人物。相反，他在《暴政的假面游行》里辱骂他们，正如他在信中辱骂他的债权人和被他抛弃的女人们。

雪莱显然想进行一场彻底的社会政治改革，包括消灭组织化的宗教。但是对如何达到这一目标他并不清楚，有时他宣扬非暴力，有人把他看作非暴力抵抗运动真正的第一位布道者、甘地的先驱。他在《告爱尔兰人民书》里写道："同武力或暴力不发生任何关系。以暴力为目的的同盟必然遭到真正的革新者最强烈的批评……一切秘密的同盟也是不好的。"但雪莱有时也试图组织秘密的团体，他的一些诗只有看作是在激发直接行动时才能读得懂。《暴政的假面游行》本身是自相矛盾的，340—344 行的那一节支持非暴力，但是其中最著名的一节，是以"你们人多，他们是少数"结束的，并且被重复（第二部，151—154 行、369—372 行），这是在吁请起义。拜伦是和雪莱一样的叛逆者，但他更是一位行动家而不是知识分子——他完全不相信那种一厢情愿的社会改造——对于雪莱的乌托邦他持非常怀疑的态度，雪莱的优秀诗作《于连和马达罗》记录了他们两人在威尼斯的长时间的谈话，马达罗（拜伦）这样说到雪莱的政治方案，"在我看来，就文字而论 / 你的体系也许无懈可击"，但认为实际上"这种宏大的理论"不过是"徒然"。

在这首写作日期是 1818—1819 年的诗中，雪莱承认了拜伦的批评，这一事实标志着雪莱对粗糙的政治教义的一种迟疑。雪莱接近拜伦的时候极其谦逊："我对同拜伦勋爵竞争毫无信心，可以说，其他也没有任何人是值得去竞争的……他的每一个字都打上了不朽的印记。"有一阶段，拜伦的力量几乎使他感到气馁，比如他曾这样说："太阳使萤火虫黯然失色。"确实可以看到，拜伦对雪莱的影响是在帮助他成熟。但是拜伦开始发现自己的角色是被压迫人民——先是意大利人，然后是希腊人——的组织者，雪莱不同，他开始转变为反对任何一种直接的行动。非常有意思的是，雪莱在他生命的末期，开始对卢梭采取了批判的态度，把他同法国革命的恐怖暴行统一起来。在雪莱未完成的诗《生命的胜利》中，卢梭是作为维吉尔式的叙述人物出现的，是炼狱中的一个囚徒，因为他犯了错误，相信理想可以在生活中实现，诗在这里中断了，但是，完全不清楚的是，雪莱是否由此抛弃了实际的政治，而集中于想象性的、纯粹的理想主义。

在雪莱死前的几个月中，确实没有证据表明他的性格有什么根本的变化，克莱尔·克莱蒙特活到80多岁，变成一个明白事理的女人（给了亨利·詹姆斯写作《阿斯朋信件》[①]的灵感），她在这些事发生了60年后写道："哈丽艾特的自杀对雪莱产生了有益的影响——他远不是那么自信了，也不像过去那么野性了。"虽然克莱尔是在那么多年以后用望远镜来观察事物，但她说的也许是相当真实的。雪莱确实不再那么极端地以自我为中心了，但这种变化是逐步的，他至死也绝没有完成。1822年，雪莱和拜伦两人都建造了自己的船，即"唐璜"号和"博利瓦"号。雪莱对航行特别迷恋，为了这个目的，他坚持要在斯佩齐亚海湾的勒瑞齐租房度过夏天。玛丽又怀孕了，她极不愿意去，主要因为那里太热。他们两人逐步分离了，玛丽的幻想破灭了，厌倦了他们不自然的流放生活。此外，

---

① 亨利·詹姆斯（1843—1916），美国小说家，他的《阿斯朋信件》叙述一个美国记者为了获得诗人阿斯朋给他的情妇的信件，采用种种伎俩，最后仍遭失败的故事。阿斯朋和他的情妇分别影射雪莱和克莱尔。

还出现了一种新的危险。雪莱航行的伙伴是爱德华·威廉斯，他是东印度公司的半薪上尉，雪莱对威廉斯没有正式结婚的美丽妻子珍妮越来越表现出兴趣，珍妮是个音乐家，善于弹奏吉他和唱歌（如克莱尔），这正是雪莱喜欢的。在夏天的月光下举行了音乐会，雪莱写了几首关于珍妮的诗并送给了她。玛丽是被取代了吗？正如她曾经取代了哈丽艾特？

6月16日，正如玛丽所担心的，她流产了，再一次陷入绝望之中。两天之后，雪莱写了一封信，清楚地表明他们的婚姻实际上走到了尽头："我只是觉得我需要那种能够知道我的感情理解我的人……玛丽做不到。一定要对她隐瞒这种使她痛苦的事，这也许是必要的。这正是坦塔罗斯的灾难[①]，她这样一个人，具有如此出色的能力和纯洁的心灵，却施之于家庭生活，是不会引起必然的同情的。"雪莱还写道，"我越来越喜欢珍妮……她对音乐的体会，她外貌和举止的优雅在一定程度上弥补了她文学情趣的缺乏"。到月底，玛丽发现，她的位置，以及这酷暑和这房子，都是难以忍受的了，她写道："我希望能打断我身上的锁链，离开这个地牢。"

玛丽以一种悲剧的、料想不到的形式获得了解放。雪莱一直迷恋于速度，如果他化身在20世纪，也许会献身于赛车甚至航空器，他的一首诗《阿特拉斯的女巫》赞美了穿越空间旅行的快乐。他的船"唐璜"号是为了追求高速而建造的，雪莱还把它改造得航行起来更快，它只有24英尺[②]长，但有两根主桅并配备了纵帆船。他和

① 在希腊神话中，坦塔罗斯国王被主神宙斯惩罚站在冥河中，他饥欲食时，头顶的果枝就荡开，渴欲饮时，腰下的水流就退去。

② 1英尺等于30.48厘米。

威廉斯还给它装上了新的全套中桅帆，它惹人注目地增加了帆的面积，进一步提高了速度。拜伦的造船工程师根据雪莱的要求，又造了隐帆、副船尾和副船首。这样它就成了一只速度很快、也很危险的船，航行起来“如同女巫”，在天气恶劣的时候，它可以升起3张大三角帆和一张风暴帆，高出水面3英寸[①]。雪莱和威廉斯乘着这只改装过的船从勒瑞齐驶往莱洪。

1822年7月8日下午，他们在不断变坏的天气里出发了，挂了满帆。在6点30分暴风雨起来的时候，本地的意大利船只都匆匆返回港口，其中一艘船的船长说，他看到雪莱的船在巨浪中还挂着满帆；船长请他们到他船上来，或者至少把帆收下来，“不然，你们会出事的”。但是两人中的一个（估计是雪莱）喊道：“不！”他抓住他的同伴的手臂，不准他收帆，“似乎发怒了”。“唐璜”号在离开海岸10英里[②]的地方沉没了，仍然挂着满帆；两人都溺死。

在这之前一年，济慈在罗马死于结核病，两年后，拜伦在希腊被他的医生放血致死，英国文学史上一个短暂而辉煌的时期结束了。玛丽带着小珀西这位未来的从男爵（查尔斯已经死亡）回到伦敦，开始耐心地为雪莱建造一座神话般的纪念碑，但是伤疤仍然存在；她看到了知识分子生活底下的一面，也感受到了理念的伤害力。当一位朋友看着珀西学着读书的样子时说：“我确信，他会成长为一个不平凡的人。”玛丽·雪莱发怒了，她十分生气地说：“我请求上帝，让他长成为一个普通的人。”

---

① 1英寸等于2.54厘米。

② 1英里约等于1.6千米。

3

易卜生："恰恰相反！"

所有的写作都是艰难的，而创造性的写作是知识分子的苦役中最为艰难的。创造性的革新，特别是在基础范围内的改革，需要更加超乎平常的专注和精力。若想终其一生在艺术上不断地拓展创造性的领域，就意味着自我约束和心智勤奋都要达到一定水平，这是很少作家能够具备的。不过，这正是亨利克·易卜生一贯的工作风格。难以设想，无论哪个时代或哪个领域，有哪位作家比他更为成功地致力于此。他不仅创造了现代戏剧，而且写出了一系列至今仍在整个现代戏剧剧目中构成重要部分的剧本。他看到西方剧坛空洞无力，于是在他自己的国家乃至整个世界对戏剧进行改造，使它成为一种丰富多彩、强健有力的艺术形式。此外，他不仅彻底改革了他的艺术，而且改变了他的同代人乃至后人的社会观念。卢梭在18世纪后期所做的正是他为19世纪后期所做的。然而，卢梭劝说男人与女人回归自然，并因此促进了一场集体性的革命，而易卜生则宣扬个体对支配着每个小城镇、甚至每个家庭的陈旧的生活方式进行反抗。他教导人们，尤其是妇女，他们的个体意识及个人思想的自由比社会的要求在道德上更重要。他因此促成了人们在观念和行为上的一场革命，这场革命甚至在他生活的那个时代就已经开始，并跳跃式地一次次发生，延续至今。在弗洛伊德之前很久，他就为这个宽容的社会奠定了基础，对人们反政府的实际行为方式产生过如此之大的影响，这一点，也许连卢梭都不曾做到。易卜生及其作品构成了现代性大门的基石之一。

与易卜生加倍低微的个人背景相比，他所有的成就愈发显得卓越。说"加倍"是指他不仅自己贫穷，而且来自一个弱小贫困、根本没有真正的文化传统的国家。中世纪初叶，即公元900—1100年时，挪威曾是个强大的、颇具创业精神的国度，此后便开始衰落了，特别是在1387年，独立的挪威的最后一位国王奥拉夫四世故去以后，1536年，它成为丹麦的一个省，这种状况持续了将近3个世纪。为了纪念一位丹麦统治者，它的首都奥斯陆被更名为克里斯蒂亚那，而且所有重要的文化形式如诗歌、小说和戏剧都用丹麦语。1814—1815年的维也纳会议之后，挪威有了所谓的《艾兹伏尔①宪章》，它保证丹麦在瑞典王国中享有自治权；然而直到1905年，挪威才成为一个独立的君主国。19世纪以前，挪威语与其说是一种书面的民族语言，倒不如说是一种粗俗的外省方言。直到1813年，丹麦才有了第一所大学，而且晚至1850年第一座挪威剧院才在卑尔根②建成。在易卜生青年时期以及成年初期，丹麦文化仍然

① 挪威西南部港市。
② 挪威西南部港市。

占据着统治地位。用挪威语写作就是将自己甚至从其他斯堪的纳维亚地区孤立出来，更不必说全世界了，丹麦语依旧是文学语言。

这个国家本身凄凉而又萎靡。依照欧洲的标准，它的首都只是一个小省城，仅两万居民，是个混乱、粗野的地方。1828 年 3 月 20 日，易卜生出生在海滨的希恩，离南面的海岸 100 英里，这是一个狼和麻风病仍很常见的蛮荒之地。几年前，这个小城由于一个女仆的粗心大意而被烧成了平地，女仆因此被处以死刑。正如易卜生在他的自传片断中所描述的，那儿迷信、胆怯而又野蛮，可以听到海水冲击水坝的怒号以及锯床尖利的轰鸣："当我后来读到有关断头台的描述时，我总是想起那些锯条来。"市政厅旁边立着颈手枷，"一个大约一人高的红褐色的木桩子，顶端有一个原先被染成黑色的巨大的圆形把手……木桩正面悬挂着一条铁链，铁链上打开着的钩环在我看来就像两只小手臂，准备好了急切地想伸出来扼住我的颈脖……（市政厅）下面是地牢，带有栅栏的窗户面对着市场。透过这些栅栏，我看到许多苍白而阴郁的面孔"。

易卜生是一个商人家庭的 5 个孩子（4 男 1 女）中最大的一个，父亲是克努特·易卜生，祖上都是商船船长。母亲出身于水手家庭。易卜生 6 岁时，父亲破产了，自此变得意志消沉、游手好闲、脾气暴躁，好与人打官司——就像《野鸭》中的老艾克达尔。他的母亲曾经相貌出众，是个不得意的女演员，后来退隐家中，用玩偶打发时光。家中常常负债，主要以土豆为食。易卜生矮小而丑陋，此外，他的成长过程还一直笼罩着私生子谣言的阴影。据说他是当地一个登徒子的儿子。易卜生有时相信这件事，喝醉酒时，他会脱口而出，然而，并没有证据能证实这一点。度过屈辱的童年后，他被送到一个名叫格里姆斯达的阴沉的海港小城，在一家药房当学徒。在那儿，他的运气依然不佳。他师父长期经营不善，最终还是破产了。

易卜生从这种窘境中挣脱出来的漫长过程是一部孤独的自学者的史诗。他从 1850 年开始自学大学课程。从那时起，直到以后许多年，他的生活一直极为穷困。他写过诗歌、无韵诗剧、戏剧评论以及政治评论。他最早的剧本、讽刺剧《诺尔曼人》没能上演。第一部被搬上舞台的诗体悲剧《凯替来恩》遭到失败。第二部搬上舞台的《圣约翰之夜》同样运气不佳。第三部剧作《勇士之墓》在卑尔根失利。第四部，散文体剧作《厄斯特罗的英格夫人》匿名演出，同样也失败了。他的第一部受到关注和好评的作品《索尔豪格的宴会》，依照他自己的看法，只是微不足道的传统之作而已。倘若他凭自己的天然喜好创作，就像诗剧《恋爱的喜剧》那样，则会被归入"淫荡"一类根本不准上演。然而他逐渐获得了大量的舞台经验。卑尔根第一家挪威语剧院的创建人、音乐家奥尔·布尔以每月 5 英镑的酬金请他担任寄宿剧作家。这以后的 6 年里，他成了剧场的杂役，做过舞台布景、化妆、售票甚至导演（可是他从未参加过演出；这也是他的弱点，所以他对于指导演员缺乏信心）。剧院条件很简陋：如在伦敦和巴黎大约从 1810 年就开始使用煤气灯了，而这里直到他离开的那年，即 1856 年才用上。以后，他又在新建的克里斯蒂亚那剧院度过了 5 年。凭着惊人的努力，他的技巧日益娴熟，并开始付诸实践。但是，1862 年新剧院破产，他也被解雇了。此时，他已结婚，负债累累，常被债务困扰，故精神忧郁，经常酗酒。学生们曾经看见他毫无知觉地躺在街边水沟里。有人募集了一笔钱送给这位“醉酒的诗人亨利克·易卜生”，助他去国外。他自己则不断地给王室和国会写信，请求政府拨款使他能到南方去旅行，这些信今天读起来真是哀婉动人。他终于得到了一笔钱，在随后的将近四分之一世纪里，即1864—1892年，他离乡背井，在罗马、德累斯顿和慕尼黑生活。

成功的最初迹象出现于1864年，他的诗剧《觊觎王位的人》被列入复兴的克里斯蒂亚那剧院的上演剧目。易卜生习惯将他所有的剧作先出版成书，实际上，从拜伦和雪莱开始，19世纪大多数诗人都是这样。通常情况下，直到几年以后，有时甚至是许多年以后，剧本才被真正搬上舞台。不过，每部剧本印刷和销售的册数都在慢慢增长：5000册、8000册，然后是1万册，甚至1.5万册。舞台演出也随之而来。易卜生的名声曾3次达到高峰，第一次是在1866—1867年，他创做了大型诗剧《布朗德》和《培尔·金特》——同一时期，马克思出版了《资本论》。《布朗德》是对传统的物质主义的一次冲击，它呼吁人们遵从个人的良心，以反抗社会的法则，也许这正是他一生创作的核心主题。《布朗德》的发表（1866）引起了一场激烈的争论，不仅在挪威，而且在整个斯堪的纳维亚地区，易卜生首次被视作反抗正统观念的领袖；他超越了狭小的、隶属于外国的挪威。

第二次高峰发生在19世纪70年代。从《布朗德》开始，他将革新的思想付诸戏剧，但同时他也得出一个必然的结论：这类剧作若搬上舞台，其影响力一定远远超过在书斋中阅读。这种想法促使他放弃了诗体，而采用散文体，并赋予它一种新型的戏剧现实主义。正如他自己所说的：“诗为想象而作，散文为思考而作。”这种转变，正如易卜生所有的进展，经历了许多年才完成。有时，易卜生显得极不活跃，静静地思考而不工作。剧作家实际上并不像小说家那样将大量时间用于写作，甚至在一出长剧中所使用的词汇都很少。戏剧创作，与其说是在考虑主题和逻辑，不如说更注重间断发生的、个别的戏剧化的细节，这些细节并不发展为情节，而是成为情节中的材料。易卜生的情况是，创作以前的那段时期特别艰难，因为他所做的是全新的工作。像所有最伟大的艺术家一样，他不能忍受重复自己，因此，他的每一部作品基本上都不同于以往，通常是通往未知领域的新的一步。但是，一旦他确定想要在舞台上展现什么，他的创作就既快又好。作为他新方针的最初的重要成果，《社会支柱》（1877）、《玩偶之家》（1879）和《群鬼》（1881）恰好与漫长的维多利亚中期繁荣的衰败以及社会上新产生的焦虑不安的情绪相一致。易卜生提出了许多令人不安的问题，如金钱的力量，对妇女的压迫，甚至人们忌讳的有关性病的问题。他以简洁的日常语言以及人人都能识别的布景将基本的政治、社会问题忠实地展现在舞台上。他所引起的激情、愤怒、憎恶，但主要是兴趣，都是巨大的，并从斯堪的纳维亚扩展到广大的其他地区。《社会支柱》标志着他的影响力已达至中欧的观众，《玩偶之家》则深入盎格鲁－撒克逊人的世界。它们是最初的现代戏剧，也开启了易卜生成为世界性人物的过程。

但是，易卜生发现自己难以定下心来做一位具有社会目标的剧作家，即使是在赢得世界声誉之后。经过多年漫长的积累，他的事业的第三次高峰到来了。这一时期，可以看到他从政治问题转向个人解放问题，与人类生存的任何其他方面相比，这个问题在他的心目中可能占据着更为重要的位置。他在记事簿上写道："解放在于保证个人获得自身自由的权利，每个人都按照他特殊的需要生活。"他不断地论证说，除非社会中人们的实际行为能够保证这一个人权利，否则，形式上的政治自由将毫无意义。因此在第三次高峰期间，他还创做了《野鸭》(1884)、《罗斯莫庄》(1886)、《海达·高布乐》(1890)、《建筑师》(1892)和《约翰·盖勃吕尔·博克曼》(1896)。这些剧作当时令很多人大感困惑，甚至难以理解，但现在已成为他最有价值的作品：这些剧本探索着人类的心理，人类对于自由的追求，心灵中的无意识，以及一个人如何才能控制他人这一可怕的主题。易卜生不仅仅始终在艺术领域做着某些新颖和独创的工作，而且对那些还未完全阐述清楚的、甚至是未曾为人探讨的观念他都十分敏感，这正是他的长处。正如丹麦批评家、曾经是他的好友的乔治·勃兰兑斯所说，易卜生"同当代正在孕育萌动的种种思想有着神秘的一致……他的耳朵能够听到一种低沉的隆隆声，这声音宣告着那些暗中破坏社会根基的思想"。

不仅如此，这些思想已传遍世界。世界各地的戏剧观众都能够从他的戏剧中那些遭受苦难的受害者和深受折磨的剥削者的形象上，找到他们自己和他们的邻居的影子。他对传统价值观念的攻击，他为个人解放制定的规划，以及他关于所有人都该有充分发挥自己才能的机会的呼吁，到处受到欢迎。19世纪90年代初，当他载誉回到故乡克里斯蒂亚那后，他的剧本在世界各地被日益频繁地搬上舞台。在他生命的最后10年里（他于1906年去世），这位当年的药房学徒成了斯堪的纳维亚地区最出名的人物。他甚至同俄国的托尔斯泰一起被普遍认为是在世的最伟大的作家和预言家。他的名声经由威廉·阿契尔[①]和乔治·萧伯纳这样的作家传播开来。新闻记者们千里迢迢地赶到他在维多利亚·泰勒斯的阴暗的寓所进行采访。他每天在格兰特饭店咖啡厅里的露面成为首都的一道景观。在那儿他独自一人坐着，对着镜子，好看到屋子里的其他人。他边读报纸边饮用一杯啤酒，外加一小杯法国白兰地。他每天非常准时地走进咖啡厅，这时全屋的人都站起身向他举帽致敬。直到这位伟人落座后，其他人才敢再坐下来。英国作家理查德·勒加林[②]和许多人一样特意到挪威去观看这一场景，就像其他人纷纷赶到雅斯纳雅·波良纳去瞻仰托尔斯泰一样。他如此描绘了易卜生的进场："一副冷峻、不满的神情，嘴唇紧闭，古板而尊严，正直而严峻……在他那羊皮纸似的脸上，以及锐利的獾一般的眼睛里看不到丝毫人类的温情，就仿佛一位苏格兰长老走进了教堂。"

正如勒加林所提示的，关于这位伟大的人道主义作家，有一些不完全正确的说法，在他在世时就因为普遍的崇拜和公众的敬仰而固定了下来。这是一位伟大的解放者，他研究并看透了人类，他为此悲叹，他的作品教导人们如何从传统的羁绊和令人窒息的偏见中解放自己。然而，倘若他对人类怀有如此强烈的感情，那么为什么似乎又在排斥个体的人呢？他为什么拒绝同他们接近，而宁可通过阅读报纸的专栏来了解他们？为什么他总是独自一人？他那强烈的、强加于己的孤立从何而来？人们越是靠近地观察这位伟人，就

① 威廉·阿契尔（1856—1924），苏格兰戏剧评论家和翻译家，因翻译易卜生的戏剧作品而闻名。

② 理查德·勒加林（1866—1947），英国作家，曾为黄皮书撰稿，发表过诗歌和文学评论，作品有浪漫小说《寻找可爱的女孩》。

越发现他的古怪。作为一个践踏传统、主张波希米亚式的自由生活方式的人，自己却摆出一副严肃的正统形象；甚至这种正统已经达到了滑稽的程度。维多利亚女王的孙女，玛丽·路易丝公主，发现他的帽子里面在顶部粘着一面小镜子，以便他梳理头发。许多人首先注意到易卜生的是他那惊人的虚荣心，这一点在马克思·比尔博姆[①]著名的漫画中得到了充分的表现。当然，情况也并非总是如此。易卜生妻子的继母玛格达琳·托勒森曾写道，当她在卑尔根初次遇见易卜生时，“他看上去像个怕羞的小土拨鼠……那时他还没有学会鄙视他的人类同伴，而且缺乏自信心”。1856 年，《索尔豪格的宴会》获得成功之后，易卜生开始变得非常讲究服饰，他接受了诗人的带褶边的护腕、黄色的手套以及精致的手杖。到了 19 世纪 70 年代中期，他更关注服装了，但偏好更加沉闷的样式，这与他在公众面前日益封闭的形象十分相称。因此，年轻的作家约翰·保尔森这样描述 1876 年在奥地利阿尔卑斯山区的易卜生：“黑色的燕尾服上系着勋章绶带，刺眼的白亚麻衬衣，雅致的领带，闪光的黑绸礼帽，金架眼镜……漂亮的、拢紧的嘴唇，薄得仿佛刀刃一般……我好像是面对着一道封闭的峭壁，一个难解的谜。”易卜生随身携带着一只带有硕大金质饰帽的胡桃木大手杖。第二年，他从乌普萨拉大学得到第一个名誉博士学位；自此以后，他不仅暗示他希望被称作“博士”，而且身穿一件黑色的长外套礼服。他的衣着过于正式，以至于阿尔卑斯山区的农村姑娘把他当成一位牧师，在他散步时跪

① 马克思·比尔博姆（1872—1956），英国漫画家和作家，以画维多利亚王朝后期英国作家的漫画像著称，作品有小说《朱莱卡·多布森》《圣诞故事集》等。

下来亲吻他的手。

他对服饰的关心异常仔细。他在信中详尽地指示如何将他的衣服挂进衣柜，短袜和衬裤如何放进箱子。他总是自己擦皮靴，甚至自己缝纽扣，当然是让一个仆人先把线穿进针眼里。1887年，他后来的传记作家亨利克－耶格来拜访他，他每天上午都要在穿戴打扮上花费1个小时。然而，他在服饰上的一番努力并没奏效。对于多数人来说，他看上去像个水手长或船主；他的面孔同他的祖先相似，由于长期生活于户外而呈赤红色，特别是饮酒以后。记者戈特弗里德·韦斯滕认为，他以那种令人难忘的、不容置疑的口吻表述老生常谈的习惯，使他像个"瘦小的德国教授"，这位教授"希望将信息刻在我们大脑的记忆里，'明天，我将乘火车去慕尼黑'"。

易卜生的虚荣心有个方面达到了近乎荒谬的程度，甚至那些对他最不加批判的崇拜者也感到难以为此辩护。易卜生一生都热衷于奖牌和勋章。事实上，为了得到它们，他甚至让人为难。易卜生具备一定的绘画技能，他常画些诱人的小玩意。《星球勋章》是他留存至今的第一部卡通画，他还打算绘制一个"易卜生之家的勋章"赠送给妻子，然而他真正想得到的是属于自己的勋章。1869年夏季，在斯德哥尔摩举行了一个探讨语言问题的知识分子会议——这是国际舞台上一场新的、也有人认为是导致灾难的革新——会上他荣获了第1枚勋章。这也是易卜生首次被捧为名流：他整个晚上都在王宫内同国王卡尔十五一道喝着香槟酒，国王赠予他1枚瓦萨勋章。后来，乔治·勃兰兑斯在与易卜生初次会面时（他们已经长时间互通书信）惊奇地发现他在家中也戴着那枚勋章。

如果勃兰兑斯发现第二年易卜生已在恳求获得更多的勋章，他必将更为惊讶。1870 年 9 月，易卜生写信给一位经营这类事务的丹麦律师，请求帮助他获得丹尼保格勋章："你不知道这种东西在挪威的影响力……1 枚丹麦勋章将会极大地提高我在那儿的声望……这对我太重要了。"两个月后，他又给一位亚美尼亚籍的代理人写了封信，此人虽在斯德哥尔摩经营业务，但与埃及宫廷有联系，他在信中索求 1 枚埃及奖章，因为这"将极大地提高我在挪威文学界的声望"。最终，他得到了 1 枚土耳其的梅德齐底勋章，他欣喜地称之为"一个漂亮的东西"。1873 年是他的奖章丰收年：他赢得了 1 枚奥地利奖章和 1 枚挪威的圣奥拉夫勋章。然而，他积聚更多的奖章的努力仍旧毫不松懈。他曾向一位朋友否认他对于这些奖章有"任何个人的欲望"，但是"一旦它们进入我的生活，我是不会拒绝的"。这是一句谎言，他的信件可以证明这点。甚至据说在 19 世纪 70 年代，为了得到奖章，他会脱帽向经过身边的车身上带有皇家或贵族徽章的马车致敬，即使车上空无一人。

这个特别的故事也许是恶意的捏造。但是有大量的资料可以证实易卜生对奖章的痴迷，因为他坚持在每一个可能的场合展示他那堆不断增多的光彩夺目的勋章。据说早在 1878 年，他出席一个俱乐部的晚宴时，身上披挂着所有的奖章，其中一个像狗项圈似的绕在他的脖子上。瑞典画家格尔奥格·保利曾经碰见易卜生在罗马的大街上炫耀他的奖章（不光是绶带，而且有星形勋章）。有时，他似乎每晚都把它们戴在身上。他为自己的行为辩解道，当有"年轻的朋友们"在场时，它"提醒我必须举止适度"。尽管如此，如果他没有佩戴那些奖章，邀请他出席晚宴的人总是感到宽慰，因为它们会引起人们的微笑，甚至公开的大笑会如同传递酒水那样传开去。有时，他甚至在大白天也佩戴着它们。当他乘坐的回挪威的船停靠卑尔根码头时，他穿上正式的服装，佩戴着勋章，走上甲板。他惊恐地发现他的 4 个过去的酒友——两个木匠、1 个教堂司事和 1 个代理人，正等着迎接他，并在大喊："欢迎老亨利克！"他随即返回船舱，畏缩在那儿，直到他们离去。甚至到了晚年，他依旧逢迎权贵。1898 年，他太急切地想得到丹尼保格大十字勋章，于是在被正式授予之前先从一位珠宝商那儿买了 1 枚；实际上丹麦国王除了颁发给他 1 枚外，还送过他 1 枚饰有宝石的样品。因此他最后共拥有 3 枚勋章，其中两枚不得不还给宫廷珠宝商。

这位世界名人虽与他的战利品一起熠熠生辉，然而他最终给人们留下的印象与其说是虚荣，或愚蠢，还不如说是怨恨的力量和赤裸裸地被压抑的愤怒。尽管他身材矮小，但凭着硕大的头颅和粗壮的颈脖，他的身上似乎焕发着力量。勃兰兑斯说："他看上去就仿佛你需要借助一根棍棒才能制服他。"他还有一双令人惊恐的眼睛，维多利亚时代的后期似乎是这种凶猛目光的时代。格莱斯顿[①]的这种目光投射到一位下院议员身上时，能使这位议员忘掉自己试图说的话。托尔斯泰同样用他那蛇怪般的眼睛使评论家们张口结舌。易卜生的凝视令人想到正在考虑判决的法官。勃兰兑斯说，他逐渐地灌输着恐惧，"他的胸中贮存着 24 年的辛酸与仇恨"。任何一个完全了解他的人都不安地意识到，就在他的外表下面潜伏着火山般一触即发的狂怒。

---

① 格莱斯顿（1809—1898），英国自由党领袖，曾4次任首相，著有《荷马和荷马时代研究》等。

饮酒容易引起脾气的爆发。除了一段不长的时期外，易卜生饮酒从不过量，更不是个酒鬼。他从不在工作的时候喝酒。清晨，他总是穿一件刚刚熨烫过的晨衣，头脑清醒地坐在写字桌前，毫无醉后的不适。但是他在社交场合则借助酒来克服他那强烈的羞怯和沉默寡言，不过那种能使他的舌头放松的酒精同样也能燃起他的怒火。在罗马的斯堪的纳维亚俱乐部，他在饭后的发火使他声名狼藉，令人们震惊。而且，这种情况特别容易发生在没完没了的表彰和庆祝宴会上，此类宴会是19世纪全欧洲和北美的一大特色，尤其为斯堪的纳维亚人所喜爱。易卜生似乎参加过上百次此类宴会，结局通常是灾难性的。弗雷德里克·克纳松在意大利结识了易卜生，据他讲述，在一次气氛友好的晚宴上，易卜生攻击了一位身患结核病的（这是那么多斯堪的纳维亚人待在南方的原因之一）青年画家奥古斯特·洛郎厄。易卜生说他是个糟透了的画家："你不配用两条腿走路，而应该用四肢在地上爬行。"克纳松补充说："他对这个不曾冒犯过他人又毫无防备的青年的攻击，惊得我们说不出话来，虽然易卜生没有猛击他的脑袋，这个不幸的肺结核病人也完全应该和他理论一番了。"最后，当他们准备离席时，易卜生已经踉踉跄跄，不得不被人送回家去。不幸的是，酒虽然在下面敲打他的两条腿，但不一定能让他那条野蛮的舌头平静下来。在罗马的另一次晚宴之后，格奥尔格·保利和挪威画家克里斯蒂安·罗斯把披挂着所有奖章的易卜生送回家，他"喋喋不休地数说着我们的种种不是，以表明他对我们的感激和信任。他说我是个'讨厌、自负的青年'，而罗斯是'一个十分讨厌的人物'"。1891年，勃兰兑斯为向他表示敬意，在克里斯蒂亚那的格兰特饭店举办盛大的晚宴，而易卜生却制造了一种“压抑的气氛”。当勃兰兑斯“慷慨地发言颂扬他时”，他却卖弄地摇晃着脑袋，“拒绝对主人的发言致答词”，只是说“对于这类演讲，任何人都可以说上一大套”。最后他宣称对挪威文学“一无所知”，这是对主人的侮辱。在其他的以他为主客的招待会上，他会别过脸去，不理会其他的客人。有时，他喝得太多，以至只会一个劲儿地重复说：“什么，什么，什么？”

确实，有时也会轮到易卜生自己成为斯堪的纳维亚式的狂饮的受害者。人们甚至可以写一本书来描绘一下那个时期那里混乱不堪的宴会。1898 年，在一个专为易卜生举办的非常隆重的宴会上，主要发言人索弗斯·斯坎道夫教授喝得酩酊大醉，他的两位邻座，一位主教和一位伯爵不得不阻止他。这时，一位客人咯咯笑起来，他大声嚷道：“闭上你的——嘴，我在发言。”与此同时，易卜生被一个颇具艺术鉴赏力但已喝醉了的画家紧紧地抱住了，他气恼地大喊：“把这个人拖开！”清醒的时候，他不会做出过分的、使他内疚的举动，事实上他很会吹毛求疵。一次，一位装扮成男人的姑娘被人违例偷偷地带进罗马斯堪的纳维亚俱乐部，他坚决要求将这名会员开除。任何浮夸的或是不合礼仪的行为都容易激起他的怒火。他是一个发怒专家，对他而言，性情最暴躁本身就是一种艺术形式。实际上，他甚至很看重怒火的自然发作形式。他后来写道，在创作狂暴的诗剧《布朗德》时，“我将一只蝎子放进啤酒杯搁在桌上。这只虫子不时地焦躁起来，然后，我将一片熟透了的水果丢进杯中，它立刻凶猛地刺进去，把它的毒汁射入水果中，而后它又恢复了常态”。

他是否从这个生物身上看到自己在发泄胸中的怒气？他的那些

通常隐藏着怒火、有时爆发出来的剧作是否就是一种深刻的治疗行为？没有人了解易卜生的内心深处，但他的许多熟人都意识到，他早年的生活和奋斗在他心中留下了巨大的无法平息的怨恨。在这方面，他和卢梭十分相像：他的自我终生都带有伤痕，结果变成了一个以自我为中心的怪物。很不公正的是，他认为父亲和母亲应对他不幸的青年时期负责；他的同胞手足也有连带的罪责。自从离开希恩以后，他就再也没有设法同家里保持联系。反过来，1858 年，为了向他富有的舅舅克里斯蒂安·派于斯借钱，他最后一次去希恩，却有意地不去探望父母。他同姐姐海德维格有些联系，但这可能和未还清的债务有关。1867 年，他写给他的同事、作家比约恩斯切纳·比昂松[①]一封可怕的信，比昂松的女儿后来嫁给了易卜生的儿子，他写道："怒火增强了我的力量。如果一场战争即将来临，那么就让它爆发吧！……我将不会放过母亲子宫里的婴孩，也不会保留也许激发过人们行动的那些思想和情感，他们将有幸成为我的牺牲品……你知道吗，我之所以终生都不理会我的父母和全家，因为我无法忍受继续保持一种建立在不完全理解基础上的关系。"父亲 1877 年去世时，易卜生已有近 40 年不曾与他联系了。他在写给舅舅的信中为自己辩解说"主要原因"是"从很早起境况就不允许"。他的真实意思是指他们已经败落了，而他正在上升，他不想被他们拖后腿。他以他们为耻；他担心他们可能会提出经济上的要求。他越富有，越有能力帮助他们，就越不想与他们联络。他从未试图帮

① 比约恩斯切纳·比昂松（1832—1910），挪威小说家、诗人、剧作家，其诗作《是的，我们热爱这块土地》被用作挪威国歌歌词。1903年获诺贝尔文学奖。

助过他那跛足的弟弟尼古莱·亚历山大——他最后去了美国并死于1888年，终年53岁。他的墓碑上铭刻着这样一句话：“为陌生人所敬爱，为陌生人所哀悼。”同样，易卜生也没理睬最小的弟弟奥勒·派于斯，他先后做过水手、店主和灯塔看守人。奥勒的生活一直十分穷困，却是唯一帮助过他们可怜的父亲的孩子。易卜生曾为他写过一封求职介绍信，但从没给过他一分钱，也不曾在遗嘱中留给他任何东西；1917年，奥勒死在一家老人收容所里，一贫如洗。

在正常的家庭生活背后，有一个被更加小心地隐藏起来的、痛苦的故事。它可能出自易卜生自己的某出戏剧——甚至从某种意义上说，易卜生的整个一生就是一出遮遮掩掩的易卜生式的戏剧。1846年，他18岁，仍然生活在那家药房，他与那儿雇用的一位比他年长10岁的女仆艾尔丝·索菲金斯达特私通。她怀孕了，于1846年10月9日生下一个男孩，她给孩子起名汉斯·雅各布·亨利克森。这姑娘不是一个目不识丁的乡下人，她出身于一个颇有声望的自由农场主家庭；她的祖父克里斯·劳夫特斯曾领导了一次著名的反抗丹麦统治的农民起义，死时被绑在阿克舒斯安塞内的岩石上。这姑娘是个极其谨慎的人。她回到父母身边，生下了孩子，此后再没有指望从孩子的父亲那里得到什么。但是按照挪威法律以及地方议会的法令，易卜生必须支付抚养费，直至汉斯·雅各布14岁。易卜生本来就很贫困，因此十分痛恨对他微薄的薪酬的这种搜刮，就再也不能原谅那孩子和母亲。就像卢梭，他从来不承认汉斯·雅各布是自己的儿子，也从不关心他，或是甘愿从经济上或其他方面给这孩子最微小的帮助。男孩后来成了一个铁匠，一直和母亲生活在一起，直到29岁。艾尔丝的眼睛瞎了，她父母的房子被夺走了，她就住进一间小棚屋。她的儿子在岩石上刻上“饥饿之山”几个字。艾尔丝死时也是一贫如洗，那是1892年6月5日，终年74岁，易卜生很可能不知道她的死讯。

汉斯·雅各布绝不是一个粗鲁的人，他曾阅读过大量的书籍，特别是历史著作和游记，他还是一位熟练的小提琴制作师。但他常常醉酒，得过且过。他有时到克里斯蒂亚那去，那里了解他秘密的人都为他与其大名鼎鼎的父亲的酷似而震惊。他们中的一些人设想了一个计划，让汉斯·雅各布穿上和易卜生相似的衣饰，然后，一大早就坐到格兰特饭店里那位名人通常占用的桌子前，这样，当易卜生早晨前来享用他的啤酒时，他将面对他犯下的罪孽的直接证据。然而，他们没有胆量这么做。研究易卜生的大权威弗兰西斯·布尔说，汉斯·雅各布只与他的父亲见过一次面。那是在1892年，身无分文的儿子来到父亲的寓所想要点钱。易卜生自己开的门，显然他第一次看到了儿子，那时汉斯已经46岁。他没再否认他们之间的关系，但他只给了汉斯·雅各布5个克郎，并说道：“这是我给你母亲的，它对你来说足够了。”——然后，当着他的面“砰”的一声关上大门。父亲与儿子再也不曾相见，汉斯·雅各布从易卜生的遗产中一无所得。1916年10月20日，他穷困潦倒地死去了。

毫无疑问，易卜生排斥他的子女们，无论是合法的，还是私生的，其原因之一是担心他们觊觎他的钱包。早年生活的贫困给他留下渴求安全的永久伤痛，唯有不断地赚取、积聚和保存金钱才能缓解痛苦。这是他生活中的一股强大的驱动力。他的吝啬与他的其他任何方面一样，都是超人一等的。为了钱，他随时准备撒谎。他是一位私下里仇恨君主政体的无神论者，因而他写给卡尔十五的申请100英镑年金的请愿书就显得出人意料：“我并非在争取某种挂名职务，而是为我所坚信的上帝赋予我的使命奋斗……这取决于陛下崇高的帮助，我是否必须保持沉默、屈服于那种伤害心灵的最残酷的剥夺，当我已确知被赋予了战斗的精神武器时，这种剥夺却逼迫人放弃生命的使命去屈膝投降。”这时（1866），他因《布朗德》已稍有收益，开始存钱。他先是将银币藏在一只短袜中，然后发展到购买政府发行的债券。在意大利，流亡的同伴注意到他把哪怕是最微小的花费都记在笔记本上。从1870年到1900年他第一次中风，他保留着两本黑色的笔记簿，一本用来记载他的收入，另一本记录他的投资，他的投资全都是绝对保险的政府债券。直到他生命的最后10年，按照盎格鲁－撒克逊人的标准，他的收入不论怎样都算不上丰厚，因为他的剧作很迟才得以在世界各地上演，而且，任何情况下版权都没有得到很好的保护。但是，1880年，他的收入首次超过1000英镑，根据当时挪威人的标准，这是一笔相当可观的收入。他的财产总额继续稳步增长，投资也是如此。实际上，很可能没有哪位作家像他那样把个人收益中如此大的部分用于投资，在他生命的最后25年里，他投资的比例在二分之一到三分之二之间。这一切都是为了什么呢？当他的婚生子西居尔问道，他们为什么生活得如此俭朴时，他回答说：“睡得好而吃得不好比吃得好而睡得不好强。”尽管他的财富在增加，他和他的一家依旧住在陈设破旧的房子里。他说他羡慕比昂松，因为他拥有房子与土地，但他自己从不打算购买任何房产，甚至不买家具。易卜生最后在维多利亚·泰勒斯和阿宾斯街的寓所与他过去的住处一样，不像是私人住宅倒像旅馆。

但是，易卜生所有的寓所都有一个不同寻常的特征：它们看起来被分成了两半，丈夫和妻子各自占领一个独立的堡垒，以进行防御和向对方发起进攻。这是以一种奇怪的方式履行他年轻时的誓言，因为他曾告诉他最早的朋友克里斯托弗·迪尤，“他的妻子，如果他会有一个妻子的话，就必须住在单独的楼层里。他们只有在吃饭的时候才见面，而且彼此也不以‘你’称呼”。订婚之后经过冷淡的两年，1858 年，易卜生与卑尔根市教长的女儿苏姗娜·托勒森结为夫妇。她喜好读书，富于决断，相貌平平，但有一头漂亮的秀发。她那位颇有才学的继母曾轻蔑地谈起易卜生，说除了索伦·克尔凯郭尔，她不知道还有谁“如此明显地强迫自己孤独”。这场婚姻有用但不温馨。从某种意义上说，它对易卜生的成功是至关重要的。因为他的剧作不是被拒绝就是失败，他的精神一度极为沮丧，他认真地考虑起发展自己的另一才能即绘画，而她则竭力阻止，强迫他每天坚持写作。正如西居尔后来所说的：“世界将感谢我的母亲，她使人间少了一位拙劣的画家，却得到了一位伟大的作家。”西居尔生于 1859 年，他总是将他的母亲描绘成易卜生身后的力量：“他是天才，她是志气，他的志气。他知道这一点，尽管他直到生命的尽头也不会心甘情愿地承认这一点。”

很自然，西居尔把这场婚姻描绘成一种工作上的合作关系，而当时其他人，包括易卜生自己，却并不这么认为。根据一位年轻的丹麦人马丁·施内克卢特的日记来看，易卜生一家在意大利的生活是一派凄凉。他写道，易卜生陷入“绝望的处境”，因为他发现自己娶了一个他并不爱的女人，而且“不可能和解”。他发现易卜生

“个性专横，固执，以自我为中心，同他热情的男子气奇怪地混合的是他个性的懦弱与强制的理想主义，然而他在日常生活中完全不屑于表达那些理想……而她是十足的女性气度，虽不老练，但性格沉稳、坚定，明智和愚蠢混合在一起，不乏感情但缺少谦和与女性的爱心……他们彼此向对方发起战争，残酷而无情，可是她依然爱着他，即使只是因为他们的儿子。他们可怜的儿子命运最悲惨，这是任何其他孩子从未有过的”。他继续写道，“易卜生自己一心只顾他的工作，以致那句箴言‘人性第一，艺术第二’实际上已经被颠倒了。我认为他对妻子的爱早就消亡了……他现在的罪过在于他不能训诫自己去纠正这种处境，反而一定要把他那种喜怒无常、专横暴虐的个性凌驾于妻子和他们心灵扭曲、满怀恐惧的可怜的儿子头上”。

面对易卜生冷酷的自私，苏姗娜并非毫无防御之力。比昂松的妻子曾引述她在西居尔出生后所说的话，她说再也不会有孩子了，这也就意味着不再有性生活了（不过她是个有敌意的见证人）。离婚的谣言不时地冒出来。易卜生的确憎恶婚姻，比如他在1883年这样写道：“它使每个人都带上奴隶的标记。”但是，出于谨慎和希望安全，他始终维持着自己的婚姻。在一封保存至今的他于1895年5月7日寄给妻子的奇怪的信中，他激烈地否认他将离开她而转向希尔杜·安德森的谣传，并把这些谣言归咎于他憎恶的她的继母玛格达莱·托勒森。易卜生常常对妻子十分苛刻和不满，但是她知道如何施行报复。当他发火时，她只不过当面嘲笑他，心里明白他天生胆怯而且惧怕暴力。她甚至要弄他的恐惧感，搜集报上登载的有关日常惨祸的恐怖报道给他看。综合说来，他们不可能是和睦相处的一对。

易卜生对他的朋友们同样态度冷淡，时常发火。也许，朋友不是一个确切的字眼儿。对他的作家伙伴比昂松，他同别人一样了解，而且相识更久，但他们之间的通信读起来却令人痛心。他把比昂松看作竞争对手，而且妒忌他早年的成功、他外向的性格、他的快乐、他友好的风格和他显著的善于享受生活的能力。事实上，比昂松不遗余力地帮助易卜生赢得公众的认同，而易卜生冷酷无情的忘恩负义却令人感到卑鄙。他们的关系类似于卢梭与狄德罗，像卢梭一样，易卜生是索取，而比昂松则是给予，尽管他们之间最后没有爆发一场引人注目的争吵。

易卜生觉得互利互惠是件难事，鉴于比昂松为他所做的一切，比昂松 60 岁生日时，在别人的劝告下他最终发出一封贺电，这是一个最低热度的杰作："亨利克·易卜生祝愿你生日快乐。"但他却期待比昂松能尽力为他效劳。当评论家克莱门斯·彼得森就《培尔·金特》发表了一篇充满敌意的评论时，易卜生给比昂松写了一封愤怒的信，但后者与此却没有任何关系。易卜生为何不打倒彼得森呢？他说："在任由他故意地冒犯真理和正义之前，我本可以打得他毫无知觉。"第二天，他在附言中又写道："我有意把这些话留到冷静下来时阅读……无论如何我要把它们寄出去。"然后，他又激动了起来，继续写道："我只是因为你毫无行动才责备你，你不该什么都不做，允许有人在我缺席的情况下，把我的声誉放在拍卖师的锤子下面。"

但是，易卜生一边期望着比昂松为自己进行争辩，一边又把他当作一个嘲讽游戏的好材料。易卜生所扮演的正是他自己的剧作

《青年同盟》中的那个令人厌恶的角色史丹斯戈，一个攻击进步运动的残暴成性的人。这部作品是忘恩负义的纪念碑。易卜生在剧中将攻击面扩大到所有在经济上接济过他、为他申请政府补贴而签过名的人。依照他的观点，任何有声望的人都是合理的攻击目标，然而，任何对他的微小触及又令他十分痛恨。约翰·保尔森出版了一部小说，描写一位专横跋扈、嗜好奖章的父亲。易卜生抓住一次机会，在他送给自己的请柬背面写上"恶棍"，然后公开在聚会上将它递还给保尔森——10年后，昆斯伯瑞侯爵用到奥斯卡·王尔德身上的也是同一手段。

实际上，易卜生同其他所有作家的关系都是以争吵而告终，即便不曾发生过任何争执，这种关系也将因营养不良而死亡。他不会遵循约翰逊博士[①]的劝告："友谊的维持必须依赖于不断地修补。"他总是使友谊处于紧张的状态，其间穿插着一段段的沉寂，也总是另一方做出努力。事实上，他近乎表达了一种反友谊的哲学。勃兰兑斯由于违背礼俗同一位有夫之妇同居而遭到哥本哈根人排斥，他写信给易卜生，抱怨他没有朋友了，易卜生回答道："'当一个人像你一样的处境时'——其言外之意是'我的情况也是如此'——一个人如果紧张地投入到他终生的事业当中，他实际上就不可能指望有朋友……朋友是一种昂贵的奢侈品，如果一个人在一生中都将他的资本投入到一种天职或使命中去，他就无力再承受友情。朋友的昂贵之处不在于为他们做了什么，而在于为他们着想，没有做什

① 约翰逊（1709—1784），英国作家、评论家、辞书编纂者，编有《英语辞典》《莎士比亚集》，作品有长诗《伦敦》《人类欲望的虚幻》等。

么。许多超凡的雄心都因此而破灭。我已经历过这种事，这便是为什么我等待了许多年才取得了我所盼望的成功。”正如我们所考察的其他知识分子一样，这封冷酷的、透露真情的信揭示了公开的信条与个人的弱点之间的内在联系。易卜生是在对人性讲话：“成为你自己！”然而在这封信中，他实际上承认，成为自我必然包含着他人的牺牲。从根本上来说，个人的解放是无情的，是以自我为中心的。从易卜生来看，他如果没有忽略、漠视甚至在需要时蹂躏他人，他就不可能成为一位卓有成就的剧作家。易卜生艺术方法的核心是创造性的自利原则。正如他给玛格达琳·托勒森的信中所写的：“大多数批评都可以归结为指责作家想保持自我……最重要的事情就是保护自我的本性，使它保持纯粹，并从所有侵犯它的因素中解放出来。”

创造性的自利是易卜生将自己性格中的缺陷转化为力量源泉的一种尝试。还是个孩子的时候，他就常常表现出令人惊讶的孤独，他的老师评论道：“一张老人面孔，一种内省人格。”一位与他同时代的人作证说：“我们这些小男孩不喜欢他，因为他脾气总是那么坏。”只有一次听到他“像其他人一样”发出笑声。以后，到青年时期，贫困使他越发地孤僻：他会独自一人长时间地外出散步，这样，同寓所中的其他客人与仆人以为他出门吃饭去了。（令人伤感的是，易卜生的自私后来迫使他的儿子采用类似的花招；因为不愿邀请其他男孩到他那阴森森的家里做客，他就告诉他们，他的母亲是个体格强壮的黑人，她把他的弟弟囚禁在一个箱子里，而实际上他根本没有这样一个弟弟）易卜生漫长而孤独的散步逐渐变成一种习惯，他写道：“我曾经身背一个背包在不同的时间徒步漫游了多数信奉天主教的国家。”易卜生是个天生的流亡者：他至少把周围的社会看作是异己的，常常是敌对的。年轻时，他写道：“我发现自己处于一种战争状态，对手是囚禁我的小社区。”

因此，易卜生选择实际的流亡生活度过他一生最漫长、也最富创造性的阶段也就不足为怪了。这种状况加深了他的疏离感，也使他封闭在充满争吵与敌意的、极其狭小的移民群体中。易卜生开始意识到被隔绝的缺点，1858 年，他在一封信中描述自己“被封闭在一种令人困窘的冷漠之中，这使别人难以与我建立起一种亲近的关系……相信我，从十月党人的立场来观察这个世界，不是令人愉快的”。然而 6 年以后，他开始安于自己在与人交往方面的无能。1864 年，他写信给比昂松：“我不能与那些给予自己自由并毫无保留的人建立起亲密的关系……我宁愿将真实的自我封闭起来。”他的孤寂变得富有创造性，它本身成为一种主题。从他现存最早的诗作，写于 1847 年的《辞职》，到 1870—1871 年他中止诗歌创作，孤独始终是他诗歌潜在的主题。正如勃兰兑斯所说：“这是一本关于孤独的诗集，它描述了孤独的需要、孤独的冲突、孤独的反抗。”他的创作反映了内心的孤独，成为他的防御物、避难所和一种武器，以对抗异化的世界；正如施内克卢特对他在意大利的生活所作的评述，“他所有的思想和激情”都献给了“对文学声誉着了魔般的追求”。他渐渐开始把他自高自大的孤独与自我隐蔽看作一种必不可少的策略，甚至是一种优点。他告诉勃兰兑斯，整个的人类生存状况如一只失事的船，因此“唯一明智的行动是拯救自己”。晚年时，他劝导一位年轻的妇女：“你绝不要把任何事情告诉别人……人生最有价值的事情就是保守秘密。”

不过，以为这样的方针能执行下去自然是不现实的，它蜕化成对人类普遍的敌意。勃兰兑斯不得不得出这样的结论：“他无限地藐视人类。”他仇恨的探照灯系统地扫过人类社会的所有方面，它似乎是示爱般地不时停落在某些特别地激起他的憎恶的思想和制度上。他憎恨保守主义者。也许他是第一位这样的作家——他物色到的人才将变成一支庞大的军队——劝说一个保守的政府资助一位作家，这位作家致力于攻击这个政府所珍惜的一切。（当他再次申请更多的资助时，政府拨款部门的一位成员——雷韦朗·日·里德沃尔说，易卜生应受一顿痛打而不是另一笔补助金）对于自由主义者，易卜生甚至更加仇恨，说他们是“可怜的废物，人类的路障”，他们中的大多数人是“伪君子、撒谎者、胡说八道的家伙和杂种狗”。他和他同时代的托尔斯泰一样，也特别厌恶议会制度，在他看来，这是无穷无尽的腐败和欺瞒的根源；他喜欢俄国的原因之一就是那儿没有议会。他憎恶民主。正如克里斯托弗·扬松的日记中所说的，他随意讲出的格言读起来让人感到可怖。“大多数是什么？是无知的群众。智慧总是属于少数人。”他认为，大多数人“没有资格持有观点”。他对勃兰兑斯说过类似的话：“在任何情况下，我都不会把自己与任何有大多数人支持的党派联在一起。”如果他把自己看成何种人的话，那就是无政府主义者，他愚蠢地相信（正如以后的许多人一样）无政府主义、共产主义以及社会主义本质上是相同的。“必须废除政府”，他对喜欢收集他各种观点的勃兰兑斯这样说道：“现在有一场革命，我将乐于助其一臂之力，消灭国家的概念，建立自由意志的原则。”

易卜生认为，对于公众生活，他具有始终如一的哲学。他把自己喜欢的一句话给了他剧中的角色斯多克芒医生[①]，这就是："少数人总是正确的。"他向勃兰兑斯解释，所谓少数人，他指的是"那些提前进入大多数人还未能达到的领域的人"。在某种程度上，他把自己看作斯多克芒医生，他对勃兰兑斯说：

> 知识界的先行者无法让大多数人聚集在他的周围。10年以后，大多数人可以达到斯多克芒医生在人们聚会时所站立的地点。然而在这10年里，这位医生并非是站立不动的：他至少比其他人超前了10年。大多数人、群众、乌合之众永远无法赶上他；他也绝不可能把他们召集在身后。我自己感受到一种类似的、毫不减弱的压力迫使我前进。人们现在站在我写作早期作品时的位置上，但我自己已不在那儿了，我已到达别的地点——远远地在他们的前面——或者说我希望如此。

这种观点本身是典型的维多利亚式的，它的难点在于，假定已觉醒的少数引导着人类永远朝着一个令人向往的方向前进。易卜生从没有想到过，少数人——即后来列宁所谓的"先驱中的精英"或希特勒说的"旗手"——可能将人类引入深渊。易卜生如果目睹了20世纪的种种过分行为定会感到惊讶和恐惧，而对这一世纪思想的形成，他起了那么大的作用。

他自称能预见未来，但他对未来的理解却极其错误，其原因在

---

① 易卜生的剧作《人民公敌》中的主要人物。

于他个性中天生的缺陷，他没有同情别人的能力，这种个性正与他的思想对立。当个人与群体就像他的剧本所表现的那样，只是体现思想的时候，他能够以深刻的洞察力和丰富的同情心对待他们。然而，一旦他们作为真实的人走进他的生活，他就急忙逃开或做出敌意的反应。他最后的一系列剧作强有力地掌握了人类的心理，也正符合他自己在生活中争吵、发火和愤世嫉俗，以及他在不多的私人关系中注定恶化的状态。他对公众的态度也反映出思想与现实的对立。1888年3月20日，他给克里斯蒂亚那的工人联盟发了一份电报："在我国所有阶级中，工人阶级使我感到最为亲近。"这是谎话，除了他的钱袋，任何东西都不会让他感到亲近。在现实生活中，他从来没有对工人表示过丝毫的关注，对他们的见解也只有蔑视。没有任何材料能够证明他曾帮助过工人运动。另外，他发现迎合学生是精明之举；反过来，他们喜欢以点燃火炬的队伍向他表示敬意。但是，他与他们的实际交往在一场激烈的争吵中结束了，这是从1885年10月23日他写给挪威学生同盟的一封幼稚而荒唐的长信中反映出来的，他在信中痛斥他们当中"占优势的反动分子"。

相同的故事也发生在他和女性的关系之中。从理论上看，他是站在她们一边的，可以说，对于最终改进妇女的社会地位，他比19世纪任何其他作家都做得更多。一部《玩偶之家》带来了明确的信息——婚姻并非神圣不可侵犯，丈夫的权威遭到公开的挑战，自我发现比其他任何事情更为重要——这些真正揭开了妇女运动的序幕。他描述的妇女的才能无人可以超越。正如《海达·高布乐》所显示的，几乎没有人在表现女性的情感世界方面能与他并驾齐驱。公正地说，在现实生活中，正如在具体观念上，他不时地设法帮助妇女。一次宴会上，他醉酒后发言，表示赞成妇女进入罗马斯堪的纳维亚俱乐部：当时场面特别激动，也许不会为她们的事业带来多少益处——听众中的一位伯爵夫人惊恐之下昏厥过去。但是，对于真正参与这一事业的妇女，尤其那些同样是作家的女性，他根本毫无耐心。1891 年在勃兰兑斯的格兰特饭店为他举办的那场灾难性的晚宴上，当发现他被安排在中年女画家、知识女性基蒂·谢兰的身边时，他火了。她大胆地批评了《海达·高布乐》中爱尔伍斯泰夫人的性格，他粗暴地回答道："我写作是为了描绘人，我对狂热的女学者们喜欢或不喜欢什么毫不关心。"在他看来，所谓地狱就是参加一个时间较长的宴会时，座位挨着一位年老的、鼓吹妇女参政的女人或女作家——而在 19 世纪 80 年代，在所有斯堪的纳维亚国家的首都，这两种人都十分多。1898 年 5 月 26 日，他想方设法逃避挪威妇女权利联盟以他的名义在克里斯蒂亚那举行的一个正式的大型晚宴。当他无法避开时，就做了一场很能代表其个性的、怒气冲冲的演说。他在斯德哥尔摩两个妇女社团联合为他举办的晚宴上脾气同样暴躁；不过灾难还是避免了，因为女士们有所察觉，于是让年轻漂亮的姑娘们表演民间舞蹈，众所周知，易卜生非常喜欢她们。

跳舞的姑娘中有位罗莎·菲廷霍夫，她的母亲是一位写儿童故事的妇女。她后来成为一长列姑娘中最后一位与易卜生有过复杂的、从某种意义上看也是极不稳定的关系的人。易卜生似乎总是对非常年轻的姑娘有兴趣，这使他痛苦地联想起他没有实现的愿望。他在卑尔根剧院工作时，第一次真诚地爱上了一位年仅 15 岁的姑娘——亨利克·豪斯特。但是他没有钱，姑娘的父亲反对，于是事情也就不了了之。等到他第一次获得成功时，他感到自己已太老太丑了。如果他去争取一位比他年轻许多的姑娘，就有遭受断然拒绝的危险。尽管如此，他仍继续缔结着危险的私交。1870 年，是与才华横溢的妇女右翼分子劳拉·彼得森；4 年以后，是同他那年老的女房东的孙女，年仅 10 岁的希尔德·松特姆。这种喜好并没有随着年龄的增长有所减弱，而是恰恰相反。他被老年歌德与美丽的玛丽安娜·冯·威廉姆的感情故事吸引了，歌德的这种情感使他的艺术作品重新焕发青春。女演员只要年轻美貌，通常能够说服易卜生去做她们想要他做的事情，当她们把其他年轻姑娘介绍给他时，就更是如此。他到斯堪的纳维亚各国首府去访问时，姑娘们会聚集在他下榻的旅馆周围；有时，他愿意同她们交谈，并且亲吻她们，赠送她们一张他自己的照片。一般说来，他喜欢年轻姑娘，但他的兴趣常常特别集中于一个人身上，1891 年时是希尔德·安德森，罗莎·菲廷霍夫则是最后一个。

她们当中最重要的是爱米莉·巴尔达希和海伦娜·拉夫两个人，1889 年易卜生在阿尔卑斯山区度假时认识了她们。她们的日记和许多信件都保存至今。爱米莉是一位 18 岁的奥地利姑娘（易卜生年长她 43 岁），她在日记中写道："他的热情应该使我感到骄傲……他对我所说的话充满了强烈感情……他说，在他整个一生中，他从来没有在结识任何人时感到如此快乐。他从来没有像赞美我这样赞美过任何人。"他请求她"对他绝对地坦诚，这样我们就可以成为合作伙伴"。她认为自己爱上了他，"但是，我们俩都觉得在公开场合最好仍像两个陌生人那样"。他们分手后，易卜生写给她的信完全不会给她带来任何伤害。40 年后，她告诉作家 E.A. 楚克尔他们甚至从来没有亲吻过；但是她又说易卜生曾提到过他离婚的可能性——然后他们将结婚和周游世界。海伦娜是一位更为老练的、来自慕尼黑的城市姑娘，她允许他亲吻自己，但她心里明白，他们的关系是浪漫的、书本上的，不是性关系，也不是严肃的。当她问他是如何看待她的，易卜生回答道："你非常年轻，还是个孩子，你是青春的化身，我的创作需要这些。"这句话自然解释了他所谓的"合作伙伴"的含义。40 年后，海伦娜写道："他同年轻姑娘们的关系丝毫没有通常意义上的、对妻子不忠的成分，这只是出于他的想象力的需要。"这样的姑娘是为他的戏剧所采用的原型，是观念制造出来的血肉之躯，而不是具有感情的、由于她们自身而令他希望去喜爱的活生生的女人。

因此，易卜生不可能认真地考虑与这些姑娘中的某一个发生性关系，更别提结婚了。他对性有极大的抑制力，他的医生爱德华·布尔说，即使进行医疗检查，他也不愿暴露性器官。那儿是否有什么毛病——或者他认为有毛病？至少从理论上讲，易卜生是一个深谙女性心理的人，有人想把他称作男性调情者。他确实是引着爱米莉往前走。她是个想象力过于丰富的姑娘，无疑也很愚蠢，她没有想到易卜生在利用她。1891 年 2 月，他得到了他想得到的东西，于是中断了他们之间的通信。同月，评论家尤利乌斯·伊莱亚斯说，一次在柏林用过午餐后，易卜生告诉他：

他在蒂罗尔[①]遇见了……一位个性鲜明的维也纳姑娘，

① 中南欧一地区，在奥地利西部与意大利北部。

> 她立刻把他引为知己……她对嫁给某位受过良好教育的青年的想法毫无兴趣……诱惑着她，令她迷恋和高兴的事情是引诱其他女人的丈夫离开她们。她是一个有魔法的小破坏者……一只捕食的小鸟，她非常高兴将易卜生归入被她征服的人当中。他非常非常仔细地研究过她了，她在他身上并没有获得真正的成功。“她没有抓住我，而是我抓住了她——为了我的戏剧。”

简而言之，易卜生只不过利用爱米莉来对他剧中的一个人物进行设计，即《建筑师》中的希尔达·房格尔，他在创作时进行了改造，将她写成一个应受指责的角色。伊莱亚斯的叙述，以及一段时间后发表的易卜生的信件，使得人们都认为可怜的爱米莉就是希尔达。在她漫长的一生中（她始终独身一人，终年92岁），大部分时间里被当作一个邪恶的女人而遭到谴责。易卜生不仅把真实的人放入他的构思中，而且在无所顾忌地暴露他们时，冷酷地漠视他们的情感，这都是他特有的行径。劳拉·基勒是其中最恶劣的一个例子，她是一位不幸的挪威少妇，易卜生曾与她见过几次面。她的生活受到丈夫巨大的影响，她想帮助丈夫，就去偷窃；当她的罪行被察觉时，丈夫把她看作累赘和耻辱，而且一度把她送进了精神病院。易卜生把她看作受压迫的妇女的象征——又一个观念制造的人物，而不是一个活生生的人——并用她塑造了他的《玩偶之家》中的虚构人物娜拉。这部光彩夺目的剧作吸引了世界范围内广大公众的注意，他们自然将刺眼的聚光灯投射到劳拉的身上，人们普遍认为她就是原型。她十分痛苦，希望易卜生公开声明娜拉不是她。这样做不会使他受到丝毫的损失，但他那封回绝信简直就是卑鄙骗子的一篇杰作，他说："我实在不明白劳拉·基勒脑子里的真实想法是什么，她总想方设法把我卷入这些琐碎的争吵中去。她建议我发一个声明，证明'她不是娜拉'，这不仅毫无意义，也很荒谬，因为我从没有说过她是……我想你会赞同我，对我们共同的朋友来说，我最好的做法就是保持沉默。"

易卜生这种冷酷无情的角色掠夺行为，不仅涉及与他最亲近的人，也包括那些实实在在的陌生人。那部毁了爱米莉一生的剧作也打击并伤害了他的妻子，因为人们很自然地把苏姗娜理解为《建筑师》中索尔尼斯的妻子，她是建筑师的合作者，也是不幸婚姻的受害者。这部剧作中还有一个人物开雅·佛斯里，也是偷窃了他人性格塑造的。一位妇女曾好几次很惊讶地被易卜生邀请一起进餐，她总是欣然前往。他们的交往突然中断时，她再次感到有些诧异——当她观看了这部话剧才恍然大悟，她从开雅的身上看到了自己的影子，她已经被利用了。

易卜生经常写到爱情，毕竟这是他诗集中最重要的主题，如果可以这样说的话，那么他是在一种否定的意义上表达孤独的痛苦。然而，令人疑惑的是，他是否爱过，或能够爱上一个具体的人，而不是爱上某种思想或作为某种思想化身的人。仇恨才是他更为真实的感情，而在仇恨的背后隐藏着一种更为基本的感情——恐惧。易卜生的个性最深处潜伏着一种无处不在的、未曾言说而又不可言说的恐惧。这可能是他身上最重要的特点。他从母亲的身上继承了胆怯，一有机会，她就把自己锁在屋子里。易卜生还是个孩子的时候也是常把自己关在室内。其他的孩子注意到他的恐惧——例如，他不敢坐雪橇在冰上滑行——终其一生，“懦弱”这个词总是被那些观察他的人用到他身上，既是指他的精神方面，也是指他的行为方面。

他的生活中曾经发生过一件特别可怕的事情。那是在 1851 年，他只有 23 岁，正在为激进派的一份报纸匿名撰写评论文章。同年 7 月，警察突然对报社进行搜查并逮捕了他的两位朋友——特奥多尔·阿比尔高和工人领袖马库斯 - 特拉内。幸而警察在报社文件里没有发现任何东西可以将易卜生与那些文章联系起来。惊恐之下，他一连隐匿了几个星期。那两个人被判监禁 7 年。易卜生太胆怯了，他既不敢为他们挺身而出，也不敢对这种野蛮的处罚提出抗议。他是一个善于言而怯于行的人。1864 年，普鲁士侵略丹麦，吞并了石勒苏益格 - 荷尔斯泰因州，他因此愤怒不已，猛烈地斥责挪威政府优柔寡断，未能援助丹麦，他说：“所有的猪都集中在那里，我不得不从中逃出来使自己干净些。”然而，他并没做任何实际的事情来帮助丹麦。一位自愿参军作战的年轻丹麦学生克里斯托弗·布鲁恩问易卜生——他对其大事声张的言论早有耳闻——为何不也去志愿投身战斗，然而他得到的却是一个站不住脚的回答：“我们诗人有其他的任务要完成。”易卜生在个人生活上与在政治事务中同样怯懦。他同第一位恋人亨利克·豪斯特关系的破裂，仅仅因为她那令人生畏的父亲发现他们两人坐在一块儿，易卜生简直是惊恐万状地逃之夭夭。许多年以后，她已经结婚，他们之间曾有过这样一次交谈。易卜生说：“我奇怪为什么我们的关系没有继续发展。”亨利克回答道：“你不记得了吗？——你逃跑了。”易卜生说：“是的，是的，我在面对面时从来不是一个勇敢的人。”

易卜生是一个上了年纪的、易受惊吓的儿童，他变成了年轻的老妇。他所惧怕的事情若列成表，那可是没完没了的。威廉·贝瑟曾描述1867年，他站在伊斯基亚岛[①]上，担心悬崖和岩石会坍塌，而且惧怕那儿的高度，他尖叫道："我要离开这儿，我要回家。"在大街上走着的时候，他总是担忧瓦片会落在他的头上。加里波第的起义令他极度不安，因为他害怕大街上流血。他担心可能会发生地震。他害怕乘船："我不愿和那些那不勒斯人一起乘船，如果遇到风暴，他们只会平躺在船底向圣母马利亚祷告，而不去把船帆收起来。"他的另一种担心是害怕霍乱的突然蔓延——实际上，传染性疾病一直是他最担忧的事情。1880年8月30日，他写信给儿子西居尔说："我很不赞成你把行李存放在安娜·达埃的医院中的想法，她所照料的孩子都来自那种阶级，可以想到天花这类流行病会在他们当中蔓延的。"他惧怕暴风雨，无论在海上还是在陆地上；他害怕洗澡（"很容易引起肌肉痉挛致命性的发作"）；也害怕马（"它们乱踢的习性是众所周知的"）以及任何一个手拿射击运动手枪的人（"远远地躲开携带着这类武器的人"）。他特别惧怕马车事故。他的脑海中纠缠着冰雹的危险性，他会把冰雹取来测量周长。令孩子们烦恼的是，他坚持吹灭圣诞树上的蜡烛，因为有引起火灾的危险。他的妻子无须用报纸上有关灾难的描述来恐吓他，因为他自己已经匆匆地浏览过报纸了——这是他戏剧情节的主要来源——而且战战兢兢地研究了这些有关自然灾难和人为灾难的报道。他写给西居尔的信件就是一份份离奇的警告目录表——"我几乎读了每一份

---

① 意大利岛屿，在那不勒斯湾西北入海口处。

登载着事故的挪威报纸，这些事故都是由于使用装有弹药的火器不慎而造成的。”——并且请儿子谨慎小心：“发生任何小事故都请速来电报。”“即使最小的疏忽也会造成最严重的后果。”“一举一动都要小心仔细。”

最让他感到恐怖的是狗。贝瑟说，有一次在意大利，他被一条驯服的狗吓住了，然后突然拔腿就跑。这条狗追上去，还咬了他。易卜生大声喊道：“这条狗疯了，必须射死它，否则我也要疯了。”他“因愤怒而唾沫横飞，而且直到好几天后，他的恐惧方才消失”。康德松的记录则更让人吃惊，确实也更令人不快。事情发生在意大利，易卜生与其他几位斯堪的纳维亚人在一家饭店共进午餐，喝了很多酒，“空中打了一个雷。易卜生似乎一开始心里就有些愤慨，它重重地压在他的心上，急需某种发泄”。当他们起身准备离去时，易卜生已站立不稳，于是有两个人不得不扶着他行走。他的注意力集中到一扇铁门上，“门后有一条大狗正冲着我们狂吠”。然后：

> 易卜生手中有一根手杖，现在他开始用手杖捅那条狗。那是一个像小狮子一样的庞然大物。它跑上前来，易卜生用手杖又戳又打，用各种方法引它发怒，他成功了。它冲到门上，易卜生重又拿手杖戳打它，这使它非常愤怒。毫无疑问，要是没有那扇结实的铁门隔在它和我们之间，它会把我们撕成碎片的……易卜生站在那儿戏弄那条狗肯定有6分钟或8分钟之久。

正如这件事所表明的，易卜生一生的暴躁与他终生的恐惧是紧密相关的，他发怒是因为恐惧，酒精可以麻木恐惧感，但也释放了怒火；这个怒气冲冲的男人体内隐藏着一个哆哆嗦嗦的胆怯的自我。易卜生早就丧失了信仰，或者他自称如此，但是直到他进入坟墓都带着对罪孽和惩罚的恐惧。他厌恶有关宗教的玩笑，他说："有些东西是不能开玩笑的。"他宣称基督教"使男人与女人道德败坏，而且束缚了他们的手脚"，然而他自己却依然非常迷信。他也许不相信神，但他惧怕魔鬼。他曾在《培尔·金特》中写道："生存就是同内心和灵魂中的神魔战斗。"比昂松写信给他说："你的头脑中有许多妖怪，我认为你应该安抚他们……他们与主人对立而成为一支危险的军队。"易卜生对这一点十分清楚，他提到他的"超级魔鬼——我锁上我的房门，把他带出去"。他说："在我所写的东西里一定有妖怪。"他在自己的书桌上放置着一排吐着红舌头的橡皮小恶魔。曾有几次，几杯烈性酒下肚以后，当他对社会理性的批判瓦解了，变成怒火，这时他看上去仿佛魔鬼附体一般。甚至连他最重要的拥护者威廉·阿契尔也认为，他的政治和哲学观点，如果仔细研究的话，与其说是激进的，不如说只是混乱的。"我越来越确信"，他在1887年写道，"易卜生绝不是一位全方位的思想家，或者更确切地说系统的思想家"。阿契尔认为，易卜生仅仅是唱反调，反驳每一种已确立的思想原则。西格里德·温塞特[①]的父亲英瓦尔·温塞特在罗马听了易卜生在半醉状态下情绪激昂的演讲，他的记录是："他是一个彻底的无政府主义者，想要毁灭一切……

① 西格里德·温塞特（1882—1949），挪威小说家，1928年获诺贝尔文学奖，著有《新娘·主人·十字架》、三部曲《克里斯汀·拉夫朗的女儿》等。

人类必须从地基开始重建世界……社会和其他的一切都必须被消灭……我们这个时代的伟大事业就是将现存的结构吹进空气。”这些话是什么意思？没有什么意思！实际上，这只是在一颗不懂得爱或是不会表达爱的心灵深处，恐惧与仇恨争夺统治所带出的结果。世界北部国家的酒吧里塞满了以同样方式高谈阔论的男人。

从1900年的那次中风以后，易卜生进入生命的最后岁月。程度较轻的中风不时地复发，他仍然时而脾气暴躁，时而忧心忡忡，他那好挖苦人的妻子就看着他。这时他最焦心的是安全保险的问题，尽管他发火的主要根源在于身体衰弱和极其厌恶被人帮助。通常是怒火占据上风。他的常年护士被告知，一旦她帮助他走到街上，就要立刻走开。如果她没有这么做，“易卜生就冲着她挥舞着手杖，于是她逃回寓所”。一位理发师每天都来替他修面，易卜生从没有对他说过一个字，只有一次，他突然喃喃地说道：“丑陋的魔鬼！”他死于1906年5月23日。苏珊娜后来声称，就在临终前，他说道：“我亲爱的、亲爱的妻子，你对我一直是那么好，那么和蔼。”这话听起来似乎与他的性格完全不符。无论如何，布尔医生的日记表明，那天下午，他一直昏迷不醒，不能说话。另一种说法似乎合理得多，他最后的一句话是：“恰恰相反！”

4

托尔斯泰：上帝的兄长

在我们所考察的所有知识分子中，列夫·托尔斯泰是最雄心勃勃的一个。他的胆大妄为令人敬畏，有时令人恐惧。他逐渐相信，凭借他自身的才智，以及胸中涌动着的精神力量，就能够改造社会的道德。正如他自己所说的，他的理想是“将这人世变成神圣的基督王国”。他把自己看作“从摩西、弥赛亚、孔子、早期希腊人、佛陀、苏格拉底到帕斯卡、斯宾诺莎、费尔巴哈以及所有默默无闻的知识分子”的使徒和继承人，“他们从不相信任何教义，而是真诚地按照生命的意义去思考和说话”。但是，托尔斯泰并不打算做个“默默无闻”的人。从他的日记可以看出，当他还只是个25岁的青年时，就意识到一种独特的力量和统领道德的使命。“今天读了一篇关于文学天才的性格的作品，它唤醒了我的自信：无论是工作能力还是工作热忱，我都是杰出的。”“至今我还未遇到一个像我这样有道德的人，一个能够相信我时刻铭记着一生向善并随时准备为之牺牲一切的人。”他感到自己的心灵“无比崇高”，并为别人不了解他的品质而沮丧:“为什么没有人爱我?我不蠢,也不丑陋。既不邪恶,也非头脑空空之流。这真是不可理解。”不论他如何努力去同情别人,同他们打成一片,他仍常感到与别人的某种隔膜。奇怪的是,他感到自己正高踞他人之上,对他们进行道德审判。当他成为一位作家,也许是所有作家中最伟大的一位时,他便轻而易举地确认了这种上帝般的力量。他对马克西姆·高尔基说道:“我在写作的时候,突然对某个角色产生了怜悯之心,于是我就赋予他某种美德,或去掉其他某些人身上的美德,这样,与其他角色相比他就不会显得过于黯淡。”而当他成为一个社会改革者时,那种以上帝自居的欲望也就越发强烈,因为他的实际规划和神一样广大,正如他自己界定的:“谋求全世界的幸福的愿望……我们称之为上帝。”甚至,他觉得神已占据了他整个身心,他在日记中写道:“帮帮我,天父,驻留在我的躯体中。你和我早已同体,你就是‘我’。”但是,正如高尔基所注意到的,托尔斯泰对他的造物主充满了极度的猜疑,这就阻碍了他与上帝共存于同一个灵魂之中。高尔基说这种情况使他想到“一个洞穴中的两头熊”。有时托尔斯泰似乎会认为自己是上帝的兄弟,甚至是上帝的兄长。

托尔斯泰为什么会对他自己有这样的想法呢?也许,在他的崇高感中,最重要的因素就是他自己的出身。托尔斯泰和易卜生一样生于1828年,但托尔斯泰在那个幅员辽阔的国度里是世袭统治阶级中的一员。在以后的30多年中,俄国一直保持着被称作农奴制的奴隶制度。在这种制度之下,依照法律,在农奴家庭,男人、女人和孩子都依附于他们耕种的土地,他们的人身所有权跟随着地契。直到1861年这种制度被废除时,有些贵族家庭拥有的农奴多达 20 万人。以这种标准来衡量，托尔斯泰家族还算不上富有。托尔斯泰的祖父与父亲都是挥金如土的人，其父拯救自己的方法是与伏尔康斯基伯爵相貌平平的女儿结婚。伏尔康斯基家族地位十分显赫，是王国的缔造者之一，1613 年，罗曼诺夫王朝建立时，伏尔康斯基家族的社会地位与罗曼诺夫家族相等。托尔斯泰的外祖父曾经是叶卡特琳娜女王的总司令，他的母亲的嫁妆包括图拉省附近的雅斯纳雅·波良纳庄园。托尔斯泰从母亲那儿继承了这个庄园，它占地 4000 俄亩[①]，有 330 名农奴。

托尔斯泰青年时期很少考虑经营土地的责任，实际上，他变卖了部分地产，用来偿还赌债。但是他对自己的爵位和门第以及由此带来的进入上流社会沙龙的权利感到骄傲，甚至有些自负。他的文学界的朋友们对他的做作和势利不无吃惊。屠格涅夫写道：“我无法理解这种对讨厌的贵族头衔的可笑的迷恋。”涅克拉索夫的评价是：“他使我们大家都感到厌恶。”托尔斯泰竭力想在上流社会和艺术家圈子中都能占据上风的行径令他们颇为不满。屠格涅夫曾经很生气地质问他：“你为什么要到我们中间来呢？这儿不是你待的地方——回到你夫人那里去吧。”随着年龄的增长，托尔斯泰摒弃了特权阶级许多浮华的秉性，但代之以一种更为深入的土地购买欲，用他的文学创作的收益，以一种王国奠基者般的冷酷无情，贪婪地接二连三地买下数公顷土地。他不仅拥有着土地，而且还统治着土地，直到他决定放弃它们为止。托尔斯泰的精神实质是独裁主义，它直接来自对土地和农奴的世袭权力。他的儿子伊里亚写道：“世

① 1俄亩约等于1.09公顷，合16.35市亩。

上的人分为两类：一部分是我们这样的人，另一部分是其他所有的人。我们是特殊的人，而其他人不能与我们相提并论……盲目的自大和自尊被反复地灌输进我们的头脑，我发现它们是如此顽固，难以摆脱，（我的父亲）对此负有相当的责任。”直到生命尽头，托尔斯泰依然认为他天生就是这一方面或那一方面的统治者。高尔基曾提到，直到晚年，托尔斯泰仍然是主子，希望他的意愿立刻得到遵从。

与这种根深蒂固的统治欲相伴而来的是对被统治的强烈反感。托尔斯泰有着坚定的意志，生活环境则使这种意志力愈发强大。在他很小的时候父母就去世了，他的三位哥哥都性格脆弱而且时运不济，生活放荡，他由一位身无分文的远亲塔吉亚娜姑母带大。她竭力想把他抚养成一个有责任感、慷慨无私的人，但她对他并没有支配的权力。就像卢梭的文章一样，托尔斯泰描述自己早年生活的作品《少年》以及他的日记也以表面的真诚迷惑了读者，实际上，其中隐瞒的成分远远多于披露的部分。例如，他描述了如何被一位凶恶的家庭教师圣·托马斯先生打骂，“这就是我一生都对任何形式的暴力心怀恐惧和厌恶的原因之一”。事实上，直到晚年，托尔斯泰对各种形式的暴力从不感到惊讶，其中包括他自己狂暴的天性。至于说到圣·托马斯，在托尔斯泰 9 岁时，这位家庭教师就管不住他了，自此以后，他就开始随心所欲地选择自己的生活方式。在学校里他读自己想读的书，想工作时就工作（常常十分努力）。12 岁时，他开始写诗；16 岁时，他考入伏尔加河畔的喀山大学，出于将来从事外交工作的考虑，他一度在东方语文学系读书，后来还学过法律。19 岁时，他放弃大学教育，回到雅斯纳雅·波良纳，开始自学。他既读了流行小说——德·科克[①]、大仲马、欧仁·苏[②]的作品，也读了笛卡尔，特别是卢梭的著作。在许多重要的方面，他是卢梭身后的学生；托尔斯泰晚年时说，除了新约中的耶稣基督，卢梭是对他影响最大的人。他从卢梭身上发现了相似的精神，另一个巨大的自我，卢梭也意识到最高的善，并急切地想把它传授给世界。与卢梭一样，托尔斯泰基本上是靠自学，同时也具有自修者的傲慢、缺乏安全感以及知识分子的敏感等所有特点。在成为一位职业作家以前，他也与卢梭一样曾尝试过许多工作——外交、法律、教育改革、农业、服军役、音乐。

托尔斯泰以一个初级军官的身份在军中服役，几乎是偶然地发现了自己的专长。1851 年，22 岁的托尔斯泰来到高加索，他的哥哥尼古拉正在那儿服现役。他到那儿去并没有实际的动机，只是想找点事情做以消磨时光。他荣获了几枚勋章，这使他在沙龙中为人注意。托尔斯泰在军队里度过了将近 5 年时光，先是在前线山区作战，然后在克里米亚抗击英国人、法国人和土耳其人。他是个傲慢的俄国帝制的拥护者。当他被军队雇用并被派往炮队时——当地人没有火炮——他写信给哥哥谢尔盖说道："我将全力以赴地用我的枪打垮那些掠夺成性的、狂暴的亚洲人。"实际上，他从不否认他支持俄国帝国主义或沙文主义精神，他坚信，俄国是一个独特的种族，具有独一无二的道德品质（具体表现在农民身上），肩负着上

① 德·科克（1793—1871），法国多产作家，描写巴黎生活的小说在当时整个欧洲流行。

② 欧仁·苏（1804—1857），法国作家，以描写城市生活阴暗面著称，代表作有长篇小说《巴黎之神秘》（旧译《巴黎的秘密》）、《流浪的犹太人》。

帝赋予的使命在人世间履行职责。

这些也是托尔斯泰的军官同事们简单而又未说出口的信念，托尔斯泰的想法正反映了他们的想法。但是，他感到自己在另外一些方面又与众不同。他在日记中写道："我必须永远习惯于这样想：我是一个例外，我站在自己的时代的前面，或者说，我是那种不肯调和、不能适应环境的人，并且永远不会满足。"军队中对于他的看法各不相同，有的人认为他谦逊，而另一些人认为他"一脸不知深浅、志得意满的神情"。不过，他们都注意到他那凶狠、愤懑的注视，时时令人敬畏的眼睛，任何人都会在他的注目下退缩。无论是否在战场都没有人怀疑他的勇敢，这是他强大的意志所起的作用。还是个小孩子的时候，他就逼着自己学习骑马，克服了羞涩的毛病。他还强迫自己去狩猎，包括危险的猎熊活动；由于骄傲自大而放松了警惕，他第一次去猎熊时就受了重伤，几乎丢了性命。在军队中，他在炮火下表现勇敢，终于被提升为准尉，但是他想荣获勋章的努力却落了空。他曾 3 次被推荐受勋，但在某一层次上受到阻碍。在军队里，谁急于得到勋章很容易被人察觉，引起反感。实际上，托尔斯泰并不是一个令人满意的军官，他不仅态度傲慢，不愿服从和学习，而且与同事不能团结。他是个不合群的、独来独往的人。如果看不到什么有益于他的前程的事，他会既没得到允许也不告诉任何人就离开前线。他的上校说："托尔斯泰急于嗅到火药味，但这只是间歇性的。"他设法避开"与战争相伴的困难和艰苦。他常像个游客似的四处游荡，但是一旦听到射击声，他会立刻出现在战场上。等到战斗结束，什么时候他一高兴，就又随心所欲，不知去向了"。

托尔斯泰一直都喜欢做戏。他甘愿牺牲舒适、享乐甚至生命，只要他的所作所为显得崇高，有戏剧效果，能够为人瞩目。还是学生的时候，为了强调自己身上的俄国人的刚毅性格，托尔斯泰为自己做了一个可兼作斗篷的军用睡袋。他的这种姿态引起了周围人的评头论足。在军队中，他更愿意表现而不愿意服务，那些烦琐的日常事务以及军队生活中任何不能带来声誉或不为别人注意的东西，他都不感兴趣。因此，通常的情况是：他的英勇、美德和尊严是为公众舞台而不是为单调乏味、默默无闻的日常事务预备的。

不过，从某个方面来看，他的军旅生涯确实具有传奇色彩。这期间，他使自己成为一名出色的作家。回头来看，托尔斯泰显然是一位天生的作家。根据他后来的叙述，同样明显的是，从很小的时候起，他就能通过准确的细节观察自然和人，这一点无人能超越。但是天生的作家并不一定能成为真正的作家。而在参军途中，第一次看到高加索群山时，他就开始显露出他在这两方面具有的过人天赋。壮丽的景色不仅使他大开眼界，唤起他心中一直处于沉睡状态的冲动——将这一切诉诸文字，而且激发了他第三个突出的特征——他体悟到上帝的崇高，并希望自己以某种方式与之融为一体。很快，他写出了《童年》，然后又写了反映军旅生活的故事和速写：《袭击》《哥萨克》《伐木》《弹子房记分员笔记》、三篇《塞瓦斯托波尔速写》《少年》(《青年》的一部分)、《一个地主的早晨》《圣诞夜》。《童年》于1852年7月寄出，发表后获得了巨大的成功。《哥萨克》当时没有写完，以后又花了10年时间。《圣诞夜》一直没有完成，托尔斯泰将其中部分素材，即反抗车臣首领沙米尔的战争的内容保留在他最后那篇杰出的小说《哈泽尔·穆拉特》中，他写这篇小说时已是一位老人了。令人惊异的是，这些作品中大部分内容是在他服役期间短暂的空闲时间里，甚至是在前线写成的。而且，根据托尔斯泰自己所说，那段时期，他还不时地追逐哥萨克妇女、赌博、酗酒。写作的冲动必定是难以抗拒的，为了满足这种写作冲动，他的勤奋和意志令人敬畏。

但是，创作的冲动时有时无，而这正是托尔斯泰的悲剧所在。有时，他写作时精神振奋，并自豪地意识到自己的才能。例如，1858 年 10 月，他写道："我将讲一个既无头又无尾的故事。"1860 年初他写道："我正在写一些东西，它们浮现在我的脑海中，就像呼吸一样自然。我以应受谴责的骄傲感向你坦白，我的写作使我鄙视你们其他人正在做的事情。"他的写作并非总是那么容易，他给自己设置了很高的标准，因此，写作是艰苦的，需要付出极大的努力。《战争与和平》中的大部分内容至少写过 7 稿。《安娜·卡列尼娜》的修改稿就更多了，而且，正如我们所看到的，其中的内容发生了基本而重大的变化。在这些连续的修改稿中，安娜从一个令人反感的高级妓女发生了质的变化，成了我们所看到的悲剧性的女主人公。为了使作品趋于完美，托尔斯泰付出了艰辛的劳动，这一切表明，他深知自己作为一名艺术家的崇高使命。他怎么可能没有意识到呢？他的作品有时甚至超越了任何一位作家，而且可以肯定地说，没有人曾像他那样将大自然描写得如此逼真、细腻。写于 1856 年的《暴风雪》记述了他从高加索返回雅斯纳雅·波良纳途中遭遇的一场暴风雪和他险些丧生的经历，其中有一股几乎令人目眩的力量。这部作品是他早期成熟的写作技巧的范例，这直接得益于剪裁和精确的细节。他既没有用联想或寓意，也没有进行诗化或是暗示。正如爱德华·克兰克肖所说的，他就像一个画家，他不屑于运用明暗的对照，他只要那种完美的清新明晰。另一位评论家把他比作一位前拉斐尔派的画家：形状、质地、色调、声音、气味、感觉，所有这一切都以水晶般的透明直接地传达出来。这儿有两个例子，两个段落都是经过多次修改而成的。第一段，描写性格外向的渥伦斯基：

> "好哇，真好哇！"他自言自语，把一条腿搁在另一条腿上，用手按住，抚摸了一下他昨天坠下马时微微擦伤了的小腿的富于弹性的筋肉……他愉快地感觉着他的强壮的腿上的轻微的疼痛，他愉快地感觉着在他呼吸的时候他的胸脯筋肉运动。晴朗的、带着凉意的八月天，那使安娜感到那么绝望的，却使他感到心旷神怡……他从马车窗口眺望到的一切，就像他自己一样的清新、快乐和壮健：在落日的余晖里闪耀着的家家户户的屋顶，围墙和屋角的鲜明的轮廓，甚至种着马铃薯的田野——这一切都是明朗的，像一幅刚刚画好、涂上油彩的美丽的风景画一样。

下面的一段描写列文与他的狗拉斯卡在捕捉山鹬：

> 月亮失去了光辉，宛如一小块白云浮在空中；星星一颗也看不见了。以前在露珠里发出银白色光辉的水草，现在闪着金黄色。烂泥塘像一片琥珀。青翠的草现在变成黄绿色……一头鹞鹰醒了，停在干草堆上，它的头一会儿扭

到这边一会儿扭到那边，不满地望着沼泽。乌鸦在飞向原野，一个赤脚的男孩把马群赶到老头身边，这个老头撩开了大衣坐起来搔痒。火药的烟雾像牛奶一样，散布在葱绿的青草上。

显而易见，托尔斯泰的写作才能直接来源于他对大自然的崇拜，而且，虽然时高时低，但他直到晚年都保持着这种能力和激情。在 1896 年 7 月 19 日的日记中写着，他在已经犁过的土地上看到一棵牛蒡草的小嫩芽，它还活着，“被尘土染黑了，但仍然活着，花蕊是红色的……它使我想写作，在整个田野的中心，它独自坚持着活到最后，它以某种方式已经坚持下来了”。当托尔斯泰用他那冷静、锐利而准确的眼光观察大自然，然后用精确的、高度标准的笔法把这一切付诸文字时，无论怎么说，他获得了他的性格所允许的最大的幸福和心灵的平静。

遗憾的是，仅仅写作并不能让他满足，他希望拥有权力，仅仅支配小说中的人物的权威对他来说是不够的，因为他觉得自己并非小说人物中的一员，他们是不同的人，甚至是不同的种类。只是偶尔地主要是在安娜身上，他奇迹般地进入他所描写的人物的内心，他在这里获得的巨大成功很容易使人们想到某些危险：对这位非同一般的作家做出一般性的推断。但是，他通常是从外部、从远处、从上面来观察一切人中的大多数。他的农奴、士兵和农民被出色地描绘成一群动物般的人。他也描写马——托尔斯泰对马具有丰富的知识和了解——而且写得很成功，并赋予同样的精神。他为我们观察，引导着我们经历一场伟大的战斗，而他仿佛是从另一个星球上观察这一切的。他并没有为我们动感情，而我们却被他为了我们所做的有选择的观察而感动，于是他控制了我们的感情：我们处于一位伟大的小说家的手掌之中。但他自己并没有意识到这一点。他始终超然、冷淡，如同奥林匹斯山上的神祇。与年长于他的同代人狄更斯以及与他几乎同龄的福楼拜相比——这两位小说家的创造力达到同样的高度——托尔斯泰投入自己小说中的感情成分更少。对于小说，他有，或者说，他认为有更重要的事要做。

我们把托尔斯泰看作一个职业小说家，当然从某种意义上说，这是事实。在他的两部主要著作中，他尝试着只写被称为天才的东西：把大量细节组织成伟大主题的目的模式，并使主题导入悲剧性的结局。作为一位真正的艺术家，他不重复自己：《战争与和平》纵览了整个社会与时代，《安娜·卡列尼娜》则把焦点紧紧地集中在一个特殊的人物集团。这些作品使他成为一位民族英雄，并为他带来了世界性的名誉和财富，以及具有道德洞察力的声望，这是过去任何作家都不曾享有过的。但是，生命中的大部分时间他并非用于写小说。托尔斯泰一生有三个创作期：19 世纪 50 年代，早期的短篇小说；60 年代，花费 6 年时间写成《战争与和平》；70 年代，创作《安娜·卡列尼娜》。在其漫长一生的其余岁月中，他做了也完成了一大堆其他的事，他自认为，这些事具有更高的道德价值。

旧制度下的贵族们都感到难以摆脱这样一种观念，即写作是比较下等的工作。拜伦从不认为写诗是他最重要的工作，那只是为了帮助附属国的人民取得独立，他感到他自己有责任去引导，这符合他的社会地位。托尔斯泰也是如此，甚至，他觉得自己的职责不仅仅是引导，而且要成为一位预言家，有时得扮演弥赛亚的角色。那么他花时间写作又是在干些什么呢？他对诗人费特[①]说：“写小说既愚蠢又令人羞愧。”请注意第二个形容词“羞愧”，艺术是在粗暴地滥用上帝赐予的天赋。这是一个断断续续出现的话题，而当托尔斯泰觉得需要对传统进行攻击时，他总是把这种天赋用于组合更强硬的措辞，所以他时常放弃艺术，行使道德导师的职责，而且随着年岁的增高，这种倾向日益显著。

这是一场自欺欺人的灾难。令人惊异的是，尽管托尔斯泰对自己的思考像世间任何人一样多——甚至卢梭也是如此——他写过大量关于自己的文章，而且他的许多小说都是以这种或那种方式围绕着自己，但他很可能极其缺乏自我认识。作为一位作家，他当之无愧，而且，他写作时对周围的人以及普通大众来说不具有什么危险。但是，无论如何，他不想成为世俗的作家。他期望去领导，虽然他在这方面除了意愿外根本不具备能力；他希望去发出预言，去创立一种新的宗教，去改造这个世界，但无论从道德方面还是从智力方面来看，他都不具有完成这些任务的资格。这样，伟大的小说没有写出来，他却引导着，或者更确切地说，是拖着他自己和他的家庭走进一片混乱的荒野。

为什么托尔斯泰觉得自己必须去完成伟大的道德任务？进一步的原因是：他和拜伦一样知道自己是个罪人，但不同于拜伦的是，他有一种压倒一切的负罪感。托尔斯泰的负罪感是有所选择地使用的、不精确的工具——他自身的某些最坏的缺点，甚至罪过，他傲慢的自我的恶劣结果，这些，他根本不认为是罪恶——然而这是一

① 费特（1820—1892），俄国诗人，翻译家，屠格涅夫和托尔斯泰的朋友。

种非常强烈的负罪感，而且可以肯定，他常常为自己青年时期的许多行为自责。1849年初，他似乎曾在莫斯科和圣彼得堡沉溺于赌博。5月1日，他写信给哥哥谢尔盖说："我到圣彼得堡来没有任何正当理由。我在这儿没干什么有意义的事情，只是挥霍了许多钱，并陷入债务之中。"他告诉谢尔盖，赶紧变卖掉部分房产："我正等着钱渡过难关，我绝对必须立刻得到3500卢布。"他接着又写道："这种极端愚蠢的行为一生只能做一次。我不得不为我的自由和哲学研究付出代价（没有人把我痛打一顿，这是我最大的不幸）。现在，我已经付出代价了。"事实上，在此后的10年中，他仍然时不时地去赌博，有时沉溺其中，损失惨重。他逐步卖掉许多地产，还欠了许多债，有亲戚的，有朋友的，有商人的，其中许多他从未偿还。在军中服役时，他也赌博。曾有一段时期，他打算在军队里办一份名为《军人之页》的报纸，为了投资办报，他变卖了雅斯纳雅·波良纳的主楼。但是当5000卢布卖房钱一寄到，他就又拿去赌博，而且很快输光。离开军队去欧洲旅行时，他又赌博，结局和以往差不多。诗人波隆斯基①于1857年7月在斯图加特见过他，写道："非常不幸，他迷上了轮盘赌……他完全被骗了。他投下3000法郎，最后一个子儿也不剩。"托尔斯泰在日记中写道："轮盘赌进行了6轮，输掉了一切。""向一个法国人借了200卢布，然后又输了。""向屠格涅夫借钱，全输了。"若干年后，他的妻子发现，虽然他对自己赌博的恶习感到非常内疚，并最终戒掉了这一恶习，但他似乎并不因为未能偿还那时的欠债而有所悔恨，其中有些钱还是

① 波隆斯基（1819—1898），俄国诗人，写有寓言长诗《音乐家蠢斯》等。

向穷人借的。偿还旧债可没有什么戏剧性。

托尔斯泰对自己的性欲和性满足有着更加强烈的负罪感。然而在这方面，他的自我谴责也是奇怪地有所选择的，甚至是在纵容自己。托尔斯泰认为自己有很强的性欲，他在日记中写道："必须有一个女人，色欲使我片刻不得安宁。"（1853 年 5 月 14 日）"可怕的情欲是人体的一种疾病。"（1856 年 6 月 6 日）在生命的最后阶段，他告诉自己的传记作者阿尔默·莫德[①]，自己的欲望太强烈了，以至于他不能没有性生活，直到 81 岁为止。青年时期，与女性交往总让他感到非常羞涩，因此，他常去妓院，但那地方令他厌恶，并给他带来通常的结果。他写于 1847 年 3 月的一则日记记录他因"从通常的渠道染上了淋病"正被迫接受治疗。1852 年，他在给哥哥尼古拉的信中提到另一次染病的情况："性病是治好了，但是水银的副作用让我遭受了说不出的痛苦。"可是他仍然继续光顾妓院，除了妓女，还有吉普赛女郎、高加索姑娘、当地的少女以及可以得到的俄国乡村姑娘。日记的基调是不变的自我谴责，并掺杂着对引诱他的女性的憎恶："好像是玫瑰色的什么东西……我打开后门，她进来了。现在看到她我就无法忍受，如此淫荡，可耻，可恨，（她）使我违背了我的准则。"（1851 年 4 月 18 日）"女人把我引入歧途。"（1853 年 6 月 25 日）接下来的一天，他下了很大的决心，但是"女佣们妨碍了我"（1853 年 6 月 26 日）。1856 年 4 月中的某一天，从妓院回来后，他在日记中写道："太可怕了，但这绝对是最后一

① 阿尔默·莫德，英国作家，曾和妻子路易丝·莫德一起把托尔斯泰的主要作品译成英文，并著有《托尔斯泰传》。

次。”1856年另一篇日记里写道：“令人作呕。女人。愚蠢的音乐，女人，冲动，雪茄烟雾，女人，女人，女人。”1856年，屠格涅夫的一段记录让我们从另一个侧面了解托尔斯泰，当时，他正把屠格涅夫的住所当旅馆一样住着。“整个晚上都在喝酒比赛，与吉普赛人打牌，然后像死人一般一直睡到第二天下午两点。”

当托尔斯泰住在农村，尤其是住在自己的庄园里时，他开始物色漂亮的农奴姑娘。就他而言，这也会激起比单纯的情欲更多的东西。若干年后，他写到雅斯纳雅·波良纳时说：“我记得在那儿度过的许多个夜晚和年轻美丽的杜尼亚莎……她那强健的、充满女性魅力的身体。”1856年托尔斯泰到欧洲去旅行的动机之一是逃避来自一位漂亮的女奴的诱惑。他知道，他的父亲也曾有过类似的事情，那个女人后来生下一个男孩。这男孩只是被当作庄园里的一名管理马厩的男奴（他后来成了一个马夫）。托尔斯泰从欧洲回来后，仍然不能控制住自己把手伸向女人，尤其是一个名叫阿克西尼娅的已婚妇女。1858年5月，他在日记中写道：“今天，在古老的大树林里，我是一个傻瓜，一头野兽。她那古铜色的皮肤和她的眼睛。我爱上了她，这是我一生中从未有过的事，头脑中再没有别的东西。”那个姑娘“很整洁，而且相貌不难看，有着黑亮的眼睛和低沉的嗓音，充溢着新鲜而健康的气息，丰满的胸部在围裙之上高高耸起”。可能在1859年7月份，阿克西尼娅生了一个儿子，名叫季莫费·巴济金。托尔斯泰把她带回家中做仆人，而且曾有一段时期，允许那个小男孩待在母亲的身边。然而，像易卜生，还有他自己的父亲一样，他从没有承认过那个男孩是他的，也从没有给过他丝毫关心。更令人惊讶的是，他曾一度公开鼓吹教育农民是完全必要的，并亲自在他的庄园里为农民的孩子办学校，但他并未做任何事情以让他的私生子学会如何读书和写字。也许，他是担心日后的继承权要求。他似乎并无怜悯之心，从不考虑非婚生子女的各种权利，而屠格涅夫不仅承认自己的私生女，还想方设法地以恰当的方式把她教养成人。托尔斯泰对此心怀怨恨，也许是因为屠格涅夫的做法反衬出他自己的行为。有一次，托尔斯泰含沙射影地提到她的身世，言辞间侮辱了那个可怜的姑娘，从而引起一场他与屠格涅夫的激烈争吵，而且差一点以决斗的方式了结。因此，季莫费被指派管理马厩；后来由于行为不端，被降级为守林人。1900 年以后，季莫费的资料就没有了，那时他已经 43 岁，但是我们知道，他一直受到托尔斯泰的儿子阿列克赛的帮助，阿列克赛让他做了自己的马车夫。

托尔斯泰知道，引诱村妇、经常出入妓院都是有罪的行为，并为这些罪过而自责。然而他往往更多地责怪妇女，她们都是夏娃，都是诱人的妖妇。实际上，毋庸讳言，尽管他一生生理上需要女人并且利用了她们——或许正因为如此——但他不信任她们，讨厌甚至憎恨她们。从某些方面看，他认为女性性征是令人憎恶的。晚年他这样说道："看到一个裸露着胸脯的女人总是让我恶心，甚至我年轻的时候就有这种感觉。"从天性来说，托尔斯泰是挑剔的，甚至是清教徒式的。如果说他的性欲让他烦躁不安，那么这发生在别人身上就会激起他最强烈的反感。1857 年在巴黎时，有一段时间，他对女性的追逐达到了高峰，他写道："我所下榻的带家具的公寓里居住着 36 户家庭，其中 19 户是非法的。这真让人作呕。"耽于色欲就是堕落，而女人则是堕落的根源。1847 年 6 月 16 日，当时托尔斯泰才19岁，他写道：

> 现在，我要给自己制定以下的规则，把女人的陪伴看作无法避免的社会的罪恶，要尽可能地避开她们。谁是我们身上淫荡、放纵、轻佻以及其他一切恶习的根源，难道不是女人？谁应当为我们所丧失的勇敢、坚定、理智、公正等天性中的美德承担责任，难道不是女人？

关于托尔斯泰，真正令人沮丧的是他至死都保持着这些幼稚的、某些方面具有东方色彩的妇女观。与他描述安娜·卡列尼娜时所下的功夫相比，在现实生活中，他似乎从来不曾打算认真深入地考察和理解女性的心灵。实际上，他不会承认妇女能够成为严肃、成熟和有道德的人。1898年，70岁的托尔斯泰写道："一般说来，女性都是愚笨的，但是当她为魔鬼服务时，魔鬼会借给她头脑。然后，为了干出什么肮脏的事情来，她能奇迹般地思考，而且眼光长远，意志坚定。"他还写道："不可能要求一个女人在道德感的基础上估价她那排他性的爱情，她做不到这一点，因为她不具备真正的道德感，即一种高于一切的情感。"他强烈反对J.S.穆勒《妇女的屈从地位》中的妇女解放观，他认为甚至应该禁止未婚妇女从事某种职业。实际上，在他看来，妓女是对妇女的极少的"体面称呼"之一。他在一篇文章中证明妓女现象是合理的：

> 我们能够像许多"自由主义者"所希望的那样，允许乱交现象存在吗？不能！这将毁灭家庭生活。为了解决

> 难题，进化法则演变出一座“金桥”，那就是娼妓制度的形式。想一想，如果伦敦没有它的7万个妓女会成为什么样子！如果没有她们，体面和德行将遭何命运？家庭生活又如何保存下去？还会有多少妇女和年轻姑娘能够保持贞洁？没有了，我认为，为了维护家庭，娼妓是必不可少的。

托尔斯泰的难题在于，虽然他信赖家庭，但实际上并不相信婚姻；至少，他不相信赋予夫妻双方平等权利与义务的基督教婚姻。也许，还从未有比他更不适应这种制度的人了。乡村中有一位名叫瓦列里雅·阿尔塞涅那娃的姑娘，一个21岁的孤儿，幸运地逃脱了他的追逐。当时托尔斯泰已经快30岁了，他爱上了这姑娘，而且曾有一段时间把自己看作她的未婚夫。然而，他只是喜爱她孩子气的一面，而她所表现出的更加成熟和女性化的特征却使他反感。他的日记和信件讲述了这个故事。“真遗憾，她既没有骨头，也没有火气——像块布丁。”但是，“她的微笑是痛苦的服从”“她被教育坏了，无知，甚至愚蠢……我开始残酷地刺激她，她的笑变得极不自在，眼里滚动着泪水”。犹豫了8个月并且毫不留情地训斥她之后，他激怒了这位姑娘，他收到了她一封措辞激愤的信，于是以此为借口断绝了他们的关系。“我们相距甚远。爱情和婚姻除了不幸不会给我们带来任何东西。”他写信给他的姑母说：“我的行为极端恶劣。我请求上帝饶恕我……但事情已经无法挽回了。”

34岁时，托尔斯泰的选择最终落到一位医生18岁的女儿索尼娅·贝尔斯身上。作为婚配对象，当时的他并没有多少资本：没有多少钱，是个出名的赌徒，还因为侮辱地方长官与当局惹上麻烦。几年前，他在日记中这样描述自己：具有“最平庸的丑陋而粗俗的相貌……灰色的小眼睛，蠢笨而谈不上聪明……一张农民的面孔，农民一样的大手和大脚”。不仅如此，他厌恶牙医，从不去找他们，以至1862年，他的牙齿几乎全掉了。然而，她当时却是一个相貌平常、还未完全成熟的少女，只有五英尺高，她正在与两个姐妹竞争；她很高兴得到了托尔斯泰。他先正式地写信向她求婚，而后似乎又犹豫不决起来，直到最后一分钟。那场婚礼实际上预示着灾难。那天上午，他突然冲进她的房间，坚决地说：“我来是想说明还有时间……所有这一切还可以停止。”她听罢突然大哭起来。举行婚礼时，托尔斯泰迟到了1个小时，整理好行装，她又哭了。婚礼之后，他们一起晚餐，接着索尼娅换了衣服。然后他们坐上一辆有6匹马的被称为“睡鼠”的马车。索尼娅又哭了起来。托尔斯泰是个孤儿，他不能理解她的行为，于是大声喊道：“如果离开你的家让你这么伤心的话，你就不可能非常爱我。”在马车里，他开始粗鲁地抚摸她，她把他推开了。他们在一个名叫比鲁勒伏的旅馆定了一个套房。她从茶具里为他倒茶时双手直发抖。他再次想抚摸她，但又一次被拒绝了。托尔斯泰在日记中无情地写道：“她一直泪汪汪的。在马车里，她明白了一切，这很简单。但是她害怕。”他认为她是“病态的”。不过他最终还是得到了她，而且她（他自认为）也做出了相应的反应，他接着写道：“难以置信的幸福。我无法相信它可以像生命一般长久。”

当然不可能那样长久，即使是最驯服的妻子也会发现难以忍受这样一个罕见的利己主义者。索尼娅有充分的智慧和勇气来抵制他压倒一切的意志，至少有时能做到。因此，他们创造了历史上最糟糕的（也是记录最完备的）婚姻之一。托尔斯泰以一种灾难性的错误判断将这场婚姻公布于众。这位知识分子的一个特点是认为保守秘密，尤其是那些有关性生活的秘密是有害的。所有的事情都应该“公开”，每一个潘多拉盒子的盖子都必须揭开，丈夫与妻子应该相互告诉对方“所有的一切”。于是，许多不必要的痛苦由此产生。托尔斯泰开始履行他的“公开性”准则，他坚决要求妻子阅读他已经写了 15 年的日记。她吃惊地发现——那些日记都是以一种毫无保留的方式记录下来的——里面记载着他所有性生活的细节，包括光顾妓院，以及他与妓女、吉普赛女郎、乡村妇女、他的女农奴，特别是还有他母亲的女友等的性关系。她的第一个反应就是：“把这些可怕的日记拿走——为什么你要拿给我看？”后来她对他说：“是的，我已经原谅你了。但这太可怕了。”这些话都出自她自己的日记，她 11 岁就开始记日记了。托尔斯泰的“公开性”原则之一就是夫妻双方都应该坚持记日记，而且可以互看对方的日记——这是消除相互猜疑和痛苦的有效方法。

自从索尼娅得知丈夫是个（正如她所看到的）性怪物，并受到了最初的惊吓后，托尔斯泰婚姻中的性生活很可能再也没有恢复。不仅如此，托尔斯泰未曾预料到的是她还从日记中读出了他小心翼翼地隐藏起来的（他自以为做到了这点）思想上的毛病。比如，她发现他没有偿还赌债；她还看出，他没有告诉那些与他发生性关系的女人他曾得过性病，而且可能还未治好。对于一个感觉灵敏的读者来说——有谁能比一位妻子更加敏感呢——从日记中清楚地传达出来的自私自利在她的眼里要比作者自己看到的更加明显。此外，托尔斯泰日记中生动的性生活描写如今在她的脑海中同恐惧纠缠在一起——她惧怕屈从于丈夫的要求以及随之而来的、痛苦的、没完没了的怀孕。22 年中，她忍受了 12 次怀孕的痛苦；而且接连失去了几个孩子。先是彼佳死了，当时她正怀着尼古拉，而他在出生的那年也死了；早产的万涅奇卡很快也离开了人世。托尔斯泰并没有帮助妻子承担起抚养孩子的事，只是对其中所有的细节怀有一种密切但又迟钝的兴趣。长子谢尔盖出生时，他坚决要求待在产房里（后来他把这段经历用作《安娜·卡列尼娜》中的一个场景）。索尼娅不能为孩子哺乳，他因此大发雷霆。由于不断怀孕和流产，妻子对他的性要求的反感越发显现出来，他在给一位朋友的信中说道："对一个身体强健的男人而言，再没有比有一个多病的妻子更糟的事了。"

早在刚结婚不久，他就不再爱她了；她的悲剧在于她的心中始终保留着对丈夫的爱。这时期，她在日记中这样倾诉道：

> 除了这蒙辱的爱情和坏脾气外，我一无所有，而这两样正是我所有不幸的根源，因为我的坏脾气总是影响我的爱情。我什么都不要，只要他的爱和同情，但他不愿给我。我所有的自尊都被践踏在泥淖里了。我只是一只被压扁了的可怜虫，没有人需要，也没有人爱护，一个挺着大肚子、不断因怀孕而呕吐的无用东西。

从已有的资料来看，令人难以置信的是这场婚姻还是一直维持了下来。他们共同生活了 38 年后，在 1900 年度过了一段相对平静的时期，索尼娅写信给托尔斯泰说："我要感谢你过去曾给我带来的幸福，遗憾的是在我们的整个生活中，这并非始终都是那么强烈、完整和平静。"但这只是一个让步的姿态而已。从一开始，索尼娅就具备设法维持婚姻的功能，使自己成为丈夫各种事务的管理人，而且是他在某些方面不得不依赖的管理人，为他提供不可缺少的服务，并成为他难以管束的奴隶。她承担起可怕的任务，把他那些字迹难以辨认的小说手稿誊写成清晰整洁的副本。这可是一份苦差事，但是从某种角度来看，她又十分喜欢这份工作，因为她很早就发现，当托尔斯泰施展他真正的专长时，他不再是让人难以忍受的，也不会给别人造成伤害。正如她在写给她妹妹塔吉亚娜的信中所说的，当他写小说时，他们两个人都是最幸福的。因为写作可以赚钱，而他的其他行为只是浪费钱。但是"钱倒是次要的，主要是我喜爱他的文学作品，我崇拜它们，它们打动了我"。她从痛苦的经历中发现，托尔斯泰一旦停止写小说，就容易做出蠢事来填补生活的空间，这必然会伤害她竭力想保持完整的家庭。

托尔斯泰考虑问题的方式则完全不同。养活和维持一个家庭需要钱，而他的小说可以赚钱，于是他把写作小说和赚钱的需要联系在一起，并因此厌恶这两件事情。在他看来，小说与婚姻是相联系的，而索尼娅总是催促他去写小说，这就强化了两者的联系。然后他意识到，婚姻与小说都将妨碍他做出预言的真正工作，正如他在《忏悔录》中所写的：

幸福的家庭生活所需要的新环境已使我偏离了对生命普遍意义的所有探寻。那时，我的全部存在都集中于我的

> 家庭、我的妻子和孩子们身上，因此也集中于关心我们的生活资料的增长上。我对自我完善的努力追求，继而代之以对普遍完善和进步的努力追求……都被设法只为我的家庭获取最好的生活条件而取代了。

因此，托尔斯泰逐渐地不仅把婚姻视为巨大痛苦的根源，而且视作道德进步的障碍。他对自己特殊的不幸进行总结，并猛烈抨击婚姻制度和婚姻中的爱情本身。1897 年，在一次如同李尔王那样的情感迸发中，他对女儿丹尼娅说道：

> 我能够理解为什么一个堕落的男人可以在婚姻中得到拯救，但是我不明白一个纯洁的姑娘为什么甘愿卷入这种事情中去。如果我是一位姑娘，我说什么也不会结婚的。至于说到爱情，无论是对男人还是对女人而言——因为我知道什么是爱情，那是一种不体面的，尤其是不健康的情感，一点也不美、崇高或富有诗意——我真不该为它打开大门。我本应该尽可能地小心谨慎，避免这种疾病的毒害，就像我将尽力保护自己不染上各种比它的症状轻得多的传染病，比如白喉、斑疹或是猩红热。

正如他的其他许多文章一样，这段话表明托尔斯泰从没有严肃地考虑过婚姻问题。看一看《安娜·卡列尼娜》中那句著名的开头："幸福的家庭都是相似的，不幸的家庭各有各的不幸。"人们只要在自己看到的情况中搜寻一下，就会清楚地发现这句话无论前半句还是后半句都有可争辩之处，甚至还不如说，相反的情况更为真实。很显然，不幸家庭反复出现的各种模式——例如，丈夫是个酒鬼或赌棍，或者妻子不称职甚至与人通奸，诸如此类，不幸家庭的各种印记总在令人厌烦地雷同和重复。另一方面，有各种各样的幸福家庭。对于这个主题，托尔斯泰从没有严肃地思考过，尤其重要的是，他从没有真诚地考虑过，因为他不能严肃和真诚地去考虑妇女问题：出于恐惧、愤懑和厌恶，他逃避这个主题。托尔斯泰的婚姻在道德上的失败与他在理智上的失败（他不能对人类的一半——女性做出公正的评价）两者有着密切的关系。

不论怎样，虽然托尔斯泰的婚姻在某些方面从一开始就注定了它的命运，但如果不是由于继承的地产，即庄园这又一个问题，他们也许可以生活得好一些。除了赌和性以外，田产是使他产生罪恶感的第三个也是最重要的根源。这种罪恶感逐渐压倒了他，并最终毁了他稳定的生活。田产是他的骄傲和权力的源泉，但同时也是他精神不安的根源。因为土地和农民不可分割地联系在一起，在俄国，你不可能拥有一样而没有另一样。托尔斯泰很小时就继承了母亲留下的田产，而且几乎就从那一刻起，他已开始思考一个重大的问题——这种思考某些方面是应受尊重的，某些方面则是宽容自己——“我应该如何对待我的农奴呢？”如果他是一个明智的人，他本可以明白经营田产的工作并不适合他；他的天赋和职责是写作。他本应该卖掉田产，从而使自己摆脱精神上的困扰，通过他的作品实施领导的责任。遗憾的是，他并不是一个明智的人。他既没有放弃这个问题，也没有从根本上解决它。将近半个世纪的时间里，他一直在这个问题上动摇、犹豫，结果弄得一团糟。

19世纪40年代末期，托尔斯泰继承田产后不久，便开始着手对农民的“改造”。后来他宣称：“农奴应当被解放的思想对于19世纪40年代我们这个圈子里的人来说完全是闻所未闻。”这话并不对，在大约30多年的时间内，解放农奴的思想已经传遍各地；它是任何一个小小的外省哲学俱乐部的讨论主题；如果不是这样，托尔斯泰恐怕也不会想到这个问题。托尔斯泰着手“改革”的同时，也进行了一些其他的革新，其中包括他自己设计的水流脱粒机。所有这些努力没有一个产生实效。由于面临着诸多固有的困难，以及“猪一般蠢笨”的（正像他所说的）农民，他很快就放弃了。这段时间唯一的成果是他在《一个地主的早晨》中塑造的聂赫留道夫的形象，并借聂赫留道夫之口表达了年轻的托尔斯泰心中的幻灭：“除了愚蠢的例行公事、恶习、猜疑和失望外，我什么也没看到。我在荒废我一生中最美好的年华。”18个月以后，托尔斯泰离开了田庄，继续做其他的事情——纵情声色、赌博、服军役、写作。但是，他仍然被农民，或者更确切地说，农民的概念——他从不把他们看作个别的人——所困扰。他对他们的态度仍然极其矛盾，他在日记（1852）中写道：“整个晚上我都在对苏宾谈我们俄国的农奴制。农奴制的确是一种罪恶，但它又是一种令人极其愉快的罪恶。”

1856年，他又开始第二次“改革”。他宣布，农奴们只要付清30年的地租，他就让他们获得解放。他在做这件事时并没有请教那些有过类似经验的熟人，这倒完全符合他的性格。但是后来发生的事情却是，农奴们都相信当时的传闻：新沙皇亚历山大二世打算无条件地解放他们。他们怀疑其中有诈，没有看出托尔斯泰伯爵的自命不凡，只是担心他在耍什么（不存在的）花招，于是断然拒绝了他的建议。他愤慨不已，痛骂他们是一群愚昧无知、不可救药的原始人。关于这个问题，他早已表现出某种纷乱的情绪，他给前任内政部长德米特里·布卢多夫伯爵写了一封歇斯底里的信："如果6个月内农奴们不获得自由，我们免不了将遭受一场大屠杀。"对于他自己家里那些认为他的计划荒唐、不成熟的人——比如，他的姑母塔吉亚娜——他表现出极端的仇视："我开始对我的姑母产生了一种无言的仇恨，尽管她对我那么慈爱。"

这时，托尔斯泰转向教育，把教育看作解决农民问题的一劳永逸的办法。从卢梭开始，知识分子都有一个奇怪的幻想，认为他们可以通过创建一种新的体制一举解决人类由来已久的诸多教育方面的难题。托尔斯泰开始亲自为农民的孩子讲课。他给亚历山德娜·托尔斯泰娅伯爵夫人[①]写信说："当我走进学校，看到这些衣衫褴褛、肮脏、瘦弱的孩子们睁着明亮的眼睛，脸上时常流露出天使般的神情，这时，一种惊慌和恐惧感就会袭上心头，我仿佛看到一群快要淹死的人……我寄希望于教育，只是为了拯救这些普希金们、奥斯格罗特拉茨基[②]们、菲拉列特[③]们，这些正在溺水的人。"在一段很短的时间里，他非常乐意教这些孩子。后来，他曾对官方派来为他作传的P.I.比留柯夫[④]说，那是他一生中最美好的时光："我生命中最愉快的时光不是来自对女性的爱，而是来自对人民的爱，对孩子的爱。那是一段多么美妙的时光。"他的一番努力到底

① 亚历山德娜·托尔斯泰娅（1817—1904），列夫·托尔斯泰的婶母。
② 米·瓦·奥斯格罗特拉茨基（1801—1861），俄国数学家，科学院院士。
③ 瓦·米·菲拉列特（1782—1867），莫斯科主教。
④ P.I.比留柯夫（1860—1931），托尔斯泰传记记者，"媒介"出版社发起人之一。

成效如何并无记载。学校里没有规章，也不要求学生做课外作业。他写道："他们到学校来，只要带着他们易于接受新东西的天性，并深信今天在学校会和昨天一样快活。"不久，他就创建了一系列的学校，组织成一个网络，一度达到70所学校。但是他自己在教育上的努力并没有持续很久。他渐渐感到厌烦了，于是离开家乡到德国去旅行，表面上好像是去考察那里的教育改革。但著名的居里斯·福罗培尔使他很失望：他根本不听托尔斯泰的，只是自顾自地说个不停，不管怎样，"他只不过是个犹太人"。

1861年，俄国的情况忽然发生了变化，亚历山大二世颁布了一道法令，解放农奴。托尔斯泰痛斥了这项决定，因为它是国家的一道法令，而这时他已开始否定国家。第二年，他结了婚，于是田产又有了不同的意义：既是他那人口不断增加的家庭居住的地方，而且和他的小说一样，又是他们收入的来源。此时正是托尔斯泰一生中最富创造力的时期，《战争与和平》和《安娜·卡列尼娜》都是这一时期完成的。随着作品收入的逐渐增加，托尔斯泰购买了土地，并且在庄园内投资，比如，曾经有一段时期，他的养马场内饲养着400匹马。有5位女管家和家庭教师住在庄园里，此外还有11位家仆。但他从未忘记过"改革"，不只是针对农民，而且包括他自己、他的家庭——甚至整个世界。这一愿望只是潜伏在他的心底，任何时候都可能引发激烈的行动。

政治改革和社会改革，以及创立一种新的宗教运动，这些愿望在托尔斯泰心中是紧密联系在一起的。早在1855年，他就在文章中写道，他要创造一种信仰，它的基础是"基督的宗教，但它净化了教义和神秘主义，它许诺现世的幸福，而非来世的幸福"。这是一种陈腐的想法，是多少世纪以来无数幼稚的宗教改革家们每日杜撰的想法。托尔斯泰并不是什么神学家，虽然他写过两篇长文——《教义问答》与《四部福音书的综合和翻译》，但这些文章无助于使人相信他是个有系统理论的思想家。他许多有关宗教的文章除了使用含混的泛神论术语外没有多少意义。例如："认识上帝和生存是同一件事，上帝是生命。活着追寻上帝，那么，你将与上帝同在。"（1878—1879）

但是，盘旋在托尔斯泰头脑中的宗教观念有着潜在的危险性，因为这些观念与他的政治冲动结合在一起，它们形成一种非常容易燃烧的东西，很可能在毫无预兆的情况下突然喷发出火焰。自从他完成并出版了那部大大地提高了他的声誉的小说《安娜·卡列尼娜》之后，他就变得焦躁不安，不再满足于写作，而是准备公开大闹一场：成为世界名人和预言家，一个有无数读者和崇拜者来寻求智慧和指导的人。

第一次爆发是在1881年11月，当时托尔斯泰与家人住在莫斯科。他来到莫斯科一个贫民区的希特洛夫市场，在那儿，他把钱分给乞丐并倾听他们讲述自己的生活。一大群人围住了他，他躲身进入附近一家简陋的小客栈，在那儿他看到的景象令他更加苦恼。回到家中，他脱下皮大衣，坐到餐桌前，身着制服、戴着白手套、打着领结的仆人端上5道菜的晚餐。他突然大声喊道："不能这样生活下去！不能这样生活下去！这让人无法忍受！"他挥舞着手臂，威胁说要放弃所有的财产，把索尼娅给吓坏了。他立即以当时刚刚完成的人口调查作为数据基础，着手为穷人制定新的救济制度。然后又匆匆忙忙地赶往乡村，同他当时的精神导师，所谓的"农民预言家”V.K. 苏塔耶夫商讨如何更深入地进行改革。索尼娅独自留在莫斯科，带着他们生病的儿子、仅 4 个月大的阿列克赛。

伯爵夫人认为这是一种遗弃行为，她因此写了一封信，对他们关系中的痛苦说出了一些新的东西。这封信不仅概括了她与丈夫相处时的种种困难，而且还有她与一位伟大的人道主义知识分子打交道时的愤懑，这是大多数普通人都会从信中感觉到的。她说：“我最小的孩子还未痊愈，而我自己又是那么虚弱、可怜。你和苏塔耶夫也许并不特别爱你们自己的孩子，但我们这些平凡的人，既不能够也不希望扭曲我们自己的情感，或以向整个世界表白爱心之类的东西作为对个人缺乏爱心的正当理由。”

索尼娅多年来一直观察托尔斯泰的行为，不只是他对家里人的行为，于是她提出了一个问题：他所爱的只是作为概念的人类，因此，他是否真的爱过某一个具体的人？例如，他不幸的哥哥德米特里无疑是个需要同情的人：他沉沦在贫民窟里，和一个妓女结了婚，1856 年年纪轻轻的就死于肺结核。托尔斯泰勉强抽出 1 个小时，在他临终前到床前看望一下，但坚决拒绝参加葬礼——他要去参加一个晚会——虽然他后来将这两段插曲，即临终床前和拒绝参加葬礼都很好地运用到小说创作中。他的另一个哥哥尼古拉也死于肺结核。他也是一个应得到怜悯的对象，但是托尔斯泰拒绝去探望他。最终，尼古拉不得不自己赶到他那里，并死在他的怀里。他的第三位兄长谢尔盖由于赌博输光了所有的财产，托尔斯泰几乎没给他任何帮助。无疑他们都是弱者，而托尔斯泰的原则之一就是强者应当帮助弱者。

托尔斯泰的友情就是如此。只有一次，对他在喀山大学时的一位同学米佳·季亚科夫老人，他显得既无私又谦和。但是这种友情很快就消失了。通常的情况是，托尔斯泰索取，他的朋友们给予。索尼娅在为他抄写早期的日记时写道："(他的)自我崇拜在对(他们)每一个人的态度上都表现了出来。让人惊讶的是，就人们对他的爱的程度而言，竟然可以达到他们每一个人都只为他而存在。"更为惊人的是，那些认识他的人，除了他的追随者，依靠他、奉承他的人外，还包括那些具有独立人格和高度批判精神的人，他们全都心甘情愿地忍受他的利己主义，而且无视这一点，反而对他表示尊崇。他们在他令人敬畏的目光之下退缩，在他强大的意志力面前屈服，理所当然地在他的天才的圣坛前膜拜。安东·契诃夫，一个敏感、目光锐利的人，他完全意识到托尔斯泰的诸多缺点，却这样说道："我惧怕托尔斯泰离开人世。如果他死了，那么我的生命中将出现巨大的空白……我从没有像爱他那样爱过任何人……只要文学界仍有一个托尔斯泰存在，那么做一个文学家就是轻松愉快的事，甚至当你意识到自己什么也没有做成、什么也不在做的时候，都不会显得那么可怕，因为托尔斯泰足以完成一切。"

屠格涅夫应有更充分的理由认识到托尔斯泰的自私和冷酷，因为对于这两点，他早已深深地领教过了。他曾经慷慨周到地帮助过这位年轻的作家，他得到的回报却是冷淡、忘恩负义。托尔斯泰明知一些观点是他朋友所珍爱的，他却惯于野蛮地、虽然也常常是精彩地加以辱骂。屠格涅夫是一位伟人，心肠软，性格温和，不会对托尔斯泰做出"以其人之道还治其人之身"的事情来。但是，他承认自己被托尔斯泰的言行激怒了，他还"从未见识过如此令人不快的、锐利的眼光，加上刻毒的三言两语，真足以把人逼疯了"。有一次，屠格涅夫把花费了许多心血创作的小说《父与子》拿给托尔斯泰看，托尔斯泰看着看着就很快睡着了。屠格涅夫回转身来，发现他正在打鼾。另一次，两人因为屠格涅夫的女儿而发生激烈争吵并威胁用决斗来解决，屠格涅夫宽宏大量地首先表示道歉，而托尔斯泰则（据索尼娅所说）嘲笑道："你惧怕我，我鄙视你，再不想和你打任何交道。"诗人费特曾竭力想让两人言归于好，但托尔斯泰却对他说："屠格涅夫是个无赖，应该被痛打一顿。我请求你把我的原话忠实地转告给他，就像你曾忠实地把他对我的称赞转述给我一样。"托尔斯泰在日记中写了许多关于屠格涅夫的令人不快却常常并不属实的东西。两人的通信也反映出他们之间友谊的不平衡。1883 年，屠格涅夫明白自己将不久于人世，于是给托尔斯泰写了最后一封信："我亲爱的朋友，俄国土地上伟大的作家，请听从我的请求吧。请让我知道你是否收到了这封信，并允许我再一次紧紧地、紧紧地拥抱你、你的妻子和你的家人。我已经疲惫不堪，不能再写下去了。"尽管屠格涅夫直到两个月后才去世，但托尔斯泰对这一可怜的请求从未做出任何回应。因此，没有人对托尔斯泰得知朋友死讯后的反应有什么深刻的印象，他说："我总是怀念着屠格涅夫，我爱他，同情他，读他的作品，我同他生活在一起。"这是演员的腔调，他扮演着公众对他期望的角色。正如索尼娅所注意到的，人与人之间的爱情或真正的友情所必需的互不干涉和亲密无间，托尔斯泰都不具有。相反，他之所以信奉博爱精神，是因为这可以在公众舞台上表演得更加喧闹，更富戏剧性和轰动效果。

但是，假如他是个演员的话，他就是那种不断变换角色的演员，或者更确切地说，是在"为人类服务"这个伟大的中心题目上不断变换角色的演员。他教训人的冲动比谁都要强烈。一旦某种事物吸引了他，他就想写一本关于它的书，或者着手进行一连串根本性的改革，却常常又怕麻烦，自己不去领会它，也不去请教真正的专家。托尔斯泰曾经经营了几个月的农业，就去设计和制造农业机械。他学习弹钢琴没多久便开始写《音乐基础和学习音乐的规则》。刚刚开办了一所学校，他就彻底改变传统的教学方法。他深信终其一生，自己能够掌握任何学科，并发现其中的错误，然后，从第一条原理开始重写它的规则。同他改良土壤一样，他至少尝试过 3 次教育改革，并在最后一次自己编写课本。索尼娅对此十分厌恶，不时给予冷嘲热讽，但又不得不把原稿抄写成清清楚楚的副本，她抱怨道："我鄙视这些读本、代数、语法，我实在不能装作对它们感兴趣。"

托尔斯泰总是像热衷于"教"一样热衷于"行"。和大多数知识分子一样，在其一生中有一段时期，他觉得有必要把自己当作"劳动者"中的一员。这种想法在 19 世纪 60 年代与 70 年代就时不时地冒出来，但被最认真地付诸行动是在 1884 年 1 月。他放弃了爵位（但没有放弃他那种专断的作风），并坚决要求别人称他为"平凡的列夫·尼古拉耶维奇"。同这种语气相配合的是知识分子喜欢的服装上的花样之一：打扮得像个农民。这种阶级的易装癖与托尔斯泰对戏剧和戏装的喜好正相一致。这种装束与他的外形也十分相称，他有着一副农民的体格和相貌。他的靴子、罩衫以及大胡子和帽子，所有这一切都成了新托尔斯泰——这位全人类的预言家的制服。这是大多数世俗大知识分子们似乎都具有的公共关系方面的天才的一个重要方面。新闻记者们不远千里来探望他。托尔斯泰晚年时，摄影术已经普及，新闻影片才刚刚起步。作为媒体上的第一位预言家，他的农民装束配合他显露的圣体，真是十分理想。

托尔斯泰表演体力劳动也被拍成照片和电影。从19世纪80年代起，他就宣称体力劳动是“绝对必需的”。索尼娅写道：“他7点起床，天还黑着。他为全家打水，并用雪橇把盛水的大木桶拉回来。他锯开长木，把它们劈碎堆积起来，以备生火用。他不吃白面包，也不到其他任何地方去。”（1885年11月1日）托尔斯泰的日记记述了他和孩子们一起打扫房间，他说：“我羞于做那些不得不做的事情，如倒便壶。”几天后，他克服了厌恶情绪，去做了。他还曾到一个鞋匠的茅舍去求教，并这么描写那个鞋匠：“他坐在那肮脏的、黑暗的角落里，多么像一道光，闪耀着道德的光辉。”在这比较困难的行当中短期学习之后，托尔斯泰开始给自己和家人做靴子。他给费特也做了一双，但没有资料表明这位诗人是否满意。托尔斯泰的儿子们拒绝穿父亲为他们做的鞋。在这不断重复的劳动中，托尔斯泰总是欣喜若狂：“这让我感到变成了一个劳动者，因为心灵在发育成长。”但是没过多久，他就对补鞋的活计厌倦了，开始转向农业劳动：他用大车拖运肥料、拉木材、犁地，而且还帮着修建茅舍。他自认为是位木匠，让别人给拍下照片，一把凿刀插在他的宽皮带上，一把锯子悬挂在腰间。这段时间也没有持续很久，结束得像开始一样迅速。

除了他真正的工作——写作外，托尔斯泰做什么都没有长性。他缺乏耐心、毅力以及在困难面前的持久力。尽管他懂一些养马知识，但自他很快对此失去了兴趣之后，他的良马育种场也变得一团糟。索尼娅曾为这事与他发生过一次口角，那是1884年6月18日，她声称这些马的情况非常糟糕：他把这些良种马从撒马利亚[①]买来，又听凭它们死于无人照管和过度劳作。她说，这种结果与他做过的一切事情都一样，甚至包括他的慈善事业：没有考虑周全的、适当的计划，缺乏一致性，缺少受过专门训练的人去从事专门的工作，整个宗旨无时无刻不在变化。托尔斯泰冲出房间，大声喊道他要移居美洲。

托尔斯泰在自己的庄园中造成的混乱局面只是使他的家庭受到伤害，而他的公众行为，特别是他对公众的说教造成了更大范围的危害。当然，并非他所有的行为都在误导民众。从 1865 年开始，为了引起民众对俄国部分地区周期性饥荒的注意，托尔斯泰曾做了一些有价值的、有一部分取得了成功的工作。尤其在 1890 年那场大饥荒中，他的救济方案起了相当好的作用，而政府则想方设法地隐瞒饥荒的严重性。有一次，他还参与救援一个在俄国深受迫害的少数民族——杜科波尔派[②]教徒，政府打算将这些吃素食的和平主义者聚集到一起，然后消灭掉。托尔斯泰为他们蒙受的不公平待遇大声疾呼，最终为他们争取到移居加拿大的许可。但另一方面，对于另一个受迫害的民族——犹太人——托尔斯泰则态度苛刻，他的观点加重了他们面临的困难。

然而，更为严重的是托尔斯泰的独裁主义观点：只有他才能解除世界的痛苦，他拒绝参与任何非他本人计划和控制的救助活

① 巴勒斯坦中部一地区。

② 一个宗教派别，杜科波尔原义为“灵性斗士”，18世纪产生于俄国，1899年因受迫害而移居加拿大。

动。他的自私甚至控制着他的善举。关于大部分政治问题，如土地改革、开拓殖民地、战争、君主政体、国家、所有权等问题，他的观点在一生的不同时期发生过根本性的变化，自相矛盾的例子不胜枚举。但在一件事情上是始终不变的，他拒绝以个人身份参与任何在俄国进行系统改革的计划——即反对从根本上解决问题——他用日益激烈的言辞痛骂自由主义者的“改良”学说是一种妄想，甚至是彻头彻尾的罪恶。他痛恨民主，鄙视议会，称国家杜马的代表们是“装作长大了的小孩子”。他认为，没有议会的俄国将是比拥有议会的英国自由得多的国家，生活中最重要的事就是不去响应议会改革。托尔斯泰尤其痛恨俄国的自由主义传统，在《战争与和平》中，他公开辱骂第一位自觉的改革家斯彼兰斯基伯爵。他让安德烈公爵对斯彼兰斯基的新国家议会的建议如此评价：“这和我有什么关系……所有这些能让我更幸福还是更好？”这是俄国历史上的一个阴暗的事实，即在半个世纪中，有关沙皇制度的任何系统的改革，俄国最伟大的作家总是冷眼相对，并竭尽全力阻碍和嘲笑那些试图让这个制度文明起来的人。

那么，托尔斯泰的选择又是什么呢？如果他像狄更斯、康拉德以及其他伟大的小说家一样，认为结构的改革只有有限的价值，需要的是改善人的心灵，那么他还有点道理。然而托尔斯泰一方面强调必须完善个人道德，但同时又不停留于此：他不断地暗示，某种巨大的道德剧变是必需的，它已迫在眉睫，它将彻底改变这个世界，创立一个天堂般的国度。他那些乌托邦式的努力正是为了勾圆这个太平盛世的蓝图。但在这种幻想的背后并没有什么深刻的思想，其中包含着有关社会大变革的某种纯粹戏剧性的特点，而这种变革，正如我们已经看到的，就是马克思革命理论的诗化的源泉。

此外，托尔斯泰对历史缺乏全面的理解。他不仅对历史所知甚微，而且没有考虑过伟大的历史事件发生的原因。屠格涅夫曾为他的《战争与和平》惋惜，因为他加入小说中的那些令人尴尬的历史演讲带有明显的自学者的特点，这些历史演讲都很“滑稽”，是纯粹的“诡计”。福楼拜在写给屠格涅夫的信中也提到他对小说中的“哲学”感到惊愕。我们读这部伟大的作品，并非为了读其中的历史理论，而是相反。托尔斯泰是个决定论者和反个性主义者，对他而言，认为历史事件是一些权势者深思熟虑的决定所造成的想法，这完全是一种错觉。那些似乎掌权的人甚至不知道将会发生什么事情，更不用说去策划了。只有无意识的活动才是重要的。历史是无名小人物的无数个决定的产物，而他们对自己正在做的事情一无所知。从某种角度看，这种想法与马克思的完全一致，只不过殊途同归罢了。说不清楚是什么促使托尔斯泰走上这样的思想路线。也许这就是他对俄国的罗曼蒂克的观点：农民是最高的主宰者与决定的力量。他相信，在所有的历史事件中，真正决定着我们生活的是隐藏在背后的规律。这些规律不为人所知，而且很可能是不可知的，因而，与其面对这不愉快的事实，不如假定历史是那些伟人和英雄检验他们的自由意志所造成的。从本质上看，托尔斯泰是个神秘论者，他拒绝接受关于事件如何发生的显而易见的解释，而是要去探寻和认识潜藏在表层之下的秘密过程。这种认识通常被具有共同利益的群体凭借直觉集体地领悟——这种群体，对马克思来说是无产阶级，对托尔斯泰来说是农民。当然，他们需要解释者（如马克思）或预言家（如托尔斯泰），但从本质上来说，他们集体的力量和他们的“正义性”推动历史车轮的运动。在《战争与和平》中，为了证明他的历史发展观，托尔斯泰歪曲了真相。他改变了拿破仑战争的原貌并加以利用，以适应他的普罗克洛斯忒斯之床[①]。

因此，托尔斯泰倾向于采用集体主义者的方法来解决俄国的社会问题，也就不算奇怪了。早在1865年8月13日，他在记事簿上谈到对俄国农村饥荒的思考：“俄国全民族的任务是为世界奉献一种新的思想，即一种没有土地私有制的社会结构。只要人类的家庭仍然存在，那么财产与盗窃就比英国宪法更加具有真实性……俄国的改革只能以此为基础。”43年后，他偶然看到这段话，为自己的预见力惊讶不已。那时候，托尔斯泰早已与马克思主义者以及早期的列宁主义者建立了联系，比如S.I.孟特耶洛夫，他在西伯利亚流放地与托尔斯泰互通信件，并拒绝了托尔斯泰的放弃暴力的请求：“列夫·尼古拉耶维奇，改造我是困难的。社会主义是我的信仰和上帝。当然，这与你所宣扬的几乎是同一件事，只不过你采用的战术是‘爱’，而我们采用的战术，按照你的说法，是‘暴力’。”两人所争论的是战术而非战略，是手段而非目标。事实上，托尔斯泰说到的“上帝”以及他称自己为基督徒，这都和人们对他的猜想没有多大差别。鉴于他不仅否认基督耶稣的神性，而且断言：称耶稣为“上帝”或向上帝祈祷是“最严重的渎神行为”，因此，1907年2月，东正教会开除他的教籍也就不是什么奇怪的事了。实际上，关于基督和教会的学说，他只是从《旧约》和《新约》中选择了那

① 普罗克洛斯忒斯是希腊神话中的阿蒂卡巨人，羁留旅客，缚之床榻，体长者砍去下肢，体短者拉长，以让他们同床一般长。

些与他的看法相吻合的部分，而抛弃了其余的。从任何有价值的意义上说，他都算不上一个基督徒。由于他在各个时期以不同的方式限定“上帝”，他到底是否信仰上帝也就更难判断了。从根本上说，“上帝”似乎就是托尔斯泰所希望发生的彻底改革，这是一种世俗的而非宗教的概念。至于说到传统的圣父上帝，至多也就是同他平等，被他不无妒忌地观察着、评论着，是同一兽穴中的另一头熊。

晚年的托尔斯泰转向反对任何形式的爱国主义、帝国主义、战争与暴力，仅此一项就阻碍了他与马克思主义者结成任何联盟。他还猜测，掌握权力的马克思主义者实际上不会像他们所说的那样抛弃国家形式。他在1898年写道，如果马克思主义者的“末日审判”真的发生了，那么“唯一可能的事情就是专政统治将会转换。现在是资产阶级占据着统治地位，到那时，工人阶级的领导者将统治国家”。但他并不为这种情况过分担忧，因为他总是在设想，在某种专制制度下，财产转交给民众的事也会发生——沙皇可以像其他人一样做到这一点。不管怎样，他从没有将马克思主义者看作敌人，真正的敌人是西方式的民主主义者和议会中的自由主义者，他们正在到处传播他们的思想，腐蚀着整个世界。在他晚年的两篇文章《给中国人的一封信》和《论俄国革命的意义》(都写于1906年)中，他坚定地把他自己以及俄国同东方统一起来。他写道：“欧洲人所做的一切可以、而且应该成为东方人民的样本，但东方人从中学到的并不是该做些什么，而是任何情况下不该做些什么。追随着欧洲国家的道路就等于直接走上一条毁灭之路。”世界最大的危险莫过于英国与美国的“民主制度”，这种制度不可避免地与对国家形式的崇拜以及对国家行使的制度化的暴力的崇拜捆缚在一起。俄国必须从西方社会移开目光，放弃工业化，废除国家制度，并采纳不抵抗政策。

根据俄国以后所发生的事件来看，这些思想给人某种古怪的感觉，甚至同俄国当时已经发生的变化也绝对无法统一起来。在1906年，俄国工业化进程速度之快超过了当时世界上任何一个国家，它采用了国家资本主义形式，这种形式后来成了斯大林主义国家的一块绊脚石。然而，处于人生这个阶段的托尔斯泰与外部现实世界已很少有联系，甚至对它失去了兴趣。他已经在雅斯纳雅·波良纳创建了一个属于自己的世界，他不仅居住在那里，从某种程度上说，还统治着那个世界。他认识到国家的权力已经腐化，这正是他反对国家形式的原因。但是，他没有看到一个十分明显的事实——比如，索尼娅就意识到了——权力所导致的腐败具有多种形式。一位伟人、预言家和先知，对他们的追随者们也行使着权力，而且，由于他们的奉承、谄媚，特别是吹捧，他自己也腐败了。

甚至到了19世纪80年代中期，雅斯纳雅·波良纳已经逐渐变成了一个宫廷圣地。各种各样的人都来到这里寻求指导、帮助、恢复信心，以及智慧的奇迹，或是来诉说他们稀奇古怪的观点——素食主义者、斯维登堡[①]教派信徒、母乳喂养法的支持者、亨利·乔治[②]经济学说的推崇者、修道士、僧侣、喇嘛、和尚、和平主义者、逃避兵役者、妄想狂、疯子以及慢性病人。除此以外，还有一个由

① 斯维登堡（1688—1772），瑞典科学家和神学家，著有《天国的奥秘》《新耶路撒冷》等。

② 亨利·乔治（1839—1897），美国经济学家，主要著作有《进步与贫穷》《土地问题》等。

托尔斯泰的助手和崇拜者组成的固定圈子，虽然其中的人员在不断地变换着。所有的人都从某一方面把托尔斯泰看作他们的精神导师，他扮演着教皇、家长和救世主的角色。就像 18 世纪 80 年代赶往卢梭墓地的朝圣者一样，拜访者在雅斯纳雅·波良纳花园的凉亭墙上或写或刻，留下各种各样的题词，比如："打倒极刑！""全世界劳动者团结起来，向天才致敬！""祝列夫·尼古拉耶维奇长寿！""图拉省现实主义作家向托尔斯泰伯爵致敬！"等。

托尔斯泰在声名远扬的晚年树立了一种范式，这种现象在享有世界声誉的重要知识分子中（正如我们将要看到的）十分常见：他创建了一个影子政府，着手处理世界各地的"问题"，提供解决的办法，与各国总统或国王书信往来，发出抗议书，发表声明，特别是在诸多文件、信件上签字，允许各种有关宗教或世俗的、有益或有害的事借用自己的名义。

从 19 世纪 90 年代起，作为这个杂乱政体的统治者，托尔斯泰甚至为他的王国招了一位首相——符拉吉米尔·戈里格利耶维奇·切尔特科夫（1854—1936），一位富有的前任副官。此人因善于钻营，逐渐成为这一宫廷中举足轻重的人物。他曾与这位大师一起拍过照片：薄薄的嘴如同一道缝，眼袋下垂，留着小胡子，一副勤勉不懈的奉献者、改革家的神态。他很快便开始对托尔斯泰的行为施加越来越大的影响，并不断提醒这位老人发出过的誓约和预言，帮助他保持自己理想的形象标准，常常把他推向更为极端的方向。自然而然地，他使自己变成阿谀奉承合唱队的指挥，托尔斯泰听了他们的声音颇为得意。

来访者以及内部圈子里的成员记录下托尔斯泰随意讲出的格言，但它们没有给人留下多少印象，却使人想起《拿破仑流亡语录》或《希特勒的桌边谈话》中的内容——奇怪的总结式的语句、过时的老生常谈、乏味的成见和陈词滥调。诸如："随着年岁增长，我愈加坚信，爱是至高无上的。""不必理会近60年来的文学，全是胡说，要读60年前的作品。""我们每一个人心中的上帝使我们大家彼此更为接近，正如所有的线条会聚到中心，我们所有的人都会集到上帝之中。""飞机和飞弹的使用，最初引起人们注意的是新的税收又要强加到人民身上了。这说明一个事实，在一定道德状态的社会里，物质的进步除了带来危害别无好处。"关于接种天花疫苗，他写道："想方设法逃避死亡毫无意义，无论如何你总是要死的。""如果农民拥有土地，我们也就不会有那些愚蠢的花坛。""如果女人不那么多嘴多舌的话，这个世界会美好得多……她们总爱发表自己的观点，这是一种天真的利己主义特征。""中国的上海人居住区虽然没有警察，但人们相处得和睦而融洽。""无论什么样的教育，儿童都不需要……我认为一个人学得越多就越愚蠢。""法国人是最富同情心的民族。""如果没有宗教，就总有人行为放荡，言语粗俗，或是酗酒闹事。""为公众的事业工作，人就应该这样活着。""鸟儿的活路就是草叶。""越坏就越好。"

陷在预言家宫廷中心的是托尔斯泰的家人。由于他们的父亲选择了公众生活，他们也被公众的注视灼烤着。他们被迫加入他创造的戏剧表演，并也带上了伤痕。我曾在前面引用过他儿子伊利亚所说的成为"特殊的"人的危险。另一个儿子安德烈深受精神崩溃的折磨，他抛弃了妻子与家庭，加入一个反犹太的"黑色一百"组织。父亲对性的日益憎恶使他的女儿们都感到了压力。他不仅反对女儿有追求者，而且厌恶她们所选择的男友。1897 年，大女儿丹尼娅已 33 岁，她爱上了一个有 6 个孩子的鳏夫。这人看起来举止得体，但他是个自由主义者，因此托尔斯泰十分恼火。他对丹尼娅进行了一番令人毛骨悚然的告诫，列举了婚姻的种种罪恶。玛莎也坠入爱河并希望结婚，得到的是同样的待遇。小女儿亚历山德娜则最有可能成为他的信徒，因为她和母亲相处得很不融洽。

托尔斯泰的精神激变带来的压力主要由他的妻子索尼娅承受了。将近四分之一世纪以来，他强迫她满足自己的性欲望，使她一再地怀孕。然后，他突然坚决主张他们应该放弃性生活，"像兄妹"一样地生活在一起。她对那些在她看来是侮辱妻子身份的行为表示抗议，特别是当他决定放弃个人生活的隐私，谈论和记录他们的私生活。她不愿外人把头探进她的卧房。当托尔斯泰提出他们应该分房睡时，她坚持保留双人床，作为他们继续保持婚姻关系的象征。与此同时，他又显示出无端的妒忌来，并写了一篇小说《克莱采奏鸣曲》，描写一位有着疯狂嫉妒心的丈夫，因憎恨妻子与一位小提琴家的关系而杀死了她。索尼娅誊写了这篇小说（像她抄写他所有的作品一样），越抄越感到厌恶和惊恐。她意识到人们可能会认为这写的就是她。由于审查机关的干涉，小说未能发表，但它已经以手抄本的形式四处流传，谣言也跟着散布开来。于是，她感到必须要求公开发表这篇小说，她觉得这样做也许能使人们确信她并非故事中的女主人公。与这半公开化的争执相对应的是隐藏在幕后的令人厌恶的争吵，起因是托尔斯泰不能遵守保持纯洁生活的誓言，他不时地对妻子进行性攻击。1888 年年末，他在日记中写道："魔鬼附在我的身上……第二天，也就是 30 号上午，我睡得很糟。犯了罪以后，是那么令人恶心。”几天后，他又写道：“我被更强大的力量缠住了，堕落了。”直到 1898 年，他告诉阿尔默·莫德：“昨天夜里，我又成了一个丈夫，但是没有理由放弃自我斗争。上帝也许会保证我再不这样了。”

托尔斯泰如此详细地与一个外人谈论自己婚姻中的性生活，使索尼娅感到她最隐秘的私生活被完全暴露在公众的注目之下。正是伴随着这些年日益加剧的紧张气氛，托尔斯泰的公开性原则显得越来越愚蠢。起初，她不愿读他的日记——任何一个有理智、正常的人都不会愿意的——但逐渐也就习惯了。事实上，由于他的笔迹太潦草，她渐渐养成习惯，把他的日记抄成清楚的副本，于是就有了原本和通行本。但是，知识分子们都有一个习惯，他们写任何文章时都会考虑到将来发表，因此他们习惯性地把自己的日记当作辩护文章和宣传工具，而且作为自卫或进攻的武器，对付那些可能出现的批评家，特别是他们的亲人。托尔斯泰便是这种倾向的一个最好的例证。随着他与索尼娅的关系逐渐恶化，他在日记中越来越多地指责她，而且也不再担心她会看到这些内容了。早在 1890 年，她就写道：“我一直帮他抄日记，他开始为这件事忧虑了……他想要毁掉以前的日记，以便仅仅以一副德高望重的面目出现在他的孩子以及公众的面前。他的虚荣心太强了！”没过多久，他就把当时正在写的日记藏了起来。于是“公开性”原则瓦解了，接着两个人都变得行动诡秘起来。他用日记——此时，他把这看作是秘密日记——比如极为详细地记下他和索尼娅关于《克莱采奏鸣曲》的争吵。“列瓦和我的关系彻底完结了……我偷偷地读他的日记，我真想知道我还能在生活中加进些什么，使我们重新和解。但是他的日记只是加深了我的绝望。很明显，他发现我一直在偷看他的日记，他就把它们藏了起来。”接着她又说：“以前，他要我誊写他的作品，现在他把这事交给了他的女儿们（她没有说‘我们的’），而且很小心地把作品藏起来，以防被我看到。他这种有计划地把我从他的个人生活中排除出去的做法要让我疯了，这真是让人难以忍受的痛苦。”托尔斯泰开始记一本“秘密”日记，并把它藏在他的一只长筒靴里，这是他抛弃“公开性”原则的最后一招。索尼娅在他平常的日记里什么也没有发现，开始怀疑是否还有一本秘密日记。她四处搜寻，最终找到了它，并把它成功地带走以便悄悄地细读。读完之后，她在日记里粘上一张纸，上面写着：“带着一颗痛苦的心，我抄下了我丈夫的这本令人悲哀的日记。关于我，甚至关于他的婚姻，他所说的是多么不公正、残忍和——愿上帝和尼古拉耶维奇宽恕我——不真实，这是歪曲和捏造。”

这场噩梦般的日记之战的背景是这样的：索尼娅坚持一种“正常的”生活方式，托尔斯泰从道德上对此感到极端地厌恶，他越来越坚信，妻子的这种要求在阻碍他追求精神的完善。事实上，索尼娅并不是他所说的那种十足的实利主义者，她并不排斥他的诸多宣教中的道德真理，正如她给他的信中所写的：“和人们在一起时我看见了灯，我承认那是光，但是我无法走得更快一些，我被人群、也被我周围的环境和习惯往后拉。”然而，随着年岁渐高，托尔斯泰对他和索尼娅一起过的那种奢华的生活越来越缺乏耐心，而且日益厌烦。比如他写道：“我们坐在院子里，吃着十盘菜，有冰淇淋、仆人、银餐具——而乞丐们从门口经过。”在给她的信中，他写道："我刚从你的生活方式中被拯救出来，就好像从一场可怕的恐怖中被拯救出来，这种生活方式几乎引着我去自杀。我不能回到过去的生活方式中去，从中我看到的是毁灭……你我之间有一场生死之战。"

1910年6月，这场斗争达到了令人同情的悲剧性高潮，而导火线则是切尔特科夫从流放地回来了，索尼娅恨他，而他显然也把她看作控制预言家的竞争对手。由于托尔斯泰的新秘书瓦连京·布尔加科夫保存的日记，关于整个事情的发生过程，我们有了一份内部的，在很大程度上也是非常客观的记录。布尔加科夫最初受切尔特科夫指派，把每天的生活记录寄给他的秘书。这种情况表明，托尔斯泰身边的人正为他的日记而纠缠不休。然而，根据布尔加科夫的叙述，自从切尔特科夫从流放地回来，"出现在雅斯纳雅·波良纳的舞台上之后，托尔斯泰的家中便发生了一连串富有戏剧性的事件。我意识到自己被这种'审查制度'非常严格地控制住了，于是，尽管他一再要求，我以各种事由为借口，不再给（切尔特科夫）寄去我的日记副本"。布尔加科夫说他是带着对伯爵夫人的偏见来到雅斯纳雅·波良纳的，来之前他就得到"警告"：她"虽不能说是充满敌意，却是个彻底的冷漠无情的女人"。事实上，他发现她"为人谦和，热情周到"；"我喜欢她那褐色的眼睛里闪耀着的直率的目光，我喜欢她的朴实、和蔼和聪慧"。他的日记表明，他逐渐意识到，与其说她在犯罪，不如说别人对她犯了罪；他的偶像托尔斯泰开始摇摇欲坠。

切尔特科夫回来后做的第一件事就是占有托尔斯泰的日记。他瞒着托尔斯泰，私下里把那些日记都拍了照片。7月1日，索尼娅坚决要求把日记中“令人不快的章节”删掉，这样它们就不会被发表了。当时发生了一场争吵。事后，她和布尔加科夫一同乘坐马车时哀求他劝说切尔特科夫还回日记，“一路上她啜泣不已，非常可怜……看着这个悲泣的、不幸的女人，我无法不产生深深的同情”。当布尔加科夫和切尔特科夫谈到日记的事情时，他显得“极度地狂躁不安”，并指责布尔加科夫把日记收藏之处告诉了伯爵夫人，而且“使我非常诧异……他竟做出令人憎恶的怪相，冲我伸出了舌头”。显然，切尔特科夫向托尔斯泰抱怨过。托尔斯泰写了一封信给索尼娅（7 月 14 日），在信中他坚决认为，“最近这几年，你的性情变得越来越易烦躁、专横和缺乏自制力”；他们夫妻两人现在对“生活的目的和意义的理解已经完全背道而驰”。为了解决争端，日记被密封起来，锁在银行里。

一个星期后，即 7 月 22 日，托尔斯泰写道：“爱情是两个彼此分离的灵魂通过肉体的结合。”但就在同一天，他秘密地到附近的格罗蒙特村，去签署一个新遗嘱。他把他所有著作的版权都留给最小的女儿，并指定切尔特科夫为遗产管理人。切尔特科夫安排了这一切，还亲自草拟了文件。由于担心布尔加科夫可能会告诉索尼娅，这些事情都瞒着他悄悄地进行。切尔特科夫抱怨说，他不能断定托尔斯泰是否明白他签署了什么东西，“而且，就这样，我们做了她一直最担心的事：托尔斯泰死后，他的家庭将被剥夺对他著作的版权的继承权，而这正是她一直唯恐失去、小心翼翼地守卫着的物质利益”。他接着说道，索尼娅本能地预感到“某些不可挽回的、可怕的事情刚刚发生”。8 月 3 日，发生了一场“噩梦般的争吵”。索尼娅明显地谴责切尔特科夫与她的丈夫有同性恋关系，托尔斯泰“气得僵在那儿”。9 月 14 日，又发生了一次激烈的争吵，切尔特科夫当着她的面对托尔斯泰说道：“如果我有一个你这样的妻子，我会开枪打死自己。”切尔特科夫又对她说道，“只要我愿意，我本可以把你的家庭从泥淖中拉出来，可是我没有这么做。”一个星期以后，托尔斯泰发现索尼娅已经在长筒靴中找到了他的秘密日记，并读了它。第二天，他违背了他以前同妻子的协定，把切尔特科夫的相片重新挂在他的书房里。当他出门骑马时，她把相片撕了个粉碎，并在盥洗室里用水冲走。接着，她烧掉一把玩具手枪，冲进花园里。最小的女儿亚历山德娜也常常卷入争吵，她养成了一个习惯，对母亲总是一副时刻准备还击的姿态，这激怒了索尼娅，她喊道：“这到底是一个有教养的小姐，还是一个马车夫？”——这些，无疑涉及家中最深的秘密。

10 月 27 日至 28 日晚上，托尔斯泰发现索尼娅半夜里悄悄地翻查他的文件，显然是在寻找秘密遗嘱。他唤醒亚历山德娜，并宣布：“我现在就离开这儿——永远。”当晚，他上了一列火车。第二天上午，切尔特科夫得意扬扬地将此事告诉了布尔加科夫，“他脸上洋溢着快乐和激动”。索尼娅得知这个消息后，纵身跳入池塘。这以后，她曾几次企图自杀，虽然这些行为不那么令人信服。11 月 1 日，托尔斯泰染上了支气管炎和肺炎，不得不离开火车，被安顿在梁赞—乌拉尔线上的阿斯塔波沃车站。两天后，索尼娅及其子女乘快车赶来探望他。7 日，传出了预言家去世的消息。托尔斯泰生命中的最后岁月令人心碎，特别是对那些钦佩他的小说的人而言，因为他们从中看不到体现了理论争执的、对重大问题的崇高辩论，而是充塞着猜疑、怨恨、报复、狡诈、背叛、脾气暴躁、歇斯底里以及褊狭卑劣的行径。这是最恶劣的家庭争端，由于一个好干涉别人生活、自私自利的外人的介入而恶化，并以彻底的灾难为结局。后来，托尔斯泰的崇拜者们努力想把阿斯塔波沃车站临终床上的场景变成一幕“圣经”般的悲剧，但事实却是，他那暴风雨般的漫长人生的结尾并非轰然巨响，而是一声哀鸣。

托尔斯泰的例子再次说明，当一个知识分子以人为代价追求抽象的思想时将会有什么结果。历史学家总是喜欢把这看作一个序幕，一个很快席卷了整个俄国的重大的民族灾祸的并不足道的个人序幕。托尔斯泰试图带来一场他认为绝对必要的彻底的道德改革，结果却毁灭了家庭，也毁灭了他自己。然而他仍然渴望着并预言——而且通过他的作品极大地鼓励着——俄国自身的一场千年的变革，不是通过他所鄙视的那种渐进的、艰难的改革，而是通过一场火山爆发般的社会剧变。不久，这场变革终于到来了，它是一系列托尔斯泰无法预见的事件的结果，实现的手段会让他想到就不寒而栗。这场变革使托尔斯泰所有关于社会复兴的学说变得毫无意义，他所热爱的神圣的俄国似乎被永远地毁灭了。令人厌恶而又具有讽刺意味的是，随之而来的新耶路撒冷的主要牺牲者正是他所热爱的农民，2000 万农民成了思想的祭坛上成批被屠杀的祭品。

5

海明威：深渊

尽管在整个19世纪，美国的人口和国力都在增长，并且在19世纪末已经成为世界上最大、最富有的工业强国，然而，美国社会要出现如我所描述的那种知识分子尚需一段较长的时日。这有几个原因：独立的美国从来就不曾有过旧制度，特权的建立与其说是依据占有的惯例，还不如说是以自然形成的公平原则为基础的。不存在不合理、不公正的既定秩序以供新型知识分子去设计方案，不需要用建立在理性和道德基础上的太平盛世的模式来取代。与此相反：美国本身就是对不公正的旧秩序进行革命的产物。美国的宪法以理性的和道德的原则为基础，经过筹划和撰写，再通过和颁布，然后按照早期的实施经验，又由一批知识渊博而又富有哲学旨趣和道德修养的人士加以修改。因而，统治阶级和知识阶级之间毫无分歧，他们是完全一致的。此外，正如托克维尔[①]所说的，在美国没

① 托克维尔（1805—1859），法国政治学家、历史学家，著有《美国的民主》《旧制度与大革命》等。

有一个制度化的神职人员所组成的阶级，因此也就没有对教权主义的反抗，教权主义正是使那么多欧洲知识分子产生骚动的原因。宗教在美国是很普遍的，却处于非宗教人士的控制之下。他们只关心自己的行为，而不是教义。宗教是自愿行为，还有多种教派，它所表现的是自由，而不是对自由的限制。最后，美国是一块富足而又充满机遇的土地，这里土地价格便宜，供应充分，不会让任何人陷入贫穷。这里没有任何一眼就可以发现的不公道，而在欧洲，正是这些不义鼓励了那些受过良好教育的聪明人接受那些激进的思想。这里没有什么罪孽迫切需要上天复仇——确实如此，大多数人都在忙于赚钱、花钱、开发、巩固，有谁顾得上对他们社会的基本设定提出质疑？

早期的美国知识分子如华盛顿·欧文，在欧洲生活了很长时间，他们的语调和举止、风度和旨趣都来自欧洲，他们是文化殖民主义的活遗产。出自本土的、独立的美国知识分子精神，本身就是对欧文这一代人卑躬屈膝的态度的反抗。这一精神最初的、也是最具代表性的倡导者——19 世纪美国知识分子的典范——是拉尔夫·沃尔多·爱默生（1803—1882），他宣称他的目的是要把“欧洲这条寄生虫”从美国的身体和大脑中驱走，“用对美国的热情赶走对欧洲的热情”。他也曾去过欧洲，但带着批评和排斥的态度。他思想中对美国方式的坚定主张同他对自己的社会的设想有着广泛的同一性，伴随着他年龄的增长，两者更加接近，他的设想也正好与欧洲知识界的看法相对立。1803 年，爱默生出生在波士顿，是基督教一位论派牧师的儿子。后来，他也成为一名牧师，不过因为不能全神贯注地主持圣餐仪式而离开了这个职位。他去欧洲旅行时，发现了康德，回国后，定居在马萨诸塞州的康科德，在那里他发起了美国本土的第一个哲学思潮——超验主义。他把主要内容写入他的第一本著作《自然》中，该书出版于1836年，是一部新柏拉图主义的著作，带有某些反理性成分和神秘主义的色彩，也有一点浪漫主义，尤其是朦胧的色彩。爱默生写过许多笔记和日记，其中的一本上写道：

> 这就是我，我来到这个世界，在宇宙之间传递我的自我，从事某种自然不能摒除、我自己也不能弃而不为的善事，然后我将复归于神圣的沉默和永恒，我作为人，也来自其中。上帝是富足的，他的胸怀中包容着远非我一人，维护着他们所有的生命、需求和美。我希望我可以说，沃尔多·爱默生，他的手、他的身体、他的历史，都是不洁而令人厌恶的；但是我，我不会把自我同他、同任何人混而为一，在他的生命之上，在一切生物之上，我永远会把善德之海向人类浇灌。河水不能倒流，人类的罪恶和死亡也不能腐败永恒的能量，它会把自己分发给人们，正如太阳分发给光线，大海分发给水滴。

这段话并没有太大的意义，或者说，不过是一些老生常谈。但在一个崇拜黑格尔主义和早年的卡莱尔[①]的时代，许多美国人为此感到骄傲，感到他们年轻的国家已经产生了一位无疑是属于他们自

① 托马斯·卡莱尔（1795—1881），苏格兰散文作家和历史学家。

己的知识分子。人们后来认为，爱默生的吸引力的基础不是“因为人们理解他，而是因为认为这样的人应该得到鼓励”。《自然》出版一年后，爱默生在哈佛大学做了一个题为“美国学者”的演说，奥利弗·温德尔·霍姆斯[①]称之为“我们知识分子的独立宣言”。萌芽中的美国新闻界对他的主题颇感兴趣。霍勒斯·格里利的《纽约论坛报》曾刊载过来自欧洲的马克思的报道，是全国最有影响力的报纸。这家报纸用一种耸人听闻的方式把爱默生的超验主义，提升为国家的公共财产，就像尼亚加拉瀑布一样。

爱默生很值得研究，因为他的经历说明美国知识分子想要冲破本土习俗是多么的不易。在许多方面，爱默生仍然是他的新英格兰背景的产物，特别是在对待性的问题上，他表现出来的那种天真、清教徒式的软弱态度。1833 年 8 月，爱默生在克莱金普道克拜访过卡莱尔夫妇，在简·卡莱尔看来，他有点像“天外来客”般脱离现世，而卡莱尔则注意到他离开时像“一个天使，有着美丽而纯净的灵魂”。1848 年，爱默生在约翰·福斯特的住所参加了一次宴会，出席的人还包括狄更斯、卡莱尔等。爱默生在日记中记录了他在这次访问中是如何竭力为美国的道德标准辩护的：

> 我说当我来到利物浦的时候，我想知道这个城市的妓女问题是否一向都是那么严重？在我看来，它简直就是国家身上的致命毒瘤。我看不出还有什么少年可以健康成

① 奥利弗·温德尔·霍姆斯（1809—1894），美国医师，幽默作家，曾任哈佛大学医学院院长。

长。但是我已听说，多年以来，情况既没有变糟也没有变好。卡莱尔和狄更斯答复我说，在我们这个时代男性的贞操实际已不存在了，在英国能够守身的男子屈指可数。卡莱尔显然认为美国的情况同样如此……我向他保证，我们美国并不是这样，大多数有身份、受过良好教育的美国青年在走上婚床的时候仍是处子之身，新郎如此，新娘也是。

后来，当亨利·詹姆斯写到爱默生时说："爱默生对罪恶的浑然不觉……是据我们所知的他最可爱的地方之一。"然而，接着詹姆斯又尖刻地说："我们都有这样的印象，当良心在寂寞中叹息时，便会寻求感官的刺激，就像那些被捕捞上岸的鱼，鼓动自己的腮。"很明显，爱默生的性冲动并不强烈。他年轻的第一任妻子称他为"爷爷"。爱默生对待自己的母亲十分崇敬，他的第二任妻子不得不与她住在同一屋檐下直至她去世。有时爱默生的这个妻子也会发出怨言，爱默生很天真地把这些都记在日记里："把我从那些高贵的人们中拯救出来吧！我是一个小小的普通人。"他又写道："爱没有，从来就没有，阻止可怜的上帝做他所能做的一切，但是自私自利总是得势。"爱默生有一首诗《把一切献给爱》被认为写得很大胆，但是没有什么迹象表明他给了自己很多爱。爱默生与一位妇人保持着超越婚姻的深厚友谊，这是严格柏拉图式，或是新柏拉图式的，不过这并不是那位女士的选择。爱默生小心谨慎地说过这样的话："我也有器官，也享受过愉悦，可是我也有过这种愉悦是陷阱中的诱饵的经验。"他的日记经常会超出他明显的意图，而告诉我们更多的东西，日记中记载了他在1840—1841年做过的一个梦，梦中爱默生参加了一场关于婚姻的辩论，突然，一只扬声器转向了听众席，“扬声器注满了水，它把水有力地向四周喷去”，人们被驱散开了，喷水口最后对准了爱默生一个人。“当我看着它的时候，喷出的水把我淋了个透。我从梦中醒来，发觉自己身上完全是干的。”

爱默生娶的两任妻子都是经过审慎考虑的，他因此得到了一笔资金，这笔钱使他的生活在一定程度上并不依赖于文学。他的投资合理，这使他与当时飞速发展的企业体制建立了密切的关系。最终，爱默生在全国范围内获得了无人可以匹敌的名望，他被视为一位哲人，一位先知。其实，与其说这是由于他的著作，不如说是由于他的巡回演说，这也是企业体制的组成部分。他的旅程的第一站是波士顿，在那里他做了“人类生活”的演说（1838）。然后在纽约，演说的题目是“时代”（1842）。此后，爱默生对一些伟大的思想家进行了研究，这便有了“代表人物”（1845）的演说。爱默生是以格调高雅而又大众化的演说家的面貌出现的，无论是本地的还是区域性的，甚至于全国性报刊都对他的演说进行详尽的报道。1829年乔赛亚·豪布鲁克发起了拉西姆学园[①]运动，以教育这个发展中的民族。爱默生的举动正是和这一运动的发展相一致的。1830年辛辛那提开设了讲演厅，1832年在克利夫兰，1835年在哥伦布，又相继开设。此后，发展中的中西部和密西西比河流域到处都有了这类场所。到了19世纪30年代末，几乎每个重要的城镇都拥有这

① 拉西姆学园是古希腊哲学家亚里士多德创办的学校，他在其中讲学并与学生进行讨论。

样的一处地方。与之相伴随的是，“青年商业图书馆”和各种讲演与讨论协会的出现。这些组织的主要对象是青年未婚男子，比如银行职员、售货员、簿记员等。在新兴的城镇中，这些人在人口中占的比例高得惊人。其目的是让他们不再游荡街头，走出沙龙，提高他们的商务专业水平和道德修养。

爱默生的观念与这种设想非常一致。他反对文化和知识的精英化，他认为美国的文化必须真正做到民族化、普及化和民主化，其中自我完善是至关重要的。他说第一个在农舍中阅读荷马的美国人，对美国做出了极大的贡献。他还说如果在西行的列车上看到有人读着一本好书，他就想上去拥抱他。爱默生个人的经济和政治哲学与政府的哲学是一致的，就是要推动美国人穿越大陆去完成他们明确的使命。

可以发现，唯一可靠的原则是自我调节供需的尺度。不要立法，干预一下你们的节约法，你们就抓住了关键。不要发津贴，而要制定平等的法律，保障生命和财产的安全，你们就不需要施舍。向有才有德者打开机遇之门，他们就会充分地发挥自己的能力，而财富也就不会落入坏人之手。在一个自由而又公正的国家里，财富会迅速地从懒惰者与低能者那里转向勤劳、勇敢而又意志坚强的人手中。

与此同时，马克思正在发展和宣传他的学说，很难想出有什么理论像爱默生的观点那样同马克思正好相反，在这一方面，爱默生以他的实际经验一再反驳马克思所说的资本主义过去的以及将来必然的运作方式。业主们、经理们对于他这种有启发意义的探索非但不反对，而且极力支持。1851 年爱默生来到匹兹堡，当地的公司为了年轻的职员们能够前去听他的演说而提前下班。他的演说并没有很明显地表示出目的是在于强化企业精神，比如“直觉与灵感”“思维与自然的同一”“智力的自然史”等。但是爱默生力图证明知识再加上道德品性将会有助于企业成功。许多人慕名而来，却困惑地发现这位杰出的哲学家所说的在他们看来都是常识。《辛辛那提报》说他“没有装模作样……就像一位慈祥的老爷爷读他那本《圣经》”。演说中爱默生还有不少题外的话，诸如：“每个人都是消费者，而且也应该是个生产者。”“宪法规定了人的价值，人应该富有。”“生命就是追求权利。”这些话打动了听众，他们认为它们是真话，经过报纸的简化和挑选，它们也成为美国大众的共同格言。在同一系列的演说中，爱默生经常和 P.T. 巴纳姆[①] 合作，这一点并不奇怪。因为巴纳姆的主题是“金钱获得的艺术”和“生活中的成功”。听爱默生的演说成为追求文化和高雅趣味的标志：爱默生已成为思考着的人的化身。1871 年 11 月，他在芝加哥做了最后的演说。《芝加哥论坛报》这样报道：“喝彩和掌声……显示了听众的文化修养。”对于这样一个国家，它以对待金钱那样的热情去追求道德和精神的进步，并认为两者对于创造自身的新文明都是必不可少的。到了 19 世纪 70 年代末，爱默生已成为这个国家的民族英雄和导师，就像雨果之于法国或是托尔斯泰之于俄国，爱默生确立了美

---

① P.T.巴纳姆（1810—1891），美国游艺节目演出经理人，以主办耸人听闻的游艺节目演出和奇人怪物展览而闻名。

国模式。

在这样的背景下，国家的经济发展与文化和精神生活被认为是高度和谐的。如此一来，我们有必要谈一谈欧内斯特·海明威。第一眼看过去，很难将海明威视为知识分子。经过进一步仔细观察，就可以看到他不但具有知识分子所有的主要特征，而且这些特征达到了异乎寻常的程度，并以一种特殊的美国方式把它们联系起来。此外，海明威也是一位极具独创性的作家。他改造了同一时代的美国人以及所有英语国家的人民表达自己的方式。他创造了一种新的、个人化风格，这是一种世俗的、极具当代伦理特色的风格。这种风格的起源是纯美国式的，可是它又非常容易地和其他多种文化融合起来。他把美国人各式各样的美国观念融为一体，使自己成为他们的原型的人格化。于是，在一个特定的时代，海明威便代表着美国。这就好像18世纪50年代伏尔泰代表着法国，或是如19世纪20年代拜伦代表着英国。

1899年，海明威出生在芝加哥附近的橡树园，四分之一世纪以前，那儿曾经热烈欢迎过爱默生。海明威的双亲格雷丝·海明威与埃德蒙兹·海明威（埃德）以及海明威，都是一种文化的出色产品，这种文化是爱默生和他的演说以及这些演说所支持的经济动力论所催生的。海明威的父母都是，或者似乎都是健康、勤奋而能干的人，他们受过良好的教育，多才多艺，也非常适应他们所处的社会。他们很感激他们继承的欧洲文化的遗产，可与此同时，他们也自豪地意识到美国成功地改造了这一遗产。无论在家里还是在外面，他们都敬畏上帝，过着充实的生活。海明威的父亲是一位高明的内科医生，他还喜欢打猎、射击、钓鱼、航海、野营、探险。他有着守林人的那种完备的野外生存技能，并都教给了儿子。格雷丝·海明威非常聪明，意志坚强，在许多方面都颇有造诣。她阅读广泛，能够写优美的散文和精巧的诗句，她还绘画、设计和打制家具，她歌唱得很好，还会弹奏不同的乐器，写作和出版过原创歌曲。这对父母不仅将自己接受的一切文化遗产传授给孩子们，而且增加了新的东西。海明威是长子，也最受宠爱。从很多方面来看，海明威的双亲都是模范家长，海明威也发展了自己很高的阅读和文学才能，而且还是一个熟练的体育爱好者和全能运动员。

这对父母都是虔诚的宗教徒，都是基督教公理会教友。海明威医生还是一位严格的安息日主义者[①]。他们不仅每个礼拜日都上教堂，饭前做祷告，而且根据海明威的妹妹萨尼的描述："我们要举行家庭早祷，加上读《圣经》，再唱一两首赞美诗。"父母时刻都在对孩子们强调主流新教的道德准则，任何违背都会受到严厉的惩罚。格雷丝·海明威会用毛刷抽打孩子们的屁股，而海明威医生则是使用磨剃刀的皮带。如果孩子们被发现撒了谎或是骂人，就会被责令用苦涩的肥皂擦洗自己的嘴，体罚后，孩子们还得跪下来请求上帝的饶恕。海明威医生始终都坚定地把基督教精神等同于男性尊严和绅士风度。他曾写信给海明威说："我希望你表现出男子汉所有的善良、高贵、勇敢和谦恭，敬畏上帝，尊重女士。"母亲则希望儿子能成为一位传统的新教英雄，不吸烟，不饮酒，婚前没有性行为，忠诚于婚姻，始终尊重并顺从父母，特别是母亲。

从孩童时期，海明威就拒绝接受父母的宗教，他丝毫不想成

① 安息日主义者，主张在星期日守安息的基督教徒。

为父母所希望的那种儿子。在十几岁的时候，海明威似乎就已下了决心，而且非常坚定，打算随着自己的天赋和所有的爱好去发展。他希望自己既成为一个名人，又得到美满的生活。这是一种浪漫的、文学化的念头，在某种程度上讲也是道德化的，但其中毫无宗教的内容。确实，海明威似乎没有什么宗教思想。17 岁时，他私下里放弃了自己的信仰，当时他遇见了比尔·史密斯与凯蒂·史密斯（凯蒂后来成为了约翰·多斯·帕索斯的妻子）。他们的父亲是一位信奉无神论的绅士，他写过一本书，很巧妙地“证明”耶稣基督从未存在。海明威在很早的时候（第一份工作时期）就停止了宗教活动，那时他为《堪萨斯市星报》工作，并搬进了一处无人管理的公寓。最迟到 1918 年，海明威快 20 岁时，他向母亲保证说：“别再为让我成为一个好基督徒而担心、哭泣和烦恼了。其实，我还是像往常一样每晚都做祈祷，信仰仍然坚定。”不过这是海明威的谎话，他这么说不过是为了避免和家庭发生冲突。海明威不仅不再信仰上帝，而且认为组织化的宗教对人类的幸福构成威胁。他的第一任妻子哈德莉曾说，她只看见海明威跪过两次：一次是在他们的婚礼上，另一次是在他们的儿子洗礼时。为了取悦第二任妻子保利娜，海明威成了罗马天主教徒。不过，改换门庭后的海明威对新信仰的接受程度仅仅如同《旧地重游》中的雷克斯·莫特埃姆。当保利娜试图执行天主教的教律时（比如反对节育），如果使他感到不便，他就会勃然大怒。他出版的小说《一方明净之地》对上帝进行嘲弄和戏拟。《午后之死》对耶稣的十字架受难也采取了同样的态度。在《第五纵队》中，他亵渎对上帝的感恩。他对罗马天主教的认识，就是对它的厌恶。西班牙内战初期，某地几百座教堂被焚毁，圣坛和神职人员被污辱，成千上万的神父、僧侣、修女被屠杀。海明威知道那个地方，还表示过喜欢那个地方。可是此事发生后，海明威却没表示过丝毫的抗议。在海明威离开第二任妻子后，他甚至形式上也不肯装作是个天主教徒了。实际上，自他成年后的全部时间里，他都不是基督徒，他崇拜他自己所确定的观念。

海明威这种对宗教的拒绝是青春期知识分子的特性，更是对父母道德文化的拒绝的一个部分。后来，他又竭力将母亲和父亲区分开来，在一定程度上，他是在为父亲开脱。当父亲自杀时，他企图看成是母亲的责任。尽管原因是清楚的，这位医生知道自己患了一种痛苦又到了晚期的疾病。海明威医生在夫妻关系中是弱者，不过一旦儿子与他们发生争执时，他总是完全支持妻子，所以这种争吵与其说是儿子与母亲一人的，还不如说是与父母两人的。但是，海明威把反抗都集中在母亲格雷丝身上。在我看来，海明威这么做很可能是因为他意识到他以自我为中心的意志和文学才能主要都是来自母亲。格雷丝是一个令人生畏的女人，正如海明威也变成一个令人生畏的男人。在一个圈子里，两人不能同时存在。

1920 年，他们两人的争执达到了顶点。第一次世界大战的末期，海明威加入意大利前线的野战救护队。他得到战争英雄之类的回报，但他不仅没有找到一份工作，而且他的游手好闲和堕落行为（按照他们的标准）还使父母十分不快。这年 7 月，格雷丝向儿子递交了一份“大抗议书”①，她说，每个母亲的一生就像是一家银

① 1641年革命前夕，英国下院为反对查理一世的苛政，向这位国王递交了抗议书，史称“大抗议书”。

行。“当她所生的每一个孩子来到人世的时候，都带着一本有着巨额存款的银行账户，似乎是取之不尽的。孩子总是从中一次一次取款。”“在他整个少年时期，账户上没有任何进项。”然后孩子长成青年，“银行的账户一直是透支状态”“只有几个便士的进项，这就是孩子自愿给母亲的一些帮助、一些关心以及‘谢谢你’这样的话”。到孩子成人，银行仍在支出爱和同情：

> 这个时候，账户上需要一些存款，需要大笔的存款，这就是感谢和理解，对母亲的思想和事务表示关切；还要给家庭带来稍许的慰藉；有意地去支持母亲的一些特别的偏爱；无论如何不要伤害她的思想。把鲜花、水果、糖果或是一些可爱的穿戴带回家中给母亲，再加上一个吻和一次拥抱……这是一种悄悄支付账单的方式，把它们从母亲心头除去……存入的款项将会使账户得到好名声。据我所知许多母亲都在接受这些东西，以及更多的有价值的礼品和回报，这都来自她们的儿子，而我的儿子比他们能干。欧内斯特，我的儿子，除非你清醒过来，停止你这种游手好闲、寻欢作乐的生活……不再用你那张漂亮的脸蛋去做交易……不再忽视你对上帝和救世主耶稣基督应尽的职责……否则，你前面只有破产并无其他，你已经透支过度！

格雷丝对这个文件思考了3天，精心润色，正如海明威对待他的获奖作品，然后，亲自交给了海明威。可以看到，从那时起，海明威就有一种强烈的道德上的受辱感，加之对自己的正当感。这对于他的小说是一个很重要的因素。

海明威对此的反应是可以预料的，伴随着长期以来逐渐积累的怒气，从此他就把母亲当作敌人般仇恨。多斯·帕索斯说海明威是他所见过的人当中唯一一个真正仇恨自己母亲的。另一个老相识拉纳姆将军证实："从我与海明威最初交往开始，每当他提到自己的母亲时总是称之为'那条母狗'。恐怕，他对我至少说过一千遍，他是多么恨她，又是怎样恨她。"这种仇恨反复地以种种方式反映在他的小说中。仇恨甚至相应地蔓延到了他姐姐身上，"我的姐姐母狗马塞利娜""一个名副其实的婊子"。仇恨又逐渐扩展到对整个家庭，在一些不相干的地方也常流露出来，比如在其自传《流动的圣节》中谈到那些拙劣的画家时（他的母亲也作画）说："他们不会像家里人那样做出可怕的事来使亲人受到创伤，对于那些糟糕的画家，你所要做的一切就是不去理睬他们。可是，对于家里的人，即便你已经学会不去看他们，不去听他们，不去回复他们的信，他们在许多方面还是很危险。"海明威对母亲的怨恨是如此之深，以至于在相当程度上毒害了他的一生，尤其是因为他内心总是留存着负疚感，这种感觉一直困扰着他，也使他的仇恨永不消退。1949年格雷丝已近80岁高龄，可海明威依旧恨她，他从古巴的住处写信给出版商说："我不想见到她，而且她也知道，她永远不可能来这里。"海明威对其母亲的强烈反感超过了对纯粹功利主义的厌恶。对于海明威来说，对母亲的仇恨已经上升到了哲学体系的高度。

家庭的破裂将海明威赶到了《多伦多星报》，此后，他又作为驻外记者和小说家去了欧洲。他不仅否定了父母的宗教，也否定了母亲在其有力而又传统的散文中表达出来的对基督教文化的乐观主义见解，而这正是海明威所厌恶的。促使海明威追求文学完美——这成为他的一个显著特色——的力量之一，就是他有一股不可遏制的欲望：要同母亲写得不一样。他母亲在写作中总是使用那种陈旧的、传统的、过分雕琢的文学修辞。（海明威特别憎恶母亲写给他的信中的一句话，认为这句话可以体现她的写作风格，“你是以我所认识的两个最优秀、最高贵的绅士来取名的”。）

从1921年起，海明威过上了驻外记者的生活，他将巴黎作为基地。他报道中东战事和国际会议，不过他的注意力主要集中在流亡于塞纳河左岸的那些文人身上。海明威写诗，也试图写一些散文，同时也拼命阅读。他从母亲那里继承来的许多习惯之一就是随身携带书籍，他把书塞在口袋里。这样，只要有空闲，他就可以随时随地把书掏出来看。海明威什么书都读，而且一生都喜欢买书。以至于无论他住在哪里，家中总有整堆整堆的书倚墙放着。海明威打算在古巴的寓所里建造一个藏书7400册的工作图书馆，这些书可以使他专门研究他所感兴趣的问题，其中有很大一部分是有关文学的，这些书他都反复阅读过。当海明威来到巴黎时，他几乎阅读了所有的英文经典著作，但他决心还要扩大自己的阅读范围。海明威从未受过高等教育，他并不因此耿耿于怀，但他感到遗憾，并竭力想填补由此留下的任何缺陷。于是他专心致志阅读了斯丹达尔、福楼拜、巴尔扎克、莫泊桑和左拉；还有俄国的重要小说家，如托尔斯泰、屠格涅夫和陀思妥耶夫斯基；也有美国作家，如亨利·詹姆斯、马克·吐温和斯蒂芬·克莱恩。对于现代作家，他也有兴趣，例如：康拉德、T.S. 艾略特、格特鲁德·斯泰因、埃兹拉·庞德、D.H. 劳伦斯、麦克斯韦·安德森以及詹姆斯·乔伊斯。海明威的阅读如此广泛，也是受一种日益强烈的写作冲动的驱使。从 15 岁开始，他就很崇拜吉卜林，而且一生始终在研究吉卜林。这时，海明威又密切注意康拉德，以及乔伊斯那本出色的小说集《都柏林人》。像所有真正优秀的作家那样，海明威不仅大量阅读，而且还进行分析和学习那些二流作家，如马里亚特[①]、休·沃尔浦尔[②]、乔治·穆尔[③]。

1922 年海明威来到巴黎后，结识了福特·马多克斯·福特[④]，进入巴黎知识界的中心地带。福特非常善于挖掘文学天才，他曾推出过劳伦斯、诺曼·道格拉斯、温德姆·刘易斯、亚瑟·兰塞姆以及其他许多作家。1923 年福特出版了《大西洋两岸评论》，根据埃兹拉·庞德的推荐，他雇用海明威做他的兼职助手。海明威很佩服福特经营文学的才干，但对他也有颇多怨言：他忽视了多数青年作家；他对新风格和新的文学形式没有太多的兴趣；他的趣味与那些主流刊物过于接近，尤其是他认为最好的文学作品来自法国和英国，他特别轻视在数量和质量上都正在迅速提高的美国文学。海明威视自己为美国先锋派文学的主持者。他曾埋怨道："福特把一切全他妈的搞得一团糟。"海明威住在圣路易岛上小小的办公室里，下面是三山出版社。从那时起，海明威就冒着风险使《评论》向美

① 马里亚特（1792—1848），英国小说家。
② 休·沃尔浦尔（1884—1941），英国小说家。
③ 乔治·穆尔（1852—1933），爱尔兰小说家。
④ 福特·马多克斯·福特（1873—1939），英国小说家、文学评论家和编辑，常资助青年作家，本人作品却湮没无闻，死后多年才被发现和重视。

国文学倾斜。《评论》发表的作品中英国人的有 60 篇，法国人的有 40 篇，美国人的有 90 篇，其中有格特鲁德·斯泰因、朱纳·巴恩斯、林肯·斯蒂芬斯、纳塔利·巴纳德、威廉·卡洛斯·威廉斯、内森·阿施。在福特离开巴黎去美国旅行期间，海明威毫不留情地改造了 7 月号和 8 月号两期，把它们变成美国青年文学人才的成就展览。当福特返回后，觉得不得不表示歉意的是："有异常之多的美国青年的作品，我们一直在坚持美国人发表作品的权利——却从未如此有效地把他们的作品介绍给我们的读者。"

但是海明威对自己的文学声誉和影响有着强烈的追求，在这漫长的过程中，他还是更注意发展自己的才能，而不是关心左岸文化界中的派别阴谋和纷争，庞德把海明威介绍给福特时说："他的诗写得很好，他也是世界上最优秀的散文文体家。"这一评价很有眼光，因为 1922 年说这话时，海明威还没有形成自己的成熟的写作方法。但是，他正在努力；这一点可以从他早期笔记本上极多的涂擦和修改得到证明。很可能还从来没有一个小说家付出如此艰辛的努力和花费如此长久的时间来形成自己个人的写作风格，以适应他所想写的那种作品。这些年来对海明威的研究提供了一个范例：一个作家应该如何获得他自己的专业技巧。在目标的崇高和努力的持久方面，可与他媲美的是易卜生，为了成为一位剧作家，易卜生也付出了艰辛的劳动。对于文学技巧，他们同样具有革命性的影响。

海明威相信，他所承接的是一个虚假的世界，这以他父母的宗教和道德文化为代表，它必定会被一个真实的世界所取代。他所谓的真理是什么呢？绝不是继自父母的基督教所揭示的真理——他认为这些都是毫不相干的东西而予以拒绝；也不是任何来自过去，或是反映了别人意见的思想信条所说的真理——无论它们多么伟大。对于他自己而言，真理就是他亲身所看见、所感觉、所听到、所嗅到、所品味过的东西。海明威钦佩康拉德的文学理论以及他对自己的目标的总结："一丝不苟地忠实于我自己所感觉到的真理。"这正是他的起点。但你又怎样来表达这种真理呢？大多数人，包括大部分职业作家在写作时，往往都是以别人的眼睛进入事物去观察。这是因为他们继承了陈旧的表达和语言组合方式，用滥了的隐喻、题材和文学比喻。新闻记者尤其是这样，时间的要求常常掩盖着重复和平庸。但是海明威却得益于在堪萨斯《星报》的良好训练。该报相继几任编辑编了一本具有职业风格的书，其中有 110 条规则，目的在于促使记者使用朴素、简洁、明快、摆脱陈词滥调的英语，这些规则被严格地执行。海明威后来宣称："那些都是我所学到的有关写作的最好的规则。"1922 年他对热那亚会议进行报道，在此期间林肯·斯蒂芬斯教了他一种毫不带感情的电报式的叙事技巧。对此，海明威很快就接受了，而且越来越喜欢。当他向斯蒂芬斯展示自己的第一个成果时，他大喊着："斯蒂芬斯，看看这份电文：没有冗词、没有形容词、没有副词——除了血、骨和肉就什么也没有了……这是一种新的语言！"

在新闻工作的训练基础上，海明威创立了自己的方法，它既是一种理论，也是一种实践。他一次又一次写下许多东西，谈论如何写作——在《流动的圣节》《非洲的青山》《午后之死》，还有其他许多作品中都有。他为自己确立的"写作的基本原则"是值得研究的。海明威曾继康拉德之后为小说艺术界定："设法找到给你带来激情的东西，使你感到兴奋的行为，然后把它们写下来，写得清清楚楚，这样读者就能看个明白。”一切都要写得简洁、经济、朴实，用动词和短句；没有任何多余的东西或制造效果的东西。“散文就是建筑物”，他曾写道，“不需要任何内部的装潢，巴洛克风格已经过去了”。海明威特别注意表述的精确性，为了找到词语，他不厌其烦地查阅字典。记住，这一点是很重要的，在他散文风格的形成期，海明威也是一位诗人，并深受埃兹拉·庞德的影响。海明威曾说，庞德教给他的东西超过了其他任何人。庞德“相信精确语——即有一个唯一正确的词可以运用——他教我不要相信形容词”。海明威还非常仔细地研究过乔伊斯，乔伊斯对动词的精确性特别敏感，这使他成为海明威尊敬和模仿的另一位作家。说到海明威的文学前辈，确实可以说他是吉卜林和乔伊斯联姻的产儿。

可是，事实上海明威的写作是非常独特的。他不但影响了人们的写作方法，而且影响到人们的观察方法。从1925年到1950年的四分之一个世纪中，海明威的影响压倒其他一切人，而且是持续不断、无所不在，以至于我们今天根本不可能从散文，特别是在小说中去掉海明威的因素。不过在20世纪20年代早期，海明威发现自己很难得到支持者，甚至难以出版。他的第一部作品集《三个短篇和十首诗》在巴黎出版，这是一次典型的先锋派文学的冒险。一些大型刊物对他的小说不屑一顾。自认为富有冒险精神的《日晷》杂志直到1925年仍拒绝刊登海明威的小说，其中包括那篇出色的故事《打不败的人》。海明威所做的是所有真正具有独创性的伟大作家都会做的事——他开辟了自己的市场，他以自己的趣味感染读者。在1923—1925年，海明威的方法已显露出来，他对事件进行质朴的、精确的描绘，同时又将相应的情绪精细地暗示出来。1925

年，随着《在我们的时代里》的出版，海明威取得了突破。福特感到可以把海明威拥立为美国的第一流作家：“最大的真诚，最熟练的技巧，最完美无缺的作品。”这本书向埃德蒙·威尔逊展现了散文的“首要特征”，即“极大的原创性”和感人至深的“艺术尊严”。紧随着第一次成功，又有两部生动的悲剧性小说问世了，一部是《太阳照样升起》(1926)，另一部是《永别了，武器》(1929)，后一部也许是他最好的作品。这些作品销售了几十万册，被各种各样的作家读了再读，并被他们领悟、消化、嫉妒和争论。早在1927年，多萝西·帕克就在《纽约客》上对海明威的作品集《没有女人的男人》进行过评论，指出他的影响是“危险的”——“他所做的一些最简单的事，看上去很容易就能办到，但是看看那些试着去做同样事情的男孩们吧！”

海明威的风格可以被套用，但不可能被成功地模仿。因为这种风格同作品的题材，尤其是与作品的道德态度不可分开。海明威的目的是要避免任何类型的直白说教，他还谴责别人的这种做法，即使他们是最伟大的作家。“我热爱《战争与和平》”，他曾写道，“因为它对于战争，对于人物做了精彩的、深入而又真实的描写，但我从不相信这位伟大伯爵的思想……即便他可能比世上其他任何人创造出更多的东西，具有更强的洞察力，拥有更多的真理。不过他那种沉闷而自以为是救世主的思想并不比许多其他热衷传道的历史学教授更高明。从他那里我懂得了，不要相信自己创立了一种以大写字母开头的思想体系。在写作时要尽可能地真实，尽可能地坦率，尽可能地客观，尽可能地谦逊”。在海明威那些最优秀的作品中，他总是尽量避免向读者说教，甚至尽量把读者的注意力吸引到他笔下人物的行动方式上来。然而，他的作品到处充满着一种新的世俗道德，这种道德从海明威对事件和动作的描述中直接显露出来。

精巧的普遍性是海明威道德的实质，也使他成为知识分子的原始模型，这种道德反映了他的美国特色。在他的眼中，美国人精力充沛、积极主动、强健有力，甚至带有暴力色彩，他们是实干家、成功者、创造者、征服者、平定者、追求者、建设者。海明威本人就是精力充沛、积极主动、强健有力甚至有暴力倾向的人。当他与庞德和福特谈论文学时，会不时中断讨论而绕着福特的工作室与假想的对手进行拳击。他是一个魁梧、强壮的男人，精通广泛的体育运动项目。作为一个美国人和一个作家，海明威很自然地过着一种充满行动的生活，并描写这种生活。行动是海明威的主题。

当然，这样的主题中并没有新东西。行动也是吉卜林的主题，吉卜林的英雄或主人公是士兵、强盗、技师、海员和大大小小的统治者——他笔下的任何人或任何事甚至动物和机械装置都不时为暴力行动的倾向和动机所支配。但是吉卜林不是一个知识分子，他是一个天才，他有一个“守护神”，但他不相信凭借自己一个人的智力可以改变世界，他也不拒绝这个世界巨大的智慧遗产。相反，吉卜林完全赞成它的法律和习俗，认为这是芸芸众生所无法改变的，他还寓意深长地描述了反抗者的受罚。海明威同拜伦更为接近，拜伦是又一位渴望行动，并以热情的技巧描述行动的作家。他完全不相信自己的朋友雪莱的那套乌托邦式的革命计划，这些对他而言，似乎不过是抽象的理想而不是什么可以操作的概念。雪莱在《于连与马达罗》中把他的观点给说了出来，拜伦已经为自己形成了一套道德体系，用以对抗他永远离开妻子和英国时所否定的那种传统的道德规范。从这个意义上，而且仅仅是在这个意义上，拜伦算得上是一位知识分子。他从没正式确定自己的体系，但它是前后完全一致的。拜伦的思想强烈地表现在他的书信中，也浸透在他伟大的叙事诗的每一页中，如《恰尔德·哈罗尔德》和《唐璜》。这是一个充满荣誉和责任的体系，虽然没有编纂整理，但他以行动来作说明。任何一个读过这些诗的人，不会不清楚拜伦是怎样看待善和恶的，尤其是如何评判英雄主义的。

可以看到，海明威的工作风格与拜伦相似。海明威曾表明他的理想是有能力展现“压迫下的优雅”（这是由他母亲的名字而来的一句难解的话[①]），但他并没有作进一步的解释。很可能，他的道德观是难以做出确切的定义的，如果试图做出一个，倒会使它受到损伤和削弱。但是，很明显，他的道德观是可以说明的，而且在海明威所有作品的背后，它都是一种推动力。他的小说是行动的小说，行动也使它们成为思想的小说，因为对于海明威来说，根本就不存在什么道德上中立的行动。在海明威看来，甚至于对一餐饭的描写也是一种道德说明，因为吃和喝中有正确的也有错误的东西，有正确也有错误的吃与喝的方式。几乎所有的行动都可以表现为正确的或是不正确的，确切地讲，是高贵的或卑贱的。作者并不表明自己的道德标准，可是他是在一个隐喻的道德框架中叙述一切，所以行动就是代表自己在说话。这个道德框架是个人的，没有宗教信仰，确实不是基督教的。他的双亲，尤其是他的母亲发现他的小说是不道德的，常常是令人难以容忍的，因为她至少发现这些小说带有强

① 海明威的母亲名为格雷丝，意为“优雅”。

烈的道德色彩，在她看来那是一种虚假的、渎神的道德。海明威说过，或者更确切地说是暗示，通奸也有正当和不正当的方式，偷窃与杀人也是如此。海明威小说中的精华部分就是他对人物的观察，如拳击手、渔夫、斗牛士、士兵、作家、运动员，或者几乎所有的人，都依据各自的价值标准做出明确而又熟练的行动，力图幸福而正直地生活，然而他们通常是以失败而告终。悲剧的产生是因为他们的价值观本身被证明是虚幻的或错误的，或者是由于自身的缺点、外来的陷害或是难以驾驭的客观事实，导致了失败。但由于看到了真理，由于获得了发现真理的能力和正视真理的勇气，即使失败也得到了补偿。海明威笔下的人物是能够站住还是倒下，就得看他们是否诚实。真实是海明威散文中最基本的成分，而且正是一条贯穿其道德体系的线索，是它始终如一的原则。

创立了自己的风格和道德标准后，海明威发现自己必须遵循这两者来生活。在某种程度上，他已变成了自己的想象物的受害者、囚徒和奴隶，他被迫在现实生活中照着他的小说来演出。就这一点而言，海明威并不是唯一的一个。当拜伦发表了《恰尔德·哈罗尔德》的第一章时，发现自己正按着诗中所指的那条路行走。他写《唐璜》时，也许稍稍改变了方向，但其实他已经没有给自己留下多少选择余地，只有按照他的诗歌生活下去。这种生活一方面很合他的口味，另一方面也是一种被迫的行为：他乐于扮演登徒子、英雄和解放者的角色。海明威的同时代人中，安德烈·马尔罗[①]也是如此，他也是一位行动的知识分子和小说家，他还是一位革命家、

① 安德烈·马尔罗（1901—1976），法国作家、政治活动家。

探险家、海盗式的艺术财宝的追逐者、抵抗运动的英雄。他的职业生涯结束时是坐在戴高乐总统右手边的资深内阁部长。对于海明威来说，一个人并不是那么确定的。他追求的“真实”生活，充满行动的生活，是一种知识分子的行动，从这个意义上说，这对于他那类小说是至关重要的。如关于西班牙内战的小说《丧钟为谁而鸣》（1940）中的英雄罗伯特·乔丹所说的，他“想知道它到底是什么，而不是它被认为是什么”。海明威是一个迷恋暴力行动的知识分子，是一个真实的人。他在《多伦多星报》工作时的一位敏锐的同事对当时 20 岁的海明威做过这样的评价：“他是世上从未有过的奇特组合，既极度敏感又执着于暴力。”海明威酷爱他父亲所有的户外消遣，而且范围更广——滑雪、深海捕鱼、围猎，还有战争。毫无疑问，有时他非常勇敢，《纽约时报》的记者赫伯特·马修斯曾描述过海明威在 1938 年埃布罗河战役中是如何将他从急流中抢救出来的，海明威从中显露了他超凡的力量：“危难时刻，他确实是一条好汉。”一些白人职业猎手同样是见证人，他们曾带着他去东非游猎，他出色地经受了考验。而且海明威的胆量并非未经思考或是出于本能，而是出于理性。他对危险有着敏锐的感觉，这方面有许多轶事可以证明。他知道害怕是怎么回事，也知道如何克服自己的恐惧——从来没有哪位作家把胆怯刻画得比他更生动。海明威使读者感觉到他的意愿就活在他的小说中。

这也正是为什么海明威的硬汉形象能够伴随着他的名声而迅速传播开来。如同卢梭以后的其他许多知识分子一样，海明威也有很出众的自我宣传才能。他创造出了一个实实在在的、可以目睹的“海明威”，这与旧式的、天鹅绒般柔软的、悠闲的浪漫派形象正相反。这个海明威形象在他的时代里发挥了自由者的作用，代表了一种新式的男子汉形象：猎装、威士忌酒、子弹袋、枪支、鸭舌帽、一撮火药、烟草。他的烦恼之一是他看上去比实际年龄大一些。在20世纪20年代，海明威很快就升级做了“爸爸”，而时髦女郎在他面前就变成了“女儿”。到了40年代初，“海明威爸爸”就已成为人们所熟知的杂志封面人物，同好莱坞的顶尖男星一样出名。历史上从来没有哪位作家像海明威那样接受了如此之多的采访，被拍了如此之多的照片。海明威那张长着白胡子的脸终于比托尔斯泰更有名了。

但是为了把他的道德人格化，为了维护他所创造的传说，海明威如同在服苦役，一直到死，他也不允许自己停止下来。正如他母亲将母爱视为银行账户，海明威也不断地将自己的行动经历存入他的个人户头，然后支取出来放入他的小说。1917—1918年他在意大利战争中的经历是他的原始资本。20世纪20年代，海明威已经用尽了这笔资金的绝大部分，他就用疯狂的体育运动和斗牛比赛来平衡支出。30年代，他通过围猎做了有价值的储存，西班牙内战又让他得到了一笔意外横财。不过，海明威却懒于好好利用第二次世界大战所提供的机会，当他投入其中时，已嫌迟了，没能为他的写作资本添加些什么。此后，他的主要进项来自打猎和钓鱼。他也曾试着重新参加围猎射杀和斗牛巡回演出，但带来的与其说是回报，还不如说是笑料。埃德蒙·威尔逊指出了这种他在写作上和行动上都存在的巨大反差：“一位年轻的大师与一个老江湖骗子。”事实上，海明威仍喜欢一些运动激烈的消遣，但并不如他自己说的那样狂热。人们可以察觉到他对荒野的热情已经衰退，只要他有胆量，似乎他更愿意挂起猎枪，坐在他的图书馆中。当他向出版商查尔斯·斯克里布纳叙述自己的境况时，他的口气虚假、牵强又带有自夸的成分，例如在1949年，海明威曾写信给他说："为了庆祝我的50岁生日……我做爱3次，还到俱乐部去连续打中10只鸽子（飞得非常快）。我与朋友们喝了一箱皮勃尔·海德西克酒，花了整个下午在海面上寻找大鱼。"

真的？假的？还是言过其实？没有人知道。无论是海明威对自己，还是对别人的评述，都不能不经核实就作为事实接受。尽管在他设想的道德中，真实在其中具有最重要的地位，海明威仍有着知识分子的典型信念，在他看来，真实必须是自我自觉的仆从。他认为——有时是在鼓吹——撒谎是他成为作家的训练内容之一。海明威会有意地或不假思索地说谎，有时他确实知道自己在说谎，在他那部精彩的《士兵之家》以及在其主人公克雷布斯身上，他把这一点说得很清楚，他写道："最优秀的作家都是说谎者，这没有什么不正常的。他们这一行的主要工作就是撒谎或是虚构……他们经常是无意识地说谎，当想起自己的谎言时又会深深地自责。"不过有迹象表明，早在他写出为此所作的专门辩解之前，就已有说谎的习惯了。5岁时，他就谎称他独自降服过一匹脱缰的马。他对父母说自己已经和女电影演员梅·马什订了婚，但事实上海明威只是在电影《一个国家的诞生》中见到过她。海明威对堪萨斯城的同事们反复叙述这个谎言，甚至说到花了150美元买来订婚戒指这样的细节。在他这些到处炫耀的谎话中有许多是显而易见并令人尴尬的。比如18岁那年，海明威告诉朋友们他钓到了一条大鱼，而这条鱼明显是从集市上买来的。他还煞费苦心地编造了自己在芝加哥充当职业拳击手的故事，说他的鼻子被打破，但他仍能继续还击。他曾杜撰自己有印第安血统，甚至宣称自己有印第安女儿。他的自传《流动的圣节》就和卢梭的《忏悔录》一样非常不可信，最可怕的就是看起来它是那么坦白。他常常对自己的父母及姐妹们编造些无中生有的东西，有时并没有明显的理由。比如他说自己的妹妹卡罗尔在 12 岁的时候被一个性变态狂强奸过（根本不是真的），后来又说她离了婚，甚至说她已经死了（其实她幸福地嫁给一位名叫加德纳的先生，不过海明威不喜欢他）。

在海明威令人最难以理解和重复次数最多的谎言中，有许多都与他在第一次世界大战中的服役经历有关。当然，大部分士兵，即便是非常勇敢的人在谈到他们的战争经历时都会撒一些谎。对海明威的生平进行详尽调查，总是可以发现海明威所言与事实有所出入。同样，海明威捏造的关于他在意大利的经历简直是罕见的厚颜无耻。他最初说他自愿报名参军，但因为视力不佳而未被录用，可在档案中并没有找到有关资料，而这是根本不可能的。实际上，他是一名非战斗人员，而且这是出于他自己的选择。在许多场合，包括面对报纸采访时，他说他在意大利第 69 步兵团服役，还参加过三次重大战役，他又宣称自己属于精锐的阿尔迪蒂团。他向在英国军队服役的朋友、外号“现金”的多尔曼—史密斯说，他是在格拉帕峰指挥阿尔迪蒂团的一次冲锋时身负重伤的。他还告诉在西班牙内战时结识的朋友古斯塔夫·杜兰将军，他第一次是指挥一个连，后来就指挥一个营，那时他仅 19 岁。海明威确实受过伤——关于这一点是毫无疑问的——不过在受伤的原因和真相上，他重复着谎言。他编造了一个故事，说他的阴囊被子弹射中，而且不是一次而是两次，为此他不得不把睾丸搁在垫子上。他还称自己被机枪子弹击倒两次，被 0.45 厘米口径的子弹击中 32 次。作为额外的收获，他说他受了天主教的洗礼，因为护士们以为他快要死了。所有的这一切都是谎言。

战争揭穿了海明威的谎言。在西班牙，他非常妒忌马修斯，因为作为通讯记者，马修斯的才能比他更为出色。海明威在一封写给家人的信中编造了一套关于他在特鲁埃尔前线的谎话："把有关战斗的报道头一个发到纽约，这比马修斯还早了 10 个小时。回来后，与步兵一起投入总攻，跟随 1 个爆破连和 3 个步兵团一块进了城，发了这条消息。返回后，要将最精彩的逐户争夺战的战况整理好，用电报发出去……"至于说 1944 年他第一个进入解放了的巴黎，这也是谎话。在性爱方面，海明威依旧会说谎。在他那些意大利传闻中，有一则最为人喜爱，经常被人反复提起。据说有一个西西里的饭店老板娘把海明威的衣服藏了起来，他被迫做了性囚犯与她私通了一星期之久。他告诉伯纳德·贝伦森[①]（是他的许多虚假信件的接收者），在完成了《太阳照常升起》的时候，他和一个女郎上了床，他的妻子突然返回，于是他被迫将那个女人从屋顶偷偷地送出去。这里面没有一句实话。1925 年在潘普洛纳，海明威与情敌发生了一场很出名的争斗，他的情敌是"犹太佬（哈罗德）洛布"。在叙述这件事时，海明威又说了假话，他说洛布拿着枪，威胁说要杀死他（在《太阳照常升起》中，这一情节被改头换面）。海明威在结婚、离婚和解决办法的问题上都撒过谎，不仅仅是对相关的女

① 伯纳德·贝伦森（1865—1959），美国艺术批评家。

人，也对自己的母亲撒谎。他对第三任妻子玛莎·盖尔霍恩以及关于她的谎言达到了特别厚颜无耻的程度。反过来，玛莎反驳时说他是“自闵希豪生[1]以来最大的说谎家”。和其他一些兼为小说家的说谎家一样，海明威也留下了作假的痕迹：在他那些最著名的短篇小说中，有几篇从大部分内容看似乎带有自传的性质，但很可能纯粹是海明威的虚构。关于海明威，人们所能说的一切就是他对真实并不尊重。

接下来，海明威很自然地进入那个“低沉的、不诚实的10年”——20世纪30年代。他从来就没有前后一致的政治信念，他的道德观念实际上只关系到个人的忠诚。多斯·帕索斯曾一度是海明威的朋友，他评价年轻时的海明威是“在我接触过的人中，以最精明的头脑，提出赤裸裸的政治要求的”。但对于这个论断很难找到很多证据。在1932年的竞选中，海明威支持社会主义者尤金·德布兹。可到了1935年，在多数问题上，他又成了共产党阵线自觉的拥护者。在1935年9月17日的共产党的《新群众报》上，刊登了海明威一篇措辞激烈的文章《谁杀害了退休者？》。在一场席卷佛罗里达的飓风中，有450名受雇于联邦政府工程项目的退休铁路工人丧生，海明威谴责政府应对此事负责。在海明威看来，整个10年中似乎只有共产党才是反法西斯运动唯一合法而且值得信任的指导者。如果对共产党进行批评，或是参加共产党控制范围以外的各种活动，都是背信弃义的行为。他说，如果谁反共产党的阵线，那他“不是傻瓜，就是无赖”。他绝不允许自己的名字登载在

① 闵希豪生（1720—1797），德国乡绅，擅讲夸张的故事。

由《绅士》杂志办的“新左翼”刊物《视野》的刊头，因为他发现该杂志并不是共产党的宣传工具。

这种态度也制约着他对西班牙内战的反应。出于职业的考虑，海明威欢迎战争为他提供了素材——“西班牙内战对于一个作家来说是最好的战争，也是最完备的”。海明威的道德准则为西班牙共和主义者之间的冲突、为传统权力以及关于正义的不同概念预先进行了精心的准备。他曾 4 次亲赴前线访问（1937 年的春季、秋季，1938 年的春季、秋季）。不过，其实在他离开纽约之前，海明威已经对这场战争的一切方面做出了结论。此外，他还与多斯·帕索斯、阿奇博尔德·麦克利什[①]、莉莲·赫尔曼等人签约拍一部宣传影片《战火中的西班牙》。海明威曾写道：“我永远同情那些被剥削的劳动人民去反对那些不在领地上的地主，即使我与这些地主们一同饮酒，与他们一同射击鸽子。”而共产党就是“这些国家人民的代表”，这场战争就是“人民”和“不在领地上的地主、摩尔人、意大利人以及德国人”之间的斗争。海明威表示他喜欢并尊重西班牙共产党，他们是战争中“最好的人”。

为了与西班牙共产党的政策保持一致，海明威的方针是降低苏联的作用，特别是他们指导西班牙共产党在西班牙共和国国内政治中施行的行为，这导致海明威与多斯·帕索斯之间很不体面的决裂。帕索斯有一名翻译名叫何塞·罗布莱斯，他曾是约翰·霍普金斯大学的讲师。当战争爆发时，罗布莱斯加入共和国军队，他还是无政府主义组织 POUM 的领导人安德烈斯·尼恩的朋友。他还做

① 阿奇博尔德·麦克利什（1892—1982），美国诗人。

过苏联驻西班牙军事代表团团长扬·安东诺维奇·别尔津将军的翻译，因而了解不少莫斯科与马德里国防部关系的内幕。别尔津已经被斯大林暗杀，后来斯大林又命令西班牙共产党清除POUM。尼恩被折磨致死，其他成百上千的人则被指控有法西斯行为而被捕和处死。被认为精明的一招是指控罗布莱斯是间谍，然后把他秘密枪杀。多斯·帕索斯为罗布莱斯的失踪而忧心忡忡。海明威认为自己在政治事务方面是极其老练的，在他看来，多斯·帕索斯是个天真的新手，所以他对帕索斯的担忧嗤之以鼻。海明威正住在马德里的盖洛德饭店，那是共产党首脑常去的地方。他曾询问过一位老朋友佩佩·金塔尼利亚（后来证实，大部分共产党人的处决由此人负责）到底发生了什么事。他得到保证说，罗布莱斯仍活着，而且活得很好，他确实已被捕，但肯定会得到公正的审判。海明威对此深信不疑，并告诉了多斯·帕索斯。事实上，罗布莱斯此时已被处死。当海明威知道他的死讯时已经很晚了，而这一消息的来源却是一个刚到马德里不久的新闻记者。海明威告诉多斯·帕索斯，罗布莱斯显然是罪有应得，只有傻瓜才会想到别的。多斯·帕索斯对罗布莱斯之死感到非常悲痛，他拒绝接受罗布莱斯有罪的说法，并为此公开抨击共产党人。这招致海明威的斥责："正在西班牙进行着的战争，一方是你曾经支持过的人民，另一方则是法西斯分子。如果你怀着对共产主义者的仇恨，自以为有理由去攻击正在战斗着的人民，如果你这么做是为了金钱，那么我认为你至少应该把事实真相弄清楚。"然而事实证明，多斯·帕索斯是正确的：海明威自己才是天真幼稚的人，一个头脑简单而且易受愚弄的人。

直到战争结束，以至以后一段时间里，海明威在这方面仍固执己见。1937年6月4日，他到纽约卡内基大厅参加第二届作家代表大会，这次会议是美国共产党人通过一个外围组织举办的。海明威的观点是，作家必须同法西斯主义战斗，因为法西斯主义是唯一不让作家说出真话的政权。知识分子有义务去西班牙，而且在那里自己做些事情——他们应该停止坐在扶手椅上辩论理论，而应该开始战斗："现在就有战争，而且会延续很长一段时间，任何一个要研究战争的作家，都应该去参加。"

海明威实在是一个容易受骗的人，但他也有意加入谎言。这可以从他关于西班牙战争的小说《丧钟为谁而鸣》中清楚地看出来，他意识到共和国事业的阴暗面，而且他很可能始终知道某些真相。不过直到1940年，这部作品才面世，而此时一切都已经结束了。只要西班牙内战继续着，海明威就会与那些企图查禁乔治·奥威尔的《向卡塔洛尼亚致敬》的人站在同一条战线上，让真理服从政治、军事的利益。因此，海明威在作家代表大会上的发言完全是一派谎言。

还有一点也很奇怪，并没有迹象表明海明威遵照了自己的劝告去"研究战争"。1941年美国认真地加入反对纳粹主义的战争，可是海明威没有参加。在这个时候，海明威为自己在古巴哈瓦那郊外安了一个家：芬卡·维几亚。在此后的岁月里，那儿是海明威的主要居住地。《丧钟为谁而鸣》获得了成功，并成为20世纪最畅销的书之一，这为他带来了巨额收入，而他也想享受一番，显然，这时他最喜爱的运动是深海捕鱼，但这却导致他一生中另一段不光彩的插曲，也就是所谓"钩子工厂"。

海明威特别喜欢在城市下层社会中交朋友，尤其是在说西班牙语的国家里。他乐意与那些可疑的人物来往，包括一帮斗牛士、海边咖啡馆里的吸毒者、皮条客、妓女、业余捕鱼人、警方雇用的告密者以及诸如此类的各色人等。这些人对于海明威所提供的免费酒水和小费都做出热情的反应。1942 年，在战时的哈瓦那，海明威认为那儿即将有被法西斯主义者接管的危险，这种担心困扰着他。他说，古巴有 30 万西班牙出生的居民，其中 1.5 万至 3 万人是“狂热的长枪党”。他们可能会在美国的家门口发起武装暴动，将古巴变成纳粹的前哨基地。而且海明威还以非常肯定的口气说，德国的潜水艇正在古巴的水域内游弋。他甚至还做了仔细的计算：由 1000 艘潜艇组成的舰队可以让一支 3 万人的纳粹精锐部队在古巴登陆，以援助国内的叛乱者。很难说海明威自己是否真的相信这种充满想象力的念头：纵观他的一生，海明威是一个混合体，表面看来，他老于世故，但这掩盖着他几乎在一切问题上都会陷入轻信的深渊。他可能受到厄斯金·蔡尔德斯的间谍小说《沙滩之谜》的影响。海明威确实让美国大使普伊尔·布雷登相信了他的话，认为应当采取一些措施，这位大使是海明威的一个酒友，也是他的运动伙伴。

按照海明威的计划，他要从那些忠于共和政府的下层朋友中招募并指挥一批人成立一个特务组织，让他们监视法西斯嫌疑分子，与此同时，他还可以利用他的深海摩托艇加以适当的武装，巡逻那些很可能有德国潜艇出没的区域，以便将其中的一艘吸引出水面。布雷登批准了这项计划，此后还对此进行过表扬。其结果就是海明威每个月可获得 1000 美元的经费，用以支付 6 个专职特务和 20 个密探。这些人是他从那帮咖啡馆里的朋友中选来的。更为重要的是，他还一度获得了紧急军需，每个月可得到 122 加仑的汽油去开动他那艘摩托艇，艇上还配备了重型机枪，满载手榴弹。

海明威把他的摩托艇称为“钩子工厂”，这使他在哈瓦那酒徒中的威望得到提高，但是没有任何迹象表明有过一个法西斯间谍。海明威犯了低级错误，为了取得激动人心的情报，他花费的钱太多了。联邦调查局对这种带有竞争性的冒险尽一切可能表示反对，他们向华盛顿报告说，海明威那帮人所提供的一切都是“一个喜欢耸人听闻的人所做出的含糊其辞、没有根据的报告……他提供的资料几乎无一不是毫无价值地失效了”。海明威也意识到了联邦调查局的敌意，于是反驳说，所有的间谍都是爱尔兰血统的罗马天主教徒、佛朗哥的拥护者和“逃避兵役者”。闹出了不少可笑的事情，但绝不可能有什么间谍故事。比如，海明威的一个特务报告说，在巴斯克人酒吧发现了一个“十分可疑的包裹”，结果发现里面是一本很便宜的《阿维拉的圣特雷莎的一生》。至于反德国潜艇的巡逻艇，海明威的一位评论家的观点得到了证实：海明威需要汽油打鱼。据一位目击者说：“他们啥事都不干，整天四处游荡，寻欢作乐。”

这件事引起海明威与别人的一场激烈争吵。在西班牙，他最钦佩的人当中有杜兰将军，《丧钟为谁而鸣》中的英雄罗伯特·乔丹就是以这位将军为原型的。杜兰的一切就是海明威想要得到的——从一个知识分子成为一位战略大师。他曾是一位音乐家，和法利雅[①]、塞戈维亚[②]都是朋友，是战前西班牙知识精英中的一员。杜兰所持

① 法利雅（1876—1946），西班牙作曲家。

② 塞戈维亚（1893—1987），西班牙音乐家、吉他演奏家。

的一种观点，正是海明威赞同的："现代战争"需要"智力"，"这正是知识分子的一项工作……战争也是诗，悲剧的诗"。1934年，杜兰在西班牙军队中获得后备役的任命，当内战刚刚开始，他就被征召入伍，并且很快成为一位著名的将领，最后由他统率第20军团。共和国垮台后，杜兰志愿加入英美军队，但没有成功。当海明威想出关于"钩子工厂"的计划时，他利用自己的影响使杜兰从属于美国大使馆，并负责这项计划。此时，这位将军与他的英国妻子波蒂都是海明威芬卡家中的座上客。不过，杜兰很快就发觉整个计划就是一出闹剧，他是在浪费时间。于是他申请做其他工作，正好这时波蒂与海明威当时的妻子玛莎之间发生了令人不快的纠纷，终于在大使馆的一次午宴上大爆发。从那以后，海明威就再没有与杜兰说过话，只是在1945年5月，两人偶然碰面，海明威对他讥讽地说："你成功地躲开了战争，不是吗？"

这正是海明威典型的口吻，他和过去的朋友争论时，常常采用这种语气。一个人可以在原则上和小说中都颂扬友谊的美德，但他却会奇怪地发现，要保持长久的友谊又是多么困难。这对许多知识分子来说是一样的——比如卢梭和易卜生——海明威与同时代作家的争吵尤其激烈。甚至以作家的标准看，海明威的妒忌心也是超乎寻常的，他妒忌别人的才能和获得的成功。到1937年，他已经与所认识的每一个作家发生过争吵。只有一个值得注意的例外，这个例外也使他获益匪浅。在他的自传中，唯一没有受到指责的作家就是埃兹拉·庞德，而且从头至尾海明威都是用赞赏的笔调写他。从他们初次相识开始，海明威就钦佩庞德对其他作家无私的慷慨。他从庞德那儿听到一些尖刻的批评，如果这样的批评出自其他任何人之口，他都不会接受。这其中包括1926年庞德提出的一个聪明的劝告，他认为海明威应当认真地考虑写一部长篇小说，而不是出版另一本短篇小说集。他表达的方式很独特："你以为你是谁？还是个青春少年吗？"海明威似乎羡慕庞德身上的一种美德，显然他知道这是自己所缺乏的，这就是完全没有那种同行的妒忌心。1945年庞德因叛国罪有被处决的危险，因为他在战争期间为轴心国做了300多次广播。这时，海明威成功地挽救了他的性命。两年前，当庞德被正式起诉时，海明威就为他辩护道："他很明显是疯了。只要翻看他最近写作的诗，我想，你就可以证实他是疯了……在过去很长的时间里，他对其他艺术家是多么慷慨大方和宽厚无私，他是活着的最伟大的诗人之一。"这件事应归功于海明威所做的庞德已精神错乱的辩护，才使庞德被囚禁于医院，从毒气室中捡回一条命。

海明威也避免和乔伊斯发生争执，也许是因为没有机会，或者是因为海明威一直欣赏他的作品，海明威曾称呼乔伊斯："我一直尊敬的仍健在的唯一作家。"除他们以外，剩下的就是令人遗憾的故事了。海明威与福特·马多克斯·福特、辛克莱·刘易斯、格特鲁德·斯泰因、麦克斯·伊斯特曼、多萝西·帕克、哈罗德·洛布、阿奇博尔德·麦克利什以及其他许多人都争吵过。他在文坛上的争论带有一种恶意中伤的味道，就像他有说谎的癖好一样，他那些最恶劣的谎言都关系到其他作家。在自传中，人们看到的是关于温德姆·刘易斯荒谬的、虚假的描写（比如"刘易斯从不展露他的邪恶；他只是看上去就令人作呕……那双眼睛就属于一个强奸未遂犯”)。很明显，海明威是在报复刘易斯曾经对他做过的一些批评。在同一本自传中，海明威还编了一连串关于斯科特·菲茨杰拉德和他的妻子泽尔达的谎言。泽尔达曾刺伤过海明威的自尊心，但菲茨杰拉德一向称赞和喜欢海明威，从来没有伤害过他。所以很难理解海明威为什么要一次又一次地攻击他脆弱而又易受伤的心灵，除非是因为难以平息的嫉妒心。按照海明威所说的，菲茨杰拉德曾告诉过他："你知道，除了泽尔达，我从没有和任何人睡过觉……泽尔达说我天生就无法让任何女人感到快乐，这也是使她不满的原因。"然后这两个人去了一家男性诊所，菲茨杰拉德掏出他的阳具接受了一番检查。海明威一再宽厚地安慰他："你是完全正常的。"这段经历就像是小说中的一个章节。

海明威与多斯·帕索斯的争吵是最恶毒的，他们有着长久的友谊，因而这段争吵尤其令人痛心。显然，嫉妒是最初的动因——1936年多斯·帕索斯成为《时代》周刊的封面人物（海明威只得等到来年才上封面）。然后在西班牙就发生了"罗布莱斯事件"，接着在纽约就与多斯·帕索斯以及他的妻子凯蒂（一位更老的朋友）大吵了一架。他说多斯·帕索斯是一个流浪乞丐，借了钱从不还，而他的妻子有盗窃癖。海明威还常常嘲笑他的葡萄牙血统，猜想他是一个私生子。海明威想把这些诽谤塞入他的小说《有的和没有的》（1937），但他的出版商根据法律顾问的意见，将这部分内容删除了。1947年，海明威告诉威廉·福克纳，多斯·帕索斯是"一个可怕的势利小人（因为他是私生子）"。为了报复，多斯·帕索斯在《选中的国家》（1951）中把海明威描绘成那个令人讨厌的乔治·埃尔伯特·华纳。这一做法又使海明威告诉多斯·帕索斯的妻弟比尔·史密斯，在古巴他养了“一群凶猛的狗和猫，而且训练它们专门去攻击那些说朋友谎话的葡萄牙私生子”。在《流动的圣节》中，海明威向多斯·帕索斯射出了最后一袋箭——他是凶残的舟鰤鱼，将杰拉尔德·墨菲那样的鲨鱼带去捕食，还成功地毁掉了海明威的第一次婚姻。

海明威对多斯·帕索斯的最后一项论断是虚假的，显然，因为对于海明威来说，要毁掉自己的婚姻，根本就不需要帮手。在他的小说中，他常常带着非凡的理解力写女人。他和吉卜林一样有一种天赋，就是不断改变自己惯用的男性手法，对女性的观点做出出乎意外而又令人印象深刻的描述。海明威对女性有着全面的思考，甚至有着异性装扮癖或异性转化癖的色彩，这很显然来自海明威对头发的迷恋，他尤其迷恋女子的短发。这可以归因于他母亲在很长一段时间里不让他穿男孩子的衣服，不让他修头发。不管怎样，海明威显然发觉自己很难与女子形成何种文明的关系，至少在很长时间内是如此，他们的关系只能以女性对他的完全服从为基础。在自己家中，海明威唯一喜欢的女性就是他妹妹厄休拉，他称呼她“我可爱的妹妹尤拉”，因为厄休拉崇拜他。1950 年海明威曾告诉一位朋友，当他 1919 年从战场回来时，厄休拉 17 岁，她“总是睡在通往我房间的三楼楼梯上等我。她想在我进屋时能够醒来，因为她听说男人独自饮酒是件很糟的事，她会陪我喝一点清淡的东西，直到我去睡觉，她会陪着我睡，这样我在夜里就不会感到孤独。我们睡觉总是让灯开着，除非有时她看到我睡着了才会关灯，而她自己一直都醒着，如果看到我要醒了，她就会把灯打开”。

这可能是海明威杜撰的，从中反映出他理想的女人应该怎样对待他。但是，不管是真是假，海明威并不想在现实的、成人的世界中找到这种柔顺。事实上，按照20世纪美国人的标准，海明威的4个妻子中有3个对他都是罕有地一味顺从，但这些对他而言还不够，他需要丰富多彩，富有变化，还要有戏剧性。他的第一任妻子哈德莉·理查森比海明威大8岁，家境相当富裕。在海明威的书获得很大的销量以前，他是靠她的钱生活的。哈德莉很讨人喜欢，乐于助人，而且也很妩媚动人。当她怀上海明威的第一个孩子杰克（勃姆比）的时候，就开始发胖，此后她的体重就没能减下来。当着她的面，海明威会肆无忌惮地抚爱别的女人，比如那位臭名昭著的特怀斯登夫人。她婚前叫多萝西·斯默思韦特，在《太阳照样升起》中她成了勃雷塔·阿什利，同蒙巴纳斯调情的人，这也是海明威与哈德莉发生争执的根源。哈德莉将这种羞辱强忍了下来，后来又容忍了海明威与保利娜·普法伊弗之间的事。保利娜是一位非常性感的苗条女郎，她比哈德莉还要富有，她的父亲是阿肯色州最大的地主和谷商之一。保利娜深深地迷恋着海明威，实际上是她勾引了海明威。这对恋人劝说哈德莉同意建立一种“三人家庭”，哈德莉在1926年苦涩地写道：“3个早餐盘子，3件晾在绳子上的湿浴衣，3辆自行车。”当这种方式也不能令他们感到满意时，他们就将哈德莉推了出去，试行分居，然后就是离婚。哈德莉接受了这一现实，在写给海明威的信中她说：“我原来把你想得好一些，其实你比我想的更坏（就是这个意思）。”由于哈德莉的大度，问题得以解决。满心高兴的海明威写了一封信给她，信中满是恭维：“也许对于勃姆比来说，有你做他的母亲是一件最幸运的事……我是那么佩服你那正直的思想、你的头脑、你的心，还有你那可爱的双手。

我将永远向上帝祈祷，希望他能补偿我给你带来的巨大伤害。你是我所知道的最好、最真实、最可爱的人。”

这封信中有一点点真心实意的成分，因为海明威的确认为哈德莉表现得很高尚。有了这种想法，他几乎在娶保利娜的前夕就开始创造圣洁的哈德莉的传说。保利娜这方面注意到哈德莉对离婚事务的处理毫不精明，这就决定了海明威下一次就不会这么幸运了。靠保利娜的钱他们的生活更加宽裕，她还在佛罗里达的基韦斯特岛买下了一处很好的住房并装修一新。海明威在那儿逐渐喜欢上了深海捕鱼。保利娜为海明威生了一个儿子叫帕特里克，但是当 1931 年她宣布又怀上另一孩子（格雷戈里）的时候，他们的婚姻走向破裂。这时，海明威的兴趣转向哈瓦那，而且在那里他与一位金发碧眼白肤的女子简·梅森有密切交往。她丈夫是泛美航空公司驻古巴的首脑人物，比海明威年轻 14 岁。简·梅森苗条可爱，很能喝酒，还是一个一流的女运动员。她喜欢与海明威那帮酒吧间里的朋友厮混，然后以疯狂的速度开着跑车兜风。在许多方面，她就是海明威理想的女英雄。但她是一名抑郁症患者，无法处理自己生活中的各种复杂问题。她曾试图自杀，终于把背摔坏了，这使海明威对她失去了兴趣。

与此同时，为了夺回自己的丈夫，保利娜孤注一掷。她写信告诉海明威，她父亲刚给了她一大笔钱——难道他就不想从中得到一些吗？“这是一笔很大的不义之财……只是你要让我知道，你没有和别的女人搞在一起，爱你的保利娜。”她还为他在基韦斯特修建了一个游泳池，并写信对他说：“我希望你现在正睡在我的床上，用我的浴室，喝我的威士忌……亲爱的孩子爸爸，请尽快回到家里来吧！”保利娜找了一个整形外科医生，“我会把我过大的鼻子、不整齐的嘴唇、过于伸出的耳朵修整好，把脸上的疣子和黑痣去掉以后再去古巴”。她还把黑发染成了金色，结果却更糟了。她的古巴之行并没有奏效。海明威用她的名字为自己的船命名，但并没有带她乘船出游。在《有的和没有的》中，海明威发出了一个警告：“你对一个男人越好，你越是向他表示你的爱，他会越快地摆脱你。”他自己就是这样的。再者，他是这样一种男人：当他内疚时，他会将责任推给别的人。如今，他认为她应对他第一次婚姻的破裂负责，因此无论她碰到什么样的事都是她应得的。

下一个女人是玛莎·盖尔霍恩，一位感情炽热、头脑敏捷的记者兼作家，曾在布林·莫尔学院念书（跟哈德莉一样）。与海明威的大多数女人一样，她出身于美国中西部一个中上层阶级的殷实之家。她身材高挑，双腿颀长优美，金发碧眼，皮肤白皙，比海明威小近 10 岁。1936 年 12 月，海明威在基韦斯特的醉汉乔伊酒吧与她初次相遇，第二年他便邀她同赴西班牙。玛莎同意了。这是一次让她大开眼界的经历，因为海明威起码是用谎言来迎接她的：“我知道你会到这儿来的，女儿，因为我为你做好了安排让你能来。”——她知道这完全是假话。海明威还坚持从外面把她的房门锁上，“这样没有男人可以打扰她了”。她发现，他自己在安波斯莫多斯饭店的房间又脏又乱，后来她写道：“欧内斯特简直脏到了极点……在我认识的人当中，他是最不讲究的男人之一。”海明威从他父亲那里继承了对洋葱三明治的喜爱，在西班牙的时候，他喜欢大嚼那种用大量当地各种杂碎制成的三明治，还不时掏出放在后裤袋里的银制小酒瓶痛饮威士忌。这真是令人难以忘怀的组合，使得玛莎总是要呕吐。她未必与海明威有过肉体的相爱，她一直拒绝和他生孩子，后来倒是领养了一个（“当你能买到一个孩子的时候，就没有必要自己生一个，这就是我所做的”）。她嫁给海明威主要是因为他是个著名的作家，她自己也热切地想成为一名作家，她希望海明威在文学上的超凡能力能分一点给她。可是，保利娜为了保住自己的丈夫还在苦苦抗争，她不能忘掉哈德莉那样轻易地就同他离了婚，于是坚持强硬的条件，这使离婚推迟了。这时，尽管海明威已倾向于责怪玛莎破坏他的婚姻，但是朋友们可以作证，在这之前，他们就已有公开的剧烈争吵。

玛莎无疑是海明威的妻子中最聪明也是最坚定的一个，他们的婚姻再也不可能维持下去了。举个例子吧，玛莎强烈反对海明威饮酒，饮酒使他变得很粗暴。1942 年末，在一次聚会上，因为海明威喝了酒，玛莎坚持自己开车回家，结果在路上他们就大吵了一架，海明威还用手背打了她。玛莎放慢了他那辆昂贵的林肯车的速度，然后直直地撞上一棵树，将海明威丢在车里走开了。玛莎还非常厌恶海明威的肮脏：他在古巴豢养了一群凶猛的雄猫，这些猫发出可怕的气味，海明威还让它们在餐桌上四处乱窜。1943 年趁海明威外出的机会，玛莎将这群猫统统阉割了，海明威后来满含怨气地咕哝：“她阉了我的猫！”她还纠正他的法语发音，怀疑他对法国酒的评鉴，还嘲笑他的“钩子工厂”，明白地提醒他，他应该靠欧洲战火更近点。海明威最后决定去了，他狡猾地让《柯里尔》杂志给他安排了一项任务，这使得玛莎勃然大怒，因为这家杂志雇用过她，现在却把她解雇了。1944 年，玛莎随后来到伦敦找到了他，海明威住在多尔切斯特，一如往常那样邋遢，在他的床下，喝空的威士忌酒瓶滚来滚去。

从这以后，他们的关系一路下滑。回到古巴后，海明威常会在半夜喝过酒去睡觉时把她弄醒："我正要睡觉时，他却把我弄醒。他吓唬我，冲我大叫大嚷，嘲笑我。——我的罪过其实就是我参加了战争而他却没有，但他却不这么说。他认为我发疯了，只想追求刺激和危险，对谁都不负责任，自私的程度超乎想象。他就是这样没完没了，那些事真的很残忍，很丑恶。"他还扬言："我要弄一些愿意待在我身边的人来，让我成为家庭作家。"海明威写了一首淫秽下流的诗，名为《致玛莎·盖尔霍恩的阴道》，他将之比作一个陈旧的热水袋的颈部，而且已经有了皱纹。无论哪个女人与他上床，他都会将这首诗念给她听。玛莎抱怨道，他变得"一年比一年精神更错乱"。她"同一个奴隶主般的畜生过着奴隶的生活"，她出走了。他的儿子格雷戈里发表意见说："他就是在虐待玛蒂[①]，当他终于把她对他所有的爱都摧毁时，她离他而去，他却声称是她遗弃了他。"1944 年年底，他们两人分了手。按照古巴的法律，由于是她离弃他的，海明威获得了她在那里的所有财产。他说他与玛莎的婚姻是"我一生中最大的错误"，在写给贝伦森的一封长信中，他列举了她的罪状，指控她犯有通奸行为（称她为"兔子"），还说她从没有见过一个男人的死亡，但是她对暴行的描写却使她成为自哈里艾特·比契尔·斯托以来，靠此赚钱最多的女人——她写的全是假的。

海明威的第四次，也是最后一次婚姻一直维持到他去世，这主要是因为这次他的婚姻的主人公玛丽·韦尔什已经下定决心，无论

① 玛蒂是玛莎的昵称。

发生什么样的事情她也要赖着不走。与海明威的前几位妻子不同，她来自另一阶级，是明尼苏达州一个伐木工的女儿，她对所要嫁的人并没有抱什么幻想。就在他俩交往的初期，1945 年 2 月在巴黎里兹饭店，海明威喝醉了酒，偶然看到她的丈夫、澳大利亚记者诺埃尔·蒙克斯的一张照片。他把照片猛掷在盥洗室里，用他的半自动步枪向照片开火，弄得到处是碎片，然后他又用水冲洗。玛丽是《时代》周刊的一名记者，她不像玛莎那样野心勃勃，自命不凡，相反她工作勤恳，聪明伶俐。她意识到海明威需要的是一个女仆般的妻子而不是一个竞争对手，她便完全放弃了自己的新闻工作，然后嫁给了海明威。但她仍不得不忍受一些讥讽，诸如“我可从来没有为了给《时代》杂志写篇故事而去和那些将军们乱搞”。他称呼她为“爸爸口袋里的维纳斯”，还会夸耀他与她性交的次数。他告诉查尔斯（巴克）· 兰汉姆将军，经过一段时间的冷落，安抚玛丽是件很容易的事，因为“前一天晚上已经对她灌溉达 4 次”。（海明威死后，兰汉姆向玛丽求证过这个问题，她叹息着说：“那要是真的该多好！”）

玛丽是一个意志坚定的女人，是当家人，她和托尔斯泰伯爵夫人颇有相似之处。当然，那时海明威已与托尔斯泰一样，举世闻名，是一位具有大丈夫气概的先知、喜欢野外活动的预言家。他有着以他的名字命名的饮料、枪支、瑟法里式[①]服装和各种各样的露营装备。无论他去哪里，在西班牙，在非洲，尤其是在古巴，总有一群奉承他的老友和吃白食的人簇拥着他，有时简直像是一个巡回

① 瑟法里式，指欧洲人在东非旅游时穿的服装式样。

马戏团。在哈瓦那时，人员通常是固定的。这帮弄臣同托尔斯泰的那帮弄臣一样举止古怪，在道德品质上却更为低下，不过同样也都能忠于他们自己的职守。在离开海明威之前，玛莎·盖尔霍恩曾记下了被她称为“发生在古巴的一段非常可笑而又令人愉快的一幕”，“对着这伙已经成年、富有、半文盲的射鸽、钓鱼的朋友，大声朗读《丧钟为谁而鸣》，他们坐在地板上听得入了神”。然而，与雅斯纳雅·波良纳庄园相比，海明威真实的生活状况没有什么粉饰，更不用谈什么正派得体了，这还得感谢海明威那些骇人听闻的习惯。海明威有不少百万富翁的朋友，德丽·谢伍林是其中一位的夫人，她在1947年曾留下关于古巴这帮人的一段描绘：他那艘船一点也不舒适，又小又脏。在芬卡，身上散发着恶臭的猫在游荡，那里没有热水。海明威自己身上带有酒精和汗水混合的臭味，胡子也没有修过。他用一种古怪的混杂英语咕哝着，还上了瘾似的用“小鸡粪”[①]这个词。玛丽有一大堆事情要做。

在这里，海明威常常故意弄出一些丢脸的事。他喜欢引起女人的注意，特别是那些有魅力、有名气、讨人喜欢的女人，其中有马琳·迪特里希，海明威刮脸的时候，她在浴室里为他唱歌；劳伦·巴克尔（“你比我想象的还要胖”）；南希·海伍德（斯丽姆）（“亲爱的，你是那么苗条漂亮”）。弗吉尼亚·维耶特尔（“吉姬”）是海明威在巴黎里兹饭店那个圈子中的一员，玛丽曾嘲讽地写道：“我从吉姬·维耶特尔的房间里出来已经有一个半小时了，可欧内斯特却说：‘我一会儿就回来。’”在马德里有一群海明威所

① “小鸡粪”，英语中的俚语，有讨厌的东西、蹩脚货、胆小鬼等多种含义。

谓的“反战妓女”，在哈瓦那码头区也有一帮娼妓。海明威喜欢当着玛丽的面与她们调情，正如他曾经在哈德莉忧虑的目光下与多萝西·特怀斯登相互爱抚一样。随着年龄的增长，他需要的女孩却越来越年轻。有一次，海明威告诉马尔科姆·考利[①]：“我和每个我想做爱的女人都做过爱，还有许多不是我想要的，我也希望她们做爱时全都做得很好。”这不是实话，在二次大战后说这样的话就更加不真实了。在威尼斯，他迷恋上一个叫作阿德里亚娜·伊万契奇的年轻女郎，这位女子既令人畏惧又令人哀怜。海明威以她为原型塑造了那部很糟的战后小说《过河入林》（1950）中的女主人公。她为人冷漠、势利、反应迟钝，她的目的要么是结婚，要么什么也不干。另外，她“始终有一个鹰钩鼻子的母亲在照料”（这是海明威的儿子格雷戈里所说的）。海明威向肯定是文学史上几个最令人讨厌的人物中的一个大献殷勤，因为阿德里亚娜有成为艺术家的野心，海明威便迫使出版商勉强接受了她为《过河入林》和《老人与海》（1952）这两本书设计的封套。后一本书在一定程度上为海明威恢复了声望，并使他获得了诺贝尔文学奖。这两本书的封套后来都不得不重新设计。阿德里亚娜嘲笑玛丽“没有教养”，海明威本人则重复这一判断，他赞扬阿德里亚娜受过良好的教育，很有教养，他把这个年轻的女子同玛丽对比，说玛丽是“随军杂役”和“清洁工”。

1953—1954年的冬天，在海明威最后一次大规模的非洲狩猎活动中，还发生了一段丢人现眼的插曲。即便按照海明威自己的标

① 马尔科姆·考利（1898—1989），美国文学评论家、社会历史学家。

准，他也算是够肮脏的了，他的帐篷里被随手乱丢的衣服和空威士忌酒瓶弄得一团糟。出于与他个人的道德观有关的难以理解的理由，海明威接受了当地土著的服装，像马萨伊人那样剃了头，把一些衣服染成橘红色，甚至还拿了一支长矛。更有甚者，他追求当地一个名叫黛芭的瓦卡穆巴族女孩，这次狩猎活动的领队丹尼斯·扎菲罗形容这个女孩如同“散发着恶臭的宿营地垃圾”。这个女孩及其女友们和海明威在他的帐篷里举行庆祝活动，其中有一次把他的帆布床压塌了。据玛丽的日记记载，“白天黑夜里都不断传来沉闷的对话声”。1959年海明威最后一次大规模出行西班牙，海明威“巡回马戏团”为了一个夏季的斗牛赛携带了80件或90件行李。一位名叫瓦莱莉·丹比－史密斯的19岁姑娘，都柏林一个建筑工人的女儿，作为比利时新闻社的特约记者，对海明威进行了采访。海明威倾心于她，甚至动过要娶她的念头，但是他也意识到从照顾老人的角度出发，玛丽是更合适的妻子，是陪他走完人生最后旅程的妻子，“一位送行人”。不过，他还是以每月250美元的薪水雇用了瓦莱莉，让她加入他的“巡回团”。在开车时，他让瓦莱莉坐在前座，以便动手爱抚，而玛丽坐在汽车后座。她将这些都忍受了下来，她知道瓦莱莉是无恶意的，而且还为海明威感到庆幸，因为她使他少了些粗暴——确实如此，海明威死后，瓦莱莉仍被继续雇用（她最终嫁给了格雷戈里·海明威）。但在当时，这种事使得这个夏季变得“令人讨厌、丑恶和痛苦”。

玛丽所承受的一切是否要比托尔斯泰伯爵夫人承受的更多？很可能没有。海明威是一个喜欢待在家里的人，从这个意义上来说，他与托尔斯泰是不同的，海明威并不想离开家庭步入荒野。玛丽学了西班牙语，将海明威的家管理得井井有条，参加了他大部分的出游运动。海明威曾写过关于她一个阶段的“情况报告书”，在上面列举了玛丽的种种优点：“出色的女钓鱼手，不错的飞靶射击手，游泳健将，真正高超的厨师，酒类鉴赏家，优秀的园艺家……还能用西班牙语管理好一条船或一幢宅子。”玛丽参加他的野外旅行时常常受伤，但海明威却从没有表示过同情。玛丽有次受伤后十分痛苦，她记下了他们之间的一段很有特色的对话。“你就不能保持安静吗？”“我在努力这样做。”“士兵就不会像你这样。”“我又不是士兵。”在公开场合，他们会大吵大闹，在人背后则有令人吃惊的暴力场面。有一次，海明威把玛丽的打字机猛掷在地上，打碎了她珍爱的烟灰缸，把酒泼在她的脸上，还骂她是“母狗”。玛丽是这样回答他的，如果他打算把她甩掉，那她是不会离开这所屋子的：“尽管你竭力要把我从这儿赶走，让我离开你，可你是不会成功的……无论你怎么说，怎么做，除非你把我杀了，把一切弄得一团糟，否则我仍会待在这儿，替你管理房子和你的芬卡。直到有一天早晨，你到我这儿来，头脑清醒，你诚实地、明白地告诉我，你想让我离开。”对于这样的建议，海明威不得不十分慎重，他没有提出过。

海明威的孩子们通常对父亲的婚姻保持缄默，有时他们目睹了母亲的生活，感到十分害怕。当海明威一伙巡回于世界各地时，年幼的他们就被硬塞给保姆和仆人们。据说其中一个保姆叫艾达·斯特恩，是女同性恋者。海明威的长子勃姆比用偷来的酒贿赂她；帕特里克则祈祷她被送往地狱；而最年幼的一个孩子格雷戈里却害怕她会离去。格雷戈里最终写了一本关于他父亲的书，这本书透露了许多内情，更是充满了怨恨。年轻时，他同加利福尼亚警方发生了一些小麻烦。他的母亲保利娜与海明威离婚已经很久了，这时她给海明威挂了电话，告诉他这一情况，并希望得到一些安慰和指导（1951 年 9 月 30 日）。海明威的回答是她应受到指责——“看看你是怎么教育他的？”——他们发狂似的大吵了一架，保利娜“禁不住对着电话大声叫嚷和抽泣”。那天晚上，她被体内一阵剧烈的疼痛惊醒，第二天就死在医院的手术台上，终年 56 岁。死因是一种肾上腺肿瘤，很有可能是情绪上的紧张使她的病情恶化了。海明威指责儿子的过失；而儿子则指责父亲的盛怒。“让母亲心烦意乱的原因并不是我的那些小麻烦，而是她死前 8 小时与他之间那场粗暴的电话交谈。”格雷戈里在他的书中写道：“一个高高在上的人物，只要他身体健康，处于他的权势之下也是一件好事，但他的灵魂已从内部腐烂的时候，你去告诉他，他在发臭，那会给你自己带来什么呢？”

当然，事实上海明威并没有因为内部腐烂的灵魂而招来什么痛苦。他是酒徒。饮酒对他来说是件重要的事，确实已成为他生活和工作的中心，正如毒瘾对于柯勒律治。他是可以列入课本的慢性酒精中毒者的经典例证，其诱因是根深蒂固的、慢性的，而且很可能是遗传性的抑郁症，酗酒反过来更加重了他的病症。海明威曾告诉麦克利什说：“问题是，在我的一生中，每当事情真的非常糟糕的时候，我就会喝上一杯，立刻，情况就会变得好多了。”海明威从 10 多岁就开始喝酒，当地的铁匠吉姆·迪尔沃斯偷偷地向他提供烈性的苹果酒。他的母亲注意到儿子的这个习惯，总是担心他会变成一个酗酒者（有一种说法，海明威是从与格雷丝发生第一次剧烈的争执后开始大量喝酒的）。在意大利，他进一步喝葡萄酒。在米兰的军官俱乐部里，他第一次开始饮烈性酒。他的负伤和一次不幸的恋爱都使他越喝越多。在医院里，人们发现他的衣柜里塞满了法国白兰地的空酒瓶，这是一个不祥的预兆。20 世纪 20 年代在巴黎的时候，他从一家酒类合作社买来成加仑的博恩牌葡萄酒，他想喝，而且确实一顿喝过 5 瓶或者 6 瓶红葡萄酒。他教斯科特・菲茨杰拉德直接就着酒瓶喝，他说，这就好像“一个女孩子去游泳，但是没有穿她的泳衣”。在纽约，他签下《太阳照样升起》的出版合同后，他说他“酩酊大醉好几天”，这可能是他第一次长时间地酗酒。普遍认为海明威发明了 20 世纪的习惯语“喝一把”；然而有些人，比如维吉尔・汤姆森①就指责他很吝啬，不愿为别人提供一杯酒；海明威反过来总是常常指责那些白吃白喝的熟人们，正如 20 世纪 50 年代在古巴他就指责过肯・泰南②。

海明威特别喜欢和女人一块喝酒，对他而言，她们似乎代替了母亲向他表示赞许。哈德莉与他一起狂饮，并在给他的信中写道：“你知道的，我仍然珍惜你对我说过的话：你几乎崇拜作为酒徒的我。”海明威 30 多岁的时候在哈瓦那有一位漂亮的女伴简・梅森，她扮演了与哈德莉相似的不幸角色。海明威和她一块喝杜松子酒，接下来又喝香槟酒和大杯加冰的代基里酒；在古巴的 10 年里，他的酗酒第一次确实完全失去了控制。那儿的一个酒吧侍者说他能够“喝下那么多马丁尼酒，超过任何一个我所见过的人”。在他朋友索沃德・桑查兹的住处，海明威发起酒疯，他把自己的衣服从窗户扔

① 维吉尔・汤姆森（1896—1989），美国作曲家和音乐评论家。
② 肯・泰南（1927—1980），英国戏剧评论家，提倡自然主义的和工人阶级的戏剧。

出去，还打碎了一套贵重的巴卡拉玻璃器皿。桑查兹的妻子被他吓坏了，她惊恐地尖叫，央求男管家把海明威锁起来。游猎时，有人看见海明威在清早 5 点钟的时候从帐篷里溜出来喝酒。他的兄弟莱斯特说，20 世纪 30 年代末期在基韦斯特时，他一天喝 17 杯威士忌加苏打水，而且晚上常常带着一瓶香槟上床。

这一时期，他的肝脏第一次让他感到了剧烈的疼痛。医生警告他必须彻底戒酒，更确切地说，是把他的饮酒限制为饭前的 3 杯威士忌，但这并没有维持很久。第二次世界大战期间，他的饮酒量不断增加。到了 20 世纪 40 年代中期，据说进早餐时，他把杜松子酒倒进茶里一块喝。1948 年，A.E. 霍奇勒代表《世界主义者》杂志采访海明威。霍奇勒说海明威在不长的时间里就喝了 7 杯双倍量的“爸爸双杯”（这是哈瓦那人以海明威命名的一种饮料，由朗姆酒、葡萄汁和樱桃酒混合而成）。当他离开酒吧去吃饭时，手里又拿着第 8 杯酒以供开车时喝。海明威宣称：“我曾在这儿一晚上连喝 16 杯。”他还向出版商吹嘘，一天晚上他以苦艾酒开场，晚餐时喝了一瓶红葡萄酒，接下来喝伏特加，此后“又痛饮威士忌和苏打水直至凌晨 3 点”。在古巴时，他的餐前酒通常是以朗姆酒为底，在欧洲喝 15 ∶ 1 浓度的马丁尼酒。20 世纪 50 年代早期，我曾亲眼目睹他在很短的时间内一连干了 6 杯这类酒——他的饮酒带有很强烈的哗众取宠的成分——那是在蒙巴纳斯大教堂外的露台上。他在早餐时喝的酒可能是杜松子酒、香槟酒、苏格兰威士忌或所谓“墨西哥湾海流中的死亡”，这是他的另一项发明，即一大杯荷兰杜松子酒加橙汁。居于所有饮料之上的，是永恒的威士忌：他的儿子帕特里克说，他父亲在人生的最后20年中，每天都要对付1夸脱[①]威士忌。

海明威饮酒的能力是众所周知的。莉莲·罗斯曾为《纽约客》写过海明威的人物特写，她似乎并没有留意到他同她谈话时有很长时间在醉酒。丹尼斯·扎菲罗谈及海明威的最后一次游猎时说："我猜想他任何时候都是醉醺醺的，却很少表现出醉态来。"海明威还显示了一种非凡的能力，他能在短时间内削减自己的饮酒量，甚至彻底把酒戒掉。这一点再加上他那健壮的体格，使他能够活得长久。不过，慢性酒精中毒对他的影响却是无情的。海明威遭遇过无数次意外事故，饮酒是其中的原因之一。瓦尔特·本雅明曾为知识分子（他自己）下过定义："眼镜在鼻子上，秋天在心中"的人。海明威心中确实有个秋天——其实经常是寒冬——但只要他一有勇气，他就把眼镜从鼻梁上摘下来，尽管事实上他接受了母亲的遗传，左眼视力不佳（出于虚荣，他母亲也拒绝戴眼镜）。

海明威一生中容易出意外，这也许是他那庞大而又笨拙的体格造成的。若是把他遭遇过的事故列成表，那么这张表会长得吓人。孩童时期，他就跌过一跤，一根木棍穿进口中把扁桃体刺破了；鱼钩还戳进过他的后背；在足球赛和拳击台上他受过若干次伤。1918年他经历了枪林弹雨，而一个玻璃陈列柜又弄破了他的拳头。两年后，他在碎玻璃上行走割伤了脚，还因为摔倒在船上系绳子的铁环上，开始内出血。他被热水炉严重烫伤过（1922）；他一只脚的韧带被撕裂（1925）；他那只好眼睛的瞳孔被他的儿子戳伤（1927）。1928年春天，他第一次因为喝酒而发生重大意外，他

① 夸脱：计量单位，1夸脱等于0.946升（美制）。

回到家后，把天窗上的绳索错当作盥洗室里的链子猛拽，结果整个沉重的玻璃框架砸到他头上，他受了脑震荡，还缝了 9 针。他腹股沟那儿的肌肉也曾撕伤过（1929）。他的食指被拳击吊袋碰伤，他因马脱缰而受伤，也因汽车车祸弄伤胳膊（1930）。一次喝醉酒后，他想把鱼叉投向鲨鱼，结果扎了自己的腿（1935）。他踢一扇锁着的门时，大脚趾受了伤；一面镜子划破过他的脚；他那只坏眼睛的瞳孔也遭到损害（1938）。1944 年他又脑震荡两次，一次是在灯火管制的时候，他的车撞上了一个水箱；另一次是他从摩托车上摔进一条水沟。1945 年，他坚持要代替司机开车把玛丽送到芝加哥机场。车子打滑，撞上了土堤，海明威断了 3 根肋骨，伤了 1 个膝盖，前额也被撞出了凹痕（玛丽飞出了挡风玻璃）。1949 年，当他戏弄一头狮子时，被狮爪严重抓伤。1950 年，他在自己的船上摔倒，头部和腿部都被划伤，割断了一根动脉，还第五次脑震荡。1953 年，他从汽车上摔下来扭伤了肩膀。这年冬天在非洲，海明威还经历了一连串的意外事故：有一次醉醺醺地去扑灭灌木林火，结果被严重烧伤；还发生了两次飞机事故，使他再一次脑震荡，还为他带来了颅骨开裂，两节脊椎粉碎，严重的内伤，肝脏、脾和肾都被损伤，还有烧伤，肩膀和胳膊脱位，括约肌丧失活动能力。意外通常是发生在他喝醉酒以后，而且这些事故几乎一直持续到他去世：攀越一个栅栏时，他撕裂了韧带，扭伤了足踝（1958）；发生了一次车祸（1959）。

尽管海明威的体格健壮，酒精仍直接影响了他的健康，这始于 20 世纪 30 年代末他的肝脏受损。1949 年当他在科尔蒂纳丹佩佐滑雪时，一些灰尘掉进他的眼睛，加上酗酒，发展成一种很严重的丹毒。10 年以后他仍然深受其苦，从他的鼻梁到嘴巴，总有一片青黑中夹着红纹的疤痕。接下来，由于他在西班牙的最后一次狂饮（1959），肾和肝又都出了毛病，而且可能是血色素沉着症（表现为肝硬化、青铜色皮肤和糖尿病）。其他病症还有足踝浮肿、肌肉痉挛、长期失眠、血尿、血脂过高以及皮肤病。他身体虚弱，未老先衰；他生前最后一张照片是在爱达荷州购置的住宅附近散步，那种悲哀的表情不言自明。即便如此，他仍旧站着，仍旧活着；但他已经无法再去思考。他父亲是因为害怕患上致命的病症而自杀的。海明威害怕的却是他所患的病症不是致命的：1961 年 7 月 2 日，在抑郁症和偏执狂的各种治疗而无效后，他在他那支最好的英式双管猎枪中装上了两发霰弹，把自己的整个脑盖炸飞了。

为什么海明威会渴望死亡？在作家中，这一现象并不鲜见。与海明威同时代的英国作家伊夫林·沃，这一时期他在英国所取得的地位与海明威相当，他也同海明威一样渴望一死。不过，伊夫林·沃不是知识分子，他认为他不能通过自己的头脑来改变生活的规则，而只能服从于传统的教会教育，5 年后他自然死亡。海明威则创造了自己的以荣誉、真实和忠诚为基础的准则。他背弃了这一准则所有的方面，这一准则也背弃了他，也许更为严重的是，他觉得背弃了自己的艺术。海明威有许多严重的过失，但有一样东西是他从不缺乏的：艺术上的诚实。这如同灯塔照亮了他的一生。他为自己确定的任务是创造一种新的英语写作方法和小说写作方法；他获得了成功。在我们的语言历史上，这是重大事件之一，而现在这已是我们的语言中不可缺少的部分。他为这一任务倾注了巨大的、创造性的技巧、精力和耐心。这一任务本身就是困难的，但正如他发现的，更困难得多的是维护他自己确立的创作的高标准。20世纪30年代中期，对他来说，这一点已经很清楚了，这也加重了他那惯常的抑郁症。从那时起，他的短篇小说很少成功而且每况愈下。如果海明威少一点艺术家气质，这种事情对于他，作为一个男人，也许不是十分重要的；他完全可以去写作和出版次等的长篇小说，许多作家就是这样做的。但是，当他写出来的东西赶不上他最好的作品时，他知道自己的知识已经无法胜任了。这时他便在酒精中寻求帮助，甚至在工作时间里也是这样。在20世纪20年代，有人第一次看见海明威写作时面前放着一杯圣詹姆士牌的朗姆酒。这种习惯最初是偶尔为之，然后变得断断续续，再后就无法改变了。据说在20世纪40年代，他在清晨4点30分醒来，“通常立即开始饮酒，同时站着写作，一只手上是铅笔，另一只手上是酒杯”。这对他工作所产生的影响，是完全可以想象的，是灾难性的。一位有经验的编辑总是能够辨别出那些借助于酒精而写出的作品，无论作者有多么高的天分。海明威开始制造大量的不够发表水平的东西，或者是一些他感觉没有达到他自己确立的最低标准的东西。有些作品仍然被发表了，但看上去质量低下，甚至是对他自己早期作品的拙劣模仿。也有一两篇例外，诸如名篇《老人与海》，尽管其中也有自我模仿的成分。但是，整体水平低下，而且在下降，海明威自己也意识到，他已无力恢复他的天才，更别说去发展了。这一切加速了抑郁症与酗酒的循环。海明威是一个被自己的艺术杀死的人，而他的一生所留下的教训，所有的知识分子都值得借鉴：仅有艺术是不够的。

6

布莱希特：冰一样的心

那些试图影响人类思想的人们早就认识到，戏剧是进行这种尝试的最有力的手段。1601 年 2 月 7 日，就在埃塞克斯伯爵及其下属在伦敦发动叛乱的前一天，他们赞助莎士比业所属的剧团上演了一部特殊的、未经删改的莎剧《理查二世》，该剧被认为是对王权的颠覆。由耶稣会会士领导的反宗教改革运动，也把戏剧演出作为信仰宣传的中心。第一批世俗知识分子同样认识到舞台的重要性。伏尔泰和卢梭都写过剧本——卢梭还警告说戏剧有败坏公共道德的危害性。维克多 · 雨果利用戏剧摧毁了最后一代波旁王朝。拜伦投入大量精力创作诗剧；甚至马克思也写过一部剧作。但正如我们已经看到的，易卜生第一次深思熟虑地、有计划地利用戏剧舞台引发一场社会观念的变革，就取得了惊人的成就。贝托尔特 · 布莱希特——一个在很多方面全然不同的剧作家——在这一点上却是易卜生天然的继任者。他创造了复杂的现代宣传戏剧，出色地利用了政府资助的大规模剧场这一 20 世纪新的文化机构。在他死后的 20 年内，即20世纪60年代和70年代，他或许是全世界最有影响力的作家。

然而布莱希特终其一生，甚至某种程度上直到今天都仍是一位神秘人物。这是他自己和他一生最后30年忠诚地为之效力的机构精心做出的选择。出于多种原因，他想要把所有公众的注意力从他的生活转移到他的作品上。因而他的传记尽管脉络十分清楚，其中却留下了大量空白。他于1898年2月10日出生在距慕尼黑40英里的奥格斯堡，那是一个沉闷而美丽的小城。跟一再宣称的相反，他并非出身农民家庭。他父母双方的祖先，追溯到16世纪，都一直是中产阶级——乡绅、医生、教师，之后是火车站站长和商人。他的母亲是一位政府公务员的女儿。他父亲是做纸品生意的，先是奥格斯堡造纸厂的高级职员，后为销售主管。他的弟弟瓦尔特参加工作后，成为达姆施塔特科技大学造纸工艺专业的教授。贝托尔特有心脏病，看上去又很柔弱，成了他母亲最宠爱的孩子（和其他许多重要知识分子一样）。她说她发觉这孩子的种种要求强烈得令人无法拒绝。然而布莱希特成年后对他的家庭毫无兴趣，他很少提到父亲，也并没有报答母亲的宠爱。1920年他母亲去世时，他执意在第二天邀请一帮吵吵闹闹的朋友到家里——他的弟弟回忆道，“我们其他人都沉浸在悲痛中”——而且故意在母亲葬礼的前一天离开小城；尽管后来在一次罕见的自责中，他批评了自己对母亲的态度：“我该被天诛地灭。”

传说布莱希特在学校不仅拒绝接受宗教信仰，而且公开焚烧《圣经》和《教义问答》，并差点因他的反战主义立场被开除。实际上，他似乎写过爱国主义诗歌，他受罚也不是由于反战，而是由于考试作弊。他的文化属于1914年以前弹着吉他的德国青年文化，以亲近自然、反对城市为思想特征。与他同时代的大多数中产阶级青年都应征入伍，直接到了前线，死在那里，生还者则成了纳粹。布莱希特并非拒服兵役，只是因为他虚弱的心脏才免于入伍，当了一名医护人员（他曾在慕尼黑大学短期地学过医学）。他后来描绘了在军事医院看到的一幅幅可怕的屠宰场面："如果医生命令：'截下一条腿，布莱希特！'我就回答：'是，阁下。'然后把那条腿割掉。如果有人对我说：'锯开头骨！'我就打开那人的颅骨，笨拙地修补他的脑部。我看见他们是怎样匆匆缝好士兵的伤口，以便尽快把他们送回前线。"但事实上直到1918年10月他才入伍，当时大部分战事已告结束，他的工作主要同性病治疗有关。他后来（在接受斯大林和平奖的演说中）声称自己1918年11月"立刻"支持巴伐利亚共产主义共和国并成为一名军人代表是在撒谎。他对自己的行为有各种说法，但他的所作所为在当时或其他任何时候，显然都不是英雄行径。

1919年以后，布莱希特很快确立了自己的文学形象：先是作为一名粗鲁、野蛮和严酷而令人生畏的评论家，之后便是在戏剧方面，这归功于他的吉他弹奏和他写作歌曲的技艺（自始至终，他的诗歌才能是最出色、最纯粹的），还有他以不亚于20世纪60年代保罗·麦卡特尼的高亢而迷人的嗓音唱歌的本领。20世纪20年代初期，德国戏剧的基调是强烈的左倾，布莱希特从中得到了启示。他的第一部成功之作是《斯巴达克》，后来改名为《夜半鼓声》

（1922），该剧获得了克莱斯特[1]最佳青年剧作家奖。这使得右派激进分子哗然，但这时的布莱希特更大程度上是机会主义者而不是理论家。他试图引起人们的注意并取得了惊人的成功。他的目标是“让资产阶级吃一惊”。他谴责资本主义和一切中产阶级体制。他抨击军队。他赞美怯懦并身体力行。在著名的短篇小说《反暴力的尺度》中，他的自传性主人公库纳尔就是一个十足的懦夫。他的朋友瓦尔特·本雅明指出，怯懦和纯粹的破坏性是他显著的特点。他喜欢自己的作品激起争吵和反感。他理想的情况是，自己的剧作能引起一半观众不满的嘘声和另一半观众积极的喝彩。建立在细致的审美分析基础上的传统剧评，引不起他的兴趣。事实上他鄙视传统的知识分子，尤其是那些学院型或浪漫型的。

布莱希特实际上塑造了一种新型的知识分子，如同卢梭或拜伦当年所做的一样。布莱希特自己就是这种新型文化人的典型：粗暴、冷酷无情、玩世不恭，一半是流氓，一半是精力充沛的运动员。他想把运动场上那种喧闹、热烈、对抗的气氛带到剧场里。他和拜伦一样乐于与职业拳击手交往。1926年他应邀为一次诗歌比赛评奖时，置400首参赛诗于不顾，把奖授予他在某自行车杂志上发现的一首粗陋的诗作。他厌弃奥地利—德意志的音乐传统，喜爱一种金属般的复调，并在与他合作的犹太作曲家柯特·魏尔[2]那里找到了类似的风格。可以说他在某种程度上要把舞台布景连骨架都显

① 海因里希·冯·克莱斯特（1777—1811），德国剧作家、小说家，作品带有浪漫派特点，多取材于古希腊、古罗马和日耳曼的历史。

② 柯特·魏尔（1900—1950），德国作曲家，以与布莱希特合作的讽刺歌剧《三分钱歌剧》和《马哈冈尼城的兴衰》最为著名。

示出来，展示出制造幻景的效果装置。这就是他所谓的新型真实。就像那些制造和操作它们的工程师一样，效果装置令他着迷。他把自己视为操作者，一个精神的工程师。里恩·福伊希特万格[①]的长篇小说《成功》中有位叫卡斯帕尔·普罗切尔的工程师，小说中另一个人物对他的评价是："你缺少最重要的人类感官：对欢乐的感知和一颗爱心。"那正是对布莱希特的描述。

布莱希特在20世纪20年代的种种表现和活动都反映了他自我宣扬的天才。他和几乎完全同时代的海明威，当然还有其他很多知识分子一样，都拥有这种天赋，其表现之一就是像海明威那样形成了自己特有的着装风格。不过，海明威的服装完全是美国式的，以运动服为主。布莱希特仰慕海明威，虽说是私下的，但也是明显的。如果有人提出他偷取了"爸爸"的思想，他会非常不安。在20世纪20年代——那是欧洲知识分子能够接受亲美情绪的最后一个时期——他并不隐瞒对美国的赞赏，特别是对美国的黑帮和运动明星，他为1926年的登姆普西[②]—滕尼[③]之战写了一首诗。他部分的衣饰观念来自大西洋彼岸，另一些则明显是欧洲的。束腰皮坎肩和便帽曾是"契卡"[④]组织中那些使用暴力的年轻人最喜爱的装束，该组织是列宁1918年初创立的。布莱希特对此加上了自己的

① 里恩·福伊希特万格（1884—1958），德国小说家、剧作家，因写历史传奇而闻名，作品显示深刻的心理分析，主要作品有《约瑟三部曲》《戈雅》等。

② 登姆普西（1895—1983），美国职业拳击运动员，世界重量级冠军（1919—1926）。

③ 吉内·滕尼（1897—1978），美国职业拳击运动员，世界重量级拳击冠军（1926—1928）。

④ 契卡：全俄肃清反革命及怠工特设委员会（1917—1923）。

创新：一条皮领带和布袖马甲。他想让自己看上去半像学生、半像工人，并且绝对潇洒。他的新款服装引起不同的评价。他的敌人声称他在无产阶级的皮装下穿着真丝衬衫。卡尔·楚克迈耶[①]称他为“卡车司机和基督教神学院学生的混合品”。他别出心裁地把头发直直地梳下来盖住前额，胡子永远长到3天的长度——不多也不少，这便完成了他的个人风格。这些作风在30年、40年甚至50年后还被青年知识分子广为模仿。他们还效仿他戴“朴素的”金属架眼镜的习惯。他的金属眼镜架是灰色的，这是他最喜欢的颜色。他在一种灰色的吸水纸上写东西，当他成名后就开始出版“正在创作的作品”，即所谓手稿，都是有意弄成灰暗的平装戏剧脚本，就像学校的课本，这种非常有效的自我推销形式后来也被大力模仿。他的斯特尔牌敞篷旅游车也是灰色的，他通过为汽车制造商写广告词免费得到了这辆车。一句话，布莱希特有非凡的形象表演天才，在这方面20世纪20年代的德国人领导着世界：几乎与此同时，希特勒正在设计纳粹党和党卫军的极其奢华的设备，并发明了后来被称作“声光表演”的夜间演出技术。

希特勒的得势是把布莱希特推向更加政治化的姿态的一个因素。1926年他读了《资本论》，或者读了一部分，之后便与共产党联合在一起，不过根据德国共产党领导人、他的一位作曲家朋友汉斯·艾斯勒的妹妹露特·费舍尔的证词，他直到1930年才真正加入该党。1926年还因为是他与魏尔合作的开始而格外重要。1928

① 卡尔·楚克迈耶（1896—1977），德国剧作家、小说家，著有《柯本尼克上尉》《魔鬼的将军》等大量剧本。

年他们创做了《三分钱歌剧》，于8月31日首演，立刻引起轰动，首先是在法国，随后扩展到全世界。在许多方面，它是布莱希特操作方式的典型范例。此剧主题取自盖伊①的《乞丐的歌剧》，整段整段的文字直接剽窃了K.L.阿默尔翻译的弗朗索瓦·维永②的作品（阿默尔提出抗议后分得了部分版税）。该剧的成功大半归功于魏尔谱写了极富独创性的悦耳乐曲。但布莱希特不知怎么设法将该剧经久不衰的功劳大部分据为己有，最终他与魏尔争吵时轻蔑地宣称："我要把那个冒牌的理查·施特劳斯③踢到楼下去。"

布莱希特赢得赞誉的原因之一，就是他从事公关和把娱乐政治化的出色技巧。1930年，获得《三分钱歌剧》电影拍摄权的G.W.佩斯特对布莱希特写的拍摄脚本提出反对，因为他改变了情节，使之具有鲜明的共产主义色彩。布莱希特拒绝将剧本恢复原貌，这场纠纷在10月份闹上了法庭。他在镜头前表演了精心策划的愤怒模样，尽管案子肯定对他不利——佩斯特买下的是原作，但布莱希特榨取了巨额经济赔偿作为放弃诉讼的条件，不仅如此，他还得以摆出在残酷的资本主义制度控制下，为维护自己艺术家的良知而充当殉道者的姿态。他出版了自己的脚本，在其导论中强调严格的马克思主义的信条——"公正、自由和性格都取决于生产过程"。他具有一面宣称自己对公众的奉献，一面增进个人利益的卓越本领。

---

① 盖伊（1685—1732），英国诗人、剧作家，《乞丐的歌剧》及其续篇《波莉》是他最成功的歌剧。

② 弗朗索瓦·维永（1431—1463），法国诗人，狂放无行，曾多次入狱，其诗人美名与品行不端恶名同为世人所知，主要作品有《小遗言集》《大遗言集》。

③ 理查·施特劳斯（1864—1949），德国作曲家、指挥家，主要作品有《唐璜》《蔷薇骑士》等。

布莱希特声名日盛的第二个原因就是，1930年他被共产党接纳，得到强大体系支持所带来的一切好处。布莱希特在斯大林时代的莫斯科始终没多大影响，即便是在艺术问题上态度灵活得多的德国共产党，也认为他有些作品无足轻重和离经叛道——如《马哈冈尼城的兴衰》（1930）就引起争吵、打斗和纳粹组织的示威。不过布莱希特表现得十分服从纪律，参加柏林工人大学办的马列主义讲座，而实际上他内心是个黑格尔派，喜爱辩证法的幻想的世界——他的思想和马克思一样非常德国化——并发现其中智力的魅力。他第一部真正的马克思主义作品《方法》写于1930年夏天，他改编的高尔基的《母亲》在德国各地共产党主持的礼堂内上演。他撰写鼓动性的电影脚本，他再次与魏尔（不过魏尔从来不是个热切的马克思主义者）合作发展了校园歌剧或教育剧的新的政治艺术形式。它的目的与其说（像它所宣称的）是从政治上教育观众，不如说是要把观众变成与纽伦堡的人群无异的训练有素的合唱团。演员们成为纯粹的政治工具和机器人而非艺术家，剧中人物没有个性只是类型，表演着高度程式化的动作。这种文艺形式所具有的艺术优势就在于出色的舞台表演，布莱希特无疑精于此道，但它的政治功能也十分明显，这种戏剧存在了数十年。布莱希特为达到宣传鼓动目的首创了审判场景（审判巫婆、苏格拉底、伽利略、马克思的被查禁的报纸等）的使用，这成了左派的保留节目，在罗素的越南战犯法庭[①]上不时出现。事实上布莱希特有很多舞台上的发明——使用白粉化

① 越南战犯法庭：20世纪60年代后期，由罗素、萨特等人组织的国际战争罪犯审判法庭。

妆、骷髅、棺材、载有巨型武器的彩车——还经常为街头巡回剧和游行示威所采用。

布莱希特还有在公众面前保持声望的其他手段。他让人拍下他在一群工人中写诗的照片，以强调浪漫的政治个人主义时代已经死亡，诗歌现在成为无产阶级的集体活动。他公开接受了马克思主义的自我批评原则。他把自己的校园剧《赞同者》带到共产党开办的卡尔·马克思学校，请学生们提出批评并根据他们的意见修改剧本（成名后，他又悄悄把剧本改了回去）。他不断强调自己作品中合作的成分，而一旦某部剧作失败，他又立刻声明自己的参与很有限。

1933 年希特勒上台使得这项一帆风顺的事业突然中断，布莱希特在发生国会纵火案的第二天早上就离开了德国。20 世纪 30 年代对他来说是一段艰难的岁月，他绝不希望成为一名殉道者。他去维也纳一试身手，却不喜欢那种日益增长的泛日耳曼的政治气氛，便离开维也纳去了丹麦。他断然拒绝去西班牙参战。他去过几趟莫斯科，实际上成为在俄国出版的《言论》杂志的编委（还有福伊希特万格和维利·布雷德尔[①]），这带给他唯一的固定收入。但他正确地断定苏联对他这样的人是个危险的地方，每次在那儿逗留的时间都不超过几天。1933 年到 1938 年，他写的主要是些政治性的平庸作品。随后，接近 20 世纪 30 年代末，他突然开始一部接一部创作出质量高得多的戏剧——《伽利略传》（1937）、《卢卡拉斯的审判》（1938）、《四川好人》（1938—1940）和《大胆妈妈》（1939）。他决

① 维利·布雷德尔（1901—1964），德国作家，作品多表现德国工人阶级命运，代表作为长篇三部曲《亲戚们和朋友们》。

定进军美国市场，写了《阿图罗·魏的有限发迹史》，把希特勒描写成一个芝加哥的匪徒。1939年战争的来临，使他感到丹麦太危险，于是迁往瑞典，之后又到芬兰，然后——拿到了美国的签证——穿过苏联和太平洋来到加利福尼亚的好莱坞（1941）。

他以前也到过美国，但在左翼圈子以外没产生影响。他年轻时对美国理想化的、喜剧连环画式的看法迅速破灭，他对那里的现实始终没有好感，事实上他憎恶美国。他无法适应好莱坞的制片体制，对于在那儿获得成功的其他移民非常嫉妒（彼得·洛勒除外），他写的电影剧本不受欢迎，有些计划完全失败。1944—1945年，W.H. 奥登[①]与他合作撰写英文版的《高加索灰阑记》，并改编《马菲公爵夫人》，但在最后关头，为了维持在伦敦上演时曾引起意想不到的轰动的原作，改写中止，布莱希特在上面划去了自己的名字。《伽利略传》虽有大明星查尔斯·洛顿出场，但仍遭到惨败。不管在好莱坞还是在百老汇，他都没有理解市场，或者下决心去适应它。他无法忍受剧院主管，甚至不愿平等合作，他要绝对有效的支配权。

由于认识到他的戏剧只有在由他个人支配的理想条件下才可能取得成功，布莱希特准备做一次浮士德式的交易。1947年10月30日在“国会非美活动调查委员会”面前的一次作证，加速了他的计划。该委员会当时正调查共产主义者在好莱坞的颠覆活动，布莱希特和另外19人一起作为“敌对的证人”被传唤出庭。其他人都已

① W.H.奥登（1907—1973），英国诗人，文学评论家，20世纪30年代英国左翼青年作家领袖，40年代起思想向右转变，后期诗歌创作带有浓厚宗教色彩。

集体达成协议，拒绝回答有关他们共产党员身份的问题并因此被指控轻视审讯会；其中10人被判1年监禁。然而布莱希特可不打算在美国的监狱里服役。当被问及党员身份时，他断然否认：“不，不，不，不，不，从来不是。”这场审讯带有闹剧的成分，因为他的翻译、国会图书馆的戴维·鲍姆嘉特比布莱希特本人的口音更重，主席巴尔奈·托马斯恼怒地大吼：“译员的话和证人的话一样让我听不懂。”不管怎么样，委员会并没有做好准备工作，布莱希特认识到这一点，谎撒得流利而诚恳。“你的很多作品是否都以列宁和马克思的哲学为基础？”“不，我认为他们的学说并不太正确。当然我曾研究过，作为一个写历史剧的作家，我不得不研究这些。”当被问及他为《共产党歌曲集》写的歌时，他说那些都是误译。事实上他打算作一个归顺声明，宣称“我的活动……一直是具有严格独立性的纯粹文学活动”，只是没得到机会宣读。他是那样令人信服地撒谎，那样一丝不苟地纠正每个事实的错误，表现得那么真诚而急切地想尽其所能帮助委员会，竟被作为特别合作的证人得到公开感谢。其余被传讯的作家都为他欺骗委员会的狡猾方式而高兴，以至忽略了一个事实：他因同意回答问题而背叛了他们。因此他仍然是左派的英雄。安全回到欧洲后，他在新闻界面前摆出大无畏的姿态：“当他们指控我想偷走帝国大厦时，我感到必须离开了。”

布莱希特在瑞士安顿下来，在决定如何规划今后的事业之前，他着手对欧洲的情况进行了细致的调查。他为自己设计了一套新制服，一身剪裁合体的灰色“工作服”，加上一顶灰布帽。他通过共产党的关系而有了很多消息灵通的熟人。他很快发现了一个对他至关重要的事实。东德新兴的苏维埃政权正努力争取政治上的承认，以及进一步获得文化上的自尊，它一直在准备接纳一位文学界要人以帮助它获得合法性。布莱希特在文学上和思想上正好具有符合东德政权要求的身份。1948 年 10 月，布莱希特前往东柏林打探情况，参加了共产党“文化协会”专门为他举行的欢迎会。日后当上东德总统的威廉·皮克坐在他一边，苏维埃政治委员杜巴诺夫上校坐在他的另一边。当请他致答谢辞时，布莱希特使出他特有的花招，既保留了自己的全部选择自由，又给人留下富有戏剧性的谦逊印象。他只是与两边的人握了握手，然后就坐了下来。3 个月后，一场盛大的得到高额资助的《大胆妈妈》演出在东柏林开幕，并取得巨大成功，西欧各国的批评家都前来观看。这终于使布莱希特确信，应该把东德作为他戏剧活动的基地。

然而，他的主要计划更为复杂。他发现奥地利也在寻求战后的合法地位。奥地利人曾是希特勒最狂热的支持者之一，并管理过很多纳粹集中营（包括 6 个大死亡营中的 4 个）。出于战略原因，同盟国发现把奥地利看作“被占领国家”——严格说来是作为“纳粹侵略的受害者”而不是敌人——更加便利，于是 1945 年后，奥地利人获得中立国身份，因此持有一张奥地利护照非常方便。与此同时，奥地利政府和东德政府一样急于通过强调他们在文化上的贡献而重返文明的中心，他们也把布莱希特看作一名有用的新成员。一桩交易就此达成了。布莱希特声明他想在“一个能够提供合适氛围的国家里从事智力活动”。他还说：“我要强调一点，我认为自己只是个诗人，不愿为任何明确的政治意识形态服务。我拒绝接受将我遣返德国的想法。”他坚称自己与东柏林的联系只是表面上的。“我在柏林没有任何官方职务和聘约，也根本不拿薪水……我打算把萨尔茨堡作为永久居住地。”这些话大半是谎言，布莱希特并没有定居萨尔茨堡的意图。但他得到了奥地利的护照，这不仅让他可以去任何想去的地方旅行，而且给了他比东德政府所能提供的大得多的独立性。

布莱希特精心设计的策略还有第三个要素。他与东德达成协议，政府为他提供一个有庞大财力支持并归他所有的剧团和戏院，作为对他在艺术上支持现政权的回报。他估计这样的投资会为他的戏剧挺进世界舞台提供正合适的推动力。事实果然如此。他的作品版权因此极为昂贵，他不打算让东德从中得益，也不愿受制于东德的出版公司。1922 年到 1933 年的 11 年，他一直拒绝与德国共产党的出版机构有任何瓜葛，宁愿找能支付适当版税的可靠的资本主义公司。现在他还是把版权交给西德出版商彼得·舒赫坎普，并迫使在他的著作的东德版上也印上“经美因河上法兰克福的舒赫坎普许可”的字样。他在世界各地出书所得的利润和版税全都以坚挺的西德货币支付，并转入他在瑞士银行的账户。

到 1949 年夏天，布莱希特通过大量两面三刀的手段和明显的撒谎行径，得到了他想要的一切：一张奥地利护照、东德政府的支持、一位西德出版商和一个瑞士的银行账户。他在事实上属于自己的“柏林人剧团”中担任“艺术顾问”，他的妻子海伦·魏格尔任导演。第一部大作品《潘第拉老爷》于 1949 年 11 月 12 日首演。“船坞剧院”最终被转让给布莱希特作为“柏林人剧团”的永久驻地，毕加索为其开张做了一幅招贴画。从瓦格纳[①]以来，还没有一位艺

① 瓦格纳（1813—1883），德国作曲家，毕生致力于歌剧的改革和创新，作品有歌剧《漂泊的荷兰人》《尼伯龙根的指环》等。

术家拥有这种规模的剧院作为其作品演出的场所。他有60位演员，加上服装和舞台设计师、乐师以及几十位演出助理，共计250名雇员，一个剧作家梦寐以求的所有可能的奢侈品也就是这些了。他可以用长达5个月时间彩排。事实上他有权力，也的确取消过一场已列入剧目的晚间演出，以便继续排一部新戏——赞助人到场后把钱还给他们便完事了。他不必为演员的数目或演出的费用担心。他可以在充分彩排的前提下几度修改或重写他的剧本，因而达到世界上任何剧作家都不可企及的完美程度。有一大笔旅行预算使他能带着剧团于1954年到巴黎演出《大胆妈妈》，次年又去演了《高加索灰阑记》。

这些出访是布莱希特获得国际声誉和影响的真正开始。但他已经用自己所有卓越的自我宣传技巧为这一天准备了多年。他像润色剧本一样润色他无产者的形象，在工作服的剪裁上极为讲究。他鼓励来访者，但要严加审查，只有当他能够挑选供发表的照片时，拍照才被允许。布莱希特总是渴望以自己作品“严肃的”甚至体面的方面吸引学者的注意，他精明地看出学者是作家声望的最好的长期支持者。这就是他当初着手出版“正在创作的作品”系列的原因，这一系列仍在继续，但规模扩大了许多。在美国时，他记过一本“工作日志”，与其说是日记，不如说是他的工作和艺术思想运行情况的流水账，其中点缀了一些剪报之类他爱称为“文件”的东西。1945年起，他开始把这些“日志”和其他工作记录称作“档案”。他用当时相当于微缩摄影的技术把它们都拍下来，并说服纽约公共图书馆收藏了一整套。目的是通过方便学生以鼓励他们撰写关于布莱希特作品的博士论文。另一套胶片到了哈佛毕业生杰拉尔德·内尔豪斯手中，他已经着手写那样一篇论文，并顺理成章地成为布莱希特形象在美国狂热而有效的宣传者。布莱希特当时在美国已经有了一位学院派鼓吹者，就是曾研究过斯蒂芬·格奥尔格[①]的加州大学英文教授艾里克·本特利[②]。1943年，布莱希特怂恿他放弃格奥尔格，专门研究自己。本特利不仅翻译（与玛亚·本特利合作）《高加索灰阑记》，并安排此剧于1948年在美国首演，而且成为布莱希特在大西洋彼岸的主要"吹鼓手"。布莱希特对这样的信徒态度冷漠，迫使他们不懈地专注于他的作品。本特利证实："他并未试图多了解我，他也不让我多了解他。"尽管脾气暴躁，布莱希特深知，不断增加的麻烦根本不会让那些学术探子和未来的追随者们泄气，事实上会更加激发他们为他服务的愿望。他故意变得难缠而苛刻，而一切又都是打着艺术真诚的名义。卢梭曾有过完全相同的发现并利用了这种技巧，但在布莱希特这里，又以德国式的效率和细致运用了它。

20世纪50年代，这些努力在美国取得越来越大的成效。布莱希特同样孜孜以求提高在欧洲的声名，并鼓励其他人也这样做。在东柏林，他作为戏剧恩主的巨大权力吸引了一批有望成为导演或舞美设计的青年。他像个普鲁士军官一样把他们呼来唤去——事实上，他以粗暴而独断的权威管理着整个剧团——他们恭敬地遵从

① 斯蒂芬·格奥尔格（1868—1933），德国诗人，主张"为艺术而艺术"，形成以他为中心的文学集团"格奥尔格派"，作品有《颂歌》《朝圣》等。

② 艾里克·本特利（1916—？），美国戏剧批评家、导演和翻译家，译介许多欧洲剧作到美国，以其有创见的剧评和分析戏剧的著作而闻名，主要著作有《戏剧的生命》等。

他。他的彩排本身也成了戏剧界的要事，并被信徒们录成磁带，不但在伦敦、巴黎和其他各地发行，还被增补进“档案”。这些年轻人是布莱希特的学说得以在全球文艺界传播的途径之一。但他同样被他的圈子以外的重要知识分子所传扬。在法国由罗兰·巴特在《大众戏剧》杂志上为他大肆鼓吹。作为符号学——研究人类交流的方式——这门新兴而时髦的学科的创始人之一，巴特具有理想的地位来把布莱希特树为知识分子崇拜的偶像。在英国有一位更有影响的排头兵叫作肯尼思·泰南，他已于1950年经由艾里克·本特利转向信奉布莱希特，并从1954年起成为《观察家》杂志的戏剧评论家。

这种对于布莱希特及其作品的热心推销，如果不是与西方戏剧界经济状况的改变同步，也许还不会这么富有成效。从1950年到1975年的四分之一个世纪内，欧洲各国实际上第一次接受了政府资助戏剧的原则。那些新的剧团按照巨大的规模设计，并能获得丰厚的资金来源，其中有部分往往来自私人机构。同以法兰西喜剧院为原型的旧式国家剧院不同，新剧团通常根据其章程而被置于政府的控制之外，事实上它们以独立性为荣。表面上看，它们与东欧那些受到慷慨赞助的剧院，尤其是与布莱希特的剧院相似，他们确实是想以东欧为典范，致力于盛大的、经过细致排练的戏剧演出。然而不同之处在于，他们不仅演古典作品，还演世界各地的剧目中“有意义”的新戏。布莱希特的作品是这类戏剧的自然选择。事实上，在变革最为彻底的伦敦——政府资助的剧院作为“高质量”戏剧的提供者很快取代了商业性剧场——国家剧院任命肯尼思·泰南为第一位文学指导。因此在整个欧洲乃至全世界，观众们看到布莱希特的剧作在高额资助和非常理想的条件下演出，而且往往直接照搬他在自己的剧院中制定的标准，甚至连瓦格纳也没得到过如此的好运。

就这样，布莱希特的浮士德式的交易得到了回报。他甚至在有生之年就迅速成为世界剧坛最有影响的人物。他时时准备逃避责任，实在无法凭借他的诡计逃脱时也尽可能少承担一些。从很早起，布莱希特就不仅实践而且崇拜一种出于私利的奴性。他的至理名言是："你绝不能忘记艺术是欺骗，生活也是欺骗。"要维持生存，你不得不让自己谨慎而成功地从事各种欺骗行为。他的作品中存在大量此类忠告。在《夜半鼓声》中，懦弱的士兵克雷格勒尔夸口道："我是个下流胚——下流胚才能（从战争中）生还。"他的主人公伽利略向梅迪齐大公鞠躬说道："你认为我的信太谦恭了吗？……像我这样的人只有趴在地上匍匐前行才能达到一个比较有尊严的位置。你知道我鄙视那些不能运用自己的头脑填饱肚皮的人。"布莱希特在台下也反复申述这一信条。他告诉自己 15 岁的儿子斯蒂芬，要不惜一切代价避免贫穷，因为贫穷就不可能慷慨。为了生存，他说，你不得不自私自利。最重要的指示就是"善待自己"。

这种哲学的背后是坚定不移的自私自利，这似乎成为重要知识分子的共同特征。但布莱希特以一贯的冷酷无情追求他利己主义的目标，即使以知识分子们的标准来看也非常罕见。他接受了关于屈从的无情逻辑：那就是，如果他向强者低头，他就可以统治弱者。他一生中对女人的态度也有种令人害怕的一致性，他让她们全都为他效力。她们是农场里的一群母鸡，他则是其中的公鸡。他甚至为他的女人们设计了服装式样，与他自己的形成互补：长裙，深色衣料，带有清教徒的意味。他 17 岁时似乎取得了首次成功，引诱了一位比他小两岁的女孩。青年时期，他的兴趣集中在工人阶级少女的身上：村姑、农民的女儿、女理发师、女店员；其后有案可查的是许多女演员。没有一位导演像他那样无耻地利用挑选演员时坐的长沙发。布莱希特尤其喜欢使那些受到严格天主教教育的姑娘堕落。不清楚的是为何女人会觉得他具有魅力。他的一个做演员的女友玛利安娜·佐夫说他总是很脏：她只好亲自给他洗脖子和耳朵。查尔斯·洛顿的妻子艾尔莎·兰切斯特说他的牙齿是“从一张黑色的嘴里伸出的小墓碑”。但他的嗓音单纯、清亮如簧，显然能够讨一些女人的欢心，佐夫说他唱歌时，那“金属般的刺耳声音”令她脊背颤抖；她还喜欢他的“纤细瘦弱”和“会蜇人”的“黑纽扣般的眼睛”。布莱希特是个求爱高手，他殷勤体贴（在早年），坚持不懈，锲而不舍；不仅仅是他的母亲发现他的要求总是那么强烈，令人难以拒绝。

此外，布莱希特尽管冷酷，他还是明显把女人看得比男人更重要；即便是以依附为基础，他也赋予她们责任。他喜欢给每个人起一个只有他才用的专有名字：“芭伊”“玛儿”“玛克”等。他不在乎嫉妒、咒骂、厮打、争吵，事实上他喜欢这些。他的目标和雪莱一样，想以主人的身份统辖性活动的小集体。雪莱的失败之处，他通常是成功的，他总是同时应付两到三个女人。1919 年 6 月，一个叫保拉·鲍霍尔策尔（芭伊）的年轻女人为他生了个儿子，他曾经以含混的婚姻诺言引诱了她。1921 年 2 月，他开始与佐夫（玛儿）交往，佐夫也怀孕了。她想要这个孩子，但布莱希特不同意：

“一个孩子会破坏我心境所有的安宁。”这两个女人都发觉了对方，她们最终在慕尼黑的一家咖啡馆里找到布莱希特。她们让他坐在两人中间做出选择：要哪一个？他回答：“两个都要。”然后他向芭伊建议，他先和玛儿结婚，以使她的孩子合法化，然后和她离婚与芭伊结婚，让芭伊的儿子也成为合法的。玛儿向他宣读了一份愤怒的声明后就心怀厌恶地昂然走出了咖啡馆。芭伊本来也想效法，可她实在温顺，所以只是起身离开。布莱希特跟着她进了火车包厢，并向她求婚，芭伊接受了。几个星期后，他确实结婚了——不是和芭伊而是和玛儿。玛儿失去了第一个孩子，但在 1923 年 3 月又生了个女儿，取名汉娜。不出几个月，布莱希特和另一位叫海伦·魏格尔的女演员私通，他于 1924 年 9 月搬进她的寓所，他们的儿子斯蒂芬两个月后就出生了。渐渐地这个性集体的其他成员也被他弄到手，包括他忠诚的女秘书伊丽莎白·霍普特曼，以及另一位女演员卡罗拉·内尔，她在《三分钱歌剧》中扮演过波莉。布莱希特和玛儿 1927 年离了婚，这使他又可以缔结一次婚姻。这一回他将选择谁呢？他犹豫了两年，最终选定了魏格尔，因她是最能长期有用的。他补偿性地送给内尔一束鲜花，说：“这没有办法，但并不意味着任何事情。”她用花束猛击他的脑袋，霍普特曼则企图自杀。对这些混乱不堪、令女人心碎的安排，布莱希特却心安理得，从没流露出任何迹象表明他对给女人们带来的痛苦感到不安。她们被利用和抛弃，只为符合他的需要。

玛格丽特·斯特芬就是个悲惨的例子。她是位业余演员，布莱希特曾分给她一个角色，然后就在排练时勾引了她。她跟随他流亡，成为没有报酬的秘书。她是个通晓数种语言的天才，负责处理布莱希特所有的国外通信（布莱希特发现自己除了母语，很难应付其他任何语言）。她患有肺结核，而且在 20 世纪 30 年代流亡期间病情逐渐恶化。当她的朋友罗伯特·朗德医生催促她住院时，布莱希特反对道："那不会有任何好处，她现在不能待在医院里，因为我需要她。"于是她放弃了治疗，继续为他工作，1941 年布莱希特前往加利福尼亚时，她被抛弃在莫斯科。几周后她猝然死去，手里拿着布莱希特发来的一份电报。当时她 34 岁。

另一个例子是露特·贝尔劳，他于 1933 年开始与她发生关系，她是一个 27 岁的聪明的丹麦姑娘，布莱希特从她出色的做医生的丈夫身边偷走了她。跟对待其他的情妇一样，他让她做大量秘书和文字方面的工作。事实上，他非常重视贝尔劳对他的剧本的看法。这令魏格尔极为愤怒，她恨贝尔劳甚于布莱希特的其他任何姑娘。贝尔劳和他一起待在美国时痛苦地抱怨："我是布莱希特后街上的妻子""我是一个经典作家的妓女"。她变得精神错乱，不得不在纽约的贝尔维尤医院接受治疗。她出院后就开始酗酒。她跟他到了东柏林，时而温顺，时而发脾气，直到布莱希特最终把她送回丹麦，她在那儿因酗酒彻底毁了。贝尔劳热情而有才华，她多年来遭受的痛苦令人不忍回想。

魏格尔是他的女人中最坚韧也最恭顺的一个。实际上，她代替了他的母亲。布莱希特永远需要利用他人。魏格尔是他利用他人的杰作，在很多方面，魏格尔是个意志坚强的人，具有领导能力和极强的组织才能。从表面看，他们似乎是平等的：他叫她"魏格尔"，她则称他"布莱希特"。但作为女人她缺乏自信，尤其在性魅力方面，布莱希特抓住了她的这一弱点并加以利用。她在家中和在剧院都一样为他服务。在家里，她以充沛的热情洗洗涮涮，到古董店搜寻精品，风风火火地做饭，有时做得极棒，并为他的同事、朋友和姑娘们举办没完没了的宴会。她用自己的全部身心去为他的职业效劳。1949 年当他得到属于自己的剧院后，魏格尔为他管理票房、海报、制景，并担当清洁、打杂以及供给饮食等一切行政事务。但他充分地甚至是残酷地讲明：她只掌管这座建筑，与剧院的创造性活动无关，她被毫不留情地排除在这些活动之外。她不得不经常写信给他，要求在剧务方面得到任用。

事实上，他们在家里各有各的房间和门铃，这是为了使她避开布莱希特对女性十足的玩弄。住在柏林期间，他的这类行为无休无止，几乎超出人力，权力和地位给了他从肉体上接近许多年轻女演员的机会。有时魏格尔被逼得忍无可忍会离家出走。但她通常是令人厌恶地顺从和忍耐，她偶尔会给年轻的女演员们一些忠告：布莱希特是个嫉妒心很强的人，他在性关系上非常随便，却希望女人都对他忠诚或者至少严格处于他的监督之下。他要求控制权，那就意味着及时的信息。他完全有本事通过几个电话就查出同他不在一起过夜的情妇的活动。到最后，他有时就像一头老雄鹿，竭力把他的一头头雌鹿圈养在一起。

布莱希特一生中追逐妇女，乐此不疲，他无暇顾及自己的孩子。他至少有两个私生子。露特・贝尔劳 1944 年给他生了个儿子，年纪很小就死了。他早先与保拉生的儿子弗兰克・鲍霍尔策尔长大成人，1943 年战死在苏联前线。布莱希特没有完全拒绝接受他。但他对弗兰克也并不关心，很少去看他，而且从没在日记里提到过他。然而他那些合法的孩子在他的生活中也很少出现，他吝惜花在他们身上或与他们共度的任何时间。这是知识分子理想主义者的常见故事，理想比人更重要，大写的“人类”高于男人和女人、妻子、儿女。奥斯卡·霍默尔卡的妻子佛罗伦丝在美国时与布莱希特很熟，她很机智地总结说：“在人事关系方面，他是人民权利的斗士，对亲友的幸福却并不十分关心。”布莱希特自己引用列宁的话争辩道，一个人要为集体服务就不得不对个人无情。

同样的原则也被应用到他的作品中。布莱希特有一种极具独创性的表现风格，但他的素材常常取自其他作家。对于他人的情节和思想，布莱希特是个天才的改编者和模仿家，是使他们重放光彩并跟上时代的高手。

事实上，没有其他作家能通过只撰写那么一点点真正属于自己的东西而如此声名显赫。他会玩世不恭地问，为什么不能呢？只要为无产阶级服务，这有什么关系呢？当人们发现他剽窃了阿默尔翻译的维永作品时，他承认这种所谓“在文学财产问题上的基本疏忽”——这一古怪的招认却是出自一位后来坚决维护自己著作权的人。他的《屠宰场的圣乔安娜》（1932）是对席勒的《奥尔良姑娘》和萧伯纳的《圣女贞德》的一种戏拟。他的《卡拉尔大娘的枪》以J.M.辛格[①]的《骑马到海的人》为蓝本。他的《潘第拉老爷和他的男仆马蒂》剽窃了他在芬兰时的女房东、民俗学家海拉·伍里约克的作品，这是一个忘恩负义的典型事例。他的《自由和民主》（1947）

① J.M.辛格（1871—1909），爱尔兰剧作家，爱尔兰文艺复兴运动代表人物，作品有悲剧《骑马到海的人》、喜剧《峡谷阴影》及《西方世界的花花公子》等。

很大程度上归功于雪莱的《暴政的假面游行》。他剽窃吉卜林[①]，剽窃海明威。当欧内斯特·鲍尔尼曼提醒布莱希特注意他的一部剧作与海明威的一个短篇小说之间不同寻常的相似时——因触到了他的痛处——他大发雷霆，大吼："滚出去——滚出去——滚出去！"海伦·魏格尔当时正在厨房做饭，没有听见争吵的开头——根本不知道他们在吵什么——也忠实地加入进来，冲进房间尖叫着"对！滚，滚，滚！"并且仿佛拿着一把剑似的挥舞着煎锅。

布莱希特的"基本疏忽"，是除了他的那些附庸者和同他有党派关系的人外，他在其他作家中普遍不受欢迎的原因之一。他遭到法兰克福学派的学者们（马尔库塞、霍克海默等）的极端鄙视。阿多诺说布莱希特每天花上几个小时把灰尘弄到指甲里去，好使他看上去像个工人。在美国，他与克里斯托弗·衣修午德[②]和W.H.奥登都成了对头。衣修午德对布莱希特和魏格尔竭力破坏他刚刚获得的佛教信仰感到愤恨。他发现布莱希特"冷酷"，恃强凌弱，他们夫妇就像一对救世军。布莱希特原先的合作者奥登赞赏布莱希特的诗，但不认为他是一个严肃的政治人物（"他不会思考"），还发现他道德品质败坏："一个令人极不愉快的家伙""一个讨厌的人"，少数真正该处以死刑的人之一——"事实上我想亲自处死他"。托马斯·曼也不喜欢布莱希特：他是"一个走政党路线的人""非常

① 吉卜林（1865—1936），英国小说家、诗人，作品表现英帝国扩张精神，有"帝国主义诗人"之称，1907年获诺贝尔文学奖，主要作品有《丛林故事》《吉姆》。

② 克里斯托弗·衣修午德（1904—1986），美籍英国作家，因写过有关20世纪30年代柏林的小说而闻名，曾与奥登合写日记《战地行》，记载1938年周游中国的见闻。

有天分——这很不幸”“一个魔鬼”。布莱希特回击托马斯·曼是“那位短篇小说家”，是个“牧师式的法西斯分子”“半个才子”“爬行动物”。

阿多诺和他的朋友如此讨厌布莱希特的原因之一，是他们反感他装成“工人”，他们正确地看出那是欺骗。当然，他们宣称自己懂得“工人”的真正需要、感情和信仰，那同样缺乏基础；他们完全过着中产阶级的生活，从未见过劳工的儿子。但他们至少没有穿着高级裁缝精心设计的衣服，装扮成无产者。布莱希特撒谎和蓄意欺骗的程度甚至令他们作呕。例如，有一则布莱希特自己散布的故事：他赴约来到某高级饭店的门前（在伦敦是萨沃伊饭店，在巴黎是里兹饭店，在纽约是广场饭店——地点随时改变），当然穿着他的“工人服装”，结果被穿制服的门卫拒之门外。由于布莱希特天生专横跋扈，任何人试图阻止他得到想要的东西，他完全能表现得像个被激怒的容克地主，所以这样的事绝不可能发生，然而布莱希特用它作为自己与资本主义制度关系的象征。他叙述这个故事的一个版本是：他应邀前往一家西方豪华饭店，被挡在接待处的入口，按要求填了一张表格，填完后门卫问道：“贝托尔特·布莱希特？你是贝托尔特·布莱希特的亲戚吗？”布莱希特回答：“对，我是他的儿子。”然后他离去了，还咕哝道：“在每个洞穴里，你仍可以找到一个威廉二世。”

布莱希特有些宣传技巧是从他钦佩的查理·卓别林那儿学来的。他一度认为卓别林甚至是比自己更出色的导演。因此当他驱车来到一个官方集会，工作人员为他打开车门时，他会故意从另一边出来，弄得工作人员像个傻瓜，目瞪口呆的人群则发出一阵笑声。

那辆汽车碰巧是旧的斯特尔牌。他曾大肆渲染他拒绝乘坐东德官方豪华大轿车的特权，但拥有并驾驶着斯特尔牌汽车（包括汽油、配件、维修等）实际上同样是一项特权——任何与官方没有联系的人，都不可能有私人汽车——而且斯特尔对布莱希特还有一项好处：充当他个人的宣传标志。

布莱希特的生活方式中具有某些内在的欺骗性。他的高级公寓能俯瞰到他所热爱的黑格尔的墓地（魏格尔的公寓在下面一层楼），除此之外，布莱希特在夏姆泽尔湖上的布柯购置了一块上等的乡间土地。这原是政府从一个“资本家”手中没收的，布莱希特在那茂密的古老树荫下避暑。那实际上是两栋房子，一栋较小些，布莱希特宣传自己就住在里面，他称之为“园丁的小屋”。在他城里的公寓中，保留着马克思和恩格斯画像，以便向前来拜访的政府官员展示；但它们以一种略带“讽刺性”的方式排列着——他认为这不会被官员们的眼睛察觉——以博得朋友们会意的一笑。

布莱希特急于维护自身形象和不惜一切表现独立姿态，源于一个确凿无疑的事实，即他曾做了一次浮士德式的交易。从1930年起，这在他的生活中表现得时而隐晦时而清晰。整个20世纪30年代，布莱希特都是个斯大林主义者，有时还很狂热。美国哲学家西德尼·胡克记录了布莱希特于1935年造访他在曼哈顿巴洛街的寓所时一次令人恐怖的谈话。当时“大清洗”刚开始，胡克举出季诺维也夫和加米涅夫的例子，问布莱希特怎么能忍受与那些宣扬自己罪恶的美国共产主义分子共事。布莱希特说美国共产党无足轻重——德国共产党也不行——唯一重要的团体就是苏联共产党。胡克指出他们是同一个运动的一部分，都应当对逮捕和监禁无辜的昔日同志负责任。布莱希特说："至于那些人，他们越是无辜就越应当被枪毙。"胡克问："你在说什么？"布莱希特回答说："他们越无辜就越应当被枪毙。"（胡克在记录中说，谈话是用德语进行的）胡克又问："为什么？为什么？"他反复这样问，但布莱希特没有回答。胡克起身走进隔壁房间，拿来布莱希特的帽子和外套。"我回来时，他仍坐在椅子上，手里端着一杯饮料。当他看见我拿着他的帽子和外套，似乎感到惊讶。他放下杯子站起来，带着苦笑拿上他的帽子和外套离开了。"胡克首次发表这份记录时，受到艾里克·本特利的质疑。但根据胡克的说法，他原先向本特利讲述这件事时（在 1960 年的文化自由柏林代表大会上），本特利曾说："那正符合布莱希特的行为。"——让人猛然想起拜伦听到雪莱与克莱尔·克莱蒙特的私生子的故事时最初的反应。不仅如此，城市大学的亨利·帕特尔教授证实，布莱希特"在我面前也说过类似的话"，并补充了布莱希特当时提出的更加惊人的理由："50 年后，共产党人会忘了斯大林，但我确信，他们仍会读布莱希特，因此我不能把自己和共产党分开。"

事实是，即使在他自己的朋友被迫害时，布莱希特也从未对大清洗提出过抗议。当他昔日的情妇卡罗拉·内尔在莫斯科被捕时，他的评论是："如果她被判了刑，那一定有对她不利的确凿证据。"更有甚者，他还补充说，在这件案子里，"我们并不觉得罪恶已经得到了应有的惩罚"。卡罗拉消失了——几乎可以肯定是被斯大林杀害的。当另一位朋友崔提亚可夫被斯大林枪决时，布莱希特写了一首挽诗，但直到多年后才发表。当时他的公开表态是："这些审判非常清楚地证明了反对现政权的阴谋活动的存在……国内外所有的社会渣滓，所有的寄生虫、职业罪犯和密探都参与其中。这群乌合之众与叛国者们有着同样的目标。我相信这是事实。”

实际上布莱希特当时总是公开支持斯大林所有的政策，包括他的文艺政策。比如1938—1939年，他支持了对“形式主义”——其实也是任何形式的艺术实验或创新——的攻击。“这场反对形式主义是非常有益的运动”，他写道，“通过证明社会内容是艺术形式发展的唯一决定性条件，促进了艺术形式的不断发展。任何艺术的创新如果不服务于社会内容并从中证明其存在的理由，就都是毫无意义的”。斯大林去世时，布莱希特的评价是：“五大洲的被压迫者……听说斯大林去世一定感到他们的心脏都停止了跳动。他是他们希望的化身。”他很高兴在1955年被授予斯大林和平奖。16万卢布的大部分直接汇入他的瑞士账户，但他却前往莫斯科领奖，并请显然没有察觉到自己的敏感处境的鲍里斯·帕斯捷尔纳克为他翻译受奖演说。帕斯捷尔纳克欣然同意，但后来——这项奖那时被更改了名称——他没有理睬布莱希特的要求——翻译他赞颂列宁的一组诗。布莱希特对赫鲁晓夫在苏共代表大会上关于斯大林罪行的秘密报告的流传深感沮丧，强烈反对把它公开发行。他对一位追随者说出自己的理由：“我有一匹马，它瘸腿、斜眼还长着疥疮。有人过来说：这马斜视、瘸腿，看看，它还有皮肤病。他说得对，但那时我又有什么办法呢？我没有别的马，不存在另一匹马。我想，最好还是尽可能地少想它的缺点。”

不去想是布莱希特自己必须采取的一种策略，因为自1949年以后，他实际上已成为东德政权的戏剧官员。他一开始就打算继续这种身份，为庆祝1949年11月2日威廉·皮克“当选”为新的德意志民主共和国总统，他写了一首名为《献给我的同胞》的宫廷诗。他把这首诗附在给皮克的一封信中，以表达他对此事的“欣喜”。他强烈抗议西德知识阶层默许联邦德国政府的重整军备，却对民主德国类似的军备行为保持沉默。因为自己的罪行去谴责别人是他的一种习惯，那几年他的作品有个反复出现的主题：那些为了金钱和特权而效力于资本主义的西方知识分子的邪恶。他去世前正在创作一部同样主题的剧本，其中有大量反阿登纳[①]的内容，包括一段荒诞不经的短曲《汉堡叙事》里面有这样的小调：

> 阿登纳，阿登纳，给我们看看你的手，为了30枚银币你出卖我们的土地，等等。

这部剧为他赢得了民主德国的国家文学奖（一等奖）。他设法让自己被引见给来访的各界要人，向他们发表一通谴责西德扩大军备的演说。他在抗议的电报上签名。他为政府写进行曲和其他诗歌。

偶尔会有一些争吵，多半是关于钱的问题——比如与东德国家电影公司为《大胆妈妈》发生的争执。政府起初把《战争读本》当作“和平主义”加以排斥，但当布莱希特威胁要把此事带到世界和平会议上时，政府妥协了。不过通常做出让步的是布莱希特。他1939年的剧本《卢卡拉斯的审判》最初是为广播创作的反战讽刺

① 阿登纳（1876—1967），德意志联邦共和国总理（1949—1963），总理任内实行重整军备，主张西欧联合对抗苏联。

剧，由保尔·德索谱曲，计划于1951年3月17日在东德国家剧院首演，但是，事前的宣传引起了政府的警觉。他们认定这部剧也是和平主义的，由于已来不及制止上演，就将演出减到3场，并把所有的票发给党员工人。但仍有一些票在黑市上被卖给了西柏林人，他们来看了戏并狂热地喝彩。剩下的两场演出被取消了。一星期后，官方报纸《新德意志》以“《卢卡拉斯的审判》：德国国家剧院一次实验的失败”为标题发表了一篇抨击文章。火力集中在德索的音乐上，说他是斯特拉文斯基的追随者，“一个欧洲音乐传统的疯狂破坏者”。但剧本也因为“与现实不相符”而遭到批评。布莱希特和德索都被召集到一个持续了8小时的会议上。会议结束时，布莱希特恭恭敬敬地发言道：“你还能在世界其他地方找到一个政府对艺术家表现出这么大的兴趣，对他们说的话给予如此的关注吗？”他还做了改动，把题目变成《卢卡拉斯的谴责》，同时德索重新配乐。但10月12日新的演出仍然不符合标准。《新德意志》说，它是“一个明显的进步”，可仍缺乏广泛的吸引力，而且“危险地接近于象征主义”。遭到这样的批评后，这部剧从东德舞台上消失了，但布莱希特设法让它在西方上演了。

1953年6月，当东德工人发动暴乱，苏联坦克被带进德国进行镇压，对布莱希特的真正考验来临了。布莱希特保持忠诚，可要价很高，他甚至狡猾地利用这场悲剧来加强自己的地位并抬高原先达成的交易条件。1953年斯大林去世时，布莱希特处在东德当局日益增长的压力下，要求他遵守苏联文艺政策，而当时鼓吹的斯坦尼斯拉夫斯基体系正是布莱希特讨厌的。反映国家艺术委员会观点的《新德意志》——该委员会中有布莱希特的对头，并正在发起一场反对他的剧团的运动——警告说，布莱希特的剧团“无可否认地与斯坦尼斯拉夫斯基的名字所代表的一切相对立”。不仅如此，当时剧团仍用着一个剧场，委员会正在阻止布莱希特接管船坞剧院的企图，布莱希特的目标是挫败委员会并夺取剧院。

暴动的发生似乎使他大吃一惊，这表明他完全脱离了普通人的生活。他有足够的外币并经常去国外旅行，他和妻子大都在国外购物；在东德国内，他可以进入那些只为特权人物开设的特别商店。但普通百姓却全为政府反复无常的配给政策所摆布，很多人濒于饿死，仅在西柏林避难的就有将近 6 万人。4 月份，物价暴涨，配给卡从所有自由职业者和房产主手中收回。（布莱希特同时具有这两种身份，因为他的特权地位和奥地利公民身份而得以豁免）6 月 11 日，政策突然倒转，恢复了配给卡，物价和工资政策都向明显不利于工人的方向变化。6 月 12 日，建筑工人发现他们的工资被削减了一半，就要求召开群众大会。抗议活动于 6 月 15 日正式开始，人们日益高涨的愤怒情绪一直持续到苏联坦克开了进来。

当时住在乡间别墅的布莱希特，尽管对暴动感到震惊，他还是迅速利用了它。他认识到在这个关头，他的支持对政府有多么重要。6 月 15 日，他写信给党魁奥托·格罗提渥，坚决要求确定并公布他的剧团对剧院的接管。直到两天后，一位名叫魏利·高特林的失业的西柏林人抄近路穿过东德区域去领取救济金时被逮捕，经秘密审判后，以“西方煽动家”的罪名被枪毙。于是，“法西斯分子骚乱”成了这场暴动的解释，布莱希特很快接受了。他在当天晚上向党的领导人乌布里希·格罗提渥和苏维埃政治顾问、实际上是苏联总督的弗拉基米尔·塞米诺夫口述了一封信。6 月 21 日，《新德意志》宣布："国家文学奖获得者贝托尔特·布莱希特已经给社会统一党中央委员会总书记瓦尔特·乌布里希写了一封信，在信中宣称：'我感到在这一时刻有必要向您表达我对社会统一党的感情，您忠诚的贝托尔特·布莱希特。'"布莱希特后来声称，那封信实际上包含了对政府的大量批评，而被引用的那句话前面还有另外两句："历史会尊重德国社会统一党的革命急躁情绪。与群众进行关于社会主义建设速度的大讨论，将会使社会主义的成就得到考察和捍卫。"一位瑞士记者高迪·舒特写道："只有一次，我看到他那种孤立甚至卑微的样子，他急急忙忙地从口袋里掏出一封破破烂烂的信件原稿，他显然已经给很多人看过了。"然而不管当时还是以后，布莱希特都没有真想发表信件全文；他本该拥有信的副本而不是原件。如果他把信发表了，政府也许会出示原件。布莱希特完全有可能发出一封信，然后私下抱怨他发的其实是完全不同的一封。即使他说的是真的，他对乌布里希行为的抱怨也没多少实质内容。比起布莱希特微妙的支持，民主德国的头头们有更重要的事情要考虑——比如，怎样保住性命。无论怎么说，布莱希特被收买并得到了好处。他们又何必犹豫不决地去删改他那小小的感谢信？

《新德意志》两天后发表了他的一封长信，无情地揭露了他的立场。信中确实提到"相当一部分柏林工人对一系列失败的经济措施的不满情绪"。但它接着写道："有组织的法西斯分子企图滥用这种不满以达到血腥的目的。有几个小时柏林处在第三次世界大战的边缘。多亏苏联军队迅速及时地干预，这些企图才被挫败。显然，苏军的介入绝不是针对工人示威。非常明显，这仅仅是针对开始又一场大屠杀的企图。"在给他的西德出版商的一封信中，他重申了这种看法："由各种落魄的年轻人"组成的"一群好战的法西斯主义暴徒"已经拥入东柏林，正是苏联军队阻止了世界大战。但从来没有一丝"法西斯主义煽动者"的迹象，布莱希特自己也不相信，他的私人日记表明他知道真相，当然，日记直到他死后很久才出版。此外，布莱希特发现事实上普通的德国工人抗拒现政权，这令人不快。跟多数统治阶级的成员一样，除了他屋子里的仆人和偶尔来给他修房屋的工匠之外，他从不与其他劳动者见面。他记录了与一位在他的乡村别墅做工的管道工人的交谈。管道工抱怨说，一个学徒因偷窃被他解雇，正关在人民警察局，那儿全是前纳粹分子。管道工希望有自由选举权。布莱希特回答："那样的话，纳粹分子就会当选。"这根本不是管道工讨论的逻辑，却代表了布莱希特的思想倾向。

布莱希特因支持政府而得到了报偿，尽管乌布里希过了近一年的时间才兑现。布莱希特在粉碎"艺术委员会"的努力中，发现自己需要洪堡大学一位年轻而出色的哲学教授沃尔夫冈·亨利希的帮助，他给布莱希特提供了恰当的术语进行理论阐述，这是布莱希特自己无法做到的。1954年初，"委员会"终于解散，被新的"文化部"代替，由布莱希特的密友约翰内斯·贝希尔[①]掌权。3月份，当布莱希特被授予他垂涎已久的那座剧院的正式所有权，这笔交易的最后一项报酬付清了。他以勾引走亨利希美貌的妻子伊瑟·基兰来庆祝自己的胜利，使她成为自己最主要的情妇（当然是暂时的），并把她从一个小演员提升为他在新总部里的助手。对于被惊呆的亨利

① 约翰内斯·贝希尔（1891—1958），德国诗人、小说家。

希，他给了一个无耻的建议："现在和她离婚。你可以在两年内再娶她。"——他暗示，到那时他和她之间就已经结束了。

不巧，两年后，他实际上结束了自己。近 1954 年年底，他的健康状况开始恶化，他的心脏病在一段时间后才被诊断出来——从他的病史看这很蹊跷。他不相信东德的医术而在一个西柏林的诊所就医。他原计划 1956 年转到慕尼黑的另一家诊所，但再也没能去那儿：一次严重的心脏病发作在 8 月 14 日夺去了他的生命。他对长期忍受痛苦的魏格尔使了最后一次诡计。他立了一份遗嘱，把他部分作品的版权留给 4 个女人：他昔日的秘书兼情妇伊丽莎白·霍普特曼得到其中最有价值的《三分钱歌剧》，还有可怜的露特·贝尔劳、伊瑟·基兰以及他在 1954 年底勾引到手、与基兰同时约会的凯特·露丽克。然而，受布莱希特委托使遗嘱得到严格公证的基兰显得极不耐烦，在签署遗嘱时没等在律师的办公室里，结果使得遗嘱无效。魏格尔作为唯一的合法妻子得到最多，并根据她善良的意愿也分给了其他女人份额。但布莱希特的其他愿望都实现了。他表达过这样的意愿：葬在一口灰色钢制棺材中以便防虫，而且一死去就用一柄钢制匕首穿透他的心脏。这些都照办并公布了：这条新闻对于很多了解他的人来说，首次表明他到底还有一颗心。

在这篇文章中，我曾力图找些对布莱希特有利的话来说。但除去他总是非常勤奋地工作这一事实——和"二战"中及战争刚结束时给欧洲人民寄去食物包裹（但这也许是魏格尔的作为）——对他没什么好话可说。他是我所研究过的知识分子中唯一一位似乎没有丝毫拯救希望的人。

跟多数知识分子一样，他重视思想甚于重视人。他在任何人际关系中都没有温情。他没有通常意义上的朋友。如果由他掌权，他乐意与人合作。但正如艾里克·本特利所说，和他一起工作就是一系列的委员会或董事会。本特利说，他对作为个体的人不感兴趣，这也许就是为什么他在作品中不能创造性格，而只有类型。他把人物作为体现意图的代表。这同样被他运用到女人身上，他更多地不是把她们看作有个性的人，而是床上的伴侣、秘书和厨师。但他的意图到底是什么呢？我们根本不清楚布莱希特是否有任何真正坚定的信仰。他的法语翻译皮埃尔·亚伯拉罕说，布莱希特快死前告诉过他，他想重新出版自己的教育戏剧，并附上一篇新的序言，说这些剧并不指望被人严肃对待，而是作为“那些精神运动员的柔软体操，这是一切合格的辩证论者必须做的”。这些作品当时显然是被严肃地上演的，如果它们只是“体操”，那布莱希特的哪部作品不是呢？1922年到1923年冬天，阿诺特·布罗耐[①]曾与布莱希特进行了一次关于人民的需要的谈话。布罗耐对布莱希特有过重要影响，他把名字从阿诺德改为阿诺特以使它变得“强硬”和“激进”，布莱希特也仿效他。布莱希特不仅放弃了尤金和弗里德里克这两个太具“保皇主义色彩”的受洗名，而且把贝托尔德“硬化”为贝托尔特。然而这次谈话中，当布罗耐强调改变世界、不再使人挨饿的必要性时，布莱希特生气了。根据布罗耐的回忆，布莱希特说：“人们饿死关你什么事？一个人应该有所成就，应该使自己出

① 阿诺特·布罗耐（1895—1959），奥地利剧作家、小说家，与布莱希特同为20世纪20年代柏林戏剧的革新者。作品有剧本《弑父》《纵欲》，长篇小说《拿破仑案件》，回忆录《和布莱希特在一起的日子》。

名，应该得到一个剧院上演他自己的戏剧！”布罗耐补充说：“他对其他任何事都不感兴趣。”布莱希特喜欢显出一副矛盾、神秘、野心勃勃的样子。他巧妙地掩盖自己的思想，正如他用工人的服装包裹自己的身体一样。但也许这一次，仅此一次，他说出了真实的想法。

7

罗素：一则合乎逻辑的废话

历史上没有一位思想家像伯特兰·罗素，即第三代罗素伯爵（1872—1970）那样，在如此漫长的时间里向人类提供劝诫。他出生的那一年，尤利西斯·S. 格兰特将军连任美国总统，而他去世于“水门事件”前夕。他比马塞尔·普鲁斯特和斯蒂文·克莱恩[①]要小几个月，又比加尔文·柯立芝[②]和麦克斯·比尔博姆[③]大几个星期；他是如此长寿，他迎接了1968年造反的学生，也欣赏了品特[④]的作品。在整个一生中，他从容不迫地发出一系列的忠告、劝诫、信息、警告，而这一切涉及的学科之广令人惊异。有一份书目（几乎肯定不完整）列出了他的68种著作。他的第一本书是《德国社会民主主义》，出版于1896年，从那年算起，维多利亚女王还有5

① 斯蒂文·克莱恩（1871—1900），美国小说家、诗人，20世纪自然主义先驱。

② 加尔文·柯立芝（1872—1933），美国第三十任总统。

③ 麦克斯·比尔博姆（1872—1956），英国漫画家、作家。

④ 品特（1930—2008），英国剧作家，英国荒诞戏剧的代表人物。

年的寿命；他的遗作《分析论》(1973)出版于尼克松辞职的那年。他的著书范围涉及几何学、哲学、数学、司法、社会重建、政治思想、神秘主义、逻辑学、布尔什维主义、中国问题、人脑、工业、原子入门(此书出版于1923年；36年后他又出了一部关于核战争的书)、自然科学、相对论、教育、怀疑论、婚姻、幸福、道德、休闲、宗教、国际事务、历史、权力、真理、知识、权威、公民、伦理、传记、无神论、智慧、未来、裁军、和平、战争犯罪以及其他论题。此外他还在报纸杂志上发表了大量文章，几乎包含了所有你能想得到的话题，例如，唇膏用法、旅游礼仪、雪茄选择以及虐妻等。

为什么罗素觉得他有资格向世人提出那么多建议？为什么人们会听从他的话？对于第一个问题，无法立刻给予明确的答案。他的著述如此丰富，最大的原因很可能是他发觉写作于他真是易如反掌，而且也可以获得丰厚的收入。他的朋友迈尔斯·梅尔森在20世纪20年代写道："每天清晨，伯迪[①]要一个人出去散1个小时的步，构思出他一天中要写的东西。然后他回来，用早晨余下来的时间写作，他文思流畅，下笔轻松，没有丝毫的修改。"这项令人惬意的活动为他带来的经济收入都被记录在一本小小的记事簿上，他把一生中发表作品或在电台做节目得到的酬金都一笔笔记入其中，放在一个贴身的口袋里。偶有懒散或是灰心的时候，他就会把它掏出来仔细翻阅，并称之为"最有益的消遣"。

无疑，罗素并没有多数人所经历过的广泛的人生体验，对民众

① 伯迪是伯特兰的爱称。

的意见和情感他也不大感兴趣。他是一个孤儿，在4岁的时候，双亲都去世了。他的童年是在祖父家里度过的。他的祖父第一代罗素伯爵，即约翰·罗素勋爵在改革前的旧下院策划了"选举法修正案"（1832）。罗素的背景便是辉格党望族，他们专断地喜好激进思想，但又严禁自己与平民甚至中上阶级有所接触。老伯爵作为前首相享有维多利亚女王钦赐的彭布鲁克大宅，该住宅位于里奇蒙德公园内，罗素就在这儿长大。我总在猜想，他那独特的口音，既清晰又古老，是得自他的祖父，尽管人们经常错误地将之归属于"布卢姆斯伯里文化圈"[①]。但在童年时代，对他影响最大的是他的祖母，她是一位道德严谨、笃信宗教的妇人，有着鲜明的清教观念。罗素的父母不仅是无神论者，而且是极端激进分子，按照他们的遗愿，罗素应该在约翰·斯图尔特·穆勒的指导下成长。他的祖母压根就不理这一套，她让罗素一直待在家里，让他身处《圣经》和蓝皮书[②]的氛围中，由一连串的家庭女教师和私人教师对他进行教育（其中有一位后来被发现是无神论者）。所有这一切对罗素根本没有什么影响，因为无论发生什么事情，他都是要走自己的路的。15岁时，他用希腊语写日记，在那些窥探的眼睛下将自己的想法隐瞒了下来："我已经……研究过我生长于其中的那个宗教的真正基础。"他变成这个时代的怀疑者，在他的余生中也始终如此。绝大多数人承认并且需要某种至高无上的神的存在，这种念头对罗素没有多少

① 布卢姆斯伯里文化圈，1907—1930年的一个英国文艺团体，参加者多为知名文学家和学者。

② 蓝皮书，指英国政府或议会发出的官方报告。

吸引力。他相信所有宇宙之谜的答案都将由人类的智慧发现，或者根本就没有答案。

没有人比罗素对智力有更强烈的信心，尽管他倾向于把智力视为一种几乎是抽象的、脱离实际的力量。对抽象智力的酷爱和对肉体行为的怀疑使他成为一位数学家，这很可能是他祖母那种清教徒式的教育方式所致。在他的一生中，对于数字的科学怀着一种最基本也是最强烈的热情，没有什么比这门学科更加远离人群了。在一群善于死记硬背的老师帮助下，罗素获得了剑桥大学三一学院的奖学金。1893 年他被列为剑桥大学数学荣誉学位考试一等第七名。随后他成为三一学院的研究员，在以后的一段时期内，他与 A.H. 怀特海[①]合写了巨著《数学原理》的草稿，这本书完成于 19 世纪的最后一天。他写道："我喜欢数学，因为它是超越人类的。"在《数学原理》中，他充满喜悦地说："数学拥有的，不仅是真理，而且是超凡的美——像雕像般静穆而庄重的美，它不诉诸我们任何日益软弱的天性，其至纯至美只有最伟大的艺术才能表现。"

罗素从不相信能够或者应该鼓励普通民众去深入知识的新领域。他关于数学的专业著作，始终具有严格的专业风格，对那些非专业人士不肯做出丝毫让步。他认为哲学的思考应该以一种特殊的语言进行，他不仅要奋力保持，而且要强化这一神圣的准则。他是智力的祭司，他禁止门外汉窥探堂奥。他与他的那些哲学家同僚，比如 G.E. 摩尔[②]，有极大的分歧，摩尔试图以一种普通常识的语言

---

① A.H.怀特海（1861—1947），英国数学家、哲学家，1924年后移民美国。

② G.E.摩尔（1873—1958），英国哲学家、伦理学家、实在论者。

来讨论问题，他则坚持认为："常识体现了原始人的形而上学。"不管怎样，这位智力的祭司尽着义务，他自己认为只能在他们所属的那个等级中举行依洛西斯秘密仪式[①]，同时那个等级中的另一些人也在尽着自己的本分，以他们的知识储备为基础，拿出一部分易消化的成果来款待普通老百姓。因此，他将专业哲学与大众伦理学区分开来，并在这两个方面都进行了实践。1895—1917年、1919—1921年以及1944—1949年，罗素都是三一学院的研究员，他还花了好几年时间在美国各种大学里开讲座和教课。但他一生中更多的时间被用于告诉公众，他们应该思考什么、做些什么。智力的布道完全占据了他那漫长的后半生。就像20世纪二三十年代中的艾尔伯特·爱因斯坦博士一样，对于全世界的大多数人而言，罗素变成了理论哲学家的典范和原型，演说家的化身。哲学是什么？瞧，就是伯特兰·罗素口中所谈的那些事。

罗素是一个天才的阐述者。早期，他写了一部阐释莱布尼兹著作的作品，他一向很崇敬莱布尼兹。那部杰出的概览式的巨著《西方哲学史》（1946）是所有这类著作中最富才智的，也自然成为世界范围内的畅销书。他的那些学术同仁们对此议论纷纷，对他写出通俗作品装作惋惜，其实是妒忌，路德维希·维特根斯坦发现他的《幸福之路》（1930）"真叫人难以忍受"。当他的最后一部主要哲学论著《人类知识》于1949年出版时，学术界的评论家们拒绝认真地看待它，其中一位称该书为"魔术家的切口"。但是公众乐于有一位哲学家走出书斋步入尘世。此外，人们感到罗素无论是对

① 依洛西斯秘密仪式是古希腊人每年在依洛西斯城举行的宗教仪式。

是错，他有勇气坚持己见，并为此甘受惩罚。正如爱因斯坦为了逃离纳粹暴政而流亡，罗素多次与各种权威发生争执，并勇敢地接受惩罚。

例如，1916 年他匿名为“拒服兵役同盟”写了一份传单，抗议不顾征兵法中的“自愿条款”而将一名拒服兵役者送入监狱的做法。散发传单者被拘捕，审讯后被判入狱。罗素给《泰晤士报》写了一封信，承认自己是传单的作者。结果他被送上了法庭，在市府大厦当着伦敦市长的面，他接受了审判，被罚 100 英镑。但他拒绝支付罚金，于是他在三一学院的家具被扣押出售。头面人物组成的三一学院评议会是管理高级研究员的，它取消了罗素的研究员资格。他们处理这件事是认真的，大部分人似乎经过长久的思考，并依据最高原则才付诸行动。但是在公众看来，比起类似的情况，惩罚好像翻了一倍。

1918 年 2 月 11 日，罗素再次受审并判罪。这次是因为他为一份名为《民友》的激进报纸写了一篇《德国和平的提示》。文章中称：“那时美国驻军将会占领英国和法国，无论他们能否有效地对付德国人，毫无疑问他们是能够威吓罢工者的，这是美国军队在国内习惯性的工作。”他此番言论轻率失实，实在有些荒谬，为此他受到了指控，按照王国国防法，他是“在印刷刊物上发表某些可能损害国王陛下与美利坚合众国关系的言论”。为此，他在舰首街受审，被判刑 6 个月。他从狱中被释放后，外交部拒绝发给他护照（至少有一段时间），常务副大臣亚瑟·尼科尔森爵士在卷宗上记道，罗素是“国内最爱捣鬼的怪人之一”。

1939—1940 年，罗素再次陷入法律纠纷之中，当时他被委派到纽约市立大学担任教授。此时的他因为反宗教的和据说是不道德的观点而声名狼藉。除了无数反基督教的文章之外，他还做了一番高谈阔论的表演，完成了《无神论者的信念》，他就像牧师在宣道："我们不相信上帝，但是我们相信人类的至高无上！我们不相信死后的生命，但是我们相信善行的不朽！"他很乐于将这些言论向他那些进步的朋友们的孩子宣讲。当他在纽约的任命被宣布后，当地的圣公会和天主教会对此发出强烈抗议。由于该大学是地方自治性学校，市民可以起诉反对此项任命，而且就有一位妇人受人指使这样做了。她对纽约市政当局提起诉讼，此时当局唯恐输掉这场官司，其急切就如同她之想赢。她的律师宣称罗素写的东西"淫荡色情、肉欲横流、色情狂、催欲剂、傲慢无礼、思想褊狭、满纸谎言、丧失道德"。法官是一位爱尔兰裔美国人，他也加上一番谩骂并判定罗素不胜任该职务，因为他是"异己的无神论者和自由性爱的鼓吹者"。F.L. 加迪尔市长拒绝了对此项判决的上诉。纽约法院的注册官则公开说，罗素应该被"浑身涂满柏油并沾上羽毛，然后驱逐出境"。

罗素最后一次与当局发生冲突是在 1961 年，当时他已 88 岁。他拼命想让自己在抗议核武器时违反民法而被捕。2 月 18 日，罗素参加了在伦敦国防部外的一次非法"静坐"，在人行道上坐了几个小时，但什么事也没有发生，他只好回家了。然而 8 月 6 日，他被传唤要在 9 月 12 日去舰首街，因为他煽动公众破坏法律。到了那一天，他被审讯判定入狱 1 个月，减刑到 1 个星期（这个星期他在监狱医院的病房中度过）。当这一判决宣布时，有人大叫："耻辱，耻辱，一个 88 岁的老人！"但是，领薪治安官只是说："你的年纪已经够大了，应该更聪明一点。”

这些事件是否使罗素的某些观点实际上为民众所接受，这一点还有疑问。但是他们可以证明，罗素真诚而乐意地把哲学领出学术的象牙塔，引入日常世界。人们一想到他，就模模糊糊地觉得，他就是正在服毒的现代苏格拉底；或者是从雨水桶中冒出来的第欧根尼①。事实上，认为罗素将哲学引入日常世界的观点很容易使人产生误解；恰恰相反，他试图把日常世界塞入哲学中，他没有成功，他发现这种做法并不适宜。爱因斯坦的情况就与罗素完全不同，他是一位物理学家，他所关心的是宇宙的真实的运转，并决心把他对这一运转的描述，按照最严格的标准，加以经验的证明。纠正了牛顿的物理学说后，他改变了我们看待宇宙的整个方式，他的学术成果有着数不尽而且持久不衰的实用价值——他对原子论的贡献确实是通往人造核能之路的第一个伟大的里程碑。

相比之下，没有人比罗素更远离社会现实了。他不会操作最简单的机械装置或是从事任何日常事务，而这样的事即便是娇生惯养的人无须动脑筋也能做。他爱喝茶，却不会煮茶。当他的第三个妻子皮特不得不外出时，她要在厨房的石板上留言：“提起埃斯（炊具）上的衬垫，把壶放到加热板上，然后等待水开，然后把水从水壶倒到茶壶里。”在进行这番操作时，他还是不幸失败了。上了岁数后，他耳朵渐聋，为此他配上了一副助听器，但离开别人的帮助，他根本就无法让它工作。人类，还有物质现实，始终使他困惑不已。他曾写道，第一次世界大战的降临逼迫他“改变了自己对人

① 第欧根尼（约公元前412—前324），希腊犬儒派哲学家。

性的看法……在此之前，我曾以为父母爱自己的孩子是一件非常普通的事，但是战争使我相信这是少有的例外。我曾以为大多数人对于金钱的喜爱几乎超过了其他一切，但是我发觉他们更爱破坏。我曾以为知识分子通常都热爱真理，但是我再次发觉在这些人中只有不到百分之十的人宁要真理不要出名”。这一愤愤不平的段落暴露出他对战争时期，实际上是其他任何时候，寻常百姓的情感活动是如此无知，几乎是蔑视公论。他的多卷本的自传，还有其他许多言论，都使普通读者大惑不解：如此充满智慧的一个人，竟然对人性视而不见。

说来奇怪，在别人身上，罗素完全能够发现——并为之感叹——一种同样的危险：同理论上的知识相结合的，是实际上对人民感情和需要的一无所知。1920年他访问了俄国的布尔什维克党，并于5月9日与列宁有一次会面。他发现列宁是“一种具体化的理论”。“我有这样的印象”，罗素写道，“他鄙视民众，是一位知识分子贵族”。罗素清楚地看到这种结合使一个人不可能聪明地进行统治；进而，他又加上了这样的话：“如果我与他（列宁）会面时不知道他是谁，我绝不会猜到他是一个伟人，我会认为他是一位固执己见的教授。”他不可能也不会明白，他对列宁的描绘在一定程度上也适合他自己。他也是一位知识分子贵族，他鄙视民众，有时候也会对民众施以怜悯。

此外，罗素不仅仅全然不知多数民众的实际行为，还极度缺乏自知。他也不能看到在列宁身上反映出来的自己的特点。更为严重的是，他没有发现自己正暴露在非理性的情绪化的力量面前，对公众中的这股力量，他本来是感到悲哀的。罗素的总体立场是，世界的种种弊端将主要依靠逻辑、理性和节制来解决。如果男人们和女人们服从理性而不是情感，依靠逻辑来讨论问题，节制而不是极度放纵，那么就不会有战争，人际关系就会和谐，人类生存状况也会稳步改善。作为一个数学家，罗素的观点是：纯数学中没有一个概念，不能用逻辑的术语给它界定，没有一个问题，不能用理性的方法解决。他并没有愚蠢到认为解决人类的问题就如同解数学方程式，但是他仍旧相信，只要有时间、耐心、方法和节制，理性就能够帮助我们解决大部分麻烦，无论这些麻烦是社会的还是个人的。他确信，完全有可能用一种哲学家的超脱态度来处理这些问题。首要的一点，他认为只要确立了适当的理性和逻辑准则，那么绝大多数人都能够举止得体。

但是，问题在于罗素反复表明，在他自己的生活环境中，所有这些主张都建立在一个不稳定的基础上。在每一个重要关头，他的观点和行为，不仅取决于他的理性，也取决于他的情感。一旦危机发生，逻辑就会被抛到九霄云外。当个人利益受到威胁时，他也不敢保证自己仍能举止得体。他的缺点还不仅于此。当他在宣扬自己的人道的理想主义时，罗素将真理置于其他考虑之上。但在背后，他也会——更倾向于——试着跳出这样的框框。当他的正义感被激怒，他的情绪被激发起来时，他对准确性的尊重就会瓦解。况且，从理论上来说，理性和逻辑的追求者们就应当符合理性和逻辑，而罗素发觉很难做到言行一致。

让我们追溯一下罗素有关战争与和平——这是个伟大的主题——思想的发展。在这方面，他所投注的精力，也许超过了其他任何事情。罗素视战争为无理性行为的极端范例。他经历过两次世界大战以及无数次小规模战争，他痛恨所有的战争。他对战争的厌恶完全出于天性。1894 年，他与爱丽丝·惠特奥——罗甘·皮尔索·史密斯[①]的妹妹——结了婚。她是贵格会[②]教徒，她温顺的性格以及她的宗教和平主义，使罗素的观点更加坚定，并发生符合逻辑的（正如他自己发现的）变化。1914 年战争爆发，他声明自己完全反对这场战争，而且竭尽全力在大西洋两岸争取和平，为此他不惜损害自己的自由和专业。但是，导致他入狱的那些言论，并不像一个促进和平的人，或是一个通情达理、节制稳健的人所说的。他为和平主义做辩护的主要哲学论述是《战争伦理学》（1915），他认为战争从来就不需要充分的理由，它本身已具备了足够的逻辑性。但是，他的和平主义在当时以及后来都找到了一种即使算不上争强好斗的，至少也是高度情绪化的表达方式。比如，1915 年国王乔治五世许下战时戒酒的诺言，罗素立即放弃了他根据爱丽丝的请求所接受的绝对戒酒主义。罗素写道，乔治五世此举的动机是“为德国人的屠杀提供便利，由此一来，似乎和平主义与酒之间必定存在着某种联系”。在美国，他将美国的力量视为一种实施和平的手段，美国总统威尔逊是世界的救世主，罗素激动地恳求他，“承担起捍卫人类的首要责任”来对付诸交战国。他以期待救世主的心情给威尔逊写了一封信：“一种坚定的信念迫使我代表欧洲所有的国家发言。我以欧洲的名义，恳求阁下为我们带来和平。”

也许罗素曾痛恨战争，但有不少次，他也爱上了武力。在他的

① 罗甘·皮尔索·史密斯（1865—1946），美国作家。

② 贵格会，基督教团体。

和平主义中，有些东西带有挑衅的，有时甚至带有好战的成分。战争开始后，他就写下了这样的话："几个星期以来，我觉得如果我碰巧遇上了阿斯奎斯①或格雷②，我会克制不住要去杀掉他们。"实际上，不久以后，他真的与阿斯奎斯不期而遇，当时罗素在加斯庭顿庄园游泳，当他一丝不挂地从水里出来的时候，发现首相正坐在岸边。此时的罗素，怒火已经平息，他不再去杀首相了，反而与他展开了关于柏拉图的讨论，阿斯奎斯是一位杰出的古典学者。我曾为著名的编辑金斯利·马丁工作过，他非常了解罗素的为人，他常说，他所遇到的所有最好斗的人都是和平主义者，并引罗素为证。罗素的门生 T.S. 艾略特也说过同样的话："(罗素)认为对杀人的任何宽恕都是很好的。"这并不意味着罗素对斗殴有什么兴趣。但是，从一定意义上说，他是一个绝对主义者，相信有绝对的解决办法。他不止一次地重复着一个念头：由一位强有力的治国之才发起一场行动，将这个世界带入永恒和平时代。

这个念头首次涌入他的脑海是在第一次世界大战临近尾声的时候，当时他宣称，美国应该利用自身的优势力量坚决要求裁减军备："在美国，各种族混合在一起，又相对缺少国家传统，所以这个国家特别适宜完成这项工作。"1945—1949 年，美国成为唯一拥有核武器的国家，罗素的建议重新引起巨大反响。由于后来罗素对自己在这一阶段发表的言论尽力予以否认，或者含糊其辞，或者进行种种辩解，所以确定其细节和年代的顺序是一件很重要的事。正

① 阿斯奎斯(1852—1928)，英国自由党内阁首相。
② 格雷(1862—1933)，英国外交大臣。

如他的传记作者罗纳德·克拉克曾证实的那样，罗素在若干年中，不是一次，而是许多次主张对苏联发动一场先发制人的预防性战争。与大多数的左派人士不同，罗素一向彻底地排斥马克思主义。他在《布尔什维主义的理论和实践》（1920）一书中描绘了自己1920年的苏俄之行，并对列宁及列宁所做的一切表示了强烈的不满。他把斯大林当作一个怪物，对断断续续传到西方的一些消息，如强制性的集体化、大规模的饥荒、一次次清洗、集中营等，他都认为是事实。无论从哪个方面来看，他完全不是先进知识分子的典型。1944—1945年，西方的先进知识分子已接受了苏维埃在东欧大部分地区的统治，但罗素并没有他们的那种满足，在罗素看来，这是西方文明的灾难。“出于理智，我无比憎恨苏维埃政府”，这是他写于1945年1月15日的话。他深信只有武力威慑或是进行战争才能遏制住苏维埃的扩张。在1945年9月1日的一封信中，他断言：“我认为斯大林继承了希特勒想要对这个世界进行独裁统治的野心。”因而，当美国第一次对日本使用了核武器后，他马上就重提昔日的观点，认为美国应以强制性的手段为世界带来和平和裁减军备，可以用新型的武器胁迫顽抗的苏联。在他的眼里这是一个天赐良机，而且机不可失，时不再来。他首次公开这一策略的文章发表在1945年8月18日格拉斯哥出版的工党杂志《向前》和10月2日的《曼彻斯特卫报》上。10月20日的《队列》上他写了一篇文章，对这一论题做了进一步的阐释，文章题为《人类的最后一次机会》，其中意味深长地说道：“战争的借口并不难找到。”

在5年多的时间里，罗素反复重申着同样或是类似的观点。1946年的7—8月，他在《辩论者》上陈述自己的观点。1947年12

月3日，他在皇家学会发表了一次讲话，发言刊登在1948年1—2月的《联合帝国》和1948年1月的《新联邦》上。1947年9月9日，他在帝国国防学院做了一次讲座，在各种不同的场合，罗素一遍遍地重复自己的观点。1948年11月，他出席了威斯敏斯特学校的学生讨论会，他在会上的讲话被发表在1949年1月的《十九世纪及其后》上。1950年3月，他在《国际瞭望》上又发表了一篇文章。罗素向来直言不讳。他在皇家学会的讲话中提出要结成同盟——勾画出北约的轮廓——这是向苏联发出命令："我倾向于认为苏联会默许；如果反对的话，只要我们迅速地采取措施，世界仍能从由此导致的战争中生存下来，并出现唯一的政府，正如这个世界所需要的那样。"1948年5月，他写信给一位美国裁军专家沃尔特·马赛博士说："如果苏联在西欧横行，那么所造成的毁灭性结果将无法消除。实际上，所有受过教育的人将会被送到劳动营，不是在西伯利亚的东北部就是在白海边，在那种地方绝大多数人会死于困苦，而幸存者们将会变成野兽。如果使用原子弹，首先必然会投在苏联势力范围之外的西欧。即使没有原子弹，苏联人也会摧毁英国的所有大型城镇……我从未怀疑过，美国将会赢得战争的最终胜利，但是，除非西欧能从侵袭中幸存下来，否则将会丧失几个世纪的文明。即便要付出如此代价，我认为一段时间的战争也是值得的。极权主义一定会被扫除，世界政体一定会被确立。"罗素一再强调速度的重要性："迟早有一天，苏联人也会拥有原子弹，那时，事态将会更加严峻。所有的事情都必须尽快进行，要以最快的速度。"实际上，当苏联爆炸了一颗原子弹，他依旧坚持他的论点，强烈要求西方必须发展氢弹。"我并不认为，在目前的世界形势下，达成限制原子战争的协议只会造成损害，因为每一方都会以为对方在躲避战争。”然后，他毫不妥协地提出了“死比赤化好”的观点：“下一场战争，如果要来临的话，将会是人类所遭遇的前所未有的最大灾难。我唯一能够想到的更大的灾难是：克里姆林宫的权力扩展到全世界。”

罗素主张的预防性战争众所周知，这些年来引起了广泛的讨论。1948 年，在阿姆斯特丹举行的国际哲学家代表大会上，罗素为此受到苏联代表阿诺斯特·科尔曼的强烈抨击。罗素以同样粗暴的语气回应他：“回去告诉你那些克里姆林宫里的主子们，他们必须派出更能干的奴仆来实施他们的宣传和诱骗计划。”直到 1953 年 9 月 27 日，他还在《纽约时报》的杂志上发表了这样的话：“尽管一场新的世界大战将会非常可怕，但就我个人而言，我倒宁愿战争而不要一个全球极权主义帝国。”

然而，差不多就在这时，罗素的观点突然发生了根本性的转变。就在发表那番言论的第二个月，即 1953 年 10 月，他就在《国家》杂志上否认自己曾“赞成对苏联发起一场预防性战争”。他写道，所有的传闻都是“共产党人的杜撰”。据一位朋友的记载，有一段时期，无论什么时候对罗素提起他那些战后的观点，他都会坚持说：“这不可能！那都出于一个新闻记者的胡编乱造。”1959 年 3 月，他接受了英国广播公司记者约翰·福瑞曼的电视采访，在他的一次著名的“面对面”节目中，罗素改变了方针，美国的裁军专家们拿出了罗素早期的言论的文字材料，这样一来他再也无法抵赖了。福瑞曼问他有关预防性战争的方针，他对福瑞曼说：“这完全是真的，而我也没有为此而后悔。这与我现在的想法完全一致。”

此后，他还给英国广播公司的《听众》周刊写了一封信，信中说："实际上我已经完全忘了我什么时候曾想到过一种威吓策略，包括一场可能的、合乎需要的战争。1958 年阿尔弗雷德·科尔贝尔格先生和沃尔特·W. 马赛先生带来了一些我在 1947 年说过的东西，提醒我注意，我惊异地读了。我提不出辩解的理由。"在自传（1968）的第 3 卷中，他大胆地做了进一步的解释："……当我提出那些建议时，我并没有在意，从没有真的希望它们会被人听从，所以很快我就忘了自己所提议的东西。"接着他又说，"我只在一封私人信件以及一次讲话中提到了这些东西，我不知它们会成为报刊评析的题材"。但是根据罗纳德·克拉克的研究，在好几年的时间中，罗素在无数文章和演说中一再为预防性战争申辩。令人难以置信，他能够如此彻底地忘掉这一固执而又持久的态度。

罗素对约翰·福瑞曼说，他在 20 世纪 50 年代末对核武器所持的观点与他在战后对预防性战争的支持是一致的，他这是在以另一种方式滥用别人对他的轻信。说实话，大多数人都会说他在胡说八道。但是，这里有着某种完全不同的一致，这就是前后一致的极端主义。罗素所提出的预防性战争和"死比赤化好"两个例子都是由于毫不带感情地、不考虑人类地使用逻辑推理，将论证的理性界线推向极端的例证。这正是罗素的弱点所在。他重视逻辑命令的虚假价值，以此告诫人们应该如何行事，让逻辑超越常识本能的要求。

从此，在 20 世纪 50 年代中期，罗素认定核武器本质上就是邪恶的，无论在何种情形下都不应使用。他跟随着逻辑学的女巫匆匆走向另一个方向——但是同样的极端。他第一次宣布自己反对核武器是在 1954 年一个关于比基尼岛核试验的电台节目"人类的危险"

中；然后便是各式各样的国际会议和宣言，罗素的路线强硬起来，他赞成不惜一切代价全面废除核武器。1957 年 11 月 23 日，他在《新政治家》上发表了《致艾森豪威尔和赫鲁晓夫的一封公开信》，提出他的建议。第二个月，当我检查报纸的信件箱时，我惊讶地发现了一份冗长的翻译材料，附了一封有尼基塔·赫鲁晓夫的俄文签名的信。这是苏联领导个人给罗素的答复。当然，这大半是宣传，对苏联人来说，他们的常规部队具备极大的优势，他们一向乐于接受销毁核武器的协定（尽管不受监督）。但是这封信在发表时，确实造成了巨大的轰动。后来，美国方面勉强传来了回应，确切地说不是来自总统本人，而是他的国务卿约翰·福斯特·杜勒斯。获得如此显要的对待，罗素很高兴，他的另一个缺点——虚荣心，得到了极大的满足。他的判断力——这从不是他的特长，已经失去了效用。赫鲁晓夫的回信广泛同情他的立场，这不仅把他赶入极端反美的立场，也促使他将废除核武器作为自己生活的核心。他那托尔斯泰式的向往开始初露端倪。

第二年，即 1958 年，罗素被选为新成立的核裁军运动的主席，这个温和的团体是由圣保罗教派的坎农·约翰·科林斯、小说家 J.B. 普里斯特利等人策划的。为了反对制造核武器，他们在英国争取尽可能广泛的舆论支持。这个团体组织了一些和平示威，因严格遵守法律而赢得同情。在其早期，它给人留下了深刻的印象，卓有成效。但就罗素个人而言，极端主义的种种迹象很快就显露出来。鲁珀特·克劳谢 - 威廉斯在这些年中对罗素的私人记述是最好的。根据他的日记记载，1958 年 7 月 24 日，罗素对约翰·斯特雷奇进行了一次启蒙式的轰炸。斯特雷奇曾经是一名共产党员，后来他成为工党下院议员中的左派，在战后的艾德礼政府中担任国防大臣。尽管众所周知斯特雷奇相信核威慑，但是在1958年，他已经离任很久了，而且没有再担任什么职务。当罗素听说克劳谢－威廉斯夫妇曾经与斯特雷奇住在一起，他就问起斯特雷奇对于氢弹的看法。得到回答后，他认为这些看法是威廉斯夫妇与斯特雷奇所共有的：

> “你们和约翰·斯特雷奇——你们都属于谋杀者俱乐部。”他一边说着，一边猛敲他的椅臂。他解释道，谋杀者俱乐部是由一些根本不关心广大民众处境的人组成的。因为作为统治者，他们觉得由于他们有特权，他们会以某种方式活下去的。伯特兰说：“他们建造了私人防空洞来确保自己的安全。”

当被问到他是否真的认为斯特雷奇拥有一个私人防空洞时，罗素大声表示：“是的！他当然有。”两个星期后，他们对氢弹展开了进一步的讨论，这场讨论“开始的时候很平静”，然后突然间，“出人意料地，伯特兰满腔怒火地说：‘下一次你遇见你的朋友约翰·斯特雷奇的时候，告诉他我根本就无法理解，为什么他希望纳赛尔（后来成为埃及的独裁者）有氢弹？’……他认定像约翰这种人才真正地对世界构成威胁，而且他觉得有充分的理由这么说”。

罗素火气越来越大，对客观事实越来越缺少兴趣，他把那些持不同意见的人一律归结为出于最卑鄙的动机。他也有偏执狂的迹象，这些在1960年都公开地表现了出来，此时他分裂了核裁军运动，成立了他自己的直接行动的小派别，称之为“百人委员会”，从事非暴力反抗。这个派别原先的发起者包括一些一流知识分子、艺术家和作家。他们中有康普顿·麦肯齐、约翰·布赖恩、约翰·奥斯本、阿诺德·韦斯克、雷吉·巴特勒、奥古斯塔斯·约翰、赫伯特·里德以及多丽丝·莱辛——其中不少人绝不是极端主义分子，但是不久就失去了控制。历史表明，所有的和平主义运动，当其中比较好斗的成分由于缺乏进展而变得失望时，就会诉诸非暴力反抗和暴力行动。这毫无例外地标志着有大批群众随从的阶段结束了。“百人委员会”和以后核裁军运动的解体是这种过程的典型例证。不管怎么说，罗素的行为只是加速了这一注定要发生的事实的进程。他在这一时期的行为，可以归咎于他的新秘书拉尔夫·苏恩曼的影响。在下文中，我会就他与苏恩曼的关系进行一番考查，但在此处很值得提及的是在核裁军运动的危机中，罗素的言行始终非常独特。导致他辞去主席职务的那次会议开得令人非常不愉快，罗素指责科林斯动机卑鄙、满口谎言，他坚持要在私人活动中用录音机记录。

确切地说，罗素一旦摆脱了科林斯和他的朋友们的限制，极端主义就完全占据了他的思想，他的言论变得非常荒谬，除了那些最狂热的信徒外，他排斥所有的人。他们以较平静的语气反对把他的想法作为派别的基本准则。1958 年，罗素在一篇关于伏尔泰的随笔中写道：“不必热诚地坚持任何一种主张。没有人会热诚地坚持 7 乘 8 等于 56，因为大家知道这是事实。只有在推崇一种可疑的或者可以证明其错误的主张时，热诚才是必需的。”从 1960 年起，当罗素被激怒，对那些不赞成自己观点的人义愤填膺时，他的许多言论不仅是热情洋溢的，而且是蛮横可恶的，常常是凭着一时的冲动就脱口而出。由此，1961 年 4 月间他在伯明翰做过一次演说，在准备好的稿子上有这样的话：“纯粹根据统计学来看，麦克米伦[①]和肯尼迪比希特勒坏上大概 50 倍。”这真是坏得可以，因为（且不论其他方面）这是拿历史事实与未来的计划进行比较。但是，记载表明，其实罗素真正要在发言中说的是：“我们过去常认为希特勒邪恶，那个时候他想要杀尽所有的犹太人。但是肯尼迪和麦克米伦不仅想要杀光所有的犹太人，还想杀光我们中所有剩下的人。他们要比希特勒邪恶得多得多。”接着他还说：“我不会装作服从一个专门组织屠杀全人类的政府……他们是人类有史以来最邪恶的人。”

承认罗素的前提，他的指控才有逻辑，甚至逻辑也是有选择地使用的。有时，罗素想到所有拥有核武器的强国都同样罪恶地设计着大规模的屠杀，他的攻击也包括了苏联人。因此在 1961 年的一封公开信中，所注的发信地址是“布瑞斯顿监狱”。他在信中宣称：“肯尼迪和赫鲁晓夫，阿登纳和戴高乐，麦克米伦和盖茨克尔正在追求一个共同的目标：终结人类的生命……为了让他们高兴，所有个人的情感，所有公众的希望……都要永远销毁。”不过，按照惯例，他把矛头主要指向西方，特别是英国，更多的是美国。

这表明，他是多么的健忘，他痛恨的并不只是苏维埃政权，而是苏联和苏联人本身。在战后初期，他就一再说苏维埃和纳粹一样坏，甚至比纳粹还要坏。克劳谢－威廉斯记下了他的一些咆哮：“所有的苏联人都是东方的野蛮人。”“所有的苏联人都是帝国主义者。”他曾“甚至于打算说所有的俄国人都愿意‘匍匐在地上出卖

① 麦克米伦（1894—1986），1957—1963年任英国首相。

他们的朋友'"。但是从20世纪50年代后期开始，反苏情绪被他抛到了脑后，与此同时，强烈的反美主义日益占据他的思想。反美情绪对他而言根深蒂固，并且在这以前就曾表露出来。他的这种思想是上层阶级老派英国人的那种傲慢和爱国主义所驱动的，他瞧不起暴发户和生意人，同时也反映了自由主义的进步分子对世界上最大的资本主义国家的仇恨。他激进的父母所属的那一代人仍将美国与民主进步联系在一起，他们于1876年对美国进行了一次长时间的访问，根据罗素的记载，因为"那些希望改造世界的年轻人前往美国，想在那儿找到答案"。他接着说："他们无法预见那些男人和女人——他们为那些人的民主热情而喝彩；他们钦佩那些人成功地推翻了奴隶制——其实就是处死萨柯[①]和巴托洛米约·万泽蒂那伙人的祖父和祖母。"他也多次访问美国并在美国居住了好几年，他的主要目的是赚钱："我的手头非常紧，我指望在美国重建自己的财富。"这是他在1913年写下的，也是他一再的老调。他总爱挑美国人的刺——他第一次造访美国（1896）就写道：美国人"除了做生意，对于所有的事都是难以形容的懒散"——然而，关于美国对世界的影响，他的观点变化无常。在第一次世界大战期间，正如我们已经看到的，他把威尔逊的美国当作世界的救世主。他失望以后，在20世纪20年代转为强烈的反美方针。他认为社会主义——他当时所偏爱的——不可能在欧洲实现，"直到美国也转变成社会主义，或者至少愿意保持中立"。他指控美国"慢慢地摧毁中国的文明"，

① 萨柯（1891—1927），美国的意大利移民工人，与巴托洛米约·万泽蒂被控杀人抢劫而电刑处死。此案曾引起世界公愤，被认为判决出于政治偏见。

预言美国的民主政治将会崩溃，除非它能够接受集体主义，他号召“世界性的起义”以反对美国的“资本帝国主义”。他断言，除非“美国放弃对资本主义的信念”，否则就是“文明的彻底灭亡”。

20 年后，在第二次世界大战期间以及“二战”之后，他支持美国的军事方针。但与此同时，他越来越不喜欢美国政治。1950 年末，他从美国回来，给克劳谢－威廉斯写信说：“美国——共和党人的凶恶就如他们的愚蠢，这可不得了。我告诉了每一个人，我发觉研究一个警察国家的气氛是件有趣的事……我想第三次世界大战将会在明年 5 月开始。”他和参议员马尔科姆·马格瑞芝打赌：约瑟夫·麦卡锡将会当选为总统（参议员去世时必须把钱付清）。当罗素开始发起抗议氢弹的运动时，他的反美情绪已完全是非理性的，并一直维持到他去世。关于肯尼迪的被杀，他将之发挥成一套幼稚的阴谋理论。接着，他厌倦了氢弹问题——与托尔斯泰一样，他注意力集中的时间很短——他又转向越南，并组织了一个全球性的运动，诋毁美国在那里的行动。

罗素由他的秘书苏恩曼提供消息，很容易便成为最放肆的谎言的牺牲品。半个世纪以前，他曾谴责协约国为了煽起战争狂热而利用德国人在比利时犯下了种种暴行的谣言；在《战时的正义》（1916）一书中，他又尽力揭露这些谣言中有许多是毫无根据的。在 20 世纪 60 年代，罗素利用自己的声望散播并听信来自越南的各种传闻，其实这些传闻已不那么动人，完全是为了激起对美国的仇恨。这种策略在他组织的“战犯法庭”上达到极致，最后还在斯德哥尔摩对美国进行了宣判。对这个宣传活动，他还很容易地招募到一批适用的知识分子，如艾萨克·多伊车尔、让－保罗·萨特、西蒙娜·德·波伏娃、南斯拉夫作家弗拉基米尔·戴蒂柴（他在其中担任主席）、一位墨西哥的前总统，还有一位来自菲律宾的桂冠诗人。但是，他们甚至没有装扮成正义或公平，因为罗素自己说他这么做就是要审判“战犯约翰逊、罗斯克、麦克纳马拉、洛奇以及他们的同案犯们”。

作为一个哲学家，罗素始终坚持一定要谨慎地使用语言，要使用其准确的含义。作为人类顾问，他在自传中承认，他是这么干的：“在描述一个你发现是不可容忍的事物的时候，就把它描述得令人厌恶，让别人同你一样愤慨。”这是个难以理解的招供，它出自一个以对问题的冷静分析为职业、把自己的旗帜悬挂在理性的旗杆上的人士之口。而且，他激怒别人的企图只对这样一些人才起作用：或者是其愤慨无足轻重的人，或者不知为什么已经在发怒的人。罗素说（1951），在美国“没有人敢在做出一番政治评论前，不先看看门背后确实无人在偷听”，没有一个明智的人会相信他的话。在1962年古巴导弹危机期间，他宣称“很可能在一个礼拜内，你们所有的人全都死去，好让美国的那帮疯子高兴”。这样的话只能损害他自己，而不是肯尼迪总统。当他说在越南的美国士兵“和纳粹一样坏”，他的拥护者就越来越少。

应该说，纵观罗素的一生，他给人印象最深的其实是不停的争论，而不是一位格言家。他的选本《格言录》读起来并不比托尔斯泰的好多少。“所谓绅士，就是他有一位年收入超过1000英镑的祖父。”“你永远不可能使非洲的民主政府运转起来。”“儿童应该被送往寄宿学校，让他们脱离母爱。”美国的母亲们的“过错在于天生就不胜任。爱的源泉似乎已经干涸”。“对待生活的科学态度几乎不可能从女人身上学到。”

上面最后一句话是一种提醒：尽管罗素生命的最后几十年几乎只与政治声明联系在一起，但是他曾一度由于对两次大战间的一些话题所发表的评论而变得更加声名狼藉，诸如试婚制、自由性爱、离婚改革和男女同校制。至少在理论上，他赞成女权论的倡导者们所做的阐释。他主张妇女在婚姻之内和婚姻之外的平等，并把她们描绘成陈旧的并无真正的伦理基础的道德体制的牺牲品。人们应该享有性自由，他严厉批评了“当作传统‘美德’流传的清规戒律以及人类自我牺牲的种种理论”。在他对妇女、社会生活、儿童以及人际关系的看法中，有许多仿效了雪莱。事实上，他特别钟情于雪莱，他声称雪莱的诗句最好地表达出他对生活的态度。他定居于威尔士，1812—1813年，雪莱曾试图在那儿建立一个社区。他在波特马多海湾对面的住宅帕拉斯·朋因与雪莱的朋友麦多克斯的住房出于同一位建筑师之手。

然而，他对妇女的实际行为并不总是与他的理论原则相一致，这一点与雪莱也很相似。他的第一任妻子爱丽丝是一位美国贵格会教徒，温柔、体贴、大度，但她正如雪莱的哈丽艾特一样，是丈夫日益放荡的行为的受害者。正如我们已经注意到的，罗素从小家教甚严，直到20多岁，他对待性问题仍是颇为古板的。甚至于1900年他的兄弟弗兰克，即第二代伯爵，遗弃了自己的结发妻子，到里诺[①]离了婚并再婚，罗素拒不认可他的新婚夫人，还暗示弗兰克，别把她带到餐桌上（后来弗兰克在上议院的法庭上被指控犯了重婚罪）。

① 里诺，美国内华达州西部城市，以容易离婚出名。

但是随着年龄的增长，罗素变得很像过去的维克多·雨果，越发好色起来，越发不愿遵循社会规范，除非他觉得这些规范对他有用。

一起生活 16 年之后，爱丽丝实际上被抛弃了，1911 年 3 月 19 日，罗素在贝德福德广场 44 号奥托琳·摩勒尔夫人的寓所里拜访了那位充满活力的布卢姆斯伯里的女主人。罗素意外地发现她的丈夫菲利普外出了，便与她做爱。在罗素的描述中，那天晚上他并没有与奥托琳夫人有过“完全的关系”，但是他下定决心要“离开爱丽丝”并让奥托琳夫人“离开菲利普”。摩勒尔可能认为“这种事对我无关紧要”，罗素却确信这个丈夫“会把我们俩全杀了”，不过他又“愿意为那天晚上发生的事付出代价”。罗素马上把这一消息传给了爱丽丝，她“勃然大怒，还说要坚决离婚，并把奥托琳的名字也牵扯进来”。经过几番争吵，罗素“坚定”地说，如果她实施她的威胁，“为了制止她，我会去自杀”。随即，“她的愤怒变得无法忍受。在她大吵大闹了几个小时之后，我给她的侄女上了一堂关于洛克哲学的课”。

罗素关于考虑自己个人私利的说法与爱丽丝的实际行为不符。她对他始终极其克制和温和，确实怀有深厚的感情。她同意去和她的兄弟住在一起，以方便罗素与奥托琳夫人相处。只要遵守公开场合的某些礼仪原则，她丈夫就默许他俩的关系，爱丽丝一直将离婚推迟到 1920 年 5 月，之后，她仍爱着罗素。当三一学院剥夺了罗素的研究员资格时，她写信说：“我已经存了 100 英镑要投资到公债中去，但是如果可能的话，我宁可把这笔钱都给你，因为我担心这种迫害会严重影响你的收入。”在罗素入狱期间，她说：“每天我都会带着最深切的悔恨思念你，几乎每个晚上我都会梦见你。”罗素直到1950年才与她再次会面。

与爱丽丝的分手伴随着大量的谎言、欺骗和虚伪。罗素一度刮掉了胡须，为的是在同奥托琳夫人秘密约会时掩盖身份。当罗素的朋友们发现正在发生的事情时，都极为震惊：罗素可是一向标榜自己的诚实和坦率的。这段情节带来了他一生中的一段性混乱时期。他与奥托琳夫人的关系并不令人满意。根据他的叙述，"我那时患着脓溢症，我自己并不知道，这影响到我的呼吸，我自己也不知道。她也从来不愿提到"。这样他们的关系便冷淡下来。1913年他在阿尔卑斯结识了"一位精神分析学家的夫人"，"希望和她做爱，但我想应该先向她解释一下奥托琳的事"。那位夫人听了有关目前这位情妇的情况后，没有表现出多少兴趣，但是她"可以断定，不管怎样，总有一天她（奥托琳）的种种缺点会被忽略的"。罗素"此后再没有见过她"。

接下来，1914年在芝加哥，罗素与一个年轻女郎发生了一段有损名誉的故事。海伦·达德利是一位著名的妇科专家的4个女儿中的1个，罗素在讲学的时候曾同他们住在一起。按照罗素的话，"我在她父母家住了两个晚上，只与她单独待了片刻。她的三个姐妹为我们站岗，她们的父母有谁走过来，她们就会发出警报"。罗素安排她在那个夏天到英国来，并公开与他住在一起，他将离婚的事搁置在一边。他写信给奥托琳夫人，告诉她所发生的一切。然而，与此同时，奥托琳夫人听说他已经把自己那糟糕的呼吸器官治好了，便对罗素表示希望重续旧好。总之，海伦·达德利抵达伦敦的时间是1914年8月，此时已经宣战了。罗素决定反对这场战争，而且"我不想让自己的立场掺杂私生活丑闻的成分，这将使我所说的一切都变得毫无价值”。于是他告诉海伦，他们的小小计划中止了，“我不时与她发生关系”，但是战争“扼杀了我对她的激情，我伤了她的心”。他的结论是：“她是一种罕见疾病的受害者，这种病先是使她气馁，然后使她精神失常。”关于海伦的事就到此为止了。

在此期间，罗素又得到了另一位情妇而使得他的立场复杂化起来。这位情妇名义上是康斯坦斯·梅尔森夫人，其实是一位交际花，用科莱特·奥尼尔的名字来逢场作戏。他们1916年相识。当他们第一次承认恋爱时，他们说，他们“没有上过床”，因为“有太多的话要说”。两人都是和平主义者，第一次做爱时，“我们突然听到街上传来一阵野兽般的狂欢声。我从床上跳下来，看见一艘齐柏林飞艇[①]跌落在火焰之中。勇敢者正在极度的痛苦中死亡，正是这种思想引起了街上的狂欢声。在那一刻，科莱特的爱是我的庇护所。不是逃避残酷的事实，那是逃避不了的，而是逃避认识到人是什么所带来的极度痛苦”。

碰巧，罗素的极度痛苦很快就过去了，而康斯坦斯夫人却在几年中忍受着痛苦的煎熬，她只要能与奥托琳夫人一块分享罗素就心满意足了。罗素被关押于监狱期间，她们隔周轮流去探望他。按照康斯坦斯夫人的理解，奥托琳夫人更愿意留在她现在的丈夫身边，所以当罗素的离婚手续办妥后，她就能够拥有他了。因此，1920年5月她提供了能使他获得中间裁定[②]的“证据”。然而罗素这时又投

---

① 齐柏林飞艇，由德国军官齐柏林设计制造的一种硬式飞艇。

② 中间裁定，指离婚诉讼中的中期判决，附有一定期限，如过此期限无人提出异议离婚方可生效。

入另一位更年轻的女子的怀抱，这是一位颇为开放的女权主义者，名叫多拉·布莱克，罗素让她怀了孕。她并不想结婚，因为她不赞成这一制度，但罗素不想让“他的处境变得更复杂”，坚持要结婚。罗素的毫不妥协取得了成功，他们举行了仪式，并在孩子出生之前“空出了 6 个礼拜的时间”。这样一来，康斯坦斯夫人便被抛出局，而多拉却被逼进她称之为“羞耻而又丢脸的婚姻中”。

此时的罗素是一个 50 岁的男人，他迷恋多拉“小妖精似的魅力”，喜欢“沐浴着月光或是光着脚走过露湿的草地”。对她来说，当罗素说到一个军国主义者在他的房子上胡乱写上“那个……和平怪人住在这儿”，而且“每个字”都正确，就会激起她的好奇心。很自然，罗素不会称所有人的心。这时他渐渐发出一种尖利的呵呵的笑声。T.S. 艾略特（他在剑桥的一个门生）将之描述为如同“啄木鸟的叫声”；乔治·桑塔耶那认为更像是鬣狗叫。他穿着老式的黑色三件套装，很少更换（他难得同时有超过一套的服装）。他带鞋罩，衣领高而挺，很像他的同代人柯立芝。比阿特丽斯·韦布在她的日记中写道，在罗素的第二次婚姻中，他是个“相当邋遢、病态而又玩世不恭的人物，一个不成熟的老人”。但是多拉喜欢他那“浓密而且非常美丽的灰发……在风中竖起，大而挺的鼻子，还有那奇特的小下巴，长长的上唇”。她注意到他的“宽而短的双脚向外拐”，他看上去“确实很像患有水俣病”。她想——这是她命中注定的愿望——“使他免受自己不谙世故之累”。

他们有两个孩子：约翰和凯特。1927 年他们在彼得斯费德附近的灯塔山开办了一所实行渐进教育法的学校。他对《纽约时报》说，理想的“合作组织由大约 10 个家庭组成”，他们的孩子“集中在一起”，他们“轮流照看”；每天上“两个钟头的课”，课程“均衡合理”，余下的时间“自由支配”。灯塔山学校就试图将这种理论付诸实施。但是，这个学校需要耗费巨资，为了支付各种账单，罗素被迫去写一些粗制滥造的东西。此外，与托尔斯泰一样，他很快厌倦了学校的日常事务，就把学校丢给了多拉。多拉出于过激的进步观，以强烈得多的责任感去管理学校。

他们也为性问题争吵。韦布夫人早就预言，罗素娶的是“一个性格轻浮、具有唯物主义哲学观的姑娘，他不会也不可能尊重她，这段婚姻注定会失败”。还有一点，罗素与托尔斯泰一样坚持“坦诚”原则。对此她也赞同：“伯特兰和我……相互给予性冒险的自由。”当她成为“世界性改革同盟”英国分部的书记时，他没有表示反对。甚至，她出席在柏林举行的“国际性问题代表大会”（1926年10月），与变性手术的先驱马格纳斯·赫尔斯查弗尔德博士、浮夸的妇科专家诺曼·海尔在一道时，罗素也没有表示异议。不过，当她极为公开地与一位新闻记者格里芬·巴里有染，并生了两个孩子时——按照罗素的观点，18世纪的辉格党贵妇常常与不同的男人生下孩子——这时，罗素还是感到很不舒服。多年后，他在自传中承认：“我在第二次婚姻生活中，曾尽力维持对妻子自由的尊重，我原以为这种自由是我的信念所乐于接受的。但是我发现无论怎样，我的宽宏大量和也许称得上是基督徒式的爱与我正产生的需要并不相等。”他还说：“尽管别人已经预先向我提醒过这些，但我却被理论所蒙蔽。”

关于罗素自己，某些事情他略去不提。这有悖于他的坦诚原则，这类事都是偷偷进行的。这是一个意味深长的事实，尽管知识分子每每试图将性生活完全公开，但最终总是导致一定程度的带有内疚感的保守秘密，即便在典型的通奸家庭中也是如此。后来多拉曾谈到她是如何被一个激动不安的厨子叫回他们在康沃尔的度假屋的，那个厨子拒不让家庭女教师接近主人的两个婚生孩子，因为她已经“和男主人一块睡过觉”（这个可怜的厨子被解雇了）。许多年之后，多拉也发现，当她不在家的时候，罗素出于性爱，也让他的老情人康斯坦斯夫人留宿家中。最后她带着新生的孩子回到家，得到一个令人不愉快的意外消息：“伯迪给了我极大的震惊，他告诉我他现在已经移情别恋于皮特·斯彭斯。”玛杰丽（皮特）·斯彭斯是牛津大学的一个学生，是在假期里来照看约翰和凯特的。罗素夫妇想在法国西南部度一次 4 人参加的假期，夫妇两人都带上各自的情人（1932）。不过，前年他那无子女的兄长一过世，罗素就已经是一位伯爵了，这样一来，情况就不同了。他做什么都更气派十足，皮特急于得到一桩正式的婚姻，于是罗素就把她带到家中生活在一起。“起先”，震惊的多拉说，“我根本就无法相信伯迪居然会对我做出这样的事情”。她又说，这种事是“无可避免的”，“这种男人”“一生中会伤害许多人”；但他“悲剧性的缺点”使他“很少感到歉意”；“尽管他热爱民众并为他们的苦难而痛苦，但他依旧远离他们，因为他身上有贵族气质，同普通人缺乏联系。”

多拉从惨痛的教训中发现，当罗素抛弃一个妻子而接纳另一个的时候，他绝非“不谙世故”。同他那个阶层的其他有钱男人一样，他迅速雇用了一帮精明强干的律师，全权委托他们为他获取他所想得到的东西。这场离婚官司极其复杂和艰辛，耗时 3 年之久，这主要是因为早先这对夫妻签署了一份分居契约，承认双方都有通奸行为并一致同意，双方在任何诉讼中都不援引 1932 年 12 月 31 日以前曾犯下的婚姻中的过失行为。但实际上，这只不过使离婚更加困难，更加混乱，也使罗素的律师更富进攻性。双方都渴望得到他们那两个公认的孩子的监护权，结果是罗素成功地争取到了大法官，大法官将监护权判给了他，就像雪莱可怜的子女。为了达到这个目的，他的律师们让一个汽车司机做了一份证词，这个司机是被多拉从学校中解雇的，眼下他受雇于罗素。证词的大意是，多拉经常喝醉酒，在她的房间里有破碎的威士忌酒瓶，他还同她父亲和一个男客一块睡在那儿。罗素也不是毫无损伤。1935 年最终判决下来了，离婚法庭庭长宣布说，在她的通奸行为之前，“她丈夫至少就有两例私通，而且实际上他还犯有大量的通奸罪，这通常可以认为是在促进犯罪……被告同与住在一屋中的人通奸或是忙于相互占有”。关于这场漫长而又充满怨恨的争辩，读过各种不同的叙述后，人们不能不同情多拉，自始至终她都忠于自己的准则，这正好和罗素形成了对比，罗素一旦发现准则对他个人有所不便，便弃之不顾，然后就完全求助于法律的力量。原先多拉从未想到过结婚，而“直到 1935 年 3 月我才最终摆脱了法定婚姻。我已是三十大几了。离婚耗费了我一生中的 3 年光阴，使我遭受了众多不幸，我永远不会从这件事中彻底地恢复过来”。

罗素与第三任妻子皮特·斯彭斯的婚姻维系了 15 年的好光景。他简单地说道：“1949 年当我的妻子决定不再需要我时，我们的婚姻就走到了尽头。”在这使人产生误解的声明背后，有长长一段关于他的种种卑劣的通奸故事。罗素向来不是一个积极的登徒子，搜索着捕获女性猎物的捷径。但是，他会毫无顾忌地引诱任何一个女人上钩。更确切地说，关于老练的奸夫在尚未开放的年代里所必须掌握的各种伎俩，罗素确实是一位个中高手。例如，有一次他写信给奥托琳夫人说："……对你而言，最保险的方案就是到车站来，在发车站台的头等候车室内等我，然后随我上一辆出租车到某一旅馆，并与我一同进去。这种方案，比其他任何计划所承担的风险都要小，而且这样也不会引起旅馆老板的怀疑。"30年后，他将这类经验主动告诉给西德尼·胡克："胡克，如果什么时候你带了一个姑娘来到一家旅馆而那个接待员似乎对你们起了疑心，当他报给你房间价格时，你就让那位姑娘高声抱怨：'这也贵得离谱了吧！'这样，他肯定会认为她是你的夫人。"不过罗素通常更愿意把女人们带到家中，这样办起来更容易。1915年，他把自己在伦敦拜瑞街的公寓提供给T.S.艾略特及其妻子维维恩作为临时住所，艾略特曾是他的学生，手头正拮据。这位诗人称他为阿波里奈克斯先生，"无须承担责任的婴儿"。当他那"枯燥而又激昂的谈话耗尽了一个下午"，他就如同"听到圣陶尔[①]在硬草地上的脚步声"。但艾略特仍是一个轻易信赖别人的人，他常常把妻子单独留给那个"圣陶尔"以及他那充满激情的谈话。关于以后所发生的事情，罗素对他的其他情妇们进行了自相矛盾的描述。他对奥托琳夫人讲，他和维维恩之间是柏拉图式的调情；他向康斯坦斯夫人供认，他曾和她做爱，不过得来的经验"可怕而又讨厌"。很有可能，事情的真相与他的这两种叙述都相去甚远。因为也许是罗素的行为造成了维维恩·艾略特的三心二意。

① 圣陶尔，古希腊神话中半人半马的怪物。

罗素的受害者们通常是身份卑微的人：家庭女仆、保姆，或是经过屋子的随便哪位年轻、漂亮的女性。胡克教授在描述罗素时断言，这正是他第三次婚姻破裂的根本原因。胡克说他有“充分的证据”证明罗素“不顾高龄，仍在追逐他遇到的每一个穿裙子的人，他干这类事臭名远扬，甚至与年轻女仆，还不是背着皮特，而是就在她的眼前，当着那些他屋里客人的面”。皮特离开了罗素，但又回来了，不过罗素拒绝立下忠实于婚姻的誓言，最终她决定绝不再蒙受羞辱。1952 年罗素离婚，这时他 80 岁。然后他娶了一位来自布莱恩·莫尔学院的教师——伊迪丝·芬奇。他已经和她相识好几年了，他的余生都是由她来照料。当他被指控为反美时，他会潇洒地回答道：“我的妻子们有一半是美国人。”

就理论而言，罗素同 20 世纪妇女解放运动同步；就实践而言，他仍根深蒂固地停留在 19 世纪，是一个维多利亚时代的人——毕竟，当老女王去世时，他差不多已经 30 岁——他倾向于把女人看作男人的附属品。“……别看他提倡妇女的投票权”，多拉写道，“伯迪并不真正相信妇女能同男子平等……他认为男性的智力优于女性。他曾对我说，他通常觉得驳倒女性是必然的”。在他内心深处，他似乎认为妻子们的首要职责就是为丈夫生儿育女。他有两个儿子和一个女儿，有时他试图把自己的精力都放到他们身上。但是，与他的英雄雪莱一样，他那强烈而难得的占有欲中混杂着一种更为通常的冷漠。多拉曾埋怨说，他变得“根本不了解他们的问题，而完全专注于自己在世界政治中担任的角色”；他自己也不得不承认他“作为一个父亲是失败的”。正如许多知名的知识分子那样，人们——这其中包括孩子和妻子们——往往会变成他思想的奴仆，并且是他自我实践的奴仆。罗素在许多方面是一位正派、慈祥而又有教养的男士，能做出极其慷慨无私的姿态。他缺少托尔斯泰或是易卜生那种坚定不移的自我专注。但他具有剥削性，尤其是在与女人们的关系上。

他所剥削的对象并不仅限于女人，有关拉尔夫·苏恩曼的有趣例子就表明了这一点。苏恩曼是个美国人，他是普林斯顿大学哲学系和伦敦经济学院的毕业生，1958 年他加入核裁军运动。两年后，也就是在他 24 岁的时候，他写信给罗素谈了他的一个计划：成立非暴力反抗组织，作为运动的一翼。这位老人被迷住了，鼓励苏恩曼来见他。结果他发现这个年轻人很讨人喜欢。苏恩曼的偏激与他的观点正好一致。他俩之间的关系非常类似于老托尔斯泰与切尔特科夫的关系。苏恩曼成为罗素的秘书和组织者，实际上到了 1960 年，他成为一位预言之王的宫廷中的首相。更确切地说，有两个宫廷。一个在伦敦，那儿是罗素公开活动的中心；另一个是位于北威尔士的一个半岛上的他的住宅。这个半岛是一个迷人的意大利村落，由富有的左翼建筑师克拉夫·威廉姆－埃利斯建造，周围绝大部分土地都归他所有。他的妻子艾姆阿贝尔是约翰·斯特雷奇的姊妹，也是一位著名的斯大林的辩护者，她还写了一本书宣传白海运河的开掘（据目前所知，这是靠苦役犯造的），这是在 20 世纪 30 年代的黑暗岁月中出现的最令人反感的文献之一。很多富有的革新主义者，比如罗素的“鲍斯韦尔”[①] 克劳谢－威廉斯、亚瑟·凯斯特

① “鲍斯韦尔”意为“为密友写传记的人”“为名人详细记述行为的人”。苏格兰作家鲍斯韦尔曾为其友塞缪尔·约翰逊写传记，故有此转义。

勒、汉弗莱·斯莱特，军事科学家（后来成为爵士）P.M.S. 布莱克特，及经济史学家 M.M. 波斯坦都定居在这宜人的地区。他们在这儿享受生活的乐趣，谋划社会的太平盛世。罗素是他们的君王，除了当地的中产阶级知识分子，来自世界各地的一大群朝圣者蜂拥而至，他们来此寻求智慧和赞同，正如他们的前辈曾前往雅斯纳雅·波良纳，在托尔斯泰那里寻找同样的东西。

罗素很乐意对伦敦进行令他大出风头的突然袭击，去发表演说，去游行示威，让自己被捕，给英国国教到处制造麻烦。但他更喜欢威尔士的生活，而且，对他来说，最为方便的是让苏恩曼这个不领报酬而又忠心耿耿的人（更确切地说是一个狂热的代理人）在伦敦为他管理事务。于是，苏恩曼充当着罗素这位苏丹的维齐尔[①]，他在这一职位上干了 6 年。1961 年 9 月罗素被拘捕时，他与罗素在一起，也进了监狱；他被释放是在 11 月，内政部建议把他作为一个不受欢迎的外国人驱逐出境。一大批著名进步人士签署了一份允许他留下来的请愿书，政府做了让步。后来，当苏恩曼似乎要完全控制罗素的思想，就像切尔特科夫对托尔斯泰那样时，这些人士为自己的求情感到十分懊悔。有时，老朋友要与罗素通电话都是件困难的事：因为电话是苏恩曼接，他只答应把话传到。罗素写给《泰晤士报》的许多信和以罗素的名义送往报社的一些评论世界重大事件的声明，苏恩曼被指控是真正的作者。苏恩曼也鼓励罗素对自己的信任。他声称“自 1960 年以来，每个冠以伯特兰·罗素名义的重大政治动议，都是我的思想和行动的成果”；他说，有人认为这

① 维齐尔，伊斯兰国家尤指奥斯曼帝国的高官或大臣。

位老人已经“被一个阴险的青年革命者所左右”，这种看法至少有“部分的真理”。

苏恩曼必定处理过“百人委员会”“越南战犯法庭”以及设立“伯特兰·罗素和平基金会”的大量事务。20世纪60年代期间，罗素的伦敦总部变得像是个微型外交部，带有喜剧颠覆的味道，它发送过不计其数的信件和电报给各国总理和国家首脑——苏联的赫鲁晓夫、埃及的纳赛尔、印度尼西亚的苏加诺、埃塞俄比亚的海尔·塞拉西、塞浦路斯的马卡里奥斯三世以及其他元首。当这些信件变得越来越长、越来越频繁、越来越无节制时，被打扰者做出答复的也越来越少。他们还对国内事务做公开性评论，例如，“普罗斐莫事件”是严重的，这并非因为内阁是由窥淫癖者、同性恋或是街头妓女组成。问题之所以严重，是因为那些掌权者们已经彻底摧毁了司法系统的廉正，还伪造证据，威胁证人，串通警方毁灭证据，甚至允许警察去谋杀一个人。报社及时停止了刊印这样的胡言乱语。

那些与罗素失去联系的老友猜测苏恩曼是所有这些公文的作者。毫无疑问，他确实写了其中的许多篇。但这也没有什么新鲜的。罗素很有可能让其他人以他的名义写一篇文章，如果他对那个问题没有太大兴趣的话。1941年西德尼·胡克埋怨一篇在《魅力》上题为《如果你和一位已婚男士坠入爱河，该怎么办？》的文章，署名是“伯特兰·罗素”。罗素承认他从中得到了50美元，他妻子写了文章，他只是签了自己的名字。没有证据表明，苏恩曼的作品严重歪曲了罗素的观点，因为罗素的观点正好和他的秘书一样激烈。档案表明，苏恩曼更改并加强了罗素原文中的某些段落；但是这完全有可能是按照罗素本人的口述进行的（关于古巴导弹危机的声明很可能就是这种情况）。当罗素的情绪克制住时，他总是容易背离事先准备好的比较温和的原本。如果以他的名义发布的声明中有许多今天看起来似乎幼稚的地方，那就必须记住，20 世纪 60 年代是幼稚的 10 年，而罗素是这个时期的代表人物之一。他常常会要小孩脾气，尤其在晚年的时候。例如，他公开安排了一个特殊仪式来证明他撕毁了自己的工党党员证。在一次招待会上，当首相哈罗德·威尔逊伸出手臂走近他，口中称呼着“罗素爵士”时，这位老伯爵却故意惹人注目地把手一直放在口袋里。事实非常清楚，正如他的传记作者罗纳德·克拉克强调的，与当时一些人的看法相反，罗素从来没有变衰老。他由着苏恩曼任性行事，但他依旧强有力地控制着最终一着。

事实上，当他认定苏恩曼不再适合他的目标时，他表现得非常无情。他并不反对苏恩曼的极端主义，但他不喜欢任何人偷去公众对他的注意力。苏恩曼以“罗素伯爵的私人代表”的名义多次到国外旅行，这引起了很多麻烦。1965 年 7 月在赫尔辛基召开的世界和平大会上，苏恩曼有些极其引人注目的不当行为。罗素收到了组织者发来的一份愤慨的电报：“你的私人代表的发言引起了骚动，听众强烈不满。和平大会非常激愤。基金会名声扫地。你有必要否认自己与苏恩曼以及他的发言有关。友好的敬礼。”接下来又有 1966—1967 年关于越南战犯法庭的长时间的公开和幕后的争吵。1969 年，时值罗素 97 岁，他认定自己已经获取了有可能从苏恩曼的服务中得到的所有好处，就突然把他打发走了。7 月 9 日，他进一步在遗嘱中免去了苏恩曼的遗嘱执行者和受托人的资格。在这个月的中旬，他与之彻底断绝了关系。两个月后，他又免除了其在“罗素和平基金会”中的董事职务。11月，他向他的第四位妻子伊迪丝口授了一份阐述他和苏恩曼的全部关系的7000字的声明；这份声明由伊迪丝打印，而罗素在每一页上签上自己姓名的第一个字母，同时在另一部打字机上打着一封签了名的附信。语气像是辉格党人的行文，居高临下，不容置辩，结尾是：“拉尔夫完全可以说是妄自尊大。我认为，事实上，对于拉尔夫，我从来没有认真照他所希望于我的那样去看待他。在早先，我喜欢他，但我从没有把他看作一个有才华、有影响和举足轻重的人物。”这种说法颇有罗素在处置他不再具有吸引力的妻子时的某些特色。

罗素之所以留用苏恩曼这么长时间，原因之一就是他擅长用一种罗素感到厌恶的方法拉来资金。罗素一向热衷于金钱：赚钱、花钱，并公正地分钱。在第一次世界大战期间，他不想拥有自己继承的一家工程公司的3000英镑股票，当时这家公司在制造战争武器，他便把这些股票交给了贫困的T.S.艾略特；“几年后”，他回忆道，“当战争结束时，（艾略特）不再贫穷了，他又把股票交还给我”。罗素经常向别人赠送奢侈的礼物，尤其是送给女人。他也会吝啬和贪婪。胡克认为他的主要过错是虚荣和贪婪：他说，在美国他常常会写“垃圾”文章，或为他没有多少思考的书撰写序言，目的仅仅是赚点小钱。罗素为自己进行了辩护，他首先归咎于那所学校，每年它要花费他2000英镑，其次是他的妻子们。他声称他的第三个妻子奢侈浪费。他还坚持说，他们离婚后，1950年他得到诺贝尔奖金1.1万英镑，有1万英镑落到她手中。他说，他不得不去挣大量的现金并要计算着用，因为他要同时支付两份赡养费。不过，想到自己有大笔的收入，他会为此高兴，所以他会热衷于细细查阅他的小笔记本。克劳谢－威廉斯在日记中写道："他喜欢我们鼓励他细细讲述他现在所赚到的纯收入。"他特别津津乐道于1960年被授予的丹麦桑宁基金会奖，价值5000英镑，免税。"没有附加税"，他欣喜若狂，"净收入！"他告诉克劳谢－威廉斯他只会在丹麦待两天："我们就是来这儿捡钱的，然后就直接回去吧。"

苏恩曼被证明是一位优秀的财政部长。他在罗素的信件中放入小纸条，纸条上写着："如果你相信伯特兰·罗素为和平所做的工作是有价值的，也许你会愿意在经济上支持他……这张便条是由他的秘书塞入的，罗素爵士本人压根就不知情。"对于那些来信要求罗素亲笔签名的人，他收费3英镑（后来减到2英镑）。新闻记者们为一次采访权要支付150英镑。罗素肯定知道这类勒索，因为他收到了大量对于苏恩曼这种美国式资金筹集方法的抗议。但他允许这种事情继续下去，而且他似乎批准了苏恩曼最大的方案中的两个。苏恩曼不顾罗素的旧派出版商斯坦利·安温先生的建议，对罗素自传的美国版权进行了一次拍卖——在当时，这几乎是一种未为人知的交易手段——并且把拍卖价提到了当时看来的天文数字：20万美元。像布莱希特一样，罗素积累了大量的私人档案，苏恩曼也为此获益。与同时代的丘吉尔一样，罗素是最先意识到名人书信的经济价值的人之一，而且保存了他所收到的全部名人来信（加上他寄出信件的副本）。到20世纪60年代，他的私人档案中已存有25万份文献，被称为"英国个人同类档案中最重要的"。苏恩曼是一个宣传能手，他用两辆装甲车把这一档案运送到伦敦，在大量这类让人眼花缭乱的举动之后，档案卖给了加拿大安大略省汉密尔顿市的麦克马斯特大学，得到25万美元。苏恩曼的妙策是创立和平基金会，根据大西洋和平基金会的先例，罗素这个基金会获得了免税的慈善机构的地位。“这大违我的本意”，罗素洋洋自得地说，“我的同僚一定要在这个基金会上加上我的名字”。在他的暮年，他能够把大笔款项投入所有他喜欢的事业，他既明智又愚蠢，他得意于有大笔收入，也尽可能合法地少缴税款。当苏恩曼创立了这一巧妙的机构后，没有人过分客套，请他出去的门打开了。罗素，还有他的朋友威廉姆－埃利斯受到指责说，他们既是有钱人又是社会主义者——为什么他们没有一个人把财产散发掉呢？——罗素有一个常备的回答：“恐怕你误解了。克拉夫·威廉姆－埃利斯和我都是社会主义者，我们不会假装成基督徒。”

一个是实现自我正义的进步世界，一个是特权世界，从这两个世界中得到最好的东西，这种技能是贯穿于许多重要的知识分子一生的主题，在这方面没有人能超过伯特兰·罗素。如果说他没有经常地积极去追求，他也绝不拒绝血统、声誉、关系和头衔给他带来的好处。比如，1918年舰首街地方法官判他二级罪服刑6个月（苦役）的时候，经过上诉，改判为一级罪，庭长宣称：“如果罗素这样一位享有很高声望的人士以这种方式关押起来，使他的能力不能得到充分发挥，这将是国家的重大损失。”在自传中，罗素自己的叙述表明，对他的宽大应归功于一位哲学家同行，即当时的外交大臣：“在亚瑟·贝尔福的干预下，我被定在第一级，于是在监狱的时候，只要不进行反战宣传，我就能够随心所欲地读书和写作。我发觉监狱在许多方面还是颇令人愉快的。”在布瑞斯顿期间，他写作《数学哲学导论》，并开始写《心灵的分析》。他还能够读到最新的图书，包括林顿·斯特雷奇颠覆性的畅销书《维多利亚女王时代名人传》。这本书令他笑得“如此响亮，以至于看守走到我的单人牢房前，要我必须记住监狱是一个惩罚人的地方”。与显贵人物关系稍逊一些的其他和平主义者，如E.D.莫奈尔，在第二级监禁中都损坏了健康。

罗素还会为一些小小的优待而感到高兴。诸如当通过苏恩曼的安排，他从公共图书馆借到的惊险读物超过限量的时候。罗素贪婪地阅读了大批侦探小说，就像他们那一代其他许多剑桥大学的知识分子一样（他的老同事J.E.麦克泰戈特一周要看30册）。这时他没有对特权提出异议——谁会呢？甚至在战后最糟的物品短缺时期，一家有名的苏格兰酿酒厂每个月送给他一两箱威士忌酒，箱子上面标着“罗素伯爵”的牌号。罗素让人难以忘掉他的社会出身，尽管他并不总是故意这样做。他说他的第一位妻子“不是我祖母所称呼的那种淑女”。他称自己21岁生日是“我到达法定年龄”的日子。他常常喜欢对那些他称之为中产阶级的人士，例如建筑师，粗暴无礼并以此为乐。如果被严重冒犯，他会去叫警察，比如有一次，他这么做是因为一个女演员和她的代理人在他伦敦的客厅里表演“静坐示威”，模仿了他的动作。他非常想得到功勋奖章，并认为像爱丁顿[①]、怀特海这些次等人物都已在他前面得到了，这真是可耻之至。当乔治六世最终把这一勋章授予他时，他才总算满意。左派相信他从未使用过他的头衔，这是一种神话。而他的第三任妻子似乎以此为乐，每当他认为头衔能为他弄到好处时，他便从实效出发而

① 爱丁顿（1882—1944），英国天文学家、物理学家。

去使用。必要的时候，他永远是一位伯爵。在没有必要的时候，他是一位好朋友——只是在一定程度上。因为任何人都不得在他面前放肆。

至于逻辑，也是只有在需要的时候才引用。在苏联入侵捷克斯洛伐克期间，罗素被劝说连同一大群其他作家在一封抗议信上签字。我负责通过谈判让它在《泰晤士报》上刊登出来。按照惯例，签名是以字母顺序排列的，信头将会是“金斯利·阿姆斯等人发出”。我认为，如果这封信写成“功勋奖章获得者罗素伯爵等人发出”，那么可以造成更大的影响。《泰晤士报》的文字编辑的看法也与我一致。于是，事情就这么办了。但是罗素注意到了这个小诡计而且生气了。他打电话进行抗议，并终于同印刷机旁边的我联系上了，我正将《新政治家》付印。他说我故意做出这种事，造成一种错误的印象，好像是他本人组织了这封信。我对此予以否认，并说唯一的目的是使这封信具有最大的影响力。我说：“无论怎么说，如果你同意在这封信上签名，当你的名字被放在第一个时，你就不能抱怨——这是不符合逻辑的。”“合乎逻辑的废话！”罗素嘲讽地说道，然后砰地放下了听筒。

8

萨特："裹着毛皮的小墨水瓶"

让-保罗·萨特跟伯特兰·罗素一样，都是力图向民众宣讲自己主张的职业哲学家，但两人采用的方式却有很大的区别。罗素把哲学看成一门普通人无法参与的神圣科学，因而像他这样一位世俗的哲学家所能做的，至多也不过是提炼出少量智慧的精华，大大地加以稀释，再通过报纸、通俗读物和广播传播出去。相反，在萨特工作的国家里，人们在高中就学习哲学，在咖啡馆里也常争论哲学问题，因而萨特相信，可以通过戏剧和小说使民众加入他的哲学体系。至少有一段时间萨特似乎成功了，毫无疑问，20世纪没有第二位哲学家对全世界那么多人，尤其是年轻人的思想和态度产生了这样直接的冲击。从20世纪40年代末到50年代，存在主义一直是流行的哲学思想。他的剧本轰动一时，他的著作销量惊人，有几种仅在法国就卖出200万册。萨特提出了一种生活方式。他主持着一个不那么明确的世俗教堂，但这一切最终又得到了什么呢？

与大多数一流知识分子一样，萨特也是个自我中心主义者，考虑到他童年的生活环境，这也就不足为奇了。他是被宠坏了的独生子女的典型。他出身外省的上层中产阶级家庭，父亲是一名海军军官，母亲来自阿尔萨斯富有的施韦泽家族。人们都说他的父亲是个无足轻重的人，老是受到他自己父亲的压制。不过，他虽只是个综合工艺学校的学生，倒是个聪明人，为了弥补身材的矮小（5 英尺 2 英寸），他留着浓密的小胡子。然而，萨特出生 15 个月后父亲就死了，成了“我母亲卧室中的一张照片而已”。他的母亲安娜·玛丽后来改嫁给拉罗谢尔的德洛纳·贝尔维尔工厂的老板，实业家约翰·麦赛。萨特生于1905年6月21日，他继承了父亲的身高（5.25 英尺）、头脑和书籍，但在自传《词语》中，可以看出他故意把父亲从他的生活中排除掉。“假如我的父亲还活着”，他写道，“他会整个儿压在我身上，把我压得粉碎，幸亏他年纪不大就死了”。他还写道，“在我家里，没有人能使我对他产生好奇心”。谈到父亲的书籍时，萨特说：“他和同时代人一样，读的书全是垃圾……我把它们统统卖掉，这个死去的人和我没有什么关系。”

那位把几个儿子压碎了的外祖父。对让·保罗却十分溺爱。允许他随意使用自己的大阅览室。他的母亲是个逆来顺受的可怜人，她最宝贵的财产就是这个小男孩。母亲给萨特穿女式外套，让他留比幼年的海明威还长的头发，直到 8 岁那年，外祖父才下令剪掉了萨特的满头鬈发。萨特把他的童年称作“伊甸园”，他的母亲就是“受到所有人监视和支配的修女，她和我们生活在一起，专门伺候我”，“母亲是属于我的，没有人因为我平静地占有她而向我提出挑衅。我不知暴力与仇恨为何物。同时，我也被免除了嫉妒的苦涩训练”，根本不存在“反抗”的问题，因为“从来没有人试图把他的任性作为法律强加于我”。4 岁时，他曾把盐放进果酱罐，除此之外他再没犯任何错误和受到任何处罚。母亲唤他作“布罗”。人们说他长得漂亮，而“我也信以为真”。他说着“早熟的话语”，其他人则“记住这些话，重复告诉我”，于是“我又学着编造些别的话”，他说他知道“怎样不费力地说些老成的话”。萨特的这些叙述有时确实会让我们想起卢梭：“善在我的心灵深处诞生，真则来自我年幼无知的领悟能力。”“我没有任何权利，因为充盈我全身的只有爱。我也没有责任，因为我做的一切都是出于爱。”外祖父“相信事物的进步，于是我也相信：进步是一条通向自我的漫长而艰苦的道路”。他把自己描述成“一件文化的财富……文化渗透了我，我又如同一道光线把文化带给了家庭”。萨特回忆起当他要求阅读福楼拜的《包法利夫人》（当时还被认为是本坏书）时与母亲的交谈。母亲说：“如果我的小宝贝在这个年龄就读这样的书，他长大后会干什么呢？”萨特回答说：“我将照那样生活。”这个机智的反驳被家族内外的人们兴奋地重复着。

由于萨特一向不太尊重事实，所以很难说他对自己童年和少年时代的描写有多大的可信度。他的母亲读完《词语》后深感不安，她的评价是“布罗对他的童年一无所知”。萨特对家庭成员的冷酷评论令她震惊。毫无疑问，他是被宠坏了。然而 4 岁那年，灾难发生了。一场流行感冒后，他的右眼患上了睑腺炎，从此他再也不能使用右眼。萨特一直受到眼疾的困扰，长年戴着墨镜，60 多岁时逐渐失明。萨特终于进了学校之后，发现母亲对他容貌的赞美是在撒谎，他其实长得很丑。他个子虽矮，但体格匀称，胸部宽阔，健壮有力。他的容貌极为平常，有毛病的右眼甚至使他看上去有些可笑。丑陋的外貌给了他很大打击，他于是以机智、嘲讽和玩笑进行报复，形成一种酸溜溜的性格，成为学校里的弄人。像他自己说的，后来他不断追逐女人，“为的是消除因长得难看而带来的心理负担”。

萨特接受了他那代人所能受到的最好的教育：先上了拉罗舍尔一所很好的公立中学，接着在巴黎的亨利四世中学当了两年寄宿生，该校当时可能是法国最好的中学，他随后进入曾培养出许多法兰西学院重要院士的巴黎高等师范学校。保罗·尼赞①、雷蒙·阿隆②、西蒙娜·德·波伏娃这些才俊都是他的同时代人。萨特参加拳击和摔跤，弹钢琴，而且弹得很不错，歌声也浑厚动人，还给学校里的戏剧评论杂志画过讽刺性素描。他创作诗歌、长篇小说、剧本、歌曲、短篇小说及哲学论文。他仍像个弄人，只是有了更多的新把戏。他养成了每年读大约 300 本书的习惯并一直保持着。他的阅读范围十分广泛，酷爱美国小说。在巴黎高师他还得到了第一位情妇：西蒙娜·杰莉菲。与他的父亲一样，如果有可能，他喜欢比较高的女人。西蒙娜就是一位瘦长的金发女郎，比萨特高出一头。萨特第一次参加学位考试没有及格，第二年以优异成绩通过，名列榜首。比他小 3 岁的德·波伏娃名列第二。这是 1929 年 6 月，就像当时许多精明的年轻人一样，萨特当了一名中学教师。

---

① 保罗·尼赞（1905—1940），法国作家、哲学家，作品有小说《看家狗》《安托万·布卢瓦耶》，哲学专著《古代唯物主义思想家》等。

② 雷蒙·阿隆（1905—1983），法国社会学家、哲学家和政治评论家，以其对主流思想体系持怀疑态度而闻名，主要著作有《历史哲学引论》《知识分子的鸦片》《社会学主要思潮》等。

20世纪30年代是萨特迷惘的10年。他始终孜孜以求的文学声誉并未如期而至。他的大部分时间只是在勒阿弗尔做中学教师，过着典型的外省的懒散生活。其间他去过几次柏林，在阿隆的建议下，他在那儿研读了胡塞尔、海德格尔，研究了现象学这一当时在中欧最富独创性的哲学。不过，他主要还是做教师的苦差事。他憎恶资产阶级，确实很有阶级意识，但他并不是马克思主义者。事实上也许除了一些摘录以外，他从未完整地读过马克思。他无疑是个叛逆者，却是个没有目标的叛逆者。他不参加任何党派。他对希特勒得势毫不关心，对西班牙的战事也无动于衷。不管他后来是怎样说的，事实表明，他在战前并没有坚定的政治观点。从一帧照片上可以看到他参加学校授奖典礼时的装束：黑色带绉边的礼服，外面是饰有貂皮的黄色斗篷，这两件衣服都过于宽大。通常他只穿运动衫和敞领衬衫，不肯打领带；只是到了中年快结束时，才穿上知识分子的统一装束——白色低领毛衣，古怪的半皮夹克。他酒喝得很多。当教师第二年的学校授奖日，他醉后语无伦次，无法发表演说，只好被人扶下主席台，成为可笑的一幕中的主角，似乎预演了金斯利·艾米斯的《幸运的吉姆》。从那时起，他一直同年轻人亲近，尤其是青年学生。他允许学生们多少按自己的意愿行事。他的训示是：每个人只对自己负责；他有权批评任何人、任何事。学生们在课堂上可以不穿外套，可以抽烟，可以不记笔记、不交作业。他上课从不点名或对学生施以体罚，也从不给他们批分数。他写了很多东西，却没人愿意出版他早期的小说。他只好懊恼地看着尼赞、阿隆这些朋友的作品出版，还都获得了一点声誉。1936年，他终于出版了研究德国哲学的著作《哲学研究》，反响甚微，但他开始看到自己究竟想做什么。

萨特的作品本质上是通过小说和戏剧表达行动哲学。到20世纪30年代末，他更坚定了这一想法。他认为当时所有的小说家——如多斯·帕索斯、弗吉尼亚·伍尔夫、福克纳、乔伊斯、奥尔德斯·赫胥黎、纪德和托马斯·曼——都反映着主要直接或间接源自笛卡尔和休谟的传统思想。他在给让·奥兰的信中写道，更有趣的是“写一部海德格尔时代的小说，而这正是我想做的”。问题在于，20世纪30年代萨特的小说创作和哲学研究是各自独立进行的，只有当他将两者紧密结合，并通过舞台迫使公众注意，才能起到激励人心的作用。一种哲理小说终于渐渐孕育成熟，他给这部小说起名为《忧郁》，出版商换了一个更有吸引力的书名《恶心》。此书于1938年问世，但起初还是没有什么反响。

使萨特出人头地的还是“二战”。这场战争对法国是灾难，对尼赞等朋友是死亡，也给其他人带来了危险和耻辱，但却让萨特获益良多。他应征加入了陆军炮兵司令部的气象小队，负责放热气球测定风向。战友们都笑话他，他的班长——一位数学教授——评价道：“从一开始我们就知道，从军事上看他对我们毫无用处。”当时法军士气极为低落，萨特因从不洗澡、肮脏无比而臭名远扬。他所做的就是写作，每天写5页小说，最终写成了《自由之路》。他还每天写4页《战争日记》和无数给女人的信。当德军发动进攻，防线崩溃，萨特成了战俘（1940年6月21日）后，他依然涂涂写写。在特里尔附近的战俘营里，他实际上被卫兵当作政治人物，德国兵鄙视法国俘虏，尤其鄙视肮脏的法国战俘，他们常常踢萨特宽大的臀部。就像当初在学校里一样，他靠开玩笑和为战俘营写作文娱节目挺了过来。他继续努力写他的长篇小说和戏剧，直到1941年3月被诊断为“半失明”而获释为止。

萨特直接去了巴黎。他在著名的贡道塞中学得到哲学教师职位，当时该校大部分教员都已流亡，转入地下，也有的参了军。校方并不介意他的教学方式，或许倒正因为他的教学方式，给了他一个“工作出色”的评价。他发现战时的巴黎令人兴奋。他后来写道：“恐怖难以忍受却又对我们十分合适……我们从未感到像德军占领时这样自由，如果我这样说人们会理解吗？”但这是因人而异的。萨特很幸运，由于战前未介入政治，甚至连1936年的“人民阵线”也没参加，在纳粹的档案和黑名单上并没有他的名字，至少他们认为他“清白”。他也确实算艺术家中受到优待的。当时一大批亲法的德国知识分子，像戈哈特·海勒、卡尔·埃普坦、卡尔·海因兹·布雷默等人都在巴黎，他们不仅对审查制度而且对获准出版的报纸杂志，至少是上面登载的剧评和书评都有影响。萨特的小说和剧本完全可以为他们所接受，因为他们的背景是中欧哲学，尤其重视海德格尔，而海德格尔又是受纳粹学术界称许的学者。萨特从未主动与当时政权合作，最密切的联系也只是为一份与纳粹合作的周报——《喜剧报》——写稿，一度还答应为它写专栏。但他作品的出版、剧作的上演都通行无阻。正如安德烈·马尔罗所说的：“当我对付盖世太保的时候，萨特却得到德国审查人员的许可，在巴黎上演着他的戏剧。”

萨特隐约有种参加抵抗运动的渴望，但这一企求没能实现，这对他倒是件幸事。这是个奇怪的讽刺，人们写知识分子时总会碰到。萨特个人的哲学已经在他脑子里形成了，很快被称为“存在主义”。在本质上，这是一种强调行动的哲学，认为人的性格和意义都决定于他的行动而非观点、作为而非言论。纳粹的占领激起了萨特全部反抗权威的本能。他要跟权威斗争。如果他真的遵循自己的哲学信条，就早该去炸毁军车或刺杀党卫军了。但事实上他并没有这样做。他只是说，他只是写，他在理论上、思想上、精神上都是抵抗派，唯独缺乏行动。他帮助成立了一个名为“社会主义与自由”的秘密组织，经常开会或辩论。他似乎相信，要是所有的知识分子聚集起来，一起吹响号角，纳粹的耶和哥城墙就会倒塌。但当他请求纪德和马尔罗加入这个组织时，他们都拒绝了。一些成员开始信奉马克思主义，比如他的哲学家同事梅洛·庞蒂。要说他信什么的话，他接近蒲鲁东。他就是在这种精神状态下，写了第一份长达100页、谈论战后法国的政治宣言。总之，他言论不少，但缺乏行动。组织的一位成员让·普隆这样说道：“我们不是个有组织的抵抗团体，只是一群聚在一起的朋友，我们决心一道反纳粹，并把这种信念传播给别人。”所谓“别人”，即该组织以外的人，他们对它更是持批评态度。加入共产党的乔治·沙泽拉说：“他们的幼稚从一开始就让我吃惊，比如他们从未意识到空谈给别人的工作带来多大危害。”另一位积极抵抗派拉奥·列维称组织的活动“只是个茶话会”，而萨特则是“一个政治文盲”。这个组织最终因无所作为而解散了。

此后萨特再没有为抵抗运动做什么重要的事。他没有为营救犹太人写一个字、出一分力。他只是全神贯注地干自己的事。他大都坐在咖啡馆里，疯狂地写剧本、长篇小说和哲学著作。他与圣日耳曼区的联系开始是非常偶然的，但很快就闻名世界。1942—1943

年，他完成了他最重要的哲学著作《存在与虚无》，这本书非常全面地阐述了萨特的行动主义原则。写书的那个冬天极冷，咖啡馆的老板布巴尔先生却有办法弄到烟草和取暖的煤。于是萨特每天在那儿写作，裹着一件不知从哪儿弄来的鲜橙色的人造皮毛外套，虽然又难看又不合身，却很暖和。他总是先喝下一杯奶茶，然后拿出钢笔和墨水瓶，连续写上 4 个小时，很少从稿纸上抬起头来，就像"一个裹着毛皮的小墨水瓶"，西蒙娜·德·波伏娃这样描述萨特。她指出，书中的"猥亵段落"是为了使这部长达 722 页的著作更富生气，"有人关注普遍的生存困境，另一个人却一心想着肛门和意大利式的做爱"。《存在与虚无》于 1943 年 6 月出版，成功虽未立时而至，却是实实在在、与日俱增的（最重要的一些评论直到 1945 年才发表）。然而，萨特通过戏剧奠定了自己重要的地位。就在《存在与虚无》出版的同一个月，他的剧作《苍蝇》公演了，起初卖出的票很少，但很快引起了注意，更巩固了萨特日盛的声名。他随即为巴蒂写了 3 部电影剧本（包括杰作《事已决定》），第一次赚了一大笔钱。他参与创办了一份新的很有影响的评论性刊物《法国通信》，次年春天，又与安德烈·马尔罗、保罗·艾吕雅[①]一起被指派为七星奖评奖团成员，这无疑表明萨特已成为文学界权力的掮客。就在这时——1944 年 5 月，他的独幕剧《禁闭》在老哥伦比亚剧院上演，剧中 3 位主人公在一间会客室交谈，结果发现那儿其实是地狱的前厅。这部出色的作品可以分为两个层面：一方面它是对

① 保罗·艾吕雅（1895—1952），法国诗人和社会活动家，主要诗集有《公众的玫瑰》《诗与真理》《政治诗集》《和平的面目》等。

人物的评论，传达了“他人即地狱”的寓意；另一方面它是对《存在与虚无》的通俗演绎，是对海德格尔哲学的激进化的翻版，其中加进了花哨的法国式评注和当代事件，传达了隐藏着对抗性的行动主义。这是法国人一向具有的杰出天赋——吸取德国的思想，并给它们加上华丽时髦的包装。《禁闭》在批评家和公众那里都获得了极大成功，被誉为“开创了圣日耳曼区黄金时代的文化事件”。

《禁闭》令萨特声名卓著，这是戏剧能无比生动有力地表达思想的又一个实例。可说来奇怪，萨特还是通过在公共讲坛发表演说的古老形式名扬世界的，实际上是成为一个臭名昭著的“神圣的噩魔”。《禁闭》上演后的一年里，法国平静无事，每一个人，尤其是年轻人，都急切地想追回失落文化的岁月，为战后寻求真理的灵丹妙药。各党派为争取对大学校园的绝对控制而激烈地斗争着。萨特用他的新哲学提供了一种变通的办法——不要教会，也不要政党，而要一种富于挑战性的个人主义学说：如果一个人走上了敢于行动和富有勇气的道路，他就可以看作是自己灵魂的绝对主宰。这是极权主义的噩梦之后对自由的一种信念。1944 年秋天，通过在圣雅克街做一系列关于“小说的社会技巧”的成功报告，萨特展示了他作为演说家的才能和引人入胜的力量。那时他只是间接提出了自己的部分思想。1 年后，法国解放，出于寻求智力刺激的渴望，萨特于 10 月 29 日在让·古雄街的中心会堂发表了公开演讲，当时萨特自己并没有用“存在主义”这个词，它似乎是新闻界创造的。就在 8 月有人请他给这一术语下定义时，萨特回答：“存在主义？我不知道它是什么。我的哲学是一种存在的哲学。”这次他决定接受媒体创造的这个新词，给演讲题名为《存在主义是一种人道主义》。

维克多·雨果曾断言，一种思想一旦适应了时代，就具有无比的力量。从两方面可以明显看出萨特的思想适逢其时，一方面他向渴望和期待自由的人们鼓吹自由，但这种自由并非唾手可得。萨特说：存在主义用行动界定人，它告诉人们，希望只存在于行动中，行动是人生存的唯一理由，因此，“人把自己交付给生活，从而描绘自己的图像，此外一切皆是虚无”。萨特说，1945 年的新一代欧洲人都是新的存在主义的个人，他们“毫无理由地孤独。当我说我们注定是自由的，指的就是这一点”。对于这样幻灭的一代，萨特的存在主义新自由观具有极大的吸引力——他们孤独、严肃、高尚，稍有侵略性但说不上暴力，反对精英，接近大众——无一例外。任何人都可能成为存在主义者，特别是年轻人。

另一方面，萨特领导着知识界风尚的一次重要的变革，此类重要的变革是周期性发生的。在两次大战之间，关于德累福斯事件[①]和弗兰德大屠杀无止境的无谓论战，已使法国知识分子感到厌倦，他们已养成独立超然的态度。于连·本达开风气之先，他的极为成功之作《文人的背叛》（1927）告诫知识分子不要受任何纲领、党派、目标的“束缚”，要专注于理论原则，远离政治舞台。萨特原先恰是本达的诸多信奉者之一。1941 年前，他比谁都更不介入。然而，就像当初用热气球测定风向一样，现在他却嗅出了社会风气的微妙变化。他和朋友们共同创办了一份叫《现代》的评论杂志，并

① 德累福斯事件：1884年，法国军事当局诬告犹太血统的法国军官德累福斯（1859—1935）出卖国防机密给德国，当局判德累福斯终身苦役，并借此掀起反犹运动。在事实已证明是诬告后，当局仍坚拒重审，导致民主力量与反动势力之间的尖锐斗争。

担任主编。1941 年 9 月出版的第一期上有萨特的发刊词，迫切要求作家再次“介入”社会：

> 作家在他的时代都有一个位置。每一句话，哪怕是沉默都会有回音。我认为福楼拜和（爱德芒）龚古尔对镇压巴黎公社的事件负有责任，因为他们没有为阻止此事写下只言片语。你也许会说：那不关他们的事。那么，卡拉斯审判是伏尔泰的事吗？谴责德累福斯事件是左拉的事吗？

萨特演讲的背景是：那年秋天，巴黎的文化界气氛非常紧张，萨特演讲的前 3 天就发生了一幕闹剧，两部芭蕾剧《法兰一家》和《约会》在香榭丽舍剧院首演时，聚集的上流社会观众对毕加索设计的垂幕发出了不以为然的嘘声。萨特的演讲事先并未广泛宣传，只在《解放报》《费加罗报》《世界报》《战斗报》的小幅广告中简约地提了一下。然而消息还是一传十，十传百。那天上午 8 点半，当萨特走近会堂时，看到外面街上人潮涌动，他还生怕是共产党组织的示威活动。人们发疯似的往会堂里挤，大厅已经挤满了人，所以只允许要人进入。萨特的朋友们不得不为他开路。会场里有妇女晕倒，有椅子被挤坏，讲演只好推迟 1 小时。萨特要作的本来是一场学术性很强的哲学讲座，但在当时的情况下，却成了战后传媒界的第一次重大事件。事有凑巧，于连 · 本达当晚也举行了讲座，但他面对的却是个空荡荡的大厅。

新闻界关于萨特的报道多得惊人。尽管纸张短缺，许多报纸还是大量登载萨特讲稿的内容。他讲话的内容和方式都受到严厉指摘。天主教《十字架》日报称存在主义“比 18 世纪的理性主义和 19 世纪的实证主义更危险”，并与共产党的《人道报》一起把萨特称作“社会的敌人”。萨特的所有作品及时地出现在梵蒂冈的禁书目录上，而斯大林的文化委员亚历山大·法捷耶夫则说他是个“用打字机的豺狼，使自来水笔的鬣狗”。萨特同样也引起了同行们强烈的嫉妒，法兰克福学派对萨特的厌憎比对布莱希特更甚。麦克斯·霍克海默称他是“哲学界的无赖和骗子”。但所有的攻讦只是加快了对萨特的崇拜。此时的他已经和前代的许多知识界领袖人物一样，深谙自我推销之道，他不能亲自干的，他的追随者们会帮他干。《周六晚报》尖刻地说：“自巴纳姆时代以来，我们还没见过这样成功的自我推销。”但是对萨特现象的道德批评越多，它越是兴盛。11 月的《现代》指出，法国是一个垮掉的、道德解体的国家，它所剩下的只有文学和时装业，而存在主义打算在这个堕落的时代为法国保存一点尊严和个性。追随萨特不可思议地成了一种爱国行动。他的讲稿匆匆扩充成书，一个月售出 50 万册。

存在主义不仅是一种可以供人研究的哲学，更是可以享受的疯狂。《存在主义问答手册》断言：存在主义和信仰一样，不能解释，只能实践。它还告诉读者去何处实践。对圣日耳曼区来说，成为思想潮流的中心并不是新鲜事。萨特其实是效法伏尔泰、狄德罗和卢梭，他们都是大街尽头古老的普洛科波咖啡馆的老主顾。普洛科波咖啡馆在第二帝国时期戈蒂埃、乔治·桑、巴尔扎克和左拉的时代再度兴旺，那时于斯曼和阿波利奈尔经常光顾的福洛尔咖啡馆才刚开业。但战前巴黎知识界的中心蒙巴那斯的特征是：脱离政治，倾向于同性恋，不带民族偏见，咖啡馆里点缀着苗条的双性恋姑娘。

圣日耳曼既是社交和色情的，也是智力的，从蒙巴那斯向圣日耳曼的转移，其戏剧性在于，萨特的圣日耳曼是左倾的、介入的、强烈异性恋和极端法国化的。

萨特是个喜爱饮酒作乐的人，他喜欢威士忌、爵士乐、姑娘和有歌舞表演的餐馆。如果他不在福洛尔或相隔一个街区的两个丑八怪咖啡馆，也不在街对面的利普酒吧吃饭，他就准在拉丁区的中心地带新近突然出现的、开在地下室的一家夜总会里。在红玫瑰酒吧有一位叫朱丽叶·格尔柯的歌手，萨特为她写了一首欢快的歌曲，作家兼作曲家鲍里斯·维昂在那里吹长号并为《现代》写稿。这一带还有在多非纳街上的塔布酒吧、雅各布街上的弗蒂酒吧。萨特自己住在离此不远的波拿巴街 42 号，在他的公寓里可以俯瞰圣日耳曼的教堂和两个丑八怪咖啡馆（他的母亲也住在那儿，一直帮他照料洗衣房）。这场运动甚至有自己的常设机关——由阿尔贝·加缪主编的《战斗报》。加缪的畅销小说都被认为是存在主义的作品，西蒙娜·德·波伏娃后来回忆道："《战斗报》总是充满赞许地报道我们所说和所写的一切。"萨特整天发奋写作，在这段时间写了几百万字的演讲稿、剧本、小说、随笔、序言、论文、广播稿、报道、杂文和哲学讽刺。雅克·奥蒂伯蒂说他是"一辆在图书馆、剧场、电影院到处乱停、制造混乱的卡车"。到了晚上他就要享乐了，深夜时常常喝得大醉，还好与人争执，有一次把加缪的眼睛都打青了，弄得人们前来围观。他是士兵、愤怒的一代、知情者和酒窖里的"老鼠"们的国王。用他的主要宣传者让·波扬的话说，他是"千千万万年轻人的精神领袖"。

如果萨特是国王，那谁是王后呢？如果他是青年的精神领袖，他又在哪些方面引导着他们呢？这是两个相关但独立的问题，需要逐个考察。1945—1946 年冬天，当他已成为欧洲的名人时，他已经与西蒙娜·德·波伏娃相处近 20 年了。德·波伏娃这个蒙巴那斯的姑娘出生在著名的圆亭咖啡馆楼上的一套公寓里。她的童年生活很艰苦，家庭被不名誉的破产击垮了，祖父因而入狱，母亲一直没能得到嫁妆，父亲又是个找不到正当职业的纨绔之徒。她痛苦地写到自己的父母："我的父亲确信德累福斯有罪，母亲则深信上帝的存在。"她只能在读书中求得逃避，成为一位高雅的女学者。她是巴黎大学哲学系出类拔萃的学生，很快被萨特拉进圈子，"从现在起"，萨特对她说，"我要保护你"。他们之间保护和被保护的关系在某种意义上一直存在着，不过对德·波伏娃来说，这是一种混杂的幸福。她比萨特高 1 英寸，小他 3 岁，而且从严格的学术角度看，比萨特更有才能。与她同时代的莫里斯·德·冈蒂拉克认为她的著作"严密、精确，追根究底，简洁明了，非常专业化"。尽管她很年轻，在哲学学位考试中，却差点抢走了萨特的第一名，但主考官乔治·大卫和让·华尔[①]认为德·波伏娃是更出色的哲学家。她跟萨特一样，都是有巨大感召力的作家，在很多方面还胜他一筹。她不会写剧本，但她的自传性作品比萨特的更精彩，尽管其中的事实同样不可靠，她主要的长篇小说《名士风流》描写了战后的法国文学界，并获龚古尔文学奖，这部小说远胜过萨特的任何一部作品。另外，除了撒谎，她没有萨特那些个性弱点。

① 让·华尔（1888—1974），法国哲学家、存在主义者。主要著作有《英国本土和美国的各种哲学》《人的存在与超验性》等。

然而，这位才华横溢、意志坚定的女性，却几乎从第一次见到萨特起就成了他的奴仆，而且终生不渝直到萨特去世。她做他的情妇、代理妻子、厨娘、经理、女保镖、护士，却从未在他活着的时候得到相应的法律或经济地位。实际上，萨特待她还不如卢梭对待苔莱丝，因为萨特的不忠是臭名远扬的。在文学史上，像萨特这样自私地利用女人的例子实在少见。更不寻常的是，德·波伏娃终生是一位女权主义者。1949 年她出版了第一部现代女权主义的宣言《第二性》，畅销全世界。书的开头有这样一句话，“女人并非天生的，而是被造就的”，这是对卢梭《社会契约论》的卷首语有意识的回应。德·波伏娃事实上是女权运动的先驱，平心而论，她本该成为女权运动的守护神。但她在生活中却完全背叛了自己的一切主张。

萨特如何确立并保持对德·波伏娃的控制一直是个谜。她无法真实地记述他们的关系，他则从不愿自找麻烦地就此事写下只言片语。他们刚认识时，萨特比她更善于读书，并能把书中的精华融入滔滔不绝的独白中，使她为之倾倒。他显然是从智力上而非性关系上支配着她。20 世纪 30 年代大部分时间里，她都是他的情妇，但关系也曾一度中止。40 年代起，他们的性关系几乎不存在了，只有当萨特找不到更好的女人时才会重拾旧欢。

萨特是 20 世纪 60 年代被人们称作“男性沙文主义者”的典型。他的目标就是在成人生活中为自己重建一个童年时期的天堂，成为他所仰慕的女子芬芳的闺房里的中心人物。他把女性看作征服和占有的对象。他在《恶心》中写道：“我每一种理论都是征服和占有的行为，我希望有一天能借助它们征服世界。”他要争取完全的自由，他写道，"尤其梦想向妇女行使这种自由的权利"。与很多勾引女性的老手不同，萨特并不讨厌女人。事实上他喜欢女人胜过男人，也许是因为女性不好与他争论。他说自己"宁可跟女人聊些琐事，也不愿与阿隆探讨哲学"。他喜欢跟女人通信，有时一天就写十几封。但他并不把女性完全当作人看待，只是把她们当作挂在腰间的战利品。当他试图用进一步的措辞为自己的征服策略辩护，以使之合理时，就显得更加虚伪。他说他要像"征服野兽一样去征服女人"，但只是为了"使她从野蛮状态进入男女平等的状态"。还有，回顾早年勾引女人的行为时，他反省"那些事件中的帝国主义色彩"。但没有迹象表明这些想法促使他放过可能的猎艳机会，它们只是说给人听的。

萨特一开始勾引德·波伏娃时，就对她简述了他的性爱哲学，坦言自己与许多女人睡觉的渴望。他说自己的信条是"旅行、多配偶和透明化"。上大学时，一位朋友注意到德·波伏娃的名字在英文里读起来很像"海狸"一词，她总是萨特的"海狸"或"您"，但从不是"你"。有时人们觉得萨特把她当作训练有素的动物。当他写到"对女性维护自己的自由"的方针时说："海狸接受并尊重了这种自由。"他告诉德·波伏娃有两种性关系，一种是"必然的性爱"，另一种是"偶然的性爱"，后者无足轻重，被爱的对象不过处于"边缘"，受到他的关怀不会超过"两年的租期"。他对德·波伏娃的爱是永久的、必然的，她处于"中心"而非"边缘"。她当然也完全可以自由地贯彻同一原则，她可以有自己的"边缘性"伴侣，只要萨特永远得到她中心的、必然的爱。但双方都必须显示"透明度"，而"透明度"正是知识分子谈论性爱关系时喜欢用的

“公开化”的代名词，我们在托尔斯泰和罗素那里也遇到过。萨特说，无论男女都应该告诉对方自己在做什么。

正如可以预见到的，“透明化”的方针最终只导致更多、更卑劣的隐瞒。德·波伏娃试图实施这种方针，但当萨特听到她那些多半是试验性的、三心二意的恋爱事件时所流露的漠不关心的神情显然刺痛了她。对于她在《名士风流》中关于自己被亚瑟·凯斯特勒勾引的描述，他不过当作笑话一桩。此外，那些被拖入“透明化”原则的人也并不总是喜欢这一做法。她最重要的“边缘”伙伴，某种程度上她终生爱着的，是美国小说家纳尔逊·阿尔格伦[①]。当他72岁时，他们的事情已成为回忆，在一次采访中他对波伏娃的泄露表示非常愤怒。他说把他写进《名士风流》已经够糟的了，不过那起码还有个化名遮蔽。可在她自传的第二部《生命的精华》里，她不仅指名道姓，还引用了他的情书里的文句，而这些情书他又不能不承认是他写的。“见鬼，情书应该是隐私。”“我去过世界各地的妓院，那里的女人们都知道要关上房门，不管是在韩国还是在印度，只有这个女人砰地把门打开，才会叫来公众和新闻界。”显然，阿尔格伦想起波伏娃的行为时非常愤慨，以至记者走后，他心脏病猝发，当晚就死了。

萨特也实行“透明化”，但只是在一定程度上。他在谈话和信件中随时向她报告自己的新情妇：“这是我第一次与一个肤色浅黑的女人睡觉……她体味很大，汗毛挺重，腰背部长着黑毛，衬着白

① 纳尔逊·阿尔格伦（1909—1981），美国作家，作品多取材于城市下层社会生活，代表作《金臂人》曾获全国图书奖。

皙的躯体……她的舌头就像支小笛，总是伸直了去够我的扁桃体。”一个女人，即使再处于“中心”地位，也不会愿意读到对情敌的这种描写。1933 年，萨特在柏林时，德·波伏娃陪了他一阵子，他对她说的第一件事就是他有了一位叫玛丽·维尔的新情妇，跟雪莱一样，萨特也总是很天真地希望旧情人能称许自己的新情人。不过，萨特从没有坦白一切。20 世纪 30 年代的大部分时间，德·波伏娃在鲁昂教书，当她和萨特一起暂住柏林或其他什么地方时，萨特曾送她 1 枚结婚戒指，这是她最接近婚姻的时候。他们有自己专用的语言。在旅馆里，他们自称是奥尔甘内蒂先生和夫人，或自称美国百万富翁摩根·哈提克夫妇。但没有证据说明，他想和她结婚，或让她选择另一种更合乎习俗的结合方式。她根本不知道，萨特曾几次向一位“边缘”情侣求过婚。

他们的生活显然不合她的心意。她始终无法心平气和地接受萨特的那些情妇。她恨玛丽·维尔，更恨之后的奥尔伽·高萨绮薇茨。奥尔伽是一对姐妹中的一个（妹妹莞达后来也成了萨特的情妇），更使德·波伏娃痛恨的是，她还是自己的学生。德·波伏娃对奥尔伽与萨特的关系很反感，把她写进《女客》，在小说里将她谋杀了。她在自传中承认，“我对萨特造成这种情形感到苦恼，也因奥尔伽从中得益而生气”。她要反击：“我不打算把我在宇宙的中心一直占有的、至高无上的位置让给她。”然而任何一个必须把自己的情人当作“宇宙中心”的女人，在劝阻情人走上歧途时总是处于不利地位的。德·波伏娃只能试图以参与的方式控制他们。于是，萨特、德·波伏娃和一位姑娘——通常是他或她的学生——3 个人形成了一种三角关系，德·波伏娃充当监督者。“养女”一词经常被挂在嘴边。到20世纪40年代初期，萨特似乎已经因为勾引自己的女学生而恶名远扬。在一篇对《禁闭》怀有敌意的评论里，罗伯特·弗兰西斯就说过："我们都熟悉萨特先生，他是一位专门研究女学生内衣的古怪哲学教师。"由于德·波伏娃的女学生中有更多合适的姑娘，大多数受害者都是她的学生，而德·波伏娃有时担当着近乎淫媒的角色。在唯恐失去爱情的慌乱中，她自己也与这些姑娘形成亲密关系。娜塔丽·所罗金就是其中的一个，她是一个苏联流亡者的女儿，是德·波伏娃战时在帕西的莫里哀学院教书时最好的学生。1943年，她的父母正式控告德·波伏娃诱拐少女，这项严重的罪名足以判她入狱。在双方朋友的调解下，起诉最后撤销了，但德·波伏娃被逐出莫里哀学院，并从此不准在法国任何地方教书。

"二战"期间，波伏娃真正担当起萨特妻子的角色，她做饭、缝纫、洗衣、管理钱财。但是随着战争的结束，萨特忽然发现自己已很有钱，一群为他的钱财和思想魅力所吸引的女人整天围着他。1946年是萨特征服女性最成功的一年，也是标志着他与波伏娃的性关系实际结束的一年。正如约翰·韦特曼所说："早些时候，在萨特那个经常更换王妃的后宫边缘，德·波伏娃就已心照不宣地担当起一个资深的、从性生活中隐退的代理妻子角色。"她抱怨"他为她们挥霍金钱"，她不无担忧地注意到，当萨特越来越老，他的姑娘们却越来越年轻，都只有十七八岁，萨特从法律上承认她们是他的养女，这就意味着她们将继承他的版权。她可以像海伦·魏格尔对布莱希特的情妇那样，给那些姑娘以建议和警告，尽管她没有那个德国女人所具有的法律地位。她经常受骗。1946—1948年，萨特去美洲旅行时，她得知了他与一位叫陶乐赫丝的女人热恋的详情，而萨特却一面声称已经厌倦了这个姑娘对他“使人精疲力竭的激情”，一面又在向她求婚。后来还有鲍里斯·维昂的金发碧眼的爱妻米雪儿，奥尔伽漂亮的妹妹莞达，有异国风韵的金发女演员伊芙琳·蕾——萨特在他最后一部剧作《阿尔托纳的隐藏者》里还为她写了一个角色，波伏娃最痛恨的阿莱特被萨特弄到手时才 17 岁，还有希腊女孩海伦·莱西奥塔基丝。20 世纪 50 年代末，除德·波伏娃外，萨特还同时周旋于米雪儿、阿莱特、伊芙琳和莞达 4 位情妇之间，使出各种办法哄骗每个人。他公开把他的《辩证理性批判》题献给德·波伏娃，却又让伽利玛出版社私下印了两本题有“献给莞达”的。《阿尔托纳的隐藏者》出版时，也故伎重演，使伊芙琳和莞达都相信书是献给她的。

德·波伏娃讨厌这些年轻女人的原因之一就在于，她认为是她们鼓励萨特过一种放纵的生活——不仅在性生活上，而且在饮酒和服药方面都毫无节制。1945—1955 年，靠着不断加大的酒精和巴比土酸盐摄入量，萨特完成了数量惊人的作品和其他工作。1954 年萨特在莫斯科因饮酒过度而虚脱，被紧急送往一家苏联诊所。一旦复原，他继续坚持每天写 30—40 页，经常服下整管的 Corydrane 药片（这种药在 1971 年因危险而被回收）以维持体力。他那本谈论辩证理性的书，似乎正是在药和酒精的影响下写成的。萨特的传记作者安妮·柯恩·索拉尔说他在利普、古鲍尔、巴尔扎尔或其他最爱光顾的小酒馆里，吃一顿两小时的午饭常常要喝掉一夸脱葡萄酒。她累计出这段时间萨特每天服用的刺激品包括两包香烟、几斗黑烟丝、一夸脱酒精（主要是葡萄酒、伏特加、威士忌和啤酒）、

200 毫克安非他命、15 克阿司匹林、几克巴比土酸盐，再加上咖啡和茶。其实德・波伏娃对萨特年轻的情妇们是不公正的。她们都试图使萨特改过自新，最年轻的阿莱特费力最大，她甚至迫使他写出保证书，声明不再碰 Corydrane、烟草和酒精。但萨特很快食言了。

被这些虽有点乖张又很仰慕他的女人包围着，萨特的生活中很少有时间与男性在一起。他先后有过好几位男秘书，其中有几个，像让・各就很能干。他也总是被年轻的男性知识分子包围，但他们都是靠萨特给工资、施舍或庇护的。他无法忍受与年龄相近、资历相当的男性知识分子长期相处，因为他们随时可能批驳他经常说出的不甚严谨的空论。尼赞在内讧可能出现之前就死了，但萨特同其他人都吵过，其中著名人物就有雷蒙・阿隆（1947）、阿瑟・凯斯特勒（1948）、梅洛・庞蒂（1951）和加缪（1952）。

萨特与加缪的论战就同卢梭与狄德罗、伏尔泰与休谟或托尔斯泰与屠格涅夫的论战一样激烈，但并没有像托尔斯泰和屠格涅夫那样重归于好。萨特似乎曾嫉妒加缪那很讨女人喜欢的英俊相貌和他纯粹作为小说家的力量与独创性。1947 年 6 月出版的《鼠疫》，对年轻人产生了难以抗拒的影响，迅即售出 35 万册。这一现象成为《现代》杂志上几篇思想评论攻击的目标。但他们的友谊仍然勉强维持着。当萨特向左转，加缪却变得更独立。某种意义上，他占据的立场与乔治・奥威尔在英国的地位相同：他反对一切独裁政体，把斯大林看成是与希特勒并无二致的恶棍。跟奥威尔一样，而与萨特不同，加缪坚持认为人民比思想更重要。德・波伏娃曾转述加缪 1946 年向她吐露的心声：“我们，我和你，都有一个共同的信念：人对于我们是最重要的。我们宁要具体不要抽象，我们宁要人民不要‘主义’。我们把友谊置于政治之上。"

在她的内心深处，德·波伏娃也许是跟加缪一致的，但1951—1952年，当关于加缪的作品《局外人》的最终论战来临时，她自然还是站在萨特的阵营里。萨特与《现代》杂志的同僚们把这本书看作对斯大林主义的攻击，决定分两步讨伐它。第一步，萨特把当时年仅29岁的弗朗西斯·尚松推到前台，让他在裁决此事的编委会上发言，"既要极为严峻，又至少要有礼貌"。接着，加缪做出回答后，萨特又亲自写了一封令人极为不快的长信攻击加缪："一种凶暴而又讲究礼节的专制已经把你占有了，这种专制由毫无实际意义的官僚体制支撑，却自称是依照道德法则统治的"；说他为"虚荣心受伤害"而痛苦，耽溺于"小作家的争吵"；"你阴郁的自负加上你的脆弱，常使人们无法向你吐露未加渲染的真情"。这时萨特已得到所有有组织的极左派支持，他的攻击损害了加缪的声誉，也使加缪受到伤害——他是个容易受伤的人——有时想到与萨特的争论，他会感到沮丧。但其他时候他只是把萨特看成一个可笑的人物加以嘲弄，"一个要让母亲为自己付所得税的人"。

萨特无法与学术地位跟他相当的知识分子保持友谊，这有助于说明为什么他的政治观点自相矛盾，前后不一，有时简直是无聊的。实际上，他并非天生的政治动物，40岁以前根本没有什么重要的观点。20世纪40年代末，凯斯特勒和阿隆已经成熟，成了重量级的政治家，萨特一旦和他们分手后，就变得可以拥护任何人、任何事。1946—1947年，由于充分意识到自己在青年中的巨大威望，萨特犹豫过该支持哪个党派。他似乎一度相信知识分子负有支持"工人阶级"的道德责任。但问题在于，除了他出色的秘书让·各以外，萨特从不认识、也从未试图去结交任何工人。让·各出身于无产阶级家庭，并保留着浓重的奥德口音，算是个工人。一个知识分子没有义务去支持多数工人拥护的政党吗？在20世纪40年代的法国，这就是共产党，但萨特并非马克思主义者，实际上马克思主义与他宣扬的极端个人主义哲学几乎完全对立。

萨特唯一积极的活动就是帮助非共产党的左派在1948年2月组织了一个名为“革命民主联盟”（RDR）的反冷战运动。其目标是吸收全世界的知识分子，他称之为“思想国际”，其主题是欧洲团结。萨特在1948年6月发表的演讲中号召“欧洲青年，团结起来”“创造你们自己的命运……新的一代将通过创造欧洲来创立民主！”实际上，如果萨特真想打欧洲牌，想创造历史，他早就该支持让·莫奈[①]了，后者当时正在为一场10年后建立了欧洲共同体的运动奠定基础。但那意味着要对经济和行政上的细节给予大量关注，这是萨特根本做不到的。事实上，与他一起组织RDR运动的戴维·鲁塞发现他毫无用处，“尽管他头脑清晰，却生活在跟现实完全脱离的世界里”。鲁塞说他：“完全沉迷于思想活动的游戏中。”但对实际事务漠不关心，“萨特生活在一个气泡里”。1949年6月，RDR召开第一次全国代表大会时，萨特不见了，原来这时他正在墨西哥向陶乐赫丝求婚。RDR彻底解散后，萨特又把他变化无常的注意力转向加里·戴维斯荒唐的“世界公民运动”。伟大的小说家、

① 让·莫奈（1888—1979），法国经济学家和外交家，制定战后重建法国经济的全面规划，为欧洲经济共同体的创建做出了贡献。

尖刻的天主教独立人士弗朗索瓦·莫里亚克[①]，这时曾公开对萨特提出明智的忠告，他引用了卢梭那位心怀不满的女友的嘲讽："我们的政治家必须服从理性——扎内托，放弃政治，学数学去吧！"

萨特并未听从劝告，竟关注起一个同性恋的窃贼让·热内[②]，这个狡猾的骗子完全迎合了萨特的天性中轻信的一面——想寻找宗教信仰的替代品的倾向。他写了一部关于热内的荒谬的大书，厚达近700页，实际上是对唯信仰论、无政府主义和性解放的鼓吹。他那些比他理智的朋友们都认为，这是一个转折点，萨特不再是一位严肃而有条理的思想家，而成了一个爱耸人听闻的知识分子。令人费解的是，比萨特更具理性，在外貌、穿戴和思想上有时像个老派女学究的德·波伏娃，也没能阻止他做这些蠢事。但她所渴望的是留住他的爱和自己在后宫中的地位——正如约翰·韦特曼说的，就像梅特涅夫人[③]对路易十四——同时也为他饮酒和服药而发愁。为保持他的信任，她觉得自己必须在观点上和他一致，因此，她只做他的应声虫而非良师益友，而那已成为他们关系的固定模式：她支持他的错误判断，赞同他的愚蠢行为。她并不比萨特更精通政治，有时也对国际事务胡说八道。

① 弗朗索瓦·莫里亚克（1885—1970），法国小说家、诗人，作品多揭示宗教信仰与人类欲望间的心理冲突，代表作有长篇小说《爱的荒漠》《蝮蛇结》等，获1952年诺贝尔文学奖。

② 让·热内（1910—1986），法国作家、荒诞派戏剧家，原是弃儿，后因行窃多次入狱，写有长篇叙事散文《百花圣母》等及自传《偷儿日记》，主要剧作有《女仆》《阳台》。

③ 梅特涅夫人（1635—1719），法国国王路易十四的第二位妻子，原为宫廷女官，1683年王后死后为路易十四所娶。

1952年，萨特打消了对共产党的两难态度，决定支持它。这是在共产党的两场宣传攻势影响下做出的——即“亨利·马丁事件”（马丁是一位海军士兵，因拒绝参加印度支那战争而入狱）和对共产党组织的、反对北约司令美国将军马修·李奇微的暴乱的残酷镇压。正像当时很多人预见的，共产党营救马丁的活动，只会让政府关押马丁的时间比原来计划的更长；营救者当然不在乎这些——马丁被捕正合他们的目的——但萨特本该更明智些。从他谴责守旧的议会保守派的总理安东尼·比奈建立独裁一事，也可以看出他的政治理解力水平。萨特对议会民主从未有过真正的认识和兴趣——更不必说会有什么热爱。在一个多党制的社会里人人拥有的投票权，绝不同于他所说的自由。他的“自由”意味着什么？这个问题就更难回答了。

萨特有些言行简直令人难以置信。他和伯特兰·罗素一样，使人想起笛卡尔那句名言中一个令人不快的真理：“没有什么荒谬的、不可信的东西没有被这位或那位哲学家所主张过。”1954年6月，在一次苏联之行后，萨特接受了政治同伴《解放报》的一位记者两小时的采访。这可算是自20世纪30年代初期萧伯纳臭名昭著的东方之行以来，西方思想界要人关于苏联所发表的最卑躬屈膝的谈话。他说苏联公民不去旅游，并非因受禁止，而是他们不想离开自己美好的国家。他断言“苏联公民能比我们更充分、更有效地批评政府”。他竟坚持说，“在苏联有绝对的批评自由”，多年后，他才承认了自己的言论失实：

> 1954年首次访问苏联后，我撒了谎。其实，撒谎也许

是个太重的字眼：我写了一篇文章……其中说了许多对苏联友好的话，这些我自己并不相信。这样做部分原因是我觉得一回家就诋毁款待自己的主人不大礼貌，部分原因是我不知道在与苏联和我自己的思想的关系中，我应该站在什么立场上。

这是出自“千千万万年轻人的精神领袖”的一份不寻常的供词，而且与他当初的谎言一样有欺骗性。其实对他 1952—1956 年的某些言行加以掩饰，倒是比较仁慈的做法。

此后的一个时期，萨特在法国及世界范围内的社会声誉十分低落，他不可能没有觉察。他如释重负地以苏联入侵匈牙利作为与莫斯科和共产党决裂的理由，无论如何，这是个借口。他同样利用尚处萌芽状态的阿尔及利亚独立战争，戴高乐的重新掌权又恰好提供了一个自 1958 年起就惹人憎恶的合适对象——作为在独立左派，尤其是在青年中重获威望的体面的契机。这种策略在某种程度上是真诚的，也获得了有限的成功。萨特又经历了一次和“二战”一样“有益”的阿尔及利亚战争。尽管他费尽心机，仍未能像罗素那样真正使自己被捕。1960 年 9 月，他说服大约 121 名知识分子签署了一份声明，宣称：“公职人员或军人在阿尔及利亚战争中有权不服从。”以前的第四共和国政府，几乎毫无疑问会判他入狱，但在学识出众的戴高乐和安德烈·马尔罗两人控制下的第五共和国，却有一个更加精明老练的政府。马尔罗说：“萨特在协和广场高喊‘恐怖主义者万岁’，总比逮捕他而给我们自己找麻烦要好。”戴高乐援引弗朗索瓦·维永、伏尔泰和罗曼·罗兰的例子告诫内阁，最好别去碰知识分子："这些人在他们的时代惹了很多麻烦，但最重要的是我们继续尊重思想和言论的自由，只要不有违国家法律和民族统一。"

20世纪60年代，萨特的大部分时间都在中国和第三世界旅行。"第三世界"一词是地理学家阿尔弗雷德·索维首创的，萨特却把它推广开来。萨特和德·波伏娃成了为人熟知的人物，被拍了很多与亚非各国首脑交谈的照片。照片上他穿着第一世界的西服和衬衫，她则穿着女教师穿的羊毛衫、"少数民族风格"的裙子和领巾，使她显得生气勃勃。萨特有关那些邀请他的政权所发表的谈话，和他对斯大林领导的苏联的吹捧一样没多大意义，只是更能让人接受。关于卡斯特罗，他说："这个从古巴革命中诞生的国家是一种直接的民主制。"关于铁托的南斯拉夫，他说："这是我的哲学的实现。"谈到纳赛尔的埃及，他说："在此之前，我一直不愿把埃及政权与社会主义联系起来，但现在我知道自己错了。"他喋喋不休地谴责美国在越南的"战争罪行"，将美国比作纳粹。（但他也将戴高乐比作纳粹，忘了当他在被占领的巴黎上演戏剧时，戴高乐正与纳粹作战）萨特与德·波伏娃始终反美。1947年，在一次美国之行后，德·波伏娃在《现代》杂志上写了一篇荒唐的文章，充塞着可笑的拼写错误和只有富人才能进第五大道上的商场之类的怪论；实际上没有一句是正确的。这篇文章成了玛丽·麦卡锡[①]猛烈攻击的

① 玛丽·麦卡锡（1921—1989），美国女小说家、评论家，以讽刺知识分子弱点并剖析其微妙心理见长，作品有长篇小说《她的伴侣》、短篇小说《绿洲》等，另有多部文论。

目标。20 世纪 60 年代，萨特还在伯特兰·罗素设在斯德哥尔摩的不光彩的国际“战争罪犯法庭”里担任重要角色。所有这些颇为无聊的活动都没有对世界产生多大作用，反倒削弱了他说过的那些严肃的东西。

然而，萨特向他的第三世界崇拜者们提出的建议中，有更具灾难性的一面。虽然他自己不是一个勇于行动的人——加缪更尖刻的一句嘲讽是“萨特企图坐在扶手椅中创造历史”——他总是鼓励别人采取行动，而他所说的行动往往意味着暴力。他成了弗兰兹·法农的支持者——这位非洲思想家或许可以被称作现代非洲黑人种族主义的创立者，为他宣扬暴力的“圣经”——《全世界受苦的人》做了一篇比原书更血腥的序。萨特写道，对于黑人，“杀死一个欧洲人是一箭双雕之举，既消灭了一个压迫者，又消灭了他的被压迫者”。这是存在主义的现代化：通过谋杀获得自我解放。正是萨特杜撰了把现存秩序认定为暴力（制度化的暴力）的语言技巧（取自德国哲学），因此用屠杀推翻它就是正当的。他宣称：“对我而言，关键问题是抛弃左派不应当以暴抗暴的理论。”注意，不是“问题”而是“关键问题”。由于萨特的作品广泛传播，特别是在青年中，他成为很多自 20 世纪 60 年代末起，扰乱社会的恐怖活动的理论教父。他没有预见到，他从哲学上给以鼓励的大部分暴力活动，可以是黑人用来打击其他黑人而不是反抗白人的，而这本是一位比较明智的人应该预见的。通过帮助法农煽动非洲革命，他对于 20 世纪 60 年代中期至今席卷非洲多数国家的内战和大规模屠杀都起了促进作用。他对当时越战已近尾声的东南亚产生了更有害的影响。自 1975 年 4 月，在柬埔寨导致五分之一到三分之一人口死亡的许多可怕罪行，都是一个叫“红色高棉”的、能讲法语的中产阶级知识分子组织干的。他们的8个头目中，5个是教师，1个是大学教授，还有1个公务员,1个经济学家。他们20世纪50年代都在法国学习，接受了萨特的哲学行动主义和“必要的暴力”学说。这些大规模屠杀的凶手都是他的信徒。

萨特在生前最后15年的活动无足轻重。他跟罗素一样，拼命想保持先锋地位。1968年，他站在学生一边，正如从第一天当教师起就做的那样。1968年“五月风暴”中并没出现多少有声望的人物——在法国雷蒙·阿隆是个明显的例外——所以萨特有失尊严的表现似乎不值得过分苛责。一次在卢森堡电台接受采访时，萨特赞扬学生们设置街垒的行动：“暴力是遗留在学生手中唯一的东西，他们尚未进入父辈的体制……目前在我们软弱的西方国家中，学生代表了反对既定统治的唯一力量……应该由学生决定他们的斗争应采取的形式，我们不应冒昧地就此事给他们提出建议。”这话出自一位花了30年时间教导青年的人之口，实在奇怪。还有更昏庸的话，他告诉学生：“你们行动的引人入胜之处在于，在权力中放入了想象。”西蒙娜·德·波伏娃也同样兴高采烈。她热切地表示，学生们刷在巴黎大学墙上那些“大胆”的标语中，最令她“感动”的是“把禁止禁止掉”。萨特屈尊采访临时学生领袖丹尼尔·柯恩·邦迪，就此在《新观察家》上写了两篇报道。他觉得学生们“百分之百正确”，因为他们正在破坏的政权是“懦弱的政权，一个谋杀的号令”。其中一篇大半是攻击他从前的朋友阿隆，后者几乎是那个愚昧的时期唯一保持清醒的人。

但是，这些丑角般的言行并非出于萨特内心，推动他进入积极角色的正是年轻的追随者。当他 1968 年 5 月 20 日出现在巴黎大学会堂向学生发表讲话时，他看上去像一位被明亮的灯光、烟雾和学生们“让－保罗”的喊声弄得不知所措的老人，他的助手可从不敢叫他“让－保罗”。他的谈话没有多大价值，结束时他说：“我现在要离开你们了，我很累。如果再不走，我会以很多蠢话收场的。”1969 年 2 月 10 日他最后一次出现在学生面前。演讲之前，他很难堪地收到学生领袖给他的一张无礼的纸条，上面写道：“萨特，说清楚些、简短些。我们有许多规章要讨论和通过。”这样的建议绝不是他惯于接受和能够遵循的。

不过，萨特此时有了新的兴趣。与托尔斯泰和罗素一样，他的注意力集中时间很短。他对学生运动的兴趣持续了不到一年。随后又做了一次同样短暂但更异乎寻常的、与“劳动者”融为一体的努力。关于这些被理想化的神秘的劳动者，他写过很多，却终生为他们所躲避。1970 年春，法国极左派做了一次为时已晚的尝试，想把“文化大革命”加以欧洲化。这场运动被称作“无产阶级左派”，萨特也同意参加，名义上担任他们的杂志《人民事业》的主编，主要是为了防止警察查封。运动目标的暴力性质甚至对萨特的口味也足够了——号召关押工厂经理，私刑处死国会议员——但它是原始的浪漫精神，幼稚而强烈地排斥知识分子。萨特在其中没有真正的地位，他自己似乎察觉了，抱怨道：“如果我再和行动主义者混在一起，就会坐上轮椅被人推来推去，挡住每个人的路。”但在一些年轻的追随者怂恿下，他最终还是没能抗拒政治表演的诱惑。67 岁的萨特——甚至戴高乐（让萨特厌烦的人物）都称他“亲爱的大师”——把整个巴黎变成他的舞台背景，他在街头卖粗制滥造的报纸，塞传单给厌烦的路人。一位摄影师拍下了他1970年6月26日在爱丽舍宫忙于散发宣传品的照片，他穿着新的“无产者”的白毛衣、厚夹克、宽松裤。他甚至设法让自己被捕，但不到一小时就获释了。10月份他旧戏重演，站在比兰古尔的雷诺汽车厂外的一个油桶上，向汽车工人们高声发表长篇演说，《震旦报》有篇报道嘲笑他：“工人们并不懂他的话，萨特的集会只有他带来的少数人参加。”18个月后，他又到另一家雷诺汽车厂，他这次是想偷偷混入工厂，对绝食工人给予口头支持，但被保安人员发现，赶了出去。萨特的种种努力似乎并没有激起真正的汽车工人的丝毫兴趣，他全部的同盟者仍然是一向与他接近的中产阶级知识分子。

但对于一个行动的失败者，一个从未在任何真正意义上成为行动主义者的人来说，总还有“词语”。他把自传的一部分题名为《词语》倒是很恰当的。他把“无日不写”作为他的座右铭。那正是他坚守的誓言，他写东西比罗素更轻松，一天可以写出1万字。但很多质量不高，或者说造作、浮夸、言过其实，缺乏充实有力的内容。20世纪50年代初我在巴黎，间或翻译他的论战文章时就发现：它们用法语读起来似乎还不错，一旦要以具体的盎格鲁－撒克逊语言表述就乱成一团。萨特不太讲究质量，1940年给德·波伏娃写信时，想到自己在纸上写过这么多字，他承认：“我一向认为越多越好。”奇怪的是，萨特在后几十年中却对福楼拜越来越着迷，而后者是一位对词句格外讲究、总是狂热地不断修改自己作品的作家。他最终写出一部关于福楼拜的书，长达3卷2802页，但很多部分几乎不值一读。萨特创作极丰，有些堪称巨著，更多的却未完成，不过它们的素材常被用于别的作品中，其中有计划写法国革命的，其次是写丁托列托[1]。他还有庞大的自传规划，并想在长度上与夏多布里昂[2]的《墓中回忆录》相比，而《词语》不过是一部分。

萨特承认词语是他的整个生命："我已将一切都投入文学……我把文学当作宗教的代替品。"他坦言词语对他不仅是字母和其中的含义，它们是有生命的，正像学习犹太神秘教经典或希伯来神秘哲学的犹太学生觉得《摩西五经》上的字母具有宗教力量："我感到词语的神秘性……渐渐地，无神论吞噬了一切，作为一个不信神的人，我没有了负担，为世俗而写作。我回到词语，想知道语言的意义……我致力于此，却感到前方是梦的死亡、令人欣喜的暴行和恐惧的永久诱惑。"这段话写于 1954 年，当时萨特还有上百万字要写。这些话是什么意思呢？也许没什么意思。萨特总是宁可写些废话，也不愿停笔。他确实证实了约翰逊博士尖刻的论断："法国人不管有没有弄清楚，都要说个不停。"正如他自己所言："（写作）不仅是我的习惯，也是我的职业。"他对自己作品的效果持悲观态度："多年来，我一直以笔为剑，现在才认识到我们多么无能。不管怎样，我在写作，我将继续写作。"

他也爱说话，有时说个没完，有时他说话根本没有人听。在导演约翰·哈斯顿的自传中有一段关于萨特的精彩描写：1958—1959 年，他们共同创作一个关于弗洛伊德的电影剧本，萨特不得不搬到哈斯顿在爱尔兰的家中。哈斯顿这样描绘萨特："像个小桶，丑陋

① 丁托列托（1518—1594），意大利文艺复兴后期威尼斯画派画家。

② 夏多布里昂（1768—1848），法国早期浪漫主义作家、外交家，写有《墓中回忆录》和小说《阿塔拉》等。

之极，肿胀的脸上有麻子，牙齿发黄，眼珠突出。”不过他的最大特点就是说个没完，“与他对话根本不可能，他不停地讲，你没法打断他。你想等他停下来喘口气，但他不会停。那些话如同山洪暴发一般涌出”。哈斯顿惊奇的是萨特一面说一面还在记录自己说的话。有时哈斯顿不能忍受他无休止的谈话，只好离开房间，但萨特的声音仍嗡嗡地在整座屋子里跟着他转。当他回到房间，发现萨特还在讲。

这种“词语腹泻症”最终损害了他作为演说者的魅力。当他那本招来麻烦的谈论辩证法的书出版时，让·华尔还是请他去哲学学院作演讲。萨特从下午 6 点开始，用“匆促而呆板的语调”读着从一个大文件夹中拿出的手稿，眼睛也不抬一下，似乎完全沉浸在自己的讲稿中。一个小时后，听众不耐烦了。大厅很挤，有些人站着。1 小时 45 分钟后，听众筋疲力尽，有人躺到地板上。萨特好像忘了他们的存在。最后，华尔不得不示意萨特停止。萨特迅速拿起稿子，一言不发地走了出去。

不过，听他讲话的人总还是有的。慢慢地，萨特越来越老，追随者也越来越少。从 20 世纪 40 年代末到 50 年代初，萨特挣了很多钱，但很快花光。他对金钱一向不在意。童年时代，当他想要钱时，只需要从母亲的钱包里拿。当中学老师时，他和波伏娃随意向别人借钱（也随意借给别人），她承认，“我们向所有的人借钱”。他说：“金钱有一种我喜欢的易于消逝的特性。我爱看它从我的指间滑走，消失。”这种漫不经心有使人愉快的一面。与许多知识分子，尤其名人不同，萨特用钱确实十分慷慨。他经常在咖啡馆和饭店为素不相识的人付账，并以此为乐。他也为各项社会运动捐钱。

他给 RDR 提供了 30 万法郎（按 1948 年的汇率，超过 10 万美元）。他的秘书让·各说他："不可思议地慷慨和轻信。"他的慷慨和偶尔的幽默感是他性格中最好的部分。但他对金钱的态度也是不负责任的。他假装对版税和代理费很在行——1949 年与海明威会面时，两位作家除了这类话题没谈别的，这很合海明威的口味——其实那全是萨特在装模作样。各的继任者克罗德·弗证实："萨特坚决拒绝处理跟钱有关的任何事，他认为是浪费时间。然而他总是需要钱，为的是要花钱，要去帮助别人。"结果他对出版商的欠款累至巨额，同时面临着缴纳拖欠的巨额所得税的压力。他的母亲偷偷帮他交了税——因此引起了加缪的嘲讽——但她的财力毕竟有限。到 20 世纪 50 年代末，萨特深深陷入经济困境，一直无法真正摆脱。尽管收入一直很高，他还是欠债，手头拮据。有一次他抱怨自己连双新鞋都买不起。在他的支付名单上总有一大群各种身份的人，等他付款或发放救济，他们构成萨特的"外庭"，情妇们则组成"内宫"。20 世纪 60 年代末萨特的经济实力下降，领钱的人骤减，"外庭"圈子也缩小了。

萨特在 20 世纪 70 年代越来越显出一副可怜相。他过早地衰老了，实际上双目已失明，经常醉醺醺的，老为钱发愁，对自己的观点也没有把握。这时一位来自开罗的犹太青年步入他的生活。他叫班尼·列维，以皮埃尔·维克多的笔名写作。他全家在 1956—1957 年苏伊士运河危机时从埃及逃出来，他成了没有国籍的人。萨特帮他获准留在法国，并任用他为秘书。维克多喜欢做些不可思议的事，他戴着墨镜，有时还戴假胡子。他观点古怪，好走极端，并热切地把它们强加给他的主人。于是，萨特的名字出现在两人合作的一些奇怪的声明或文章上。德·波伏娃担心维克多会成为另一个拉尔夫·苏恩曼，尤其当他与阿莱特结成同盟后，德·波伏娃更加痛苦。她开始害怕和憎恨他，就像索尼娅·托尔斯泰害怕和讨厌切尔特科夫一样。不过此时萨特不会再公开做什么傻事了。他的私人性生活仍十分丰富，时间都花在那些女眷身上。他的假期这样度过：与阿莱特在法国南部他们共同拥有的房子里过上3个星期；和莞达一起呆两个星期（通常在意大利）；去希腊岛屿陪海伦几个星期；再与德·波伏娃共度1个月（常在罗马）。在巴黎，他经常来往于几个情妇的住所之间。德·波伏娃在她的小册子《对萨特的告别》中，无情地描写了他最后几年的生活。他好色贪杯，情妇们可以把整瓶的威士忌塞给他，再为控制他残存的神志进行争斗。他于1980年4月15日在勃鲁塞医院去世，这对她们来说都是一种解脱。萨特1965年就秘密收养阿莱特作女儿，因此她继承了包括文学资产在内的一切，主持他的遗著的出版。对波伏娃来说，这是最终的背叛："中心"反被"边缘"遮盖了。这位法国左派知识分子"太后"，比萨特多活了5年，但她没有孩子也没有继承人。

实际上，萨特与罗素一样，对公共政策的见解没有任何连贯性和一致性。他一旦去世，他的学说也就丧失了生命。最终，又跟罗素一样，他朦胧的渴望也就是成为左派和青年阵营中的分子。萨特思想的没落十分引人注意，不管是否误会，他毕竟一度代表着一种引人注目的，即使是思想混乱的人生哲学。总有相当一部分受过教育的公众需要一位精神领袖，哪怕他不尽人意。曾干过许多缺德事的卢梭，死后也还是得到广泛的赞誉。萨特是另一位"神圣的恶魔"，巴黎知识界为他举行了隆重的葬礼。5万多人跟随他的灵柩到了蒙巴那斯公墓，多数是青年。有人为了看得更清楚爬到树上，其中一个掉下来跌在棺木上。他们为何前来表示敬意？他们蜂拥而至，究竟是在宣告什么样的信念？阐明关于人性的何种真理？我们有理由提出这样的问题。

9

威尔逊：因忏悔得救的人

埃德蒙·威尔逊（1895—1972）的例子很能说明问题，它使我们得以在传统文人和我们已经考察过的那种知识分子之间，做出明确的区分。威尔逊实际上可以被说成这样的人：他由最初的文人生涯，转而成为寻找救世良方的知识分子，然后——吃了苦头也学了乖——恢复了他年轻时对文学的专注，这也是他真正的特长。在他出生的时代，美国文人是一个牢固确立的群体，他们在亨利·詹姆斯那里找到了一个杰出的榜样。对詹姆斯而言，文字就是生命。他鄙弃世俗知识分子那种认为用凭空产生的思想就可以改造世界和人类的念头。对他来说，历史、传统、秩序和既定的形式构成了文明所继承的智慧和人类行为唯一可靠的指南。詹姆斯对公共事务怀有严肃而超然的兴趣；他在 1915 年退出英国国籍以投入他认为正义的事业，这一姿态表明他相信艺术家在重大问题上应当挺身而出。但文学始终是第一位的，那些为它奉献一生的人——守护着文学圣坛的牧师——永远不该追随政治上的虚假的上帝。

美国人威尔逊同詹姆斯相比，尽管粗鲁、固执得多，骨子里却有相似的倾向。跟詹姆斯不同的是，他认为欧洲，尤其是英国，从体制上腐败了，而美国虽有很多不完美之处，却是一个高尚理想的化身。这解释了为什么在他传统主义者的外壳下，时常会有一个行动主义者挣扎出来。然而，由于出身、背景和在一段时间里的思想倾向，他却循着詹姆斯一世时代的道路。他来自新英格兰一个长老派教徒的大家庭，幼年时几乎不认识家庭之外的任何人。他父亲是个律师，当年任新泽西州的司法部长，具有作为法官的种种天性，威尔逊继承了这些天赋，他说他父亲"根据人们的品德"与之相处，但"某种程度上是傲慢的"；正如为威尔逊编辑论文的利昂·埃德尔指出的，对文学原作详加盘查并居高临下进行评判的嗜好，是威尔逊作为评论家最显著的特点。不过他也从父亲那儿继承了对真理的热爱和寻求真理的坚定决心。这使他最终获得拯救。

威尔逊的母亲是个通常所说的"庸人"。她爱好园艺并关注大学橄榄球赛，直到生命的最后阶段还出席普林斯顿大学的比赛。她盼望威尔逊成为一名出色的运动员，对他的写作毫无兴趣。这也许恰好避免了海明威和他聪明而富有文学头脑的母亲之间产生的那种毁灭性的紧张关系。威尔逊上了常春藤联合会[①]预科学校和希尔学校，之后于1912—1915年去普林斯顿大学，受到克里斯汀·高斯的良好教育。他有过一段令他厌恶的军营生活，作为《纽约夕阳报》的记者参加一个医疗分队去了法国，战争结束时，他是情报局

① 常春藤联合会是指美国东北部的哈佛、哥伦比亚、普林斯顿等名牌大学的联合组织。

的一名中士。

威尔逊一直能坚持认真而系统的阅读。他的笔记表明，从1917年8月到一战停战的15个月期间，他读了200多本书，不仅有左拉、勒南[①]、詹姆斯和伊迪丝·华顿[②]等前辈作家的书，还有从吉卜林、切斯特顿[③]到利顿·斯特雷奇[④]、康普顿·麦肯齐、吕贝卡·韦斯特[⑤]和詹姆斯·乔伊斯这样大范围的当代作家的作品。没有人比威尔逊读书时更仔细，更富于思考；他以法官式的态度阅读，似乎作者在接受决定生死的审判。然而，作为一名作家，他就远不是那么有计划了，他似乎不能做出长期的规划。他的书越写内容越多，越写越长，他的非虚构作品开始时只是论文，长篇小说最初都是短篇。他原先只有记者那样短暂的注意力，一旦他对问题产生了强烈的关注，他那法官式的寻求真理的激情就会迫使他深入挖掘。但是花了一段时间他才发现自己要干些什么。20世纪20年代他一度在《名利场》杂志工作，之后到《新共和》，又试着为《日晷》杂志写戏剧评论，然后回到《新共和》。他写了诗歌、短篇小说、长篇小

① 勒南（1823—1892），法国哲学家、历史学家，以历史观点研究宗教，主要著作有《基督教起源史》等。

② 伊迪丝·华顿（1862—1937），美国女作家，以描写上层社会的小说著名，主要作品有长篇小说《欢乐之家》《纯真年代》等。

③ 切斯特顿（1874—1936），英国作家、新闻工作者，著有小说、评论、诗歌、传记等，以写布朗神父的侦探系列小说最为著名。

④ 利顿·斯特雷奇（1880—1932），英国传记作家、评论家，以所著《维多利亚女王时代四名人传》和《维多利亚女王传》而闻名。

⑤ 吕贝卡·韦斯特（1892—1983），英国小说家、评论家，著有长篇小说《士兵归来》《法官》等，以研究南斯拉夫的《黑羊羔和灰猎鹰》及剖析叛徒的《叛徒的新意义》著名。

说《我想到了戴西》，并努力撰写一部研究现代作家的专著《阿克瑟尔的城堡》。他过着单身的“常春藤”大学毕业生那种优裕的生活，曾与女演员玛丽·布莱尔有过短暂的（1923—1925）婚姻，很快又恢复了自由之身，然后于1929年和玛格丽特·坎比再次结婚。这时他已是个小有名气的文人，具有广泛的文学兴趣，并以敏锐而客观的判断力享有令人羡慕的名声。

20世纪20年代的繁荣是那样壮观而持久，足以防止政治上的激进主义。甚至林肯·斯蒂芬斯的《城市的耻辱》（1904）——揭发丑闻的文集——这个进步的时代的一块里程碑，也暗示美国的资本主义可能和苏联的集体主义一样合理——“一个民族总是通过这种或那种途径获救，我想两种都可以。”斯图尔特·蔡斯[①]在《国家》杂志开设了为期3个月的系列专栏讨论繁荣的持久性，第一期于1929年10月23日（星期三）出版，首次在市场上引起轰动。但当经济崩溃的范围和相继而来的大萧条变得明显后，知识界的舆论又弹回相反的方向。经济萧条对作家的打击尤其严重。1933年图书的销售量仅为1929年的50%；波士顿古老的小布朗出版公司把1932—1933年说成是自他们1837年开始出版图书，“迄今为止最糟的”。

约翰·斯坦贝克[②]抱怨他什么也卖不出去：“一旦人们破了产，首先放弃的就是书。”并不是所有作家都向“左”转，但多数人如

① 斯图尔特·蔡斯（1888—1985），美国经济学家，曾任国家资源委员会、证券交易委员会、联合国教科文组织等机构的顾问。

② 约翰·斯坦贝克（1902—1968），美国小说家，1962年度诺贝尔文学奖获得者，主要作品有《愤怒的葡萄》《人鼠之间》等。

此，他们参加了一场大范围的不太明确而组织松散的运动，它时常引起争议，却无疑是激进的。在回顾这场运动时，莱昂纳尔·特里林[①]把20世纪30年代初这股力量的出现看成美国历史上一个伟大的转折点：

> 可以说它创造了我们今天所知道的，具有这样广大规模和影响的美国知识阶级。虽有过观点的总的变化，但主要是左派观点成为这一阶级存在的特征。撇开观点，20世纪30年代的政治倾向更决定了这一阶级的风格——从激进主义中产生了道德紧迫感、危机意识、关怀人的拯救，正是这些标志着美国知识分子的存在。

特里林注意到知识分子的本质已经在W.B.叶芝的诗中得到界定，那就是人不能“逃避”“心灵理智的伟大使命”，而“没有比这更伟大的工作，它清扫人类肮脏的历史”。特里林还补充说，问题在于，20世纪30年代有太多的人急于采取同詹姆斯相反的态度，急于“把主要由家庭、阶级、道德或文化群体以及社会所涂抹的历史清扫干净”。

埃德蒙·威尔逊恰恰被卷入这群激动的知识分子当中，他们渴求有一块“白板”，好在上面重新书写文明的基本文献。1930—1931年冬天，声誉不佳、摇摇欲坠的《新共和》杂志正缺少明确的

---

① 莱昂纳尔·特里林（1905—1975），美国文学评论家，著有《弗洛伊德和我们的危机》《文化之外：论文学与学识》等。

方针，此时威尔逊建议它采纳社会主义。在“对进步人士的呼吁”中，他论证道，华尔街破产之前，美国的自由主义者和进步人士，原来满心指望资本主义能履行诺言，为大家创造一种较好的生活。但资本主义已经崩溃，他希望“美国人现在能史无前例地甘愿把他们的理想主义和组织天才投入一场激进的社会实验”。苏联将成为美国的挑战者，因为苏联几乎拥有“美国人所赞赏的全部品质——与某种理想相结合的极高效率和节约，这一理想就是在自豪的、热烈的气氛中通过共同行动，完成一项赫拉克勒斯式①的业绩——就像自由贷款运动——在5年之内做出一件大事的理想”。

威尔逊把斯大林的第一个五年计划与自由贷款相提并论，表明羽翼初长的激进知识分子在这一阶段是多么无知。但他开始以惯常的斯达汉诺夫②工作者式的干劲阅读马克思、列宁和托洛茨基的全部政治著作。到1931年年底，他确信变革必定是翻天覆地的，知识分子应当找到明确的政治上和经济上的出路，并予以详细的规划。1932年5月，他与约翰·多斯·帕索斯、路易斯·芒福德③和舍伍德·安德森④共同起草了一份宣言，表述了一种僧侣式的政治理论，建议进行一场“社会—经济革命”。这年夏天，他接着发表了一份表达自己信念的个人声明，开头是“我期待在明年秋季的

---

① 赫拉克勒斯，希腊神话中的大英雄，力大无比，曾完成12件大功。

② 斯达汉诺夫（1906—1977），苏联煤矿工人，著名劳动模范，苏联在第二个五年计划期间开展了以他的名字命名的提高劳动生产率的运动。

③ 路易斯·芒福德（1895—1990），美国社会哲学家、建筑及城市规划评论家，其著作多涉及人与环境的关系，著有《技艺与文明》《城市文化》《历史名城》等。

④ 舍伍德·安德森（1876—1941），美国小说家，著名作品有短篇小说集《俄亥俄州瓦恩斯堡镇》《鸡蛋的胜利》和自传性小说《讲故事者的故事》等。

选举中能投共产党候选人的票”。他似乎从未真正想过加入共产党，但他认为共产党领导人都是“真正美国人的典范”，他们既坚持“服从严肃的革命工作所必不可少的一个中央权威”，又“没有失去对美国实际状况的把握”。共产党的这一主张是对的：“贫苦的大众别无选择，只能夺过基础产业，依照共同的利益来管理。”

威尔逊很清楚，他和他的朋友们可能被看成富有的、玩弄工人阶级政治的门外汉。这种感觉确实是有理由的。除了读马克思的著作，他对这项事业的贡献也就是为共产党领导人威廉·Z. 福斯特[①]举办了一次鸡尾酒会，酒会上福斯特回答了刚转为激进派的作家们的问题。威尔逊引用了有关瓦尔特·李普曼[②]的一幅含有寓意的画像：一次下暴雨时，李普曼待在他华盛顿的大房子里，身着晚礼服。“举着一只小煎锅，想用它来对付天花板上一个漏洞造成的真正的水灾。”——知识分子对危机无能为力的绝妙写照。但他无意间也同样展示了自己的画像：他感谢忠诚的黑人女仆海蒂，她“出色地放大并补好了”他晚礼服的旧裤子，使他可以去参加苏联领事馆举行的晚会，对他们的“新宪法”表示祝贺。

不过，威尔逊有一种追求真理的真正热情，他实际上与这本书中写到的其他知识分子都不同，他确曾严肃、真诚、持久地努力去了解社会的状况，他希望自己当这个社会的教主。1931 年，他一完成《阿克瑟尔的城堡》，就投入现场报道，那些发自全美各地的文

---

① 威廉·Z.福斯特（1881—1961），美国共产党创建人之一和领袖，曾三任美共中央主席，著有《美国共产党史》等。

② 瓦尔特·李普曼（1889—1974），美国新闻评论家，世界知名政治专栏作家，曾在《纽约先驱论坛报》开设《今日和明日》专栏，著有《政治序论》等。

章后来都收在《美国的不安》中（1932），威尔逊是一位优秀的倾听者、敏锐的观察者和一丝不苟的记录者。他考察了宾夕法尼亚州伯利恒的钢铁工业，之后到底特律去看汽车工业。他报道新英格兰的一次纺织业罢工，以及西弗吉尼亚和肯塔基的矿业。他又去华盛顿，再穿过堪萨斯州和中西部到科罗拉多，然后南下新墨西哥和加利福尼亚。他的描述引人注目：其中不带偏见，善于捕捉细节，既关注阶级战争，也关注那些日常的、非政治的和异乎寻常的东西，最重要的是它们对人和思想同样有兴趣——总而言之，这些文章恰恰与恩格斯的《英国工人阶级的状况》相反。亨利·福特[①]是“富于想象力的天才与卑鄙小人，是吝啬鬼，有非凡意志力，是西北部的朴实闭塞与精明实际的奇妙混合”。威尔逊注意到“鞋罩在底特律广泛使用”。他记录与经济危机无关的一些争吵、犯罪和谋杀的轶闻，描写密歇根的冬天、加利福尼亚的奇形怪状的建筑和新墨西哥供人度假的大农场。约翰·巴里莫尔[②]的妻子是个“柔软的小面团”。一个中西部姑娘告诉他，她正在“充分享用资本主义的最后24小时”。拉古纳海滩附近的旧油井钻塔如同“拖着长及胸口的胡子的古代巫师”。在圣地亚哥，远处一座明明灭灭的灯塔让他想起“有节奏的做爱动作”。

1932年那个可怕的冬天，有1300多万人失业，威尔逊加入一大群前往肯塔基州观察煤矿业罢工的知识分子中，就他所见写了一

① 亨利·福特（1863—1947），美国汽车制造商，创办福特汽车公司，发明装配线生产法，使美国成为汽车大国。

② 约翰·巴里莫尔（1882—1942），美国演员，巴里莫尔戏剧世家成员，因扮演莎士比亚戏剧角色而闻名，被称为“伟大的形象”。

篇触目惊心的报道。作家们带去了急救物资，州检察官却对他们说：“你们想分发多少食品就分发多少，可一旦你们触犯法律，那我就不仅有责任，而且很乐意起诉你们。”威尔逊记述了小说家沃尔多·弗兰克公开威胁一位市长：“如莎士比亚所言，笔比剑更为有力。”市长说：“我什么时候都不会怕那支布尔什维克的笔。”去参观的知识分子都被搜查是否带有枪支，有些被驱逐，有些则挨了打。在共产党总部，威尔逊看到：“畸形的人……开电梯的驼背，戴眼镜的女侏儒，一个女人半边脸像是因烧伤而变了颜色，但又从那儿长出一块什么东西。”他对于这种访问的价值表示了正常的怀疑，写信给多斯·帕索斯说：“这一切对我们来说非常有趣——但我不知道这对矿工们会有多大作用。”

20 世纪 30 年代威尔逊的激进主义中，最不同寻常的一点就是他思想的独立和对真理的由衷关切。正如他告诉多斯·帕索斯的，作家应该谨慎地成立自己的独立组织，“这样，同志们就不能把他们当傻瓜支配了”。他已经发觉激进的中产阶级知识分子容易缺少一种最重要的人类特质，即与自己所属的社会集团同一的能力。在《共产党人的性格》（1933）一文的注释中，他准确地指出了知识分子的弱点：

> 他只能把自己的兴趣与那些被放逐的少数派同一起来……他同人类的团结只在于他想象着人类的普遍改善——这是一种动力，然而它的力量不能过高估价——他在与人类的直接联系中失去的东西，可以通过他的另一种能力得到弥补，也就是使目光越过这些关系和与之发生各

种关系的人：他的家庭和邻居。

对于像威尔逊这样强烈关注人类生活和性格的人来说，这种补偿远远不够。他决心不仅从理论渊源上探究共产主义——他已经着手写一部《去芬兰车站》，后来此书成为叙述马克思主义学说史的重要著作——还要考察它在苏联的实际应用。为掌握真实情况，他在某些方面做出了比 20 世纪 30 年代任何知识分子都更大的努力。他学习用俄文阅读和说话，精通许多俄国文学原著。1935 年春天，他申请古根海姆奖金去苏联进行研究，得到了一笔 2000 美元的拨款。他乘坐一艘苏联客轮前往列宁格勒，很快就在船上与人攀谈起来。他从列宁格勒到莫斯科，然后坐船顺伏尔加河到了敖德萨。当时大清洗刚刚开始，旅游者仍可以比较自由地活动。不过他在敖德萨害了一场猩红热，接着肾病又急性发作。他在一所破旧肮脏却自由得出奇的隔离医院里度过好几个星期。许多人物都像直接从普希金作品中走出来的，实际上，普希金活着时，那座医院已经建成了。医院为他提供了在别处无法找到的、进入苏联社会的通道。结果他离开苏联时，是带着对斯大林不断加深的厌恶和对整个制度不安的怀疑，但他对苏联人民满怀敬意，对他们的文学则崇拜得五体投地。

显然，威尔逊抑制不住对人的兴趣，他不希望人被概念所掩盖，这使他不能长期保持知识分子的立场。20 世纪 30 年代末，文人的所有天性和热望都回到他身上。但让自己摆脱左派和马克思主义却不是个容易的过程。《去芬兰车站》越写越长，直到 1940 年才出版，到第二版中威尔逊才谴责斯大林主义。这本书本身就是个混合物，其中有些段落写于他发现马克思学说在思想上的冲击力势不可挡的时期。因此，他把马克思的三部尖刻的政论著作《法兰西阶级斗争》（1848—1850）、《路易·波拿巴的雾月十八日》（1852）和《法兰西内战》（1871）并称为“现代人文科学史上最伟大的重要成果之一”。

可实际上呢？威尔逊显然不能无视事实，也不偏爱思想，那种偏爱是真正世俗知识分子的标志。然而，他是否也具有极度的自我中心主义的特征？正如我们看到的，这一点是这些知识分子所特有的。当我们注意到他性格的这一方面并审查他本人的行为时，发现证据并不充分。威尔逊有 4 个妻子。他和第一位妻子由于各自的经历差异太大，达成协议分手，但保持着友谊。第二位妻子于 1932 年 9 月穿着高跟鞋参加圣巴巴拉的晚会时绊了一跤，从台阶上摔下来，因脑骨碎裂而死。在他热衷于马克思主义的苏联期间，仍是独身，不过 1937 年他遇见了才华横溢、比他小 17 岁的年轻作家玛丽·麦卡锡，第二年就和她结婚了。

第三任妻子给威尔逊的政治生活增添了新的内容。玛丽·麦卡锡体现了她的家庭背景和个人意向的奇妙混合。她来自西雅图。在她母亲那方面，既有犹太血统，又有新英格兰清教徒的血统。她的祖父母是第二代爱尔兰农业移民，靠谷物输送机生意发家。她出生于 1912 年 6 月 21 日，下面还有 3 个弟弟，但他们不久就都成了孤儿。玛丽先由信奉天主教的凶暴的叔叔和婶婶抚养，后来由信新教的外祖父母抚养。她所受的教育处于两个极端：一部分来自天主教修女学校；另一部分来自著名的瓦莎女子学校。可想而知，她既像个被宠坏的修女，又像个女学究。她真正的抱负在戏剧方面，写作仅是权宜之计。但她极擅此道，是个极为敏锐的评论家，很快确立了声名，先写书评，后来写剧评。她嫁给一位不成功的演员兼作家哈罗德·约翰鲁德，但很快在事业上超过了他。他们的婚姻于3年后破裂，玛丽在其出色的短篇小说《残酷而野蛮的条约》中详细分析了这件事。她的第二次冒险是在1937年与菲利普·拉夫同居，他是《党派评论》杂志的编辑，出生于俄国。从此玛丽进入纽约激进运动的中心。

曾有人提出一个似乎荒谬却真实的观点：20世纪30年代的纽约"成了苏联最有趣的一部分……在这里，斯大林和托洛茨基之间的斗争可以公开进行"。斗争在《党派评论》内部和周围激烈展开，这份杂志创办于1934年，起初由共产党控制。但编者拉夫是一个自行其是、不肯听话的人。他受的正规教育16岁时就结束了，之后他便独立生活，睡在纽约公园的长椅上，到公共图书馆读书。20世纪30年代初，他与威尔逊同时转而信奉马克思主义，《给青年作家的一封公开信》标志着他的转变，他在信中坚称："我们必须斩断与这个被称为资本主义的疯狂文明的一切联系。"他在《党派评论》上准确地说出了时代的流行现象——中产阶级知识分子的穷苦已下降到工人农民的水平。他写道："为了成为无产阶级思想上的助手，我已经扔掉了受资产阶级作家影响的虚伪的教士长袍。"拉夫是他所谓"文学的阶级战争"的伟大组织者，这个名称是他一篇文章的标题。但他在1936年因莫斯科审判一事与共产党决裂了，他认定那是一场陷害。拉夫是作家们熟悉的守护者，对他们的集体情绪极为敏感。他把《党派评论》暂停了一段时间以观察文学界的舆论动向，然后重新把杂志办成准托派的喉舌。他发现自己猜对了：当时环境下大多数的重要作家都站在他一边，其中包括成为他的情妇的玛丽·麦卡锡，这个美丽活泼的年轻女人是个很有价值的意外收获。

严格说来，把她吸引到斯大林—托洛茨基之战上来的并非政治本身，而是斗争带来的富有戏剧性的激动。芝加哥的小说家詹姆斯·T.法雷尔[①]写道："现在斯大林和托洛茨基双方的支持者之间画出了一条血线，就像一条不可逾越的河流。"共产党头头厄尔·布朗德尔说，在共产党会议上散发传单的托派分子，抓到后就应该"消灭"。玛丽·麦卡锡后来把《党派评论》的办公室描绘成联合广场上的独立部队："整个地区都是共产党的势力范围；'他们'无处不在——街道上、自助餐厅里；几乎每一幢被遗弃的建筑里都至少有他们的一个前线组织、学校或出版物。"《党派评论》搬到阿斯特区与共产党的《新大众》共处一座楼内："在电梯里遇见'他们'，沉默地一起下来，忍受着他们冷漠的审视，这常常是一种可笑而又可怕的场景。"她似乎觉得这种带着浓重火药味的宗教战争令人激动。她所受的古板的天主教道德训练如何能保留下来，这确实是个有趣的问题，比如教义常常严格规定，拒绝与任何破坏她的道德—思想—政治准则的人谈话、共进午餐或有所交往。她对政治本身的实际了解和关注并不多。她后来承认自己不知不觉地采取某种政治态度，常常是出于炫耀或取乐的愿望。她太富于批判性，不可能成为20世纪30年代那种意义上的"同志"。后来她把托洛茨基与甘

① 詹姆斯·T.法雷尔（1904—1979），美国小说家，作品力求真实描写20世纪美国社会面貌，代表作有《斯塔兹·朗尼根》三部曲、《时间的面目》。

地作比较，说明她对两者都知之甚少。即使是当时，她也会在左翼集会上，在微醉状态下揭露保皇党势力的巩固或沙皇一家遭到的残酷屠杀，引起一阵骚乱。回顾起来，她给人的感觉完全不是一个政治动物：最初对共产主义一无所知，后来成为共产主义者，接着偶然成了托洛茨基分子，又变为反共分子，最后不过是个温和而变通的左派而已。但自始至终她都极具批判意识，部分是天生的，部分来自英语文学批评方面的训练；其实她真正感兴趣的是人而不是思想，严格说来，她更多地是一个知识分子的女友而不是我们这里所定义的知识分子。

但她愿意做知识分子的女友还是做一个文人？拉夫毫无疑问是知识分子，却并非一位富有魅力的男人。尽管他善于引导所谓“具有独立思想的芸芸众生”，却非常严密地隐藏自己的内心情感。威廉·斯蒂伦[①]写他“是那样守口如瓶，几乎无法了解”。玛丽·麦卡锡本人也注意到：“如果说没有两个人是想象的，他就是最与众不同的一个。”诺曼·波德霍雷兹后来证实他“权力欲极强”。而且正如他的新情妇很快就发现的，这种欲望通常表现为向别人发号施令。

于是，玛丽·麦卡锡这位迷恋于纽约的党派斗争却不易被长期控制的浪漫的姑娘，摆脱拉夫的影响，嫁给了威尔逊。从理论上这也许会成为文学的联姻，就像萨特和德·波伏娃那样出色而持久的知识分子组合。然而实际上他们这种人的组合根本不可能成功。诚

① 威廉·斯蒂伦（1925—2006），美国小说家，主要作品有描写1831年美国奴隶起义的长篇小说《纳特·特纳的自白》，获1968年普利策文学奖。

然，威尔逊对待女人的态度与萨特有相似之处：自我中心和利用对方。他和西里尔·康纳利在 1956 年有过一次关于妻子问题的谈话，谈话记录清楚地表明，在他看来，妻子的基本职能就是为丈夫服务。他叫康纳利摆脱现在的妻子芭芭拉·斯凯尔顿："他应该得到另一类能更好地照顾他的女人。"康纳利回答说他确实正试图采纳威尔逊的建议，把自己解放出来："我仍被粘在捕蝇纸上——我已将腿伸出大半，但还没能完全脱身。"这两人都把妻子们当作某种高级仆役来谈论。

但威尔逊跟萨特不同，他总带着怀疑和相当程度的恐惧看待女人。他年轻时就认为，女人是"保守主义势力最危险的代表"，而与之对立的文学界勇士，"毕生都是一场抗争"。他按照自己的想法，通过另一种方式继续施行知识分子通常很喜欢的"公开性"政策来保护自己：他在笔记本上草草写下大段大段记录，描述情妇们种种最亲密的姿势，尤其是她们与他的性关系。威尔逊既是评论家又是小说家，他养成记笔记的习惯主要是受了《尤利西斯》的作者詹姆斯·乔伊斯影响。他似乎认为，实实在在地记下所发生的事情，他就可以驱除某些性的恐惧和女人对他的权力。他记了很多关于那位美丽的女诗人埃德娜·圣文森特·米莱[①]的事，她是威尔逊的第一位，或许也是最挚爱的情人，她令他着迷。他记述自己怎样与同住一套公寓的年轻人约翰·皮尔·比肖普——也爱上了她——达成一项协议，据此来迫使对方分享埃德娜，比肖普爱抚她身体的上半

① 埃德娜·圣文森特·米莱（1892—1950），美国女诗人、剧作家，主要作品有《荆棘之果》、诗剧《灯与铃》等。

部，下半部则属于威尔逊；她称他们为“来自地狱的男孩合唱队”。他还写下买第一个避孕套的情形：“我到格林威治大道上一家药店去，在外面紧张地观察了半天以确证里面没有女士。”售货员拿出一个他大力推荐的橡胶避孕套，把它像个气球一样吹起来以显示它多么可靠。“但那玩意儿破了，事实证明这是个预兆。”他记录自己怎样染上性病，还说自己是“性行为的诸多危险的一个受害者……堕胎、淋病、感情纠葛和一颗破碎的心”。他对女人们与他发生关系前必须脱去的衣服有种令人憎恶的兴趣：去掉“一条该死的腰带”“就像在吃贝壳类食物”。

最完整的那些段落大多是关于他第二位妻子玛格丽特的，“她脱了衣服站在第 12 街的起居室里，胸部浑圆，柔软而丰满（皮肤白皙）”。她有一个“短短的小脚趾，因而我喜欢拥抱赤着脚的她，她赤裸地站着，丰满的臀部和胸部，高大的身体和小巧的双脚”。他还注意到“小而有力的双手（握得很紧）……躺在床上时，她纤细的胳臂和双腿，以及龟爪般的小手伸到每一个角落”。他描述和穿着古典风格的舞会服装的玛格丽特在一张扶手椅里做爱的情形，“有点难对付——她以前把一条腿放到过胳膊上面吗？”还有“她脱下裙子时，内衣也随之滑落……我是那些随时准备好的姑娘，她说”。

然后还有婚外的艳遇。一个女人“告诉我她想要我打她时，我真被吓了一跳；她的一个朋友就喜欢鞭打自己的妻子。我买了一把带硬毛的发刷……起初只擦过她的身体，后来就成了抽打。我发现这实在困难，也许是因为压抑。她事后说自己非常喜欢这样”。他在科森街结识的一名妓女，“干得精力充沛而又威风十足”。许多女人——也许多得都不太可信——崇敬之情溢于言表：“你真棒！”还有些诸如此类的话。

他的第四位妻子埃莉娜受到同样的对待。1956年的竞选期间：“……我们坐在沙发上听阿德莱·斯蒂文森①在麦迪逊广场花园进行竞选演说，我开始伸手去抚摸她——她正半坐半躺……当转播中断后，我们进入某种更激烈的活动。”他继续写道，“现在我似乎再也得不到满足”。在英国时，他厌倦了牛津修道院般的陈腐生活，急急忙忙回到伦敦，“冲向已经上了床的埃莉娜”。

他在与玛丽·麦卡锡的第三次婚姻期间记的笔记中，没有任何这类带有半色情意味的内容；至少没有公开发表。他们的结合从1938年2月维持到“二战”结束，但似乎从一开始就是失败的。萨特也许曾像对奴隶一样对待德·波伏娃，可从未告诉她该写些什么。然而威尔逊坚持要玛丽·麦卡锡写小说，把她当作一个需要学者督导的聪明女学生来对待。她显然是在威尔逊的坚决要求下才嫁给他的，一旦成为夫妻就发现他很专横：他更多的不是提出意见，而是做出裁决，被她称为“钦定本”。他喝很多酒，在他喝醉时，如果脾气暴躁的麦卡锡感到厌恶，他就会变得非常凶暴。后来她的短篇小说里出现过醉醺醺的总爱寻衅的红发男人（威尔逊就是红头发，不过眼睛是褐色的），还有过眼睛被丈夫打得又青又肿的女人。

这桩婚姻一直拖到1946年，但正如玛丽·麦卡锡在离婚诉状的证词中所说的，致命的决裂在1944年的夏天就发生了。在一场

① 阿德莱·斯蒂文森（1900—1965），美国伊利诺斯州州长（1949—1953），美国驻联合国首席代表（1961—1965），曾两次作为民主党候选人竞选总统，均失败。

为18个人举办的晚会之后，客人都回家了，她正在洗盘子：

> 我问他是否愿意倒垃圾。他说："你自己去倒。"我把两大桶垃圾拖出来，穿过纱门时，他嘲弄地鞠了一躬，重复道："你自己去倒。"我扇了他一个耳光——并不太重——出去倒掉垃圾就上了楼。他叫我，我下去了，他从沙发上站起身，重重地挥拳打在我的脸上和身上。他说："你觉得和我在一起不快乐。好吧，我给你找些不快乐的事。"我冲出房子跳进汽车。

这场倒垃圾的争吵后来被她写进《神灵保佑的一生》(1955)，小说中，玛莎对红头发的迈尔斯·墨菲感到非常害怕。"除了迈尔斯，没有人能把她吓住……和迈尔斯在一起，她总是做着自己讨厌的事。"玛丽·麦卡锡写信给威尔逊声明，迈尔斯并不是他，他回信说还没读过那本书，但"我猜想那只是你笔下又一个恶毒的红发爱尔兰人"。

事实上，玛丽·麦卡锡个性太强，天赋又出众，不可能成为这样一位傲慢而专制的人物的理想伴侣。起初她或许打算延长对左翼政治的介入，但最终她的独立精神促使威尔逊对宣称为进步的所有思想都产生了厌恶。她的离去标志着威尔逊终于由一个知识分子转而重新担当起更符合他天性的文人角色。1941年，他在科德角的韦尔弗利特买了一栋老式大房子，后来又继承了家族位于纽约州北部的石建大宅，此后他像帝王一般根据季节来往于两处住所之间。他的第四位妻子埃莉娜，原名艾伦娜·玛丝·莫姆，是个具有一半德国血统的葡萄酒商的女儿，来自盛产香槟的兰斯[①]。他带着自鸣得意的赞许注意到“她坦诚而自然的勃勃生气衬托着文雅而高贵的举止”；他找到了埃莉娜这个“出色的调节者”，于是“重新开始正常工作”。她遵照一大堆老派的欧式规矩料理他的房子，把舒适与优雅带进他的生活。他心满意足地接受了她的规矩，整天穿着睡裤和晨衣，以他一贯坚持不懈的态度工作着。到下午 5 点就换上熨得笔挺的礼服和干净的衬衫、领带，进入他所谓的“社会日程”。

1948 年 1 月 19 日，他为这种转向文学的传统绅士的新生活做了一份记录。他带着一群狗去散步：“它们与一层薄雪相映衬，格外雄健。”沼泽地“在科德角灰色的天空下一片嫩黄，显得宽阔而柔和”。他完成了“整整一天的工作”，“喝过两杯不掺水的上等苏格兰威士忌”。此刻，他“站在屋子里享受着它的明亮和舒适——餐厅的拱窗，蜡烛的柔光……”8 年后，他写了一篇名为《60 岁的作家》的散文，以一种平和的语调称颂延续传统的重要。他指出，“美国的生活很容易遭受混乱、挫折、灾难性的崩溃和逐渐的衰竭”。他年轻时，曾对这种命运感到恐惧，可现在“在我 61 岁时，我发觉最让我满意的一件事就是自身的延续感”。他回到乡村，“被童年时读过的书和属于我父母的家具包围着”。当时他仅仅“沉湎于往事中吗”？绝不是！他是“位于事物的中心——因为中心只能存在于一个人的头脑中——而我的感情和思想是许多人共有的”。他这种生活态度和亨利·詹姆斯的相去不远。

然而，值得注意的是，即使转变为一位文学绅士之后，威尔逊

---

① 法国东北部城市。

仍保留着当初把他推向激进的知识分子生涯的那些基本性格。他总是怀着巨大的热情为真理而奋斗，但他思想中存在的一些偏见毫不留情地阻挡着他接近真理。他的英国恐惧症并没有像所有其他激进的冲动那样减弱，它是反帝国主义情绪、对英国等级制度的憎恨和纯粹的不安全感的混合物。从他战后的笔记中可以感觉出他写下这些话时真是咬牙切齿：丘吉尔"令人厌恶和难以忍受"。他注意到（非常严肃地）："据说英国人无声无息却又小心翼翼地把大麻业控制在他们手中。"——诸如此类，一个法国二等领事去上报的事实或传闻。他小心地忍受着下列一切："牛津式的拒绝""英国式的恶意竞争""他们说'是'的两种方式"——冷漠的和缺乏诚意的，"他们用一个特殊的词'文明'来形容对其他地方来说不过是普通的礼貌行为"、他们"煽动暴力"的倾向、他们"伪君子的国际名声"。他提到"不讲信义的阿尔比恩"[①]"傲慢的英国人"，并且承认："我在这里已经变得那么仇视英国，我开始同情斯大林，因为他正让英国人处境艰难。"

关于他 1954 年的另一次英国之旅，我们不仅能看到他自己充满怨恨的叙述，还有在牛津接待他的以赛亚·伯林的一篇有趣的速写。他宣布："我目前在英国的策略是审慎地进攻。"他很高兴地发觉英国知识分子比以前更"褊狭"和"孤立"，牛津也已"破旧不堪，腐败堕落"。他住的屋子"是像纽约的四等公寓那样阴暗狭小的鸽子笼"，校舍里的仆人"显然心怀不满"。一次晚会上遇见了

① 阿尔比恩：指英格兰，此词源出于希腊人和罗马人对英格兰或不列颠的称呼。

E.M. 福斯特[①]，“一个乍看上去像某一类办事员或眼镜店职员的极矮小的人”，他挑衅地说，尽管他对福斯特最喜欢的 3 部书：《战争与和平》《神曲》和吉本[②]的《罗马帝国衰亡史》有着同样的热爱，“我认为《资本论》几乎可以与它们相提并论”。这是一个文人与一名知识分子相对抗时做出的惊人论断，威尔逊注意到他的话果然使福斯特“有些窘迫”。福斯特赶紧提出简·奥斯丁这样一个安全的话题，然后借故慢慢离开：“唔，我不该把你同其他人分开。”可惜这句话中轻蔑的讽刺意味威尔逊没有觉察。当伯林问他是否“不喜欢在伦敦会见的所有文学界人士”，威尔逊回答：“不，我最喜欢伊夫林·沃和西里尔·康纳利。”“为什么？”“因为我觉得他们非常肮脏。”

威尔逊对其他作家的个人的敌意，其实是他与许多知识分子共有的又一个特征。D.H. 劳伦斯的脑袋“小得不成比例。人们可以看出他属于一个下等阶层——缺乏教养、尚未成熟的煤矿工”。威尔逊笔下还有这样一幅幅可怕的情景：斯科特·菲茨杰拉德借酒浇愁，醉得躺在地板上一个角落里。罗伯特·洛威尔[③]狂躁而抑郁。E.E. 卡明斯[④]有着“女性”的声音。W.H. 奥登“肥胖而且老于

① E.M.福斯特（1879—1970），英国小说家、散文家，以《印度之行》等小说和演说集《小说面面观》而著名。

② 吉本（1737—1794），英国历史学家，其史学巨著《罗马帝国衰亡史》记述从公元2世纪到1453年君士坦丁堡陷落为止的历史。

③ 罗伯特·洛威尔（1917—1977），美国诗人，作品具有强烈的现实感，诗集《威利爵爷的城堡》《海豚》先后两次获普利策文学奖。

④ E.E.卡明斯（1894—1962），美国诗人、画家，为嘲弄传统观念把自己的名字都改为小写，诗作形式奇特，语法用词别出心裁，著有《郁金香与烟囱》等诗集12部。

世故……他忽然告诉我们说他不善于用鞭子打人”。多萝西·帕克[①]用了太多的廉价香水。范·韦克·布鲁克斯[②]“不理解伟大的文学作品”。西里尔·康纳利“从来不听其他任何人说的俏皮话或小故事”。T.S. 艾略特“身上某个地方”躲着“一个恶棍”。西特韦尔姐弟[③]“为人了无生趣”。在他居高临下的评判中包含着许多憎恶。

对普通的世俗事务缺乏平和的心态，是我们在知识分子队伍中经常遇见的情况，也是威尔逊离开他们很长时间后仍无法摆脱的问题。这在威尔逊与美国国内税务署官员的艰苦斗争中突然灾难性地表现出来，为此他写了一本颇为愤慨的书。他的问题很简单：1946年到1955年间，他一次也没有申报过个人所得税，这在美国和在大多数其他国家一样，是一项严重的罪行。事实上，美国用罚款和监禁对此罪行的惩罚通常格外严厉，以至威尔逊第一次向律师承认自己的违法行为时，律师“立刻告诉我，我显然陷入了极大的困境，最好的办法就是成为其他国家的公民”。他为自己没有守法的辩护让人觉得软弱无力，他成年后的大部分时间都是个自由职业者。1943年底，他在《纽约客》杂志得到了一份固定工作，工资中已扣除所得税。1946年他出版《赫卡特县回忆》，取得了商业上的巨大成功。那时他担任《新共和》杂志的副主编，拿到的最高薪

① 多萝西·帕克（1893—1967），美国女诗人、短篇小说家，主要作品有诗集《放情集》，短篇小说《高个金发女郎》获1929年欧·亨利最佳短篇小说奖。

② 范·韦克·布鲁克斯（1886—1963），美国文学史家、评论家，著有《发现者和缔造者》丛书，追溯了1800—1915年的美国文学史。

③ 西特韦尔（1887—1964），英国女诗人、文艺评论家，作品强调诗的形象性和音乐性，著有诗集《门面》《绿色的歌》及文艺评论《诗与批评》，她的两个弟弟也都是作家。

水已达 7500 美金。然而就在这一年，他再次结婚，不得不为前两次离婚支付种种费用。他为此利用了《赫卡特县回忆》一书带来的意外之财。他说自己当时是打算补交所得税的，因为书正畅销，收入不断增加。但此书突然被控为淫秽，其收入也中断了。于是，“我想最好等我挣了更多的钱，再去申报 1945 年以来的所得税”。1955 年，机会来了，《纽约客》发表了他研究《死海经卷》的备受推崇的长篇论文，该文还被改写成一部成功的专著。就在那个时候，他去找税务律师，后者的忠告令他如闻霹雳：“我当时根本不知道我们的税制已变得那么苛刻，也不知道对没有申报个人所得税的处罚有那么严厉。”

这样的供认实在令人惊讶。这是一位整个 20 世纪 30 年代期间广泛评论社会、经济、政治问题的人物，还曾经向当局提出过公共开支过大的意见和主要工业国有化的强烈建议。他还出版了一部大书《去芬兰车站》，对那些通过占有资产阶级财产来彻底改变普通人地位的思想，他曾以极大的热情追溯过它们的发展。他对于国家在实行他热烈拥护的“新政”期间付出的高昂代价有何感想？难道他不觉得促使这些改革实行是每个人的责任，尤其是像他这样对那些不太支持新政的人们负有直接道义责任的人？他所赞同的马克思主义口号“各尽所能，按需分配”究竟如何？或者他认为这只适用于他人而不适用于自己？简而言之，这是一个一般地关注人类却不关心具体的人的激进分子吗？威尔逊的态度其实是那种知识分子的典型：他以伟大道德权威的口吻告诉世人怎样处理各项事务时，却认为这些意见实际上同他自己这样的人无关——那是“普通人”的事。

两位律师和一群会计，共花了5年时间才结清威尔逊对国内税务署的欠账。国内税务署自然要给他吃苦头，罚了他6.9万美元，其中有10年的6%的利息，加上90%的罚款——50%因为欺骗，25%因为拖欠债务，5%因为没有报税，还有10%是因为隐瞒收入。不过这算比较宽大的处置了，威尔逊每次不申报所得税都该被监禁1年，而且由于他以贫穷为借口替自己辩护，还不得不支付1.6万美元的诉讼费，国内税务署最后以2.5万美元的折中方案使他免受重罚。对此他本该感到庆幸，可威尔逊反倒写了充满攻击谩骂的《冷战与所得税：一份抗议书》，这完全是一种对他遭遇的困境失去理智的反应。这些麻烦使他恐惧地发现：现代国家行使最富挑战性的职能——作为收税人的角色——所具有的残酷性，但对于一个曾以从理论上和实践上研究国家为己任而又富于想象力的人来说，这并不应该是个意外。他站在道德上最软弱的立场攻击国家，他在坚定支持国家以人道的理由所进行的扩张时，极大地忽视了它恶的潜质，而只有当他由于自己的疏忽与之发生冲突时，才被激发了反抗情绪。这正好就是威尔逊的状况。他在书中试图回避自己的前后矛盾，他争辩说，大部分所得税都花在由“冷战狂热症”引发的国防开支上。但那时他自己的所得税还没交，也并没有用于国防。他还忽略了一个要点，那就是到他支付税款的时候，联邦政府的所得税用于社会福利的比例正迅速增长。对这一点也避而不谈合乎道义吗？总之，这本书表现了威尔逊最阴暗的一面，让人庆幸的是，他到40岁时，就基本上不再是个涉足政治的知识分子了。

事实上，回到作为文人的真正角色，威尔逊成熟时期的创作产量才真正惊人，其中包括《死海经卷》（1955），关于印第安人联盟的《向易洛魁人致歉》和论述美国内战时期文学的《爱国者之血》(1962)。这些书和其他许多作品的共同特征就是体现了勇气与勤奋——研究经卷要学习希伯来语——以及对真理坚定不移和锲而不舍的关注，这就把他与多数知识分子区分开来。更能显出威尔逊与众不同的是，他的研究和写作都围绕着一个中心：对作为群体和个体的人而非抽象的思想，强烈而热情、深刻而开明的关怀，正是这份关怀给他的文学批评注入色彩和生气，令人愉快。威尔逊在最清醒的状态下，心头总是存有一种认识，即作品不是脱离现实的东西，而是来自男男女女活生生的心灵与头脑，理解它们关键在于主题与作者之间的互动。思想的残酷就在于以为可以强迫人类去适应它。伟大艺术作品的德行就在于它所确立的、通过阐发个体到表现一般的方法。谈到埃德娜·圣文森特·米莱时，威尔逊的文字充满动人的光彩，他提出了关于诗人职能的完美定义：

> 当她对个人的深切体验做出最高的表达时，她能够让自己与更普遍的人类经验同一起来，并作为人类精神的发言人站在前列，宣告它的危难，它的兴衰，但作为人类表达方式的大师，她凭借语言本身的光辉使自己超越通常的困窘，通常的压迫与恐慌。

这正是威尔逊的人道主义，这使他能够理解这一过程，并把他从太平盛世的迷途中拯救出来。

10

高兰茨：被折磨的良心

对知识分子的任何逐例研究都突出地表明一件事：他们很少注重真实。他们都急于发扬救赎和超越的真理，把这种真理的确立视为他们为了人类而具有的使命。对他们在论证过程中遇到的客观事实所体现出来的世俗的、每天可以见到的真理，他们并没有多少耐心。这些棘手的、比较次要的真理被漠视、篡改、修正，甚至被处心积虑地压制。但是我们已经考察过的所有这些人，也在某种程度上有这样的毛病，唯一的例外是埃德蒙·威尔逊，也许他根本不是个真正的知识分子。现在又要谈到两个知识分子，在他们的工作和生活中，欺骗——包括自我欺骗——起了一种核心的甚至是决定性的作用。

其中第一位维克多·高兰茨（1893—1967），他的重要并不是因为他提出了一种突出的思想，而是因为他是一位代理人，通过他，许多思想以巨大的力量和明显的效果影响了社会。也许他是我们这个世纪卓越的知识分子政论家，他绝不是一个坏人，即使他犯了错误的时候，他一般是意识到的，他的良心在刺痛他。但他的经历表明，在推广太平盛世论时，欺骗所起的作用达到了惊人的程度。甚至在他活着的时候，同他有过交往的人也意识到，他对真理是多么傲慢。但是现在，要感谢他的女儿丽薇尔·高兰茨的诚实，她公开了他的文件供人考查，也要感谢一流的传记作家露丝·杜德利·爱德华兹的公正和写作技巧，高兰茨欺骗伎俩的实质和程度可以准确地接受检查了。

高兰茨出身很幸运，他的婚姻就更幸运，他生于一个极富才华和教养的家庭，又同另一个这样的家庭联姻。高兰茨一家是来自波兰的正统的犹太人，他的祖父是汉布鲁犹太教堂中唱诗班的领唱，父亲亚历山大是个勤勉而成功的珠宝商，一个虔诚而博学的人；他的叔父赫尔曼·高兰茨爵士是个拉比[①]和犹太学者，广泛从事于公众服务业；另一个叔父以色列·高兰茨爵士是个莎士比亚学者，不列颠科学院秘书，伦敦大学英语系实际上是由他创建的；他的一个婶婶是牛津的学者，另一个是优秀的钢琴家。他妻子露丝也是受过很好教育的妇女，上过圣保罗女校，受过艺术家的训练，她的娘家罗伊一家，以把学术、艺术和商业成功结合起来而著称，妇女们也都同男子一样，生气勃勃地进行文化追求（高兰茨著名的《犹太史》就是贝拉·罗伊翻译成英语的）。

高兰茨的一生，他周围的人物都沉浸在欧洲文明一切最优秀的成果之中。他从很小起就被提供了各种机会享受它，他是家中唯一的儿子，父母宠爱他，姐妹们服从他，实际上他是被当作唯一

① 拉比即犹太教的法学博士。

的孩子。他有大量的零用钱，靠这个他迷恋上歌剧，他很早就这样——21岁的时候就已经看了《阿伊达》[①]47次——参观欧洲的歌剧院，是他标准的度假形式，直到他去世都是如此。他得到过圣保罗的奖学金，得到了极好的古典教育——他每周两次把《泰晤士报》的社论翻译为希腊文和拉丁文——他又作为免试生，升入牛津的新学院，其后他获得了校长拉丁论文奖，在古典文学中成绩列为甲等。

高兰茨也是个激进的知识分子，他从易卜生、梅特林克、威尔斯、萧伯纳、瓦尔特·惠特曼那里吸取激进思想，他似乎很早就对多数重大问题确定了他的看法，后来他也从来没有发现任何改变自己观点的理由。在中学和大学，他的同伴们就发现他很固执而且极其自信，在这两方面都很少见。他很早就抛弃了犹太教，他说他无法忍受从他梅达谷的家到拜斯瓦特的犹太教堂之间的40分钟的步行路程（因为犹太教在安息日禁止乘车），这是他特有的夸张——实际上只需要15分钟。在牛津大学时，在一位激烈的无神论者吉尔伯特·莫莱的帮助下，他走了一条常见的路，从信仰犹太革新派变得什么也不信了。但是后来他又以"至上者"耶稣为中心，为自己建立了一种柏拉图式的、基督教的独特版本。这种渗透性的宗教有个很大的好处，无论高兰茨采取什么世俗的立场，都可以得到教义上的认可。不过他也行使犹太人的特权，讲一些无关痛痒的反犹太人的笑话。

① 意大利作曲家威尔第（1813—1901）所作著名歌剧，剧中主人公阿伊达是埃塞俄比亚公主，落难在埃及做奴隶。

高兰茨有一个阶段视力很差，这使他避开了第一次世界大战。此后随之而来的，是他的一段灾难性的时期，他在诺森布兰德火枪营当少尉，其间他违背军规，弄得自己十分孤立，受到一个少尉军事法庭的威胁。他躲到雷布顿去教古代文学。他教六年级，那里所有的学生很快都要上前线，很可能死在那里。高兰茨证明了自己虽然是个破坏性的，但也是出色的教师。他已是半个和平主义者（虽然是个少见的攻击型的和平主义者）、理论上的女权主义者、勉强算是社会主义者、死刑的反对者、刑罚改造论者——在那时还是个不可知论者。他决定改变在所有这些问题上的信仰，他后来写道："我决心同男孩子们以及所有我能抓住的人白天黑夜谈政治。"他后来一生中的格言是：他是先知、是朝圣的博士，他掌握了真理或某种真理，并决心把它灌输到其他人的脑海里。家长们并不希望孩子们服从于一个有特权接近他们的人——他是在滥用自己的地位，其中包含了心地的不诚实——所做的颠覆性的宣传。高兰茨对家长们的这种想法并不介意。实际上，他和他的同事 D.C. 施姆威尔一道，为他的态度辩护，写出了两个小册子：《一所公立学校里的政治教育》，要求把"学习政治学作为公立学校教育的基础"；另一本是《学校和世界》。诡计多端的校长（后来成为坎特布雷大主教）杰弗里·费希尔承认高兰茨有突出的能力，也注意到多数职员无法容忍他，就警告他不要走得太远。后来——根据国防部的命令，国防部已经编了一个在雷布顿的"和平主义者的活动"的文件——在 1918 年复活节那天突然把他解雇了。

高兰茨其后的经历是在食品部工作，负责犹太人食品的分配，在新加坡待了一段时间，后来他又为基础研究集团和拉特里信托公司工作。他最后在本恩兄弟出版公司做发行人时发现了自己的特长。这家公司出版了大量杂志，比如《果农》《汽油世界》等，高兰茨发现这些杂志很沉闷，还有大部分参考书也是如此。他说服了厄涅斯特·本恩爵士，让他把书籍部改造成为一个独立的公司，他拥有代理权和股份，3 年之中他取得了惊人的成功。本恩在日记中写道："这反映了对维克多·高兰茨的天才的最大信任，他一个人承担了责任。高兰茨是个犹太人，他很少见地把教育和艺术的知识同经营能力结合了起来。"高兰茨的秘诀是成批出书，包含各种价格，全部不受季节和风气变化的影响，还无耻地用一些轻浮的广告有选择地把它们推出去。他出一些关于新技术的书，诸如汽车电话，那些生意人就不能不卖，但他也出各种小说。他开创了取得巨大成功的"本恩六便士丛书"，这已勾勒出"企鹅丛书"的轮廓。天平的另一端是昂贵的艺术图书，如《睡着的公主》，使用巴克斯特[①]的设计。照他所聘用的出色助手道格拉斯·杰洛德所说，艺术图书中包含着某些欺骗，彩图是赝品，是袖珍画家所绘，然后再拍成照片。到了 1928 年，高兰茨每年挣到 5000 英镑，但他想得到公司的一半股票，并改名为"本恩和高兰茨"公司，厄涅斯特爵士拒绝了，他就成立了自己的公司，把本恩的一些最优秀的作者，如多勒西·L. 塞厄斯拉了过来。

新公司的结构很奇特，它带上了高兰茨那种令人吃惊的能力的全部烙印：他劝诱别人放弃自己的利益，服从他的安排，符合他的利益。他投入的资本大大低于一半，但他却使自己当上了执

① 莱翁·尼古拉耶维奇·巴克斯特（1866—1924），俄国画家、舞台美术家。

行董事，绝对控制着投票权和股息支付前的10%的纯利。这同塞西尔·罗德斯[1]在南非的钻石和黄金投资中所做出的安排完全一样，也许高兰茨就是从那里得到这个主意的，这之所以行得通，是因为几乎从一开始公司就赚来大量利润，投资者获利甚多，足以让他们满意了。高兰茨的成功是因为他卖出了大量的书，特别是小说；他所以能卖出这么多是因为他保持低价格，并给那些廉价制作的书籍加上一位天才的印刷专家斯坦利·莫里森的出色设计：统一用红色和黄色的新式样的封面，然后就用一种在英国甚至在美国出版业都从来没有见过的强化宣传来吹捧这些作品。

高兰茨公司的繁荣除了这些完全商业方面的原因以外，还经常使用秘密的、精明的手段和欺诈。他的间谍向他报告其他公司的内部事务，特别是作家心怀不满的情况，如果高兰茨认为这个作家有获得的价值，就会给他写一封长信，带上他所擅长的奉承。还有些人不请自到，因为高兰茨在其鼎盛期，比大西洋两岸任何出版家都更善于推出新人，或是把一本平销书变成畅销书。甚至“广告促销”这个词在伦敦为人所知之前，他已使这门艺术变得完美了。高兰茨阵营中的作家们曾经发现其弊端，但是他却真诚地相信，在卖书的时候，他的方法远比文本重要得多，他为了提高广告的预算，毫无顾忌地强迫作家们接受较低的预付款和版税。他恨经纪人，因为他们不喜欢他的这种方法，他尽一切可能劝告作家完全不用经纪人。他喜欢达芬·居·莫瑞埃这类作家，因为他们对钱不感兴

① 塞西尔·罗德斯（1853—1902），英国人，19世纪70年代在南非开采钻石致富。曾任好望角总督。后以他的姓氏命名，建立了罗德西亚（现名津巴布韦）。

趣。他常常在“友谊的基础上”达成口头协议，他自信具有完美的记忆力。他有一种在脑袋里重新编写历史的惊人的本领，然后慷慨激昂、不容置疑地捍卫他的新版本，于是就出现了争吵和责骂。当小说家路易·戈尔丁责怪他没有付给他的畅销书《木兰花街》原来答应的红利时，高兰茨用一封6页纸的信做了回答，显示出一派真诚，他的正直受到了伤害，以证明他的行为无可指责。对一个向他的记忆力发起挑战的经纪人，他写道：“你竟敢这样！我犯错误是不可能的！”他那些大胆的商业策略依靠令人生畏的怒火和喊叫来支持。他激动起来的时候，整个大楼都听得到他的声音。他喜欢带着长线的电话，这样他就可以一边在办公室里走来走去，一边对着话筒向经纪人或其他敌人大喊大叫。他的信变化多端，可以从歇斯底里的发火到甜言蜜语的请求——做这类事他是超人一等——有时在一封信中轮流使用。当他发怒的时候，会把给他们的急件扣押一天，让“太阳攻击我的怒火”，结果在他的文件中有许多打上了“没有发出”的标记。一些作者畏畏缩缩、屈服投降，另一些作者躲走了。不过在20世纪30年代和40年代，对公司有利的是，新来到这里的人至少是平衡的。

获得高利润还有另一个原因，高兰茨总是付给低工资，当有人提出什么真正的需要时，他会支付一笔钱，或是提供贷款，而不是增加工资或预付款。在许多方面，他像狄更斯笔下的一种性格。他特别吝啬时，会求助于他的橡皮图章董事会，要求董事会强迫他节俭。他会说：“我的董事会，正如我口述的这封信，指示我……”即使以出版行业的标准来看，他付出的工资也是低的，他能这样做的一个原因是，无论什么时候，他尽可能雇用妇女而不是男子。从女权主义的立场看，这是公正的，确实做了一件好事，但真正的原因是两方面的：首先，是可以劝诱妇女接受更低得多的工资和更恶劣的工作条件；其次，妇女更能服从他那高度个性化的处事方式。他会向她们大发雷霆，弄得她们淌眼泪，他会拥抱她们——他不分对象地亲吻，这在20世纪30年代是不多见的——他用小名或昵名喊她们，说她们是多么可爱。其中有些女职员很欣赏这种充满人情味的办公气氛。她们也知道，在高兰茨公司她们有向高一级的、尽管工资不高的行政职务提升的好机会，高兰茨也给她们机会去独断专行。1936年4月的一份职员备忘录提供了高兰茨的公司全盛时期的风格：

> 一段时间以来，我已经发现我们现在缺少过去那种使员工生气勃勃的精神……缺少了过去的那种快乐，这使我个人感到极大的不快。我想我们可以通过增加领导而恢复到过去那种情况；我决定让蒂布丝小姐担任总管以及主楼层所有女职员的指导者……事实上她将占据在苏联工厂里由苏维埃领导人所占据的那个位置。

在这种家长式的统治下，一些妇女如鱼得水，其中一位塞拉·林达被他提升为主管，3次给她休假，还让她称他“亲爱的老板”。男士的日子就不是那么好过了，不是高兰茨不能发现男士的才能，正相反，他非常善于发现，但他不喜欢男士，男士也不喜欢他，他不可能同他们一道工作一段长时间。他发现了他那个时代最优秀的出版家之一道格拉斯·杰罗德，但他违背诺言，把杰罗德打发到一家新公司去了；他也发现了另一位著名的传媒策划人诺曼·科林斯，但最终找机会同他吵了一架，把他赶走了，而用一位奴性十足的妇女取代了他；斯坦利·莫里森是他公司取得成功的设计师之一，高兰茨同他的关系也是以一场争吵结束，莫里森走人。高兰茨同男性作者有过一些可以写成故事的争吵。战后，他把侄儿希拉里·鲁宾斯坦带来了，这是又一位很少见的能干的行政人员，高兰茨清楚地知道他到一定时候会继承以利亚[①]的衣钵；但是鲁宾斯坦在被剥削了许多年以后也被赶走了。

本书的主题之一是：知识分子领袖人物的私人生活同他们的公开形象是不能分开的，一个可以帮助解释另一个。私人的罪恶或弱点几乎总是反映到他在世界舞台上的行为中，高兰茨就是这一原理的一个著名的范例。他是个自我欺骗的怪物，他欺骗自己，也非同一般地欺骗别人。他相信自己是个伟大人物，天性仁慈，是人类的真正的朋友；事实上他却是无可救药的自私和自我中心主义者，这一点在他对妇女的行为中最清楚地表现出来，他声称致力于妇女的利益，特别是他自己的利益。实际上，他爱她们，只是就她们为他服务而言，他同萨特一样，愿做一个听着摇篮曲的婴儿般的成人，被一群忠诚的、洒过香水的女性包围着。由于他母亲的生活围绕着他父亲，而不是他自己，所以他把母亲排除出自己的生活，她的形象在他的自传中几乎根本没有出现，在写于 1953 年的一封信中他承认："我不爱她。"他一生都让自己四周为妇女所包围，他也不能不成为她们利益的最高代表。他发现男性相互竞争的想法是不

① 以利亚，公元前9世纪的以色列先知，见《圣经·列王记》。

可容忍的。年轻的时候，他有崇拜他的姐妹，成年以后，有崇拜他的妻子（来自他姐妹的婆家），妻子又及时地献给他一连串崇拜他的女儿，这样他就成了6个人组成的一个家庭中的唯一的男子。露丝有头脑、有能力，但是为高兰茨服务却成了她的终身事业；只有一个问题，高兰茨不想让她去犹太教堂，她没有向他屈服，而在其余一切方面，她都是他的奴隶，她不但管着高兰茨在伦敦和在乡间的家，必要的时候还为他开车，为他理发，管理他的私人资金（非常奇怪的是他自己管不了）和给他零用钱，同他的男仆一道，管理着他的一切私事，他在许多方面同孩子一样无能。所以也许是完全出于慎重的考虑，他喜欢喊妻子“妈妈”。他们出国时，孩子和他们的保姆被安排在另外一个比较便宜的旅馆，这样露丝就可以完全为他服务，她原谅了他的许多不忠实的行为，以及对妇女动手动脚的讨厌习惯——这一点以至使J.B.普里斯特利说：任何通奸同高兰茨的调情相比都是纯洁的了。显然，高兰茨喜欢妻子监督他的情妇——就如同布莱希特的海伦·魏格尔和萨特的德·波伏娃所做的那样——因为这或许可以正式表明她宽恕了他，也就免除了他的负疚感。但她却不可能毫无感情地去那么做。高兰茨要求他所有的女人、家人和雇员坚定不移地忠诚于他，甚至在观点上也是。他拒绝给一位妇女一份工作，只是因为这位妇女不赞成他废除死刑的观点。

高兰茨要求女子对他绝对忠诚，至少还有一个原因：他有一种非理性的恐惧。当每天早晨他父亲出去工作时，母亲就觉得父亲不会回来了，总是日复一日表现出种种复杂的焦虑忧愁。高兰茨继承了这种恐惧感，他的恐惧集中于露丝。他从小养成的反常的工作习惯导致他长期失眠，这反过来又加重了他的许多恐惧感。虽然他的欺骗力极强，但他从来不可能让他那潜在的良心完全平静下来，他始终感到负疚。他相信经常的通奸行为必然不可避免地以性病结束，对性病他又懂得很少。他的传记作者认为他事实上为“臆想性病”所苦。到战争中期，极其痛苦的疥疮、皮肤疼痛、恐惧和极度的衰弱把他打垮了。豪德尔勋爵认为他患有“神经末梢过敏症”。最明显的症状是他认为自己的阴茎失去了机能，他在一份自传性的文件中这样说道：“当我坐着的时候……我的一个部分消失了，我感觉到它正在收缩进我的身体。”同卢梭一样，他为他的阴茎而烦恼，虽然理由没有卢梭那么明显。他时时把它拿出来检查，看看有没有性病的迹象，甚至是不是还确实在那里。他会在办公室里一扇窗子旁边，一天做几次这样的仪式，他确信那是磨砂玻璃，外面完全看不见。不过对面剧院的职员指出，事实并非如此，他的习惯让人感到不安。

高兰茨的自我欺骗既给他自己也给别人带来痛苦。很清楚，在某些方面对客观实际的把握如此软弱的人，自然不适合给人们提供政治上的指导。高兰茨一生都是这一种或那一种社会主义者，他相信社会主义是专门用于帮助“工人”的，他坚信他知道“工人”在想什么和需要什么，但没有证据可以证明他认识一个工人，除非有人把英国共产党的头头哈里·波里特也算作工人，波里特曾经当过锅炉工。高兰茨在伦敦拉德布罗克路的房子里有 10 个仆人，在伯克郡布里姆顿的乡间庄园里，他有 3 个园林工人，但是除了通过信件，他很少同他们中间任何人有什么联系，不过他坚决否认他同无产阶级没有接触。他手下的一位作家、负责《大众观察》综述栏目的汤姆·哈里森指责他扣下了应当发给职员的一部分款项，他给哈里森的回信中充满他特有的愤慨：“当你到了我这个年纪的时候，如果你还像我这样为工人阶级努力工作，你干起事来就不会这么糟糕了。我要告诉你，我不是像你这个年纪，而是比你大得多的时候……我的视力已经坏透了，但我的生活条件比你还差得多。”他自认为是在过着一种半修道院式的生活，但从 20 世纪 30 年代中期开始，他总是享用女司机驾驶的汽车、长雪茄、葡萄佳酿，每天在塞沃伊午餐。他总是住在最好的旅馆里。事实上，他想得到什么，从来就没有再去否定掉。

奇怪的是，从 1928 年至 1930 年开始，高兰茨积极参加了反对资本主义的事业，而就在这时，他自己成为一个极其成功的资本家。他论证说，资本主义是鼓励人们天生的贪婪以及由此而来的暴力倾向。我们发现他在 1939 年 9 月给剧作家本·李维的信中说：马克思的《资本论》“在我看来，其中第四部是世界文学中最吸引人的一卷”，它把“超级侦探小说的魅力同福音书”结合了起来。（他实际上可能读过吗？）这是高兰茨同苏联的长期恋爱的序曲。他匆匆阅读了韦布关于苏联体制如何运转的想入非非的叙述，称此书具有“令人惊奇的魅力”，那些用于消除对苏联政权的民主实质的“误解”的章节，是“本书中最为重要的部分”。正好是在大清洗的高潮中，高兰茨提名斯大林为“年度人物”。

高兰茨开始他的政治活动时要求工党领袖拉姆赛·麦克唐纳给他一个议会席位，但当时以及后来都没有任何结果。他就转而出版那些说教品。20 世纪 30 年代初，他出版的左倾政治书籍的比重日益增加，价格低、数量大。其中包括 G.D.H. 科尔优秀的畅销书《智慧者乱世指南》《马克思的真正含义》、约翰·斯特雷奇的《为权力而来的斗争》，此书那时在大西洋两岸也许比任何其他政治读物都更具影响力。就在这时，高兰茨不再是商业出版家，而成为政治宣传家，也是在这时候，系统的欺骗开始了。高兰茨新策略的标志是他的一封信，他写信给威斯敏斯特大教堂牧师会的珀西·第莫尔牧师，委任他编辑《基督教和危机》。高兰茨规定这本书必须具有并且要显示出“官方性”，要有“大批教会高层人士”的来稿；但是他又写道：“我也许是那种相当特殊的出版家，我出版我认为极其重要的那些论题，我不赞成的东西我绝不出版。”因此，这本书必须从这种立场出发：“基督教不仅是一种拯救人的宗教，而且本质上它自身也必然关注政治”，所以它必然为“直接的、实践的社会主义和国际主义”而“全力以赴”。

大教堂牧师不管指示中这些明显的欺骗因素，编辑了此书，此书于 1933 年正式问世。同样的精神指示也发给了其他作者。里奥纳德·吴尔夫编辑《智慧者防止战争的道路》，高兰茨告诉他，最后一章“国际社会主义是和平的关键”是高潮，其他人必须“逐步引向最后这一部分”，但是为了隐藏起这个目的，“希望”前面的几章不要让那些“在公众的心目中肯定同社会主义联系在一起的人”来写。随着 20 世纪 30 年代的过去，欺骗的成分变得愈来愈多，愈来愈明显。高兰茨在给一个编辑的内部信件中，批评了共产党人约翰·马汉论工会的一本书，他抱怨说：“随着发展，左派曝光很多，这种情况要避免，特别是在这个问题上。”他接着说，他需要的“不是左派出来说话，而是用左派的笔做出表面公正的阐述”。他意味深长地写道：“你可以想出各种各样的谋略。”他的结论是：

“……两种观点都可以用这种方法表现出来，同时又有了一种公正的庄重气氛，无可挑剔，读者不可避免地得出公正的结论。”

高兰茨的书中确实开始有了种种欺骗读者的“谋略”，比如说，只要可能总是用左派来代替“共产党”。在高兰茨的许多信中，也坦率地反映出一种压抑感，常常伴随着自怨自艾、唠唠叨叨诉说良心的极度痛苦。比如他给韦伯·密勒的一封信，谈论一本有关西班牙的著作，他命令删去其中两章，他知道这两章是真实的，信的开头是：“我为写这封信而感到苦恼，几乎是羞愧。”他知道密勒所说的没有“任何方面的言过其实”，但是“绝对避免不了的”是“许多段落会从那两章中挑选出来广泛引用，以达到证明‘共产党人粗野’这样一种宣传目的”，他觉得他不能“出版任何东西给另一方提供宣传的机会”。他补充说，密勒也许觉得“这是在玩弄真理；这种想法不对，人们必须考虑最后的结果”。结束时他恳求说：“请原谅我。”——这正如同对他包养情妇的过错，他也想从露丝那里得到形式上的赦免。高兰茨给作者和编辑的一些指示，虽然明确禁止不诚实，但也极其混乱——这无疑是写下了他良心中的极度痛苦——完全没有给他们讲清楚，具体说是什么样的不诚实。比如他给一本历史教科书的作者写信说：“我希望最公正地论述——但我也希望我公正的作者具有激进思想。”他补充道，“作者的激进主义”给他提供了一种“保证，如果尽管做出了一切努力，倾向还是出现了”，那就不会是“通向错误方向的倾向”。正如高兰茨这一时期的信件不断表明的，他实际上说的是，他要有倾向性的书，但不要露出有倾向的样子。

1933 年 1 月希特勒掌权以后，高兰茨决定删去他的书目中任何不赚钱的和没有宣传目的的书。他也主要为推广社会主义和苏联的形象下了大量赌注。其中第一个是“新苏维埃文库”，这是直接通过苏联大使馆和政府安排，由苏联作家写作的宣传读物。但是在拿到那些文稿时，意想不到的困难产生了：因为丛书的酝酿同大清洗是同步进行的，几位预定的作者突然消失于古拉格群岛之中，或者被行刑队拘捕。一些书稿送给高兰茨的时候，作者的名字是空着的，等待被处死的作者被官方恢复名誉以后再填上。还有一个讨厌的麻烦是苏联检察官安德烈·维辛斯基，他在斯大林政权中所起的作用相当于希特勒的“人民法庭”的主席罗兰·弗莱斯勒，他被列入写作《苏维埃司法》；但是他正忙着给过去的同志通过死刑判决而无暇写作，当文稿最后交来的时候，写得太急促、太糟糕，无法出版。高兰茨的读者非常幸运，不知道这些问题。

这套丛书出版以后，高兰茨又下了一个更大的赌注：“左派读书俱乐部”。成立这一组织最初的目的是反击不愿意贮备极左宣传读物的书商。这个俱乐部在 1936 年 2—3 月发起了一个大规模的广告战，这同第三国际在全欧采取的“人民阵线”政策正相呼应。突然间，工党这样的社会民主党不再是“社会法西斯主义者”了，而成为“斗争中的伙伴”。左派读书俱乐部的会员同意，至少在半年内，每个月以半个克郎购买由高兰茨、约翰·斯特雷奇和伦敦经济学校的哈罗德·拉斯基教授三人组成的委员会所指定的书籍。他们也可以免费得到月刊《左派图书新闻》，有权参加一系列的活动——如暑期学校、群众集会、电影观摩、讨论小组、戏剧演出、国内外度假、午餐会、俄语培训班等，还可以使用俱乐部中心。20 世纪 30 年代是参加各种组织的好时机，其中许多组织是希特勒为各种年龄和利益的人创建的，这就是他能在德国取得巨大成功的原因之一。高兰茨本来希望到 1936 年 5 月能有 2500 个会员，事实上他有了 9000 个会员，最后人数增加到 5.6 万人，俱乐部的影响甚至比这些数字所表明的还要大：在 20 世纪 30 年代所有传媒机构中，它最成功地制定着程序、指引着讨论的潮流。但是它是建立在一连串谎言的基础上的，第一个谎言是在俱乐部的小册子上说的：选书委员会“共同地、充分地代表了‘左翼’运动中所有积极的、严肃的主要观点”。高兰茨一直到 1938 年年末，都是共产党可靠的同路人。他为共产党的机关报《工人日报》写了一篇文章《我为什么阅读〈工人日报〉》，此文被该报的宣传材料所利用。他指出这份报纸忠实于事实，准确，信任读者的理解力——他知道这一切全是毫无根据的——他还写道：“这是同夫人和绅士相对立的那些男子和女子的特征。就我来说，我遇到过许多夫人和绅士，发现他们中许多人极其讨厌，而那些男女的品质却令人非常振奋。”他也访问了苏联（1937），并且宣称：“我第一次感到这么快乐……一个人在这里会忘掉世界上其他地方的罪恶。”

不过，高兰茨最大的实际贡献还是聘用共产党员做左派读书俱乐部的职员，赛拉·林德、爱米尔·彭斯和约翰·利维斯编辑了所有的稿件，贝蒂·雷德组织了俱乐部的各团体，他们这一时期都是共产党员，或为共产党所影响。俱乐部所有的政策决定，以至实质上很小的问题，都同共产党官员进行过讨论，常常是由高兰茨同共产党总书记波里特本人直接处理，这些都是公众所不知道的。俱乐部经过仔细的考虑，隐瞒了共产党成员的党派身份，称他们为社会主义者。俱乐部挑选出来的第一批 15 本书中，除了 3 本，全都是共产党员或秘密党员所写的。高兰茨对此感到忧虑，倒不是因为这一事实本身，而是担心这也许会造成俱乐部没有独立性的印象。这种所谓的独立性，确实是它最宝贵的一种东西，正如共产党最重要的理论家 R. 帕姆·达特在给斯特雷奇的一封信中兴高采烈地说：公众认为俱乐部是“一个独立的商业机构”而不是“某个特定的政治组织的宣传”，这一事实构成了它的价值。

第二个谎言是高兰茨反复宣称的左派读书俱乐部的全部组织，包括其分支、集会和活动，“本质上是民主的”，这种说法并不比迪布斯小姐的“公职苏维埃”的说法更正确。在为寡头统治所做的伪装的背后，它事实上只是高兰茨本人的专制，就是出于这一原因，他控制着俱乐部的财政。他并没有为俱乐部保留独立的账目，其收入和支出都由维克多·高兰茨有限公司承受，结果是无法得知高兰茨从这项投资中得到的是赚还是赔。一些评论家断言高兰茨从中赚到一大笔钱，他控告他们诽谤。他在一封私人信件中告诉那些作家，俱乐部的亏空令人吃惊，但他又补充说：“完全可以相信，从许多方面看，认为我们赚了一大笔利润，比认为我们亏空的危险性要小得多。”不过，这种说法也许只是为了证明他只给作家付一点点版税，或者根本不付都是正当的。如果公司只是分担俱乐部的日常开支和促销俱乐部的其他书的话，那人们就只能设想俱乐部给公司带来了好处。因为在任何情况下，高兰茨都掌管着收据，支付工资和账单，所以一切最后的决定也都是由他做出的。认为俱乐部的成员在什么问题上有发言权的想法是荒唐的。在为俱乐部《新闻》寻找一个编辑时，高兰茨规定说：“他必须把首创精神同对我的指示的毫不迟疑地、不折不扣地服从结合起来，无论这些指示对于他显得是多么愚蠢。”

第三个谎言是约翰·斯特雷奇所说的：“我们从来不想仅仅因为我们不同意某本书的结论就不选用它。”除了一两本象征性的工党图书以外——工党领袖克莱蒙特·阿特里被邀请写作《展望工党》——一切证据都可以证明，追随党的路线通常是选用图书的主要标准。一个特别臭名昭著的例子是奥古斯特·索尔海莫的《辩证唯物主义导论》，高兰茨认为此书是正统的，1937 年 5 月同意出版；但是就在这时，作者卷入一场并不引人注目的、同莫斯科的争论，波里特要高兰茨禁止此书。但这本书已经做过广告，高兰茨反对说：俱乐部的敌人会抓住这本书的取消来“确证俱乐部不过是共产党的一个组成部分”。波里特用他那做作的腔调做了回答：“不要出版！不然我就得去对付那个老鸡奸犯和那个大个儿鸡奸犯，还有一位教长血红的屁股了……”（他这些称呼是指帕姆·达特和坎特布雷教长、休里特·约翰逊牧师等）高兰茨遵命行事，这本书被压住了。但他后来写了一封发牢骚的信给波里特，他抱怨说：“我痛恨、也讨厌做这样的事，我的天性就是这样，这种欺骗会毁坏我内心的某些东西。”另一本想要禁止的书是由一位极受人尊敬的退伍老兵、社会主义者 H.N. 布莱斯福所写的《为什么资本主义意味着战争》。当 1937 年 9 月书稿提交给彭斯时，他的意见是，即使对这本书进行大量的删节和修改，也是不能接受的。这一次高兰茨又是完全同意不予出版，他写信给作者说：“在这件事上，我不能违背良心行事。”拉斯基是布莱斯福的老朋友，他也对莫斯科的审讯不满，他提出这本书必须出版，并以辞职相威胁，果真如此，就会损害左派读书俱乐部作为“人民阵线”的门面。高兰茨只好勉强按照拉斯基的要求做了。但到8月此书出版时却没有做任何宣传——正如布莱斯福所说的，“被人们遗忘了”。高兰茨还发明了一个“技术上的原因”来禁印里奥纳德·吴尔夫的一本书，因为其中有对斯大林的某些批评。但是吴尔夫有自己的印刷厂，对印刷的知识比高兰茨多，他揭穿了这个谎话，并威胁说，如果对他违约，就会有公开的麻烦，这样高兰茨又一次让了步，不过他确信这本书会失败。

左派读书俱乐部出版的读物实际上是经过精心设计的。正如高兰茨写给俱乐部教育书籍，即“左派家庭大学书库”编辑的信中所说的：“论述当然不应当是攻击型的马克思主义”，作品的写作应当是“以这样一种方式：读者在任何情况下都会得出正确的结论，同时没有加入俱乐部的人也不会因为感到‘怎么有这么多马克思主义的废话’而走开”。高兰茨曾给波里特汇去几笔现金，波里特写过这样的话：“我在想，今天早晨的什么时候你能不能让我得到这笔英镑支付的钱，我很抱歉给你带来麻烦，维克多，但是你知道是怎么回事。”政府的检查制度深入非常小的细节，比如，后来成为《工人报》编辑的J.R.坎贝尔就是负责从一册文献书目中清除掉托洛茨基和其他“否定人物”的作品。

虽然无法为高兰茨的行为进行辩解，他的传记作者所说的“一大堆表明有罪的材料”证明了这一点，但是还是必须在历史背景中对他的行为进行考察。20世纪30年代是一个充满大大小小谎言的时代，比20世纪任何一个年代都更多。纳粹和某些政府利用巨大的财政资源，并雇用成千上万的知识分子，说了无数谎话。那些曾经献身于真理而被人赞颂和崇敬的机构，现在在处心积虑地压制真理。在伦敦，正如《泰晤士报》的编辑杰弗里·道森所承认的，他把通讯员所提供的、可能损害英德关系的材料“排除在报纸之外”。在巴黎，为了证实德累福斯无辜而创建的著名的人权同盟的最重要的成员费立辛·夏莱耶，感到必须退出这一组织，以抗议它为了帮助隐瞒发生在苏联的暴行的真相而采取的无耻手段。《新政治家》的编辑金斯利·马丁称温森堡是“一位富有灵感的宣传家”；他的得力助手奥托·凯兹被马丁称为“狂热而无情的政委”，他吸收了各种各样的英国知识分子来帮助他，其中包括前《伦敦时报》的新闻记者、左翼黄色报刊《周报》的编辑克劳德·考克本。他帮助凯兹编造完全想象出来的新闻故事，诸如条顿人中的“反佛朗哥起义”。后来考克本把他的这些功绩写下来出版了，众议员 R.H.S. 克劳斯曼在《新闻记事》中抨击他说了谎还毫不羞耻、得意洋洋。克劳斯曼在 1939—1945 年战争期间因为公务而卷入英国政府的“信息误导行动”（也就是说谎），他写道：“战争期间，黑色宣传也许是必要的，但是我们大多数人都对自己的所作所为感到厌恶。”克劳斯曼也正好是那种典型的知识分子，总是对人进行宣传而又缺少强烈的求实精神，考克本指责他的观点是“可笑的、舒舒服服的道德立场，至少对我来说，看到一个人烧掉他自己的宣传谎言……而又通过‘厌恶’自己的行为就感到问心无愧，这似乎是一件可笑的事”。在考克本看来，对一种人们为之战斗的事业，“是值得为它去说谎的”。

对于高兰茨的种种不诚实应当在一定背景下考察。其中最臭名昭著的一件事是他拒绝出版乔治·奥威尔的《向加泰罗尼亚致敬》，并不止高兰茨一个人拒绝出版奥威尔的作品，金斯利·马丁也拒绝刊载奥威尔写的有关同一问题的一系列文章，30 年后，他还继续为他的这一决定进行辩解："在抗德战争期间，我不能发表奥威尔的文章，就如同我不能发表戈培尔[①]的文章。"他还劝他的文学编辑莱蒙德·莫狄姆尔剔出奥威尔的一篇"值得怀疑的"书评，对这件事莫狄姆尔后来感到非常后悔。高兰茨同奥威尔的关系延续很久，非常复杂，他们相互敌视和讥讽。高兰茨在左派读书俱乐部成立前出版的《通往威根码头之路》是对英国左派的一种批评，他决定为这本书出一个"左派读书俱乐部"版本，想把书中引起反对的东西去掉，奥威尔不同意。于是高兰茨出版时就亲自为这本书写了一篇很长的导言，他力图把奥威尔的"错误"解释成"大体上是作为中产阶级的一个成员"来写作的。他自己也是这个阶级的成员（当然他要比奥威尔富得多），如果说他们有什么区别的话，他同奥威尔不一样，他同工人阶级没有任何接触，所以这篇导言显得特别不诚实。后来美国出版商重新出版了这本书，高兰茨感到非常惭愧和愤怒。

高兰茨在同奥威尔争吵得最厉害的时候，对自己同共产党的关系有了另外一种想法，这是由许多原因造成的。一个原因也许是他认为这样有损于他的商业前途，塞克尔与瓦保格公司正急于夺走《向加泰罗尼亚致敬》和其他一些书稿以及作者。他们的作品本来很自然是由高兰茨出版的，高兰茨的政治选择实际上是给他自己的公司造成了一个可怕的敌手。第二个原因是高兰茨关注的范围有限，书籍、作者、女人（除了露丝）、宗教、事业，都从来不可能把他的热情长期地维持下去。有一段时期，高兰茨喜欢左派读书俱

① 戈培尔（1897—1945），纳粹德国的宣传家，1933年起任希特勒的宣传部长。

乐部，以及在阿尔贝特大厅召开的盛大集会。在大会上坎特布雷的教长会拖长声音说："上帝佑护左派读书俱乐部。"高兰茨发现自己极富对公众演说的天分，但是总是面对共产党的明星们，首先是波里特，从训练有素的听众中得到大量喝彩，高兰茨对此很不高兴。到了 1938 年的秋天，他表现出对这一切失去了耐心，并感到厌烦了。

高兰茨处于这种情绪时，更倾向于敞开自己的心灵，他在巴黎过圣诞节的时候，读了一份关于莫斯科审判的详细的叙述，这使他相信审判是欺骗，回到伦敦以后，他告诉波里特，左派读书俱乐部至少在这个问题上再不能兜售莫斯科的路线。直到 2 月份，他在《左派读书俱乐部新闻》中承认，"苏联确实存在知识分子充分自由的障碍"。这年春天，使奥威尔感到惊讶的是，高兰茨决定出版他的小说《上来透口气》，这是变更路线的一个确凿的标志。到这年夏天，高兰茨显然急于同莫斯科断绝关系，他欢迎 8 月份希特勒与斯大林签订的和约，不很精确地说，他是带着一种轻松的心情——这意味着战争是不可避免的——得到了同共产党完全断绝关系的天赐良机。他立即开始写反对莫斯科的宣传品，列举了它大量的恶行，而这些是多数明白人多少年前就已经认识了的，正如奥威尔对杰弗里·戈勒尔的评论："可怕的是如此愚昧的人有这样的影响。"

左派读书俱乐部在高兰茨同莫斯科断交以后再不像过去那样了，俱乐部的职员分开了，赛拉·林德、贝蒂·雷德和约翰·利维斯依附了共产党，高兰茨决定不解雇利维斯和林德（她已经不再是他的情妇了）；他以自己独有的方法加以商业利用，他给他们降级，削减他们的工资，缩短预先通知期。这同金斯利·马丁不同，马丁到死都多多少少照顾到他 20 世纪 30 年代的同路人；也不同于克劳德·考克本，考克本对自己玩世不恭的作为夸夸其谈，高兰茨却决定把事情干到底，从改正当中得到好处，1941 年，他编了一本书，其中包括拉斯基和斯特雷奇，也包括奥威尔的来稿，书名为《左派的背叛：共产党政策的考查和驳斥》，在这里高兰茨正式承认左派读书俱乐部的罪过：

> 关于俄国的稿件，无论好坏，我都接受，因为它们是“正统”；我拒绝了真诚的社会主义者和诚实人的其他稿件，因为它们不是……我只出版证明莫斯科审讯正确的书，而把社会主义者对这些审讯的批评寄到别的地方去……现在，我根据我的全部人格确信——那时我心里确信——这一切全错了。

高兰茨内心的变化，以及他承认过错，其中有多少真实，变化又是怎样发生的，都难以说清。在战争中期他确实经过心灵的黑夜，在上文说过的他的体质危机中达至最高点。不过后来在苏格兰，对知识分子来说是少有的事，他听到了上帝的声音，上帝告诉他“不会鄙视”一颗“谦卑而悔悟了的心”。这样他消除了疑虑，获得了以他自己对基督教社会主义的看法为形式的新的宗教信仰，也获得了新的情妇和对出版的新的热情，他热烈地促成工党出版了一套名为“黄色危险”的丛书。不过很快又回到他老一套的诡计上。1944 年 4 月，他拒绝了奥威尔辛辣的讽刺作品《动物庄园》，他说：“我不可能出版（对苏联）这种性质的全面攻击书籍。”这本书也被送到塞克尔与瓦保格公司。这家公司后来又把奥威尔著名的畅销书《一九八四》弄到了手，这逼得既愤怒又后悔的高兰茨用“评价极度言过其实”来把这件事打发过去。在他此后的岁月里，奥威尔的诚实——当然还有金斯利·马丁——总是使他难以释怀，也迫使他在气恼中对奥威尔发起攻击，但攻击并没有挑动起多少道德上的或其他方面的情绪。高兰茨写道，他不能接受这种说法，“奥威尔的知识分子的诚实是不会做坏事的……照我看来，不顾一切地、过于迫切地想诚实，就不可能真正地诚实……他不也是有某些单纯的地方吗？在一个像他这样具有高度智力的人身上，这种单纯实际上不也是一种小小的不诚实吗？我自己认为是这样”。

高兰茨一直活到1967年，但是他再也没有他在20世纪30年代所具有的那种权力和影响。许多人认为，工党在1945年选举中取得的历史性胜利应当归功于他以及《新政治家》和《每日镜报》，这一胜利创建了英国和西欧许多国家战后的政治框架，并一直延续到撒切尔时代。但是艾德礼首相并没有给他一个他自认为应当得到的贵族头衔；他真是什么也没有得到，一直到哈罗德·威尔逊，这是一个比较大方的人，在1965年给了他一个骑士封号。高兰茨的虚荣心给他带来了麻烦，他总以为自己比实际上更著名或更声名狼藉。1946年，他在一艘船上度假，船靠近加那利岛群岛[①]。他突然感到一阵恐怖并大声喊道：他一上岸，佛朗哥的警察就会逮捕和拷问他。他坚持要英国领事到甲板上来保护他，领事派他的书记来向他保证，这个岛上没有任何人听说过他，高兰茨失望地说道：“他自

① 位于北大西洋东部，现为西班牙的两个省。

己就没有听说过我。”

在战后，高兰茨的事业实际上是在没落，他写了一些十分成功的作品，但业务却逐步被挤出市场上领头的位置。他跟不上时代，也不能发现新的知识分子明星。路德维希·维特根斯坦1945年9月给他写了一封信，他的答复是一张只有一行字的便条：“感谢你的来信，我确信你说得非常好。”他把这位哲学家的名字也拼错了，以为他是个没有什么名气的大学教师。他失去了一些最优秀的作者，没能得到一些重要书稿。他称纳博科夫[①]的《洛丽塔》是“精神领悟的罕见杰作”。他没能买下这本书，就大发雷霆，说这是一本“极其下流的作品，其文学价值被过分地评价了”。最后又对《文人》杂志说这是一部“色情”作品。在废除死刑的那场极其成功的斗争中，高兰茨扮演了一个重要角色——这件事比其他任何事都占用了他更多的时间，也许是最深入他内心的事——但是他在这项冒险活动中的作用被亚瑟·凯斯特勒（高兰茨恨他）和文雅而又善辩的杰拉德·加德纳所掩盖，他们获取了荣誉。更糟的是，在1957年发起的核裁军运动中，高兰茨没有得到高层的位置，那时他不在场，使他感到屈辱的是，他回来以后发现自己甚至并没有被邀请加入委员会。他说他把这看作“劫掠式的侮辱”，给他留下了“破碎的心”。他最初指责他的老朋友坎农·约翰·科林斯，他当选为运动的主席，而高兰茨认为这是他的合适位置；其实科林斯为让他

---

① 弗拉基米尔·纳博科夫（1899—1977），苏联小说家，十月革命以后移居国外，先后居住于英、德、美等国，后定居瑞士，被认为是20世纪最有独创性的作家之一。

进入委员会进行过一场失败的战斗。后来他又认为J.B.普里斯特利应当对此事负责，早在20世纪30年代初，两人曾就普里斯特利的《英国旅行》发生过一场争执，他认为普里斯特利对他的敌意就来自于此。实际上普里斯特利只是运动的许多发起人中的一个，他们一致表示，无论怎么样都不同高兰茨一道工作。

最后，几乎所有的人都发现高兰茨自我中心主义的虚荣使人无法忍受，特别是发现他常常采用怒火爆发这种令人不愉快的方式表现出来。1919年高兰茨曾对他的姐夫说，他还不能决定他是做温契斯特的校长，还是做首相。实际上他是幸运的，事业上的精明使他能够建立个人的独裁专制，没有人能够向他发起挑战，他没有能力使别人同他一样，这一点并不那么重要。露丝·杜德利·爱德华兹从高兰茨的档案中引用了一封很有特色的信，它对高兰茨的勾勒比任何描写都更出色。高兰茨曾接受请求，同意做一次讲演以纪念贝尔主教，他是唯一一个强烈反对实行全德轰炸的人。但是有了另外一个更有吸引力的约会，高兰茨就取消了出场。讲演的组织者是一位矿工，非常生气，这自然是可以理解的，他给高兰茨写了一封信予以指责。高兰茨用激愤的语言回了一封长信，他斥责矿工“在太阳同你的怒火亲吻之前写信”，极为详细地说明他承担了种种十分沉重的义务，这才使他取消了这次讲演。他用最强硬的词语反驳矿工所说的，是“出于一种道德义务”这样做的。他喜欢这项任务，然后又继续说道：“事实上在我口授的时候，我在开始发脾气，我必须说，你这种说法显然是荒谬的。”他在下面又加了两段指责矿工“十分无礼”的话，信的最后是：“我已经意识到这一事实：我以一种温和的语调为这封信开头，却以一种激烈的语调来为这封信结束。不管我给了你什么样的忠告，我也意识到这一事实：我现在并不感到好像是让太阳同我的怒火亲吻了，因此我要秘书立即寄出这封信。”这种以自我为中心的说辞，在其他相同情况下，也可以是某一位卢梭或某一位托尔斯泰所作。但是有可能发现一点自我嘲讽的暗示吗？我们肯定怀有这样的希望。

11

赫尔曼：谎话，该死的谎话

维克多·高兰茨是这样一种知识分子，为了实现太平盛世的目标，他篡改了真理；莉莲·赫尔曼则似乎是这样一种人，对于她来说，欺骗是自然而然的事。同高兰茨不同的是，赫尔曼从来不承认她犯过错误或者说过谎，除非是以最敷衍、最虚伪的形式。相反，她追求的生涯中包含着一种甚至更加公开、大胆的撒谎。也许有人会问：为什么要为赫尔曼操心呢？她并不是一个想象的艺术家，艺术家必须虚构，真实的世界同幻想的世界不可避免地重叠在一起。还可以欧内斯特·海明威为例，他是又一个臭名昭著的说谎家，但期待从一个编撰小说的人那里得到完全的真理，这公平吗？对于赫尔曼来说，不幸的是，对真理的漠视在她的生活和工作中占据了一个中心的位置。难以无视她的存在，这里有两个原因：第一，她是第一位作为剧作家并获得了国际地位的妇女，因此也成为全世界一切受过教育的妇女的一种象征；第二，在她一生的最后10年中，部分原因是她欺骗的结果。在美国知识分子的舞台上，她所获得的声威和权力，很少有人可以匹敌。赫尔曼的实例提出了一个重要而普遍的问题，知识分子作为一个阶级，从他们所赞美的人那里，他们在多大程度上期望着、获得了真理？

莉莲·赫尔曼生于1905年6月20日，父母是属于中产阶级的犹太人。她在自传作品中，竭力贬低母亲、提高父亲，这同高兰茨一样，不过这既是出于政治原因，也是出于个人原因。她的母亲来自富有而且人丁兴旺的纽豪斯家族和马克斯家族，他们在资本主义的美国发达起来。伊萨卡·马克斯19世纪40年代从德国来到美国，他依照犹太移民的共同模式，开始是做流动的小贩，然后定居下来做了商人，在内战中发了财。他儿子创建了马克斯银行，先是在德莫波里斯，后来又去了纽约。赫尔曼把她的母亲居丽娅·纽豪斯说成是个傻瓜，而实际上她好像是有教养的，受过良好的教育，很可能她就是赫尔曼才华的源泉。不过赫尔曼发现，避开纽豪斯家族和马克斯家族在政治上是有好处的，她几乎是竭力表明，她母亲的家人不是犹太教徒。

与母亲相比，父亲马克斯是她心目中的英雄，赫尔曼是唯一的孩子，父亲宠她，挫败了母亲对她的那种强迫教育。赫尔曼的祖父母是1848年来到美国的政治逃亡者，她把父亲描述成一个激进分子。赫尔曼夸大了她父亲所接受的教育和智力天赋，实际上他同马克斯家族和纽豪斯家族一样，似乎只是急于为了自己的目的而让资本主义发挥作用，但他对此并不擅长。他的企业1911年失败（赫尔曼后来归咎于一个并不存在的合伙人），此后他主要依靠他富有的姻亲为生，以一个微贱的推销员终老。除了赫尔曼本人所说的外，并没有他是个激进主义者的证据。赫尔曼在一篇关于种族关系的文章中，说过她父亲是如何救下一个正在被两个白人男子强暴的黑人女孩的。后来她又讲过在11岁或12岁的时候，她是如何坚持要同她的黑人保姆索弗洛尼娅一道坐在有轨电车上“只供白人乘坐”的席位，又是如何在一场吵吵嚷嚷的抗议之后被赶走的。这是40年以后，即1955年罗莎·帕克斯著名的挑衅行为的预演，说得婉转点，恐怕未必可能。

马克斯的姐妹们开着一家提供膳食的寄宿所，赫尔曼实际上就出生在那里，并在那里度过许多时光。她是一个孤独而又活泼、眼光敏锐的孩子，她看着在那里住宿的人，编造他们的故事讲给自己听。她从他们那里得到了许多材料，后来在曼哈顿，她同她住的那家旅馆的经理纳山诺尔·威斯特习惯于偷偷拆开旅客的信件——这成了威斯特的作品《小姐寂寞心》的材料，也成了赫尔曼戏剧中的细节。她称自己是“最讨人厌的孩子”，这一点我们完全可以相信，她抽烟，去新奥尔良胡闹、私逃，还经历了让人惊异的冒险，不过这些事情的可信程度较低。她父亲去纽约工作，她也进了纽约大学，她考试作弊，是一个5英尺4英寸高的“相当朴素”的姑娘，有可能成为不漂亮但吸引人的姑娘。她在十多岁的时候，似乎已经有了强烈的女性人格。

赫尔曼早期的经历，同她的童年时代一样，被她的传记作者、细心而又公正的威廉·赖特做了追踪，然而赖特发现，要从赫尔曼很不可信的自传中清理出线索是一件很不容易的事。赫尔曼19岁的时候，在波尼的里费莱特出版公司谋到一份工作，这是当时纽约最富进取心的出版公司，由贺拉斯·里费莱特掌管。后来赫尔曼宣称，她在新奥尔良就开始发现威廉·福克纳，福克纳的讽刺小说

《蚊子》就是经过她才出版的；但事实不是这样。她流过一次产，后来又怀孕了，她嫁给了剧场经纪人阿瑟·库布尔，离开了出版业，开始写评论。她同戴维·考特通奸，他后来成为《生活》杂志的外国编辑。20 世纪 70 年代他打算发表赫尔曼给他的信件，有些信的边空上，画着色情图画。赫尔曼采取法律行动阻止他出版——直到他贫困而死，这些信件也意外地被销毁了。同库布尔结婚以后，赫尔曼去巴黎和波恩旅行（1929），在那里她曾考虑加入纳粹青年团和去好莱坞。她曾短期为安娜·尼科尔斯审读剧本，后来她又宣称是她发现了威基·鲍姆的《大旅馆》，这也是不真实的。在好莱坞，库布尔得到一个编剧的位置，赫尔曼则为米高梅影片公司审稿，每周 50 美元。

赫尔曼的激进主义是从她加入电影行业工会开始的，工会里的作家们对大制片厂给他们的待遇极为不满。不过，在赫尔曼的政治生活和感情生活中决定性的事件发生在 1930 年，这时她认识了侦探剧作家达希尔·哈米特[①]。后来赫尔曼把哈米特、也把她同哈米特的关系浪漫主义化了，所以有必要弄清楚哈米特是怎样一种人。他出身于马里兰一个古老的、上流社会的贫穷家庭，他 13 岁就离开了学校，做过各种工作，在第一次世界大战中打过仗、负过伤，后来他在平克顿私人侦探公司做侦探，熟知了警察工作的内幕。在这家公司，他曾为法提·阿布克尔所雇用的律师工作，这位电影喜剧演员被控强奸了弗吉尼亚·莱布，在法院的诉讼中被搞垮了。后来

① 达希尔·哈米特（1894—1961），美国小说家，开创“硬汉”派侦探小说，《马耳他猎鹰》为其代表作。1934年以后参加左派政治活动。

那女人死了，侦探们告诉哈米特，她不是死于强奸而是死于性病。这一案件似乎使哈米特对当局形成了一种玩世不恭般的厌恶（也造成他着迷于肥胖的恶棍，这类人物在他的小说中大量出现）。哈米特遇到赫尔曼的时候已经出版了 4 部小说，而且正因他最好的小说《马耳他猎鹰》而名声日隆。

哈米特患有严重的酒精中毒症，他的小说取得的成功对他来说也许是最坏的一件事，这给他带来了金钱、名誉，并且意味着他不再需要做多少工作了。他不是天生的作家，他发现创作是一件令他极其沮丧的事。在经过许多努力以后，他完成了《瘦子》（1934），这给他带来了更多的金钱和名誉，但此后他根本什么也不写了。他通常是躲在一家旅馆里，带着一箱约翰尼·沃克牌的酒，喝得他虚弱不堪。过去有一阵他似乎有着强烈的原则性，而酒精带来他道德的崩溃。他有个妻子约瑟芬·朵兰，还有两个孩子，但只是偶然随意地给他们一点钱。有时他很大方，在一般情况下根本记不得他们。他妻子给他的出版人阿尔弗莱德·A. 诺普夫的信还保留着，信中说："过去 7 个月，哈米特先生只寄给我 100 美元，没有写过信，也没有说他有什么麻烦——我现在非常沮丧——孩子们需要衣服，他们得不到好一点的食物——我找不到工作——我同父母生活在一道，他们越来越老了，不可能给我们更多的帮助……"哈米特被发现带着一张手写的合同在贝尔埃尔喝酒，指派给他的制片厂秘书密尔德丽·利维斯无事可做，因为他不是写作而是躺在床上。密尔德丽描述了他是怎样通过电话从李·弗兰西斯夫人的妓院召来妓女的——她们一般是黑人或东方女子，悄悄地上楼下楼，密尔德丽只好转过身来不看她们。哈米特从书中可能挣了 200 万美元，但常常弄到身无分文和欠债的地步。他只有把衣服一件一件套在身上，偷偷溜出账单越积越厚的旅馆（比如在纽约的皮埃尔旅馆他就欠了 1000 美元）。

酒精也使哈米特变得喜欢骂人和使用暴力，还不只是对妇女，1932 年女演员爱丽丝·德·薇安起诉他对自己进行攻击。这位女演员称，哈米特在旅馆里喝醉酒，要和她做爱，她进行抵抗，他就狠狠打她。哈米特没有做出任何努力来反驳这一控告，他被判支付 2500 美元的伤害赔偿。他认识赫尔曼以后不久，在一次宴会上打中她的下巴，把她打倒在地。他们之间的关系从来没有轻松过。在 1933 年，后来又在 1936 年，他两次从妓女那里染上淋病，第二次的治疗极为困难。由于女人，他同赫尔曼一直在争吵，虽然他们最后都分别同原先的配偶离了婚，但有件事实际上并不清楚：他们是否生活在一起？如果一起生活过，又生活过多长时间？若干年后，当赫尔曼关于其他许多事情所说的谎言被揭穿以后，戈尔·维达尔[①]嘲讽道："有什么人、什么时候看到过他们在一起？"

显然，赫尔曼为了达到自我宣传的目的，对他们之间的关系进行了夸张。实际情况如下：1938 年，那时赫尔曼移居纽约，她在那里的城镇中有一所住房，在帕莱森特威尔有一个农场，她得到消息说哈米特在比菲利·卫尔厦旅馆里醉昏了，已经没有多少希望，他在那里欠的账已达 8000 美元。赫尔曼把他用飞机运回纽约，一辆救护车把他送进了医院。后来他就在赫尔曼家中住了一段时间。但

① 戈尔·维达尔（1925—2012），美国小说家、戏剧家和评论家。

他又养成了去哈莱姆[①]妓院的习惯，那里很对他的胃口。于是他们之间有了更多的争吵，1941 年，有次哈米特喝醉了酒，要同赫尔曼做爱，被她拒绝了，此后他就再也没有、也不想同她做爱了。他们的关系处于一种微妙的状态之中，但仍然继续保持着，在哈米特一生的最后 3 年中（他死于 1958 年），他在赫尔曼纽约的家中过着僵尸一般的生活。对赫尔曼来说，这是一种无私的行为，因为这意味着她牺牲了自己喜爱的工作室，她会对客人说："请轻一点，楼上有一个快死的人。"

关于他们的友谊，很清楚的是，赫尔曼能成为作家，很大程度上要归功于哈米特。关于他们的写作经历，实际上有人认为这里面有些可疑的、不相称的地方，哈米特遇到赫尔曼以后不久，他的写作就萎缩成一条细流，再后来就完全干枯了。与之相反，赫尔曼的写作却开始变得极其流畅和成功。似乎创造精神从一个人移入另外一个人，并一直留存在她身上，直到他死亡；一旦他走了，她就再也写不出一个成功的剧本。这一切也许是一种纯粹的巧合，也许不是，就像同赫尔曼有关的一切事情一样，很难说得清楚。可以肯定的是，赫尔曼第一部轰动一时的作品《儿童节目》同哈米特有很大关系，或许可以说，他想到过这样一部戏剧。舞台上的女同性恋题材早在 1925 年就是百老汇争论的问题，那年警察查禁了《俘虏》，这是爱德华·波戴所写的一部有关女同性恋的戏剧的译本。赫尔曼为赫尔曼·舒姆林审读剧本时，自己也开始写剧本了，哈米特把她

① 哈莱姆是纽约市的一个区，也是美国最大的黑人居住区，从20世纪30年代起，又成为美国文学艺术的中心之一。

的注意力吸引到威廉·罗夫海德的一本书《坏伙伴》上来。此书说的是1810年发生在苏格兰的一个骇人听闻的案件：一个黑白混血的姑娘，出于一种毫无缘由的怨恨，巧妙地使用谎言毁灭了姐妹两人的生命——她们在管理一所学校，被这姑娘控告是同性恋。这是一件怪事，谎言而且是女子的谎言引出了一场灾祸，这一罕见的案件把赫尔曼和哈米特迷住了。《马耳他的猎鹰》就是以女人的谎言为线索，把那些五彩缤纷、错综复杂的事件联系在一起。哈米特喝醉了的时候，同其他酒徒一样胡说八道，清醒的时候，即使对于很麻烦的事，他也会一丝不苟地做好。他老于世故，会制止赫尔曼的怪念头。对比之下，赫尔曼迷恋于谎言，常常说谎。对于《儿童节目》的起源和上演第一晚的情况，她就常说谎，而且她从不表明她受惠于罗夫海德的书。当这部戏剧上演时，一位批评家约翰·麦森·布朗指责她剽窃——这是她不得不面临的许多这类指控中的第一个。

尽管如此，这仍然是一部优秀的戏剧，它对原作所进行的改动是它具有激动人心的力量的关键。在实际写作过程中，哈米特如果发挥了作用的话，这种作用有多大，现在已经不可能确定了。赫尔曼的戏剧才华之一，是她具有一种极强的能力（同萧伯纳一样），让她的剧中那些最该受指责、最不为人同情的人物讲出种种花言巧语，这是她的戏剧产生出强烈的紧张性的主要原因。《儿童节目》由于其主题，是注定要引起争论的。剧中的雄辩和锐利的语言加重了反对者的敌意，也鼓动了捍卫者的激情。在伦敦，张伯伦勋爵拒绝发给它演出证，也在芝加哥和其他许多城市被禁演（波士顿的禁演令在四分之一个世纪里保持有效）。但在纽约，警察没有对它采取任何行动，它立即遭到了批评，也取得了票房上的成功，上演了691场。此外，由于主题的大胆和戏剧处理的出色——最主要的是它在正统派中引起的愤怒——立即使赫尔曼在知识分子革新派所宠爱的人物中间得到了一个特殊的位置，并一直保留到她去世。此剧没有获得1934—1935年度的普利策最佳戏剧奖，因为评委中的威廉·里庸牧师反对这部戏剧的主旨。这样就组织了一个纽约剧评家协会，专门设立了一个新的奖项可以授给赫尔曼。

这部戏剧的成功也给赫尔曼带来了一份合同：在好莱坞写作电影剧本，每周2500美元。此后10年，她交替为电影剧本和百老汇工作，她的成就是结合在一起的，但总体上给人深刻的印象。她的剧本《未来的日子》是写罢工的，对她来说是场灾难，1936年12月5日上演，6天之后就停演了。另一方面，《小狐狸》（1939）是写大约1900年时南方人对金钱的贪欲，以她童年时代就认识的一些人为依据。这个剧本又是一次巨大的成功，上演了410场，它应当归功于哈米特尖刻但建设性的批评，这是她的戏剧中写得最成功、结构最好、最经常上演的一部。不过应当指出的是，它是在激烈的竞争中取得成功的，在1939年的演出季节中演出了马克斯韦尔·安德森的《琴音悠扬》、莫斯·哈特和乔治·S.考夫曼的《赴宴人》、威廉·萨洛杨的《你生活中的时光》、菲利浦·巴里的《费城故事》、科尔·波特的《留给我同父亲在一道的日子》，还有来自英国的一些热门戏剧。赫尔曼两年以后又写出一部轰动一时的《守望莱茵河》。与此同时，她为好莱坞写的6部电影剧本中，有3部成为经典，她为萨姆·古德温写作了电影《儿童节目》，并根据他的劝告将它改名为《这三个人》，除去了其中同性恋的因素，取得很大成功。她的另一优秀之作《死亡结束》也颇成功。她写作的电影剧本《守望莱茵河》打败了海斯工作室，赢得了一场著名的胜利。剧中反纳粹的英雄、德国左派人物克特·缪勒最终设计杀死了恶棍泰克伯爵。海斯工作室对此提出抗议，根据他们的原则，凶手必须受到惩罚。赫尔曼反对这种意见，她认为战争时期杀死纳粹或法西斯分子是正确的，她得胜了。这部电影还被选来在罗斯福总统面前做过一次义映。她还为萨姆·古德温写了另一部电影《北方的星》(1942)，是直接为苏联做友好宣传的，写了一个快乐的集体农庄，这是好莱坞出品的有关共产党路线的总共 3 部电影之一（另外两部是《去莫斯科的使命》和《苏联之歌》)。

赫尔曼的戏剧和电影剧本的主题同 20 世纪 30 年代中期开始的左翼激进主义有密切关系，但是认为她被哈米特吸收进共产党的看法也许是错误的。首先，她的政治倾向比哈米特更富进攻性，如果他们这方面有什么影响的话，该是她把哈米特引入严肃而正式的政治活动中。再说，她同哈米特断断续续保持着性关系直到 1941 年（她自己说是 1945 年），同时她还同许多男子有染，他们当中有杂志经理拉夫·英吉索尔、百老汇的两个制片人，还有美国驻莫斯科大使馆的三等秘书约翰·梅尔比。她因同男人们的性关系而声名狼藉，但也享受着成功的巨大快乐。正如她的一个朋友所说："很简单，她在性问题上敢作敢为，那个时代的妇女没有人这样。其他人是乱交，上帝知道。但是他们写不出一流的电影。莉莲从不迟疑，她成功了。"当然并不总是如此。照玛莎·盖尔霍恩所说，赫尔曼 1937 年在巴黎对海明威的勾引就没有成功。阿瑟·米勒说赫尔曼对他怀有尖锐的敌意，是因为这样一个事实：他贬低了她，"莉莲同她遇到的每个男人都那么干，我对此没有兴趣，她也因此永远不会原谅我”。在她中年的后期，她通常花钱雇来一个英俊的青年男子陪伴她。但是她的成功众所周知，这给了她非同一般的声誉，谣言也就从此而来。比如，有人说，她在弗雷德里克·万德比特·菲尔德的家中，男人们打扑克，谁赢了，谁就把她带进卧室去。她的回忆录在其他方面夸夸其谈，却没有提到哪些人成了她的俘虏。

有这种名声和兴趣的人，在20世纪30年代不太可能得到美国共产党这样一个非常教条主义的组织的很大信任，不过她的名字对他们来说肯定是有用的。她实际上是共产党员吗？她写罢工的剧本《未来的日子》不是灌输马克思主义的作品，《守望莱茵河》走到1939年8月至1941年6月之间的共产党路线的反面了，这一路线是支持希特勒—斯大林和约的。另一方面，由共产党控制的好莱坞剧作家协会的成员都是积极分子，特别是在1936—1937年艰苦的斗争中，如果说赫尔曼在1937年加入了共产党，那是合乎逻辑的，正如她说的，哈米特就入了党。这一年是共产党发展的高峰期，党支持了罗斯福的新政和遍布各地的人民阵线政策，而20世纪30年代初期的皈依者倾向于成为严肃的理想主义者。他们阅读马克思和列宁的著作（就像埃德蒙·威尔逊），在1937年又不辞而别了。人民阵线的路线使共产党得以在一个短时期内时髦起来，也从娱乐业当中招募到大量成员。他们不懂什么政治，但又急于迎合知识分子的潮流，赫尔曼就属于这类。但是当潮流消退以后，她多年间继续支持苏联的政策而没有放弃，这一事实强烈地暗示，她虽然在党内的资格还不老，但已经成了党的一种机器。她总是否认自己是党员。为了反对这种说法，马丁·柏克莱作证说，1937年6月，赫尔曼同哈米特、道勒斯·帕克尔、唐纳德·奥格登·斯图尔特、阿兰·坎贝尔等人出席了在他家中召开的一次会议，会议有个明确的目的：组成共产党的好莱坞支部。后来，赫尔曼拿出了宪法第五修正案，对这次会议的问题不作回答。众议院非美活动委员会对她的讯问有力地证明，她在1937—1949年间是共产党员。她在联邦调查局的档案几乎有1000页之多，虽然其中大都是垃圾，还有大量重复，但也包含了许多确定不移的事实。除了柏克莱，《工人日报》的前总编辑路易斯·布登兹也说她是共产党员，并提供了其他两种资料，证明她在党的会议中发挥了积极的作用。

最大的可能是，由于种种原因，包括她的性乱交，让她做一个秘密党员而不是公开党员，更为有利。这是对她这一时期的全部行为和态度的唯一合理的解释。她在自己的能力范围内，确实也做了一切可以做的、同她的戏剧和电影剧本无关的事，以帮助共产党渗透到美国知识分子的生活之中，并促进苏联政策目标的实现。她参加了共产党重要的阵线团体，她也出席了1938年6月在纽约举行的第十届共产党全国大会。她在《纽约时报》亲斯大林的记者瓦尔特·杜兰蒂的指导下，于1937年10月访问了苏联。那时苏联的审讯正处于高潮，她回国以后却说她对此一无所知，至于西方的自由主义者对审讯的攻击，她说她无法将"出于对野蛮的痛恨而来的真实的控告"同"捏造的事实混合着对一个国家和人民的盲目的仇恨"区分开来，但是第二年，她的名字（同马尔科夫·考利、尼尔森·阿尔格伦、欧文·肖、理查·赖特等人一道）出现在《新大众》上一则赞同审讯的广告之中。在臭名昭著的奥托·凯兹领导之下，她1937年两次访问西班牙，她还同其他作家一道给亲共产党的宣传影片捐款500美元，海明威也与此有关。她关于自己在西班牙的活动的叙述充满了谎言——玛莎·盖尔霍恩对此进行了详细驳斥——她在那里究竟干了些什么，现在已经难以确证了。

和大多数知识分子一样，赫尔曼也卷入同其他作家的充满仇恨的争吵中，这些使她的政治立场变得充满仇恨和复杂。她在西班牙急于支持苏联的路线，这把她拖进了同威廉·卡内的争吵。卡内是《纽约时报》的记者，他坚持发表同莫斯科的版本不相同的事实真相。赫尔曼指责他在安全而舒适的科特达祖尔[①]报道战争。此外，赫尔曼还支持1939年苏联对芬兰的入侵，她说："我不相信有那样一个美好的、可爱的、小小的芬兰共和国，不相信人人都在为它哭泣，我在这里，对我来说，它看来是一个亲纳粹的小共和国。"这把她引进同陶鲁拉·班克海德[②]的争论，班克海德在舞台上主演过《小狐狸》，由于很多原因（主要是性嫉妒），她本来就是赫尔曼的仇敌。班克海德为芬兰救济机构做了义演，赫尔曼指责她拒绝了为西班牙作类似义演的邀请。班克海德反驳道，这一指责是"厚颜无耻的杜撰"。赫尔曼什么时候去过芬兰并没有证据，她的传记作者认为这是不太可能的。但赫尔曼继续在各种出版物上攻击班克海德，甚至这位女演员死了以后还是如此。她说到班克海德喝酒的家庭，说她使用毒品，还描述了她如何去勾引黑人招待；她还讲了一个让人讨厌的故事（在她自传性的《旧画翻新》中）：班克海德坚

① 法国东南部地中海沿岸的度假胜地。

② 陶鲁拉·班克海德（1903—1968），美国女演员，在多部戏剧和电影中均有出色表演。

持要让一位客人看看她丈夫勃起的巨大阴茎。

赫尔曼同班克海德之间的争吵其实是关于谁站在“工人”一边的问题。实际上她们两人除了偶尔从工人的队伍中找来一个情人以外，谁也不知道工人阶级怎么样。赫尔曼曾为纽约自由派的晚报*PM*做过一次调查，包括同一个汽车司机、商店里的两个人和两个黑人儿童谈话，她从中得出的结论是：美国是个警察国家。她在工人中没有朋友，一个例外是码头工人兰道尔·史密斯。她是战后在玛莎的葡萄园里同他成为朋友的，史密斯曾在西班牙的林肯旅服役，确实不是一个典型的美国无产阶级。不过他的成长和赫尔曼、哈米特以及他们富有而激进的朋友都不相同，他说：“作为一个前共产党员，我不满意他们的态度——如此软弱和知识分子气。我怀疑他们中有谁参加过什么会议或做过什么工作。他们同官员一样，而我是个士兵。”同时，他特别不喜欢哈米特的这种习惯：“拿他的手杖撩起他现在女朋友的裙子”，以显示他对女人的魅力。赫尔曼所过的生活同她喜欢说的“斗争”实在相距甚远，她在东82街的住房中和在130英亩的威斯特契斯特农场中，过着同纽约的富人一样的生活。她有女管家、男管家、秘书、私人女仆，她去看最好的精神病医生格雷戈里·齐尔波格，他每小时收费是100美元。她的舞台剧和电影剧给她带来了尊敬和财富。1944年9月，她应苏联政府之邀，前往苏联访问，住在哈里曼大使的住宅里。在那里她同外交官梅尔比私通，她在大都会旅馆、国家旅馆以及大使馆都留着房间。关于这次旅行她造出了一大堆谎言，她说在苏联停留了5个月，梅尔比作为一个更可信的见证人，说是3个月。她在1945年的《矿工》杂志上和在她于1969年出版的第一部自传作品《一个不成熟的女人》中，对她在苏联的经历有两种完全不同的叙述。杂志上的文章没有提到会见斯大林，自传中却说，她虽然没有要求见斯大林，但斯大林却同意进行一次会见，她有礼貌地谢绝了，因为她没有什么重要的事情想说，也不想占用他宝贵的时间。这个极其荒谬的故事同她回国时所说的正相矛盾，她在纽约新闻出版业代表大会上说，她要求见到斯大林，但得到答复说，斯大林“因为波兰人的事正忙得不可开交”。

在20世纪30年代和40年代初期，赫尔曼是左派中成功的女英雄、享有盛誉的成功人士。到40年代后期，她的生活进入一个新阶段，在激进派所谓的苦难时代中，她仍然颇为荣耀。在一段时间里，她继续从事政治活动，她同其他极左派成员一道，1948年支持华莱士出任总统。在1949年她是得到苏联支持的、在沃尔多夫[①]召开的文化科学界世界和平大会的组织者之一。但是她的麻烦也开始了，她战后写作的戏剧没有以前的作品成功，《小狐狸》的续集《森林中的另一个部分》，写的是同一个家庭的故事，从1947年11月开始，演出了191场，但没有引起什么注意。使人注目的是她那个任性的父亲在剧场演出中出现，他始终穿着鲜艳的服装，坐在前排座位上数着新美元钞票，在幕间休息时他宣告：“我女儿写了这部戏，写得更好了。”6个月以后，赫尔曼根据她的精神病医生的忠告——她父亲患上了老年痴呆症。下一部剧《秋天的公园》有了一些麻烦，赫尔曼后来说，她听到哈米特对第一稿的批评以后，就把它撕了；但是得克萨斯大学图书馆保存着的完整手稿上写着“第

① 纽约的一家著名旅馆。

一稿”，此剧1951年3月开演，只演了101场。

与此同时，众议院非美活动委员会一直在彻底搜查电影行业。所谓“好莱坞十君子”因为赫尔曼拒绝回答委员会关于政治活动的问题，被看作蔑视委员会而被传讯。1947年11月，电影制片人一致同意解雇任何介入此事的作家，电影剧作家工会的杂志在一篇赫尔曼写的题为《犹太替罪羊》的社论中对这一决定发起了攻击，其中一段话让人吃惊：“任何时候、任何一部美国电影中都没有共产主义的一句、一字。”法律的石磨缓慢地转动，哈米特为那些被控蔑视的剧作家捐助了保释基金，他们之中3个人拿走保释金不见了，联邦调查局认为哈米特知道他们在哪里，于是派来一队人到赫尔曼的农场进行搜查。哈米特在1951年7月9日被带上法庭，要他说出保释基金的其他捐款者，帮助找到不见了的几个人。哈米特不说他不知道（他确实不知道），而是顽固地拒绝回答任何问题，他被投进了监狱。赫尔曼说她卖掉了她的农场以支付哈米特67000美元的法律费用。

赫尔曼也在1948年上了好莱坞的黑名单，4年以后，1952年2月21日，她被传讯出席这个令人畏惧的委员会。正是这时候，她在失败的危险中抓住了胜利。赫尔曼一直非常擅长公共关系，这是她和同时代的许多知识分子，如布莱希特和萨特所具有的一种技能。正如我们所看到的，布莱希特可以把到委员会的出场变成给自己做宣传。赫尔曼所得到的则更加突出，并为她此后作为激进派殉难的女王的声誉奠定了基础。同布莱希特一样，委员会成员的愚蠢帮助了她。出场之前，她得到她的顾问约瑟夫·拉奥的详尽指点，无疑她理解了自己非常复杂的法律地位。她给拉奥的指示是：

第一，她不愿交出名单；第二，她也不想在任何情况下进监狱；第三，她不想引用第五修正案辩解，如果这样做了，就显得是在保护自己，这会被看作承认有罪（在那时的用语是“第五修正案共产党员”）。不过她也准备引用第五修正案，如果这样做，是要表明她只是在保护别人。但这就给拉奥出了难题，因为第五修正案只是针对自陷法网来保护证人的。怎样才能引用第五修正案把赫尔曼救出牢狱，同时又让她作为一个援救别人的无辜者的面貌出现？拉奥后来说，赫尔曼要进监狱从来没有任何疑问，“这如同一个代数问题，但我开始是把它看成主要是一个公共关系问题。我知道，如果第二天《纽约时报》的大字标题是‘赫尔曼拒绝交出名单’，那我就赢了，如果是‘赫尔曼引用第五修正案做辩解’，那我就输了”。

赫尔曼为他解决了这个问题，她于 1952 年 5 月 19 日给委员会主席约翰·S. 伍德写了一封狡猾而虚伪的信，辩解说，她已经得到建议，不可能引用第五修正案为自己辩护，也拒绝回答关于别人的问题。接着说了一个大谎：“我不喜欢任何形式的颠覆和背叛，如果我发现任何这类东西，我会认为向有关当局报告是我的义务。”随后她使用了一种很出色的辩论伎俩，即把实际的法律位置颠倒过来，把事情弄得似乎是这样：如果只是她自己的自由遭到威胁，但用第五修正案保护了其他完全没有过错的人，她就乐于进监狱，“为了救我自己而去伤害我多年之前就已经认识的无辜的人们，对我来说，这是没有人性的、下流而可耻的事，我不能够、也不愿意修剪我的良心以适应这个时代的风气，虽然我很久之前就得出结论：我不是一个政治人物，任何政治团体中都不会有我适当的地位”。委员会主席似乎明白了赫尔曼所玩弄的诡计而暴跳如雷，一个还没有掌握法律要点的委员提议把这封信记录在案，这使拉奥十分高兴，他立即把信的副本发给了新闻界。第二天，他果然得到他所想得到的标题。赫尔曼后来在她有关这些事件的自传作品《流氓时代》中，对这个故事大加渲染。她发明了许多细节，包括一个人在走廊里大声喊道："感谢上帝，终于有人有勇气这么干了。"但是赫尔曼本来就不需要操心，她的信成为唯一的"事实"从听证会进入历史著作，也作为一个无私而勇敢的妇女为良心的自由所做的动人的抗辩而被收入文章选集。

这是后来关于赫尔曼的传说的核心，同它联系在一起的一个神话是：由于同黑名单的关系，以及政治迫害所带来的她同哈米特所要支付的巨额法律账单，她破了产，但是这种说法没有任何证据。《儿童节目》1952年重新上演，给她带来可观的收入。她保留着她在纽约的老房子，直到搬入一套更加舒适的公寓。她确实卖掉了农场，但在玛莎葡萄园的对面，她又买下了一块很好的地产，这里后来成为富有的知识分子休闲的地方，比纽约边缘地区更加时髦。哈米特经济上的麻烦出自多种原因，当他最后不再饮酒时，并没有开始工作，而只是坐着盯住电视机。他的慷慨大方并不考虑后果，赫尔曼却没有这种危险，不过她也有一个与哈米特相同的习惯——不付所得税。正如萨特和埃德蒙·威尔逊的例子所表明的，在激进的知识分子当中，有一个共同的癖好：要求提出雄心勃勃的政府规划，而又觉得自己没有责任对它做出贡献。

哈米特不交所得税的事可以追溯到20世纪30年代，这不只是他入狱之后才暴露出来的，其实在战前他的这一习惯就为联邦调查局所注意。当然，他也同其他一些债权人一样——有许多这样的人——迫使国内税务署对他们强制征收。1957 年 2 月 28 日，一个联邦法庭判决他欠税 104795 美元，这只是 1950—1954 年所欠下的。有关当局并不特别苛刻，法庭的一位代表报告说，没有收到任何钱："经过调查，我认为，我是在说一个破了产的人。"到哈米特死的时候，他所欠的债务，包括利息，已经达到 163286 美元。赫尔曼同这位欠税人相比，债务甚至更大，1952 年的估算是在 17.5 万—19 万美元之间——这在当时是个很大的数目了。她后来宣称，她已经穷得只好到麦斯的百货店找份工做了，但这不是事实。

在 20 世纪 50 年代，赫尔曼消沉了，这是激进分子处境困难的 10 年。但是到了 1960 年她又重新崛起，她的戏剧《雅典人的玩具》以哈米特的一种想法为基础，用上了对自己童年时代在寄宿所的回忆。此剧 1960 年 2 月 25 日在纽约上演，具有豪华的演员阵容，演出了 556 场，并再次获得纽约剧评家协会奖，赫尔曼也挣得一大笔钱。不过这是她的最后一部严肃戏剧，第二年哈米特死了，在许多人看来，没有哈米特，她就不可能再写出另外一部戏来了。可以想象，她有了另一种生活追求。激进主义在整个 60 年代复活了，到这 10 年结束的时候，它几乎同 20 世纪 30 年代一样强大，那时赫尔曼也处于兴盛期。她去苏联的旅行又制造出一批谎话，她还断言，赫鲁晓夫在秘密会议上确定斯大林罪行的报告，是在他昔日的恩主背后插了一刀。赫尔曼对美国流行的看法嗤之以鼻，她做出决定：是她写回忆录的时候了。

这些回忆录是 20 世纪中取得伟大成功的那些出版物之一，它给赫尔曼带来的名誉、声望和在知识界的权威，甚至超过了她的戏剧。在赫尔曼还活着的时候，竟然就用印刷出来的文字和公共关系的机器把她变成了圣徒和神仙。《一个不成熟的女人》出版于1969年6月，是一本畅销书，获得了文学艺术国家图书奖。《旧画翻新》出版于1973年，有4个月被列为畅销书。第三部《流氓时代》（1976）至少有23个星期被列为畅销书。赫尔曼通过出让有关自己生平的电影拍摄权获得了50万美元，她还发现自己得到了作为散文风格大师的新荣誉，被柏克莱加州大学和麻省理工学院邀请开设写作研讨班。奖励和荣誉源源而来，纽约大学推选她为"年度妇女"，布兰代斯[①]授予她"戏剧艺术奖章"，犹太大学授予她"成就奖"。她获得了"麦克杜威尔文学贡献奖章"以及耶鲁、哥伦比亚和其他许多大学的名誉博士学位。到了1977年，她又回到好莱坞社会的顶层，出席了电影艺术科学院授奖[②]仪式。同一年，根据她的回忆录的一部分所改编的电影《朱莉娅》问世，广受赞扬，也得到了各种奖励。在东海岸，赫尔曼是激进而又潇洒的女王，在进步的知识界、在闹哄哄地围着她打转的社交界，她是最重要的权力经纪人。确实如此，在20世纪70年代的纽约，她行使着在1944—1945年的巴黎萨特所行使的那种权力。她创立并选拔重要的委员会，她编出了黑名单，让知识界一群奴性十足的走狗管制他们。纽约激进派的名流急急忙忙听从她的摆布。她的权力部分来自她所制造的恐惧感，她知道怎样在公开场合或是在私下让自己显得不高兴，她会唾某个人的脸，大声辱骂他，用她的手提袋打他的头。在

① 路易斯·戴姆比茨·布兰代斯（1856—1941），美国律师，1916—1939年任美国最高法院法官。

② 即奥斯卡金像奖。

玛莎的葡萄园里，她殴打那些穿过她的花园去海滩的人，她的怒火令人畏惧。她现在非常有钱了，她雇用了一群律师，对她的权力哪怕是最微小的反对或冒犯，她都要进行攻击。那些献媚者，自以为不过是在她的圣坛前面顶礼膜拜，却可能得到凶狠的一击。布莱希特的朋友艾里克·本特利演出了一部不合百老汇传统的反政治迫害的戏剧《你现在在哪里？你去过吗？》，剧中有女演员读赫尔曼的信，她提出要付版税，她说除非当事人给她钱，否则她就要禁止演出。她是个带着传票的淫妇，多数人宁可给她付钱。据说她得到100万美元才撤销了对1981年《小狐狸》重新上演的诉讼。一些被认为是很强大的机构，常常是在她发出命令之前，就赶忙按照她的吩咐行事。比如，波士顿的小布朗公司不肯出版狄安娜·特里林的一本书，因为她不愿删除书中批评赫尔曼的一段话。特里林夫人只不过是针对赫尔曼在《流氓时代》中对她已故丈夫的恶毒攻击做了一些辩护，她这样说到赫尔曼："莉莲是我认识的所有女人当中最有权力的一个，也许是我认识的所有人当中最有权力的一个。"

赫尔曼的权威的基础，是在其自传里塑造的关于自己的非凡神话，在某些方面，它可以同卢梭在《忏悔录》中对自我的神圣化相匹配。正如已经反复证明的，一些知识分子领袖人物——萨特、德·波伏娃、罗素、海明威、高兰茨是突出的典型——的回忆录是完全不可信的。但是这些知识分子的自我美化中最危险的地方，是用似乎是惊人的坦率和承认有罪来麻痹读者。比如托尔斯泰的日记，虽然好像是诚实的，但实际上它们隐瞒的比披露的要多得多。卢梭的《忏悔录》，正如狄德罗和其他认识他的人当时就已经察觉的，是精心设计的欺骗实验，一块坦率的装饰板掩盖了谎话连篇的泥坑。赫尔曼的回忆录同这种狡猾的模式是一致的。她常常承认记忆中有模糊和混淆的地方，也有小小的错误，她就给了读者一个印象，她始终是在努力从过去模糊不清的泥沙中筛选出准确的事实。所以，这本书一出现，许多评论家，包括一些最敏锐的评论家，都赞扬这本书真实可信。

但是在20世纪70年代赫尔曼的廷臣们赞扬的歌声和奉承的喧闹之中，那些亲身经历过她的谎言的人所发出的不同声音逐步大了起来。特别是《流氓时代》出版以后，她的叙述遭到一些重量级人物的挑战，比如内森·格拉泽在《评论》、西德尼·胡克在《遭遇》、阿尔弗雷德·凯辛在《绅士》、欧文·豪在《异议》都发表了文章。不过这些作家主要集中于揭露她令人吃惊的歪曲和删节，大都还没有意识到她的捏造。他们的攻击是民主自由主义者同强硬路线的斯大林主义分子持续斗争的一个部分，比较而言，他们并没有引起多少人注意，也没有给赫尔曼带来严重的伤害。

但此后，赫尔曼的判断犯了一个灾难性的错误。这个错误并不具有典型性，它产生在赫尔曼非常在行的一个领域：公共关系。她同玛丽·麦卡锡长期不和，这可以追溯到20世纪30年代美国左派队伍中斯大林主义同托洛茨基主义的分裂，此后就一直如此。1948年在萨拉·劳伦斯学院的研讨班上发生了一场争吵，麦卡锡发现赫尔曼在关于约翰·多斯·帕索斯和西班牙问题上说谎，后来在1949年的沃尔多夫代表大会她们又继续交火。从此麦卡锡就不断指责赫尔曼大量说谎，不过显然并没有给她带来多大的伤害。在1980年1月的“狄克·凯维特节目”中，麦卡锡重复了对赫尔曼说谎的指责中最广为人知的一句话：“我在一次会见中曾经说过：她写的每一个字都是谎话，包括‘和’和‘这’。”麦卡锡说这话时，赫尔曼也在看这个节目，她的愤怒和对诉讼的爱好战胜了她的精明，她开始起诉，要求 222.5 万美元的损害赔偿，她以旺盛的精力坚持不懈地把官司打下去。

随后的发展完全证明，对诽谤的起诉和争论只会把注意力吸引到诉讼上来。早先对赫尔曼撒谎的指责并没有给她带来什么伤害，而现在公众竖起了耳朵，预感到将有一场捕猎——也许是杀戮。无论如何，诉讼总是有害于公共关系，一个起诉别的作家的作家从来不被人喜欢。大家都知道赫尔曼很有钱，而麦卡锡却不得不卖掉房子来支付诉讼费用。双方的朋友都往这场官司里挤，并带来金钱和建议。这场诉讼及其预审，变成了一个重要的故事。此后，人们的注意力就被吸引到赫尔曼是否诚实的问题上来了。更严重的问题是，这场官司带来知识分子的一种新游戏：追查赫尔曼杜撰过些什么东西。麦卡锡很快就不得不支付 25000 美元的费用，当她面临经济破产的时候，她除了带领着这群家伙前进之外别无选择。正如赫尔曼的传记作者威廉·赖特所说：“赫尔曼起诉麦卡锡，她就逼迫这个国家最敏锐、最生气勃勃的头脑之一去仔细检查赫尔曼的全部作品，追查谎言。”其他人也很乐意加入其中。在 1981 年春天出版的一期《巴黎评论》上，玛莎·盖尔霍恩列举并用文献证明了赫尔曼关于西班牙的八大谎言。斯蒂芬·斯彭德[①]则把麦卡锡的注意力吸引到穆丽尔·加德纳这样一个少见的事例上来了。

---

① 斯蒂芬·斯彭德（1909—1995），英国20世纪30年代左翼青年诗人和文艺批评家，后以编辑《地平线》《遭遇》等杂志闻名。

斯彭德同穆丽尔有过一段短暂关系，穆丽尔是一个富有的美国姑娘，她曾同英国人朱利安·加德纳结过婚。她去维也纳学习精神病学，在那里加入一个反纳粹的地下组织，化名为“玛丽”，私下传送信息和偷渡人员。她爱上了一位名叫乔·布亭格尔的奥地利反纳粹的社会主义者，并同他结婚。1939 年战争爆发以后，他们离开欧洲，定居新泽西州。赫尔曼从来没有见过穆丽尔，但是从她的纽约律师那里听说过有关她、她的丈夫以及他们的地下活动等全部情况。美国一位富有的女继承人，嫁给了一位中欧的社会主义者和抵抗运动的领袖，这样一种构思就成了《守望莱茵河》的开端。赫尔曼是在布亭格尔夫妇去新泽西后 5 个月开始写作的，但实际情节同他们没有什么关系。当赫尔曼写作《旧画翻新》的时候，她再次使用了穆丽尔的经历，称她为“朱莉娅”，不过，这一次她也把自己作为朱莉娅的朋友写进了故事。一身英雄的色彩和美丽的光泽，她是把这一切都当作事实写进自传的。

这本书问世以后，并没有人对赫尔曼的叙述提出疑问。穆丽尔读后，给赫尔曼写了一封非常友好的信，指出她的经历同朱莉娅的相似之处。她没有得到答复，后来赫尔曼说她从来没有收到过那样一封信。既然赫尔曼从来没有见过穆丽尔，她就只能争辩说，有过两个美国地下工作者：一个是“朱莉娅”，一个是“玛丽”。那么朱莉娅是谁呢？赫尔曼说，她已经死了，那么她的真实姓名是什么呢？赫尔曼表示不能披露：因为她的母亲还活着，可能会被德国反动派作为“不成熟的反纳粹分子”而迫害。随着关于赫尔曼是否说谎这场争论的发展，穆丽尔逐步抛弃了她对赫尔曼的信任，1983 年，她在耶鲁大学出版了回忆录《化名玛丽》。此书出版以后，《纽约时报》和《时代》杂志的记者对《旧画翻新》和电影《朱莉娅》提出了一些令赫尔曼难堪的问题。奥地利抵抗运动档案馆主任赫伯特·斯泰纳博士确证只有一个“玛丽”。无论朱莉娅是玛丽，还是朱莉娅是个杜撰，在任何一种情况下，都可以揭穿赫尔曼是个大撒谎家。麦卡锡同穆丽尔进行联系，把这一材料中的许多内容收入档案，为诽谤诉讼的预审做好准备。1984 年 6 月，《评论》发表了波士顿大学塞缪尔·麦克莱肯的著名文章《莉莲·赫尔曼的朱莉娅及其他虚构》。他做了大量的、警察式的研究，包括火车时刻表、轮船航程表、戏剧节目单和其他可以查证的事实，这些拼凑成《旧画翻新》中赫尔曼所叙述的有关朱莉娅的细节。任何人心气平和地读了这篇文章，都不会再有任何疑问了：朱莉娅的情节是一段虚构，是以赫尔曼从来没有见过的一位妇女的真实经历为基础的。

麦克莱肯的调查也揭开了赫尔曼生活中另一个阴暗角落的盖子：她对金钱的追逐。她总是很贪婪，随着年龄的增长而愈甚。她的多数诉讼都带有经济目的。哈米特死后，她同一个有钱的费城人阿瑟·柯温私通。柯温劝她投资，并给她设想出一个得到哈米特版权的诡计。哈米特的版权在政府手中，用以抵他所欠的税款。由于收到的版税很少，柯温就说服政府把版权拍卖掉，最高价为 5000 美元。赫尔曼又说服哈米特的女儿同意出卖，并骗她们说否则她们就要对哈米特的债务负责。赫尔曼和柯温是仅有的投标人，他们各出了 2500 美元就得到了版权。赫尔曼其后就精神抖擞地为这一笔文学财富而奔忙了，很快美元就滚滚而来——她仅仅把哈米特的一个故事改编为一部电视就得到了 25000 美元。柯温后来也死了，按照赫尔曼在《旧画翻新》中所说的，他没有留下任何遗嘱。麦克莱肯却确认柯温有遗嘱，赫尔曼从这个遗嘱中什么也没有得到，这表明柯温死前和赫尔曼有过争吵。显然，赫尔曼劝告过柯温的妹妹，说柯温的遗愿是，把他在哈米特版权中所占有的份额送给赫尔曼。这位妹妹就写了封信，把版权转让给赫尔曼了。这样，赫尔曼就享用着哈米特的价值越来越高的版权，直到她去世，这也是她在遗嘱里留给哈米特贫穷的女儿们的唯一的东西。

赫尔曼死于1984年7月3日，即麦克莱肯的文章发表1个月后。这时她那个虚构的、在上面建造了自己声誉的世界，正在她耳边爆裂。从她作为左派激进分子的雄心勃勃的女王开始，她就处处设防。但是知识分子的英雄或女英雄们是不会轻易就被清除掉的。正如意大利南方的农民，当他们所喜爱的圣徒被揭露只是一种虚构的人物，并没有存在过，但过了很久，他们还是继续贡献祭品和进行祈祷。热爱进步的人们也是这样迷恋他们的偶像，尽管这些偶像的双足是泥土所制的。虽然卢梭一生的荒唐甚至在他自己那个时代就广为人知，但理性的崇拜者们还是向他的圣坛蜂拥而去，把关于他的德行的神话变成固定的信念。萨特长期声望的下降、他后期观点的昏庸，都没有能阻挡5万名巴黎的鉴赏家们为他的葬礼而出动。赫尔曼在玛莎的葡萄园中的葬礼，也有许多人参加，其中来表示敬意的名流有诺曼·梅勒、詹姆士·雷斯顿、卡萨琳·格雷汉姆、沃伦·比蒂、朱利斯·费弗、威廉·斯蒂伦、约翰·黑塞和卡尔·本斯顿。她身后留下了近400万美元，大部分由两个机构托管，其中一个是达希尔·哈米特基金会，其资金被责成“在卡尔·马克思学说的信徒、已故的达希尔·哈米特的政治、社会和经济信仰，当然是激进主义的信仰指导下”进行授予。尽管揭露出如此之多的谎言，关于莉莲·赫尔曼的神话制造业还是继续在平静地运转。1986年1月，赫尔曼去世18个月以后，这位圣徒的传记剧《莉莲》在纽约上演，观众很多。随着20世纪80年代的过去，世俗的弥撒表明，奉献给这位理性女神的蜡烛仍然在燃烧。莉莲·赫尔曼，是同她的英雄斯大林一样，最终埋藏在合乎礼仪的幽暗之中，还是她的虚构的故事以及她其余的一切，仍然是进步思想的战斗的象征？我们等着瞧。不过以往两百年的经验表明：有丰富的生活，也有众多的谎言，在这位老姑娘的身上同样是如此。

12

理性的逃亡

到第二次世界大战结束时，世俗知识分子的主要目标有了重要变化，重点从乌托邦主义转入享乐主义。这一变化开始很慢，后来就逐步加快。研究变化的起源，最好的方法是考察3个英国作家的观点和他们的关系，他们都生于1903年：乔治·奥威尔（1903—1950），伊夫林·沃（1903—1966），西里尔·康纳利（1903—1974）。他们可以分别被看作旧式的理智论者、反理智论者和新式的理智论者。当奥威尔被致命的疾病打垮时，沃才开始小心翼翼地同他结交，沃和康纳利成年以后一生都在争吵，奥威尔和康纳利在读书时就相识。这3位作家中的每一个都对其他两人持有一种谨慎、怀疑、有时是嫉妒的目光。而康纳利则感到自己是3个人当中的失败者，他把自怨自艾的两行诗写在维吉尔的一本书中，送给了戏剧批评家T.C.卫斯莱：

伊顿同学有奥威尔，牛津同学有沃，

此前此后他自己都微不足道。

但这种说法远非事实，在某些方面可以说他是 3 人中影响最大的一个。

我们先看奥威尔。他几乎是旧知识分子的经典范例，就是说他在政治上显然是用对乌托邦、对未来的社会主义的信奉取代了他不相信的宗教理想主义，对他而言，上帝是不可能存在的。他相信人类，但是他观察自己奉献的对象时靠得太近，反而看不清楚。奥威尔原名埃里克·布莱尔，生于一个不那么重要的帝国建造者的家族，他看起来就属于那种家族。他身材又高又瘦，剪得短短的头发，浓密整齐的小胡子。他祖父在驻印度的军中服役，外祖父是贝玛的一个柚木商人，父亲供职于印度内务部鸦片局。他和康纳利进了同一家属于上层社会的私人学校，后来又都进了伊顿公学。他之所以接受这种昂贵的教育，是因为他同康纳利一样，是聪明孩子，指望能得到奖学金并为学校增光。但后来两个孩子事实上对这所学校都做了有趣但含有敌意的描述，使学校受到了伤害。奥威尔的文章《如此如此快乐》是没有什么特色的夸大，甚至虚假。他在伊顿公学的导师 A.S.F. 高欧对私立学校颇为了解，他相信奥威尔是被康纳利所收买，才做出这种不公平的指责。如果是这样，那是康纳利唯一的一次机会，去诱惑奥威尔干一种不道德的事，特别是其中包含着谎言。正如维克多·高兰茨紧咬着牙所评价的：奥威尔令人痛苦地诚实。

奥威尔离开伊顿以后，去印度当了 5 年警察（1922—1927），这样他就看到了资本主义比较丑恶的方面：鞭刑和绞刑。他发现自己无法忍受，他的两篇出色的文章《一次绞刑》《猎象记》对不列颠的帝国精神的暗中损害，事实上恐怕超过其他任何作品。他休假回到英国，辞去在内务部的职务，决心当个作家。他考虑了各种各样的笔名，诸如 P.S. 布顿、肯尼斯·迈尔斯、H. 利维斯·奥尔威斯等以后，选了“乔治·奥威尔”。奥威尔是这样一种知识分子：他相信，至少在青年时代相信，世界可以用理智的力量改造，因此他是用观点和概念来思考的。但是他的本性，或许是他经受的警察训练，使他对人民具有强烈的兴趣，他的警察本能一定在告诉他，事情并非如它的外表那样，只有探索和细致的调查才能产生真理。

因此，同大多数知识分子不同，奥威尔以对工人阶级生活的近距离的考察，开始了他的社会主义理想主义者的生涯。在这方面，他同埃德蒙·威尔逊有某些共同之处，也怀有一种对严格的真理的激情；但他比威尔逊更加坚持寻找关于“工人”的知识，而且对这种经历的追求多少年间都是他生活的中心主题。他最初是住在瑙亭山，那里当时是伦敦的贫民窟。后来 1929 年他在巴黎当洗碗工和厨房杂工。他得了肺炎——长期因肺部衰弱而痛苦，47 岁时死于此病——发作后进了巴黎的一家慈善医院，他的这种冒险才结束，这段惨痛的经历在他的《巴黎、伦敦落魄记》一书中没有描述。后来他又在兰开夏郡的威根工业城，同一些流浪汉和吸毒者生活在一起，在一个工人家中搭伙，还开了一个乡村杂货店。他所有的这些活动都是一个目的：“我觉得我不但要脱离帝国主义，而且要脱离任何人统治人的形式，我自己要深入被压迫者之中，成为他们中的一员，站在他们一边反抗暴君。”

这样，到了 1936 年西班牙内战爆发，奥威尔不但道义上支持共和国——90%以上的西方知识分子都是这么做的——他还同他们所有的人不同，他实际上为共和国进行战斗。而且他正好是战斗在共和军中负担最重、牺牲最大的一支——无政府主义的民兵（POUM）中，这一经历对他此后的一生是极具关键性的。特别是，奥威尔最初是想亲自到西班牙看一看局势，然后再决定干些什么。但去西班牙很难，通道实际上被共产党控制着。奥威尔先去找维克多·高兰茨，被推给约翰·斯特雷奇，斯特雷奇转过来又让他去找共产党的首领哈里·波里特。波里特要他先同意加入共产党控制的国际旅，否则就不给他写推荐信。奥威尔谢绝了，这倒不是因为他对国际旅有什么不满——事实上，次年他在西班牙还试图进入其中——而是因为这使他在实地考察前就失去了选择权。于是，他转向一个叫作独立劳动党的左翼派别，被他们送到巴塞罗那的无政府主义者那里，这样他就加入了POUM民兵。他被巴塞罗那震动了：“这是一个工人阶级掌权的城市”，他更被民兵的存在所震动，在这个城市里，“市民生活的许多常见的主题——势利、金钱统治、对老板的恐惧等等——绝对不存在了，通常的社会阶级的划分消失了，这在英国那种被金钱所败坏的气氛中几乎是无法想象的”。他寻求战斗，在战斗中负了伤，这是使他在某些方面精神高扬的经历。他给康纳利写了一封信，对后者进行了婉转的责备。康纳利观察了这场战争，像大多数知识分子一样，他只是一个“关心的”旅游者，奥威尔在信中写道：“遗憾的是你在阿拉贡[①]的时候没有到我们的阵地来看我，否则我会在地下掩体里请你喝一杯茶的。”奥威

① 位于西班牙东北部的地区，曾为古王国。

尔把服役的民兵描述为“一个团体，在那里更常见的是希望而不是冷漠无情或玩世不恭，在那里‘同志’一词意味着同志关系，而不是大多数国家里那种骗人的鬼话”。那里“没有人热衷名利”，“一切都短缺，但没有特权、没有奉承拍马”。他觉得，这种“朴实的迹象，社会主义的开始阶段也许就像这样”。他在信中最后的结论是：“我看到了一些美好的东西，终于真正信仰了社会主义，我过去从来没有信仰过。”

但是，随之而来的令人沮丧的经历，是对无政府主义者的清洗。成千上万个奥威尔的同志被直接杀死或投进监狱，再拷打、处死。所幸他逃过一命。在回英国的途中，他清楚地看到，要出版对这些可怕事件的叙述是困难的，无论是“左派读书俱乐部”的维克多·高兰茨，还是《新政治家》的金斯利·马丁——“左派读书俱乐部”和《新政治家》是英国进步思想所依靠的两个主要机构——都不给他机会。他被迫转向别处。奥威尔总是把经验放在理论前面，这些事情证明他是多么正确。第二次世界大战中，一切价值观和忠诚都变得混乱了，大战中发生的事所确证的经验和结果给了奥威尔一种教训：人比抽象的观念更重要，他永远确信这一点。奥威尔没有完全抛弃他的这种信念：思想的力量能够创造一个更好的社会，从这个意义上说，他仍然是个知识分子，但是他攻击的核心从现存的、传统的资本主义社会转向骗人的乌托邦。他最伟大的两部作品《动物庄园》（1945）和《一九八四》（1949）本质上是批判现实化的抽象概念，批判集权主义者对心灵和肉体的控制——实体化的乌托邦要求这样的控制，批判他所说的“中央集权的经济易于产生的堕落”。

重点的这一转移必然导致奥威尔对知识分子本身采取高度批判的观点，这也充分地记录了他的可以称之为军人的而非波希米亚的气质。他的作品中随处可见一些离题的话，比如（在谈到埃兹拉·庞德时所说的）：“即使是从诗人那里，人们也有权期待普通的礼仪。”而他的警句是：穷人、普通人，比起受过高等教育的人，更看重他所谓的“通行的正派”，更依附于诸如正直、忠诚、诚实等朴素的美德。1950 年去世时，他的最高政治目标还是不清楚，他仍然是含含糊糊地被归入左派知识分子。随着他荣誉的增加，左派和右派发生了争斗，实际上还在争斗，都说他效忠于自己，但在他死后的 40 年中，他越来越被当作一根棍子，去打击左派的知识分子概念。那些感到同本阶级关系最密切的知识分子，长期把他看作敌人。比如，玛丽·麦卡锡在她关于奥威尔的文章中，政治观点有时是混乱的，但到处表现出特权意识，她尖刻地说，奥威尔“气质上是保守的，就像一位退休的上校或工人那样反对举止、衣服或思想走极端”，他是个“刚出现的庸人，确实是个庸人”，他的社会主义是“一种未经检验的、精神失常的思想，一种纯粹的夸张”。他对斯大林主义者的追击是偶然的，“仅仅是个人厌恶的产物”，他“政治上的失败……是思想的失败”，如果他还活着，他必然会向右转，“他死了，对他来说，这或许是一种幸事”。（最后这一观点——死要比反对激进派好——是一个令人吃惊的例子，它表明了典型的知识分子首先考虑的问题。）

专业内的知识分子离开奥威尔的一个原因是，他越来越确信，继续寻找政治解决办法是正确的，“正如医生必须尽力去挽救一个也许快死的病人一样”，我们不能不以“承认政治行为主要是非理性的”为出发点，所以，知识分子一般并不习惯于一定要用这种解决办法。但在知识分子对奥威尔变得怀疑的同时，那些具有相反主张的人——算是文人吧——却倾向于同情他。举例说，伊夫林·沃就从来没有低估生活中非理性的重要，他开始同奥威尔通信，去医院中看望他。如果奥威尔活下去，他们的友谊也许会很好地发展，他们第一次合作，提出了一个共同的要求：他们喜欢的作家 P.G. 沃德豪斯[①]不要因为他愚蠢的（但同庞德相比，完全没有什么毒害）战时广播而被迫害。这说明，他们两个人都坚持认为，同意识形态上的正确性这种抽象概念相比，具体的人更重要。沃很快发现，奥威尔可能成为知识界队伍中的逃兵。他在 1945 年 8 月 31 日的日记中写道：“我同我的共产党人的表弟克劳德一道吃饭，他要我警惕托洛茨基主义的文学，结果我读了奥威尔的《动物庄园》，而且非常喜欢。”他同样承认《一九八四》的力量，但他发现，在参加反抗奥威尔所描述的暴政时，宗教精神竟然没有保存下来，他感到难以置信。沃在 1949 年 7 月 17 日给奥威尔的最后一封信中写道：“你看，你的书使我多么激动，以至我要冒险作一次布道。”

奥威尔勉勉强强、犹豫不决地接受的东西——乌托邦主义的失败，这是由于人类行为基本上是无理性的——沃在他大部分的成熟期，却是吵吵嚷嚷地加以维护。确实从来没有一位大作家，甚至吉卜林这样的作家，对这种反理智论的立场做出更清楚的表述。沃和奥威尔一样，相信个人的经验，相信自己看到的东西，反对理论上的想象。他没有认真探索过的东西是没有价值的。同奥威尔一样，

① P.G.沃德豪斯（1881—1975），英国小说家，以写作喜剧故事闻名。

他同被压迫者生活在一起，他热衷于旅游，常去偏远难行的地区。他见过许多人和事，对于这个世界他既有实践的也有书本的知识。当他就一些严肃的问题写作时，他也非常注意真实。他的一部公开的政治著作《法律下的掠夺》，是描述墨西哥革命政权的，引言是对读者的警告，他把自己写作这个问题的论据讲得十分清楚，对于他来说，这些根据似乎是很不充分的。他要读者注意那些同他自己的观点不相同的人的作品，警告他们不要简单地根据他的叙述来断定墨西哥正在发生的事，他强调说，他为“介入”文学感到悲哀。他说，许多读者“讨厌自由印刷的特权”，他们决定通过组成读书俱乐部，“给自己加上一种自愿的审查制度”——他心里想的是高兰茨的“左派读书俱乐部”——所以，“他们完全可以相信，无论他们读的是什么，都是为了巩固他们现有的观点而写作的”，因此，沃认为，这是对他自己的信仰的适当总结，对他的读者也是公平的。

他说，他是个保守主义者，他在墨西哥所见到的一切，都在增强他的信念。人的本性“是流放者，在这个地球上他永远不会自我满足或完美”。他认为，人们幸福的机会“并不受到他们生活于其中的政治和经济环境太大的影响”，人的状态的突然变化，通常会把事情弄得更糟，这却为“不道德的人为了错误的理由而鼓吹”。他相信要有政府：“人们不可能没有规则共同生活在一起”，但规则“应当限于维护安全的最小范围”，“没有一种受命于上帝的政府形式比另一种形式好”，“社会中的无政府主义成分”是如此强烈，所以“保持和平是任何时候都要做的事”。财富和地位的不平等是“不可避免的”，所以，“讨论消灭它们有什么好处是毫无意义的”。事实上，人们“在阶级系统中自然而然地安排好了自己”，所以“任何合作都是必要的”。战争和征服同样是不可避免的。艺术也是人类的自然功能，伟大的艺术作品“碰巧”都产生于“政治专制系统之下”，“虽然我并不认为它同任何特定的系统联系在一起”。沃最后说，他是爱国者，是基于这样一种意义：他不认为不列颠的繁荣必定会伤害其他任何人，如果有时伤害了，“我希望不列颠，而不是它的敌手繁荣”。

这样，沃就描述了社会是什么样和应当怎么样，以及他对此的反应。他确实有一种理想化的眼光，但是作为一个反理智论者，他坦率地承认，这是不现实的。正如他在1962年出版的一部著作的导言里所说的，他理想的社会有4个阶层：顶层是“光荣和正义的源泉”，紧接着是“从上级获得职务，并作为传统、道德和美的守卫者的男女”，他们必须准备做出牺牲，但也得到保护，免得被“世袭的家财所带来的腐败和野心所污染”，他们是艺术的培育者和风气的监督者。在他们下面，是从事行业和学术的阶级，他们从儿童时代起就被培养“正直的习惯”。底层是体力劳动者，他们为自己的技能而感到自豪，共同的对君王的忠诚，把他们同上面各层的人联合起来。沃的结论这样断言：理想的社会本身是不朽的，“总的说来，一个人最适合的，是他目睹的他父亲所从事的工作”。但是，这种理想“历史上从来没有过，也永远不会有，我们每一年都与之相距更远”，尽管如此，他并不是一个失败主义者。他说，他不想只是哀叹，然后屈从于时代精神，“因为时代精神是组成这个时代的人的精神，越是强烈地表现出对流行时尚的不赞同，把它从毁灭性的过程中转移出来的可能性就越大”。

沃不断地并尽其最大能力表现出“对流行时尚的不赞同”，怀有这样的观点，他自然不参与政治，正如他说的："我并不渴望在我的君王选择他的仆人时提出建议。"他不但自己避开政治，而且感到悲哀：他的那么多朋友和同时代人，不只是西里尔·康纳利，屈从于20世纪30年代的时代精神，把自己政治化，背弃了文学。康纳利使沃为之倾倒，沃以这种或那种方式在几本书中提到他，并作为一个热烈而敏锐的旁观者对他的作品进行了解释。沃为什么有这种兴趣？有两个原因：首先，沃认为康纳利值得注意，因为他具有出众的智慧，在作品里他能够"一段接着一段，都具有精美的形式，运用风趣的戏拟，出色的叙述，聪明的隐喻"，有时还具备"令人难忘的独创性"；但同时康纳利缺乏文学结构感——沃宁愿称之为文学的建筑学，也缺少持续的活力，所以他不能写出大作品，沃发现这种不协调很有意思。其次，但更重要的是，沃把康纳利看作时代精神的代表，因此把他当作一只珍贵的鸟来看待。沃在康纳利的《不平静的坟墓》（此书现在奥斯丁的得克萨斯大学人文科学研究中心）中，对他的性格做了许多注释：他是"我们这代人当中最典型的"，他"缺乏真正的学术性"，他"喜爱闲暇、自由和舒适"，他有"浪漫式的势利"，"浪费和缺乏自信""高度的表达才能"，但又被"懒散所拘束"，被他的爱尔兰气质所妨碍，无论他多么费力地要除去它，他"还是个爱尔兰男孩、移民、思乡病人，他衣衫不整，喜欢害羞，在酒馆里玩笑不断，口中随时准备引文，害怕女巫，害怕教士，为自己的小把戏扬扬自得"，他有着"爱尔兰人的根深蒂固的信念：只有两种实际的存在——地狱和美国"。在20世纪30年代，沃为这一事实而感到痛惜——康纳利在写"当代文学史"时，不是按照作家"运用和探索自己才能的方式"，而是写成“一连串的运动”：挖地道、丢炸弹、军事包围，或者是党派欺诈、弄虚作假，这也许是出于他身上的爱尔兰因素。沃严肃地责备康纳利“投入”“介入的魔爪”，即他所有年轻的朋友都陷入其中的那个阴暗寒冷的政治深渊。他认为，“对这样巨大的天才，这是一个令人遗憾的结局，是所有的敌人当中最险恶的”。他认为康纳利不会长久地迷恋政治，无论怎么说，他可以做些更好的事，像康纳利这样的人，怎么可能去教导人类如何生活呢？

确实如此。康纳利从任何意义上说都不是一个坏人，他在非同一般的程度上展示了知识分子的道德弱点。原先，至少从20世纪30年代到50年代，平均主义时髦的时候，他自称是平均主义者，他是个势利的人。他抱怨道：“没有什么事比把我当作一个爱尔兰人对待更使我恼怒的了。”他指出，“康纳利”只是他的8个曾祖父母中的一个爱尔兰人的姓氏。他出身于一个职业军人和水手的家族，他父亲是个普通的军官，但是父亲的父亲却是海军上将，他的一个姨妈是金斯顿伯爵夫人。1953年在《新政治家》上一篇来历不明的人物传略中，评论家约翰·雷蒙德指出，康纳利在《可能的敌人》中篡改了他的传记的细节，1938年（那是无产阶级的年代）的原版中隐瞒了他的外祖父一族和地主亲戚，在1948年的修订版中经过精心的安排他们又出现了，那时知识分子的时尚有了变化。雷蒙德注意到，康纳利总是为正确地把握这种“文化趋向”而“探测目标”，“对过去四分之一个世纪英国文学的装腔作势、杂乱纷繁、装神弄鬼，没有人比他有更多的知识”。

康纳利早就很势利了，像许多重要的知识分子如萨特等一样，康纳利是个独子，他母亲崇拜他，称他是“瘦小子”。他是个被宠坏了的自我中心主义者，生来丑陋，不善运动，他发现了寄宿学校的粗暴，为了能生存下去，首先，他热情地奉承那些上等人家的孩子，他兴奋不已地告诉母亲：“这学期我们当中贵族真多……一位莎米斯亲王，杰姆斯福德伯爵的孙子，马登侯爵的孙子——侯爵是埃塞克斯伯爵的儿子，还有一个是勋爵的孙子，一个是伦敦主教的侄儿。”他生存下去的第二个手段是才智。同萨特一样，他很快就发现，智力上的机灵，特别是使其他孩子发笑的能力，使他勉强被人接受了。后来他写道：“‘康纳利很有意思’，这句话将会流传，我很快会招来一大群人。”在有权势的孩子面前，康纳利如同宫廷小丑，甚至到了伊顿公学，他仍是如此，不过在那里他扩展到智慧的领域：“我在学院的下层，完全成了苏格拉底。”康纳利以“被骡子踢脸的公费生”而闻名，他以其才智，如愿成了“大爷”。理所当然地，牛津大学随之对他开放。他的同代人约瑟尔勋爵对他说：“你得到了波里奥奖学金，你也成了大爷，你知道，如果你今后一生中什么事也不干，我也不会感到惊奇的。”

这个预言有变成现实的可怕危险，康纳利自己意识到这一点，他对自己如同对别人一样，总是非常敏感。他早就承认，他是个享乐主义者，他表明，他的目的并不是要如同“完美的幸福”那么完美，但是他自己没有财产可以继承，如果被迫去鼓足精神，那又怎么可能幸福呢？沃正确地指出他的懒散，康纳利自己也承认“懒惰使我无所作为”。他在牛津很少工作，被评为丙等。后来他弄到个轻松的工作，为富有的作家罗根·皮索尔·史密斯抄写文稿。史密斯没有让他做什么事，可实际上每周给他 8 英镑，这在当时是相当大的数目了。史密斯希望有个鲍斯韦尔，但是他是注定要失败的，因为鲍斯韦尔式的写作需要刻苦和勤奋。此外，康纳利很快同一个有钱的女子简·拜克威尔结婚，每年有了1000英镑的收入。他好像喜欢她，但这对夫妇都很自私，不想要孩子。有次在巴黎，简流产没有成功，不得不再做手术，这意味着她再也不能有孩子了；这也影响到她的腺体，变得过于肥胖，丈夫也就对她失去了兴趣。康纳利对妇女的态度似乎从来没有认真过，他承认，对他来说，“爱”是“独生子的表现癖”的形式，这意味着“想把我的个性踩在什么人的脚底下，如同一只小狗藏起一只脏兮兮的球”。同时简的钱也足够使他不必正常工作，康纳利在1928—1937年的日记中记录了其后果：“无所事事的上午”“上午极为空闲，大约两点钟吃午饭”“我躺在沙发上，努力去想象一片浓密的黄色阳光移过一堵白墙”。“太过懒散了，一个这么懒散的人难以依靠任何人、任何东西，他们中大多数会避开的”。

事实上，康纳利也不全像他喜欢说的那么懒，他完成了对文学风气进行敏锐批评的著作《可能的敌人》，这本书出版后（1938），被认为是那10年中最有影响的著作之一，它表明，无论怎么说，康纳利有才能去领导那个时代比较喜欢交际的知识分子。西班牙战争爆发时，他立即政治化了，并去那里访问3次，就如某一阶级的知识分子必须去大陆旅游一番，给自己的头脑大大猎取些东西一样。康纳利从哈里·波里特那里得到一封委任的信件，当康纳利的同伴W.H.奥登在巴塞罗那的蒙居其公园随地小便——这在西班牙是个严重的罪过——而被逮捕时，这封信就有用了。

康纳利关于这几次访问的见闻，主要刊登于《新政治家》，文风犀利，同其他大多数知识分子那时写的基调灰暗的表态文章相比，使人耳目一新。他自我介绍说："我属于有史以来世界上最没有政治色彩的那些人中的一员……我们与其去参加政治集会，还不如去教堂。"他们当中"更现实的人物"——他举伊夫林·沃和肯尼斯·克拉克为例，已经领悟到"他们所过的那种生活有赖于和统治阶级密切合作"；其他人则一直摇摆不定，直到西班牙战争爆发："(现在)他们的思想已经完全政治化了，我以为，这是国外的事造成的。"但他敏锐地注意到，左派许多人的动机是野心，或者是因为"恨他们的父亲，或者是不喜欢他们的公立学校，或者是在海关遭到了侮辱，或者是为性关系担心"。他把主要的注意力放到文学和政治价值的重要性上来，他称赞埃德蒙·威尔逊的《阿克瑟尔的城堡》是"唯一接受了审美的、又接受了经济的标准的左派批评著作"。

康纳利这里暗示的是，政治化的文学没有发挥作用。一旦理智告诉他安全的时候，他就立即公开宣布"介入"过时了。1939 年 10 月，他的一个富有的赞赏者就为他设计了一个完美的角色：编辑一本发表新作品的杂志《地平线》，它特定的目的是依靠文学的特长，对抗战时那种完全封闭的精神。从一开始，这本杂志就取得惊人的成功，确定了康纳利作为知识界主要的权力代理人的位置。到 1943 年，他觉得自己能够把 20 世纪 30 年代作为一个错误进行评论了："这 10 年中最典型的文学都是政治化的，它在两个方面遭到了失败，因为它没有实现任何政治目的，也没有带来任何具有长久价值的文学作品。"康纳利开始用对启蒙式的享乐主义的追求来代替知识分子对乌托邦的探索。他在《地平线》的专栏和《不平静的坟墓》中都是如此，后者是一本关于快乐的文集，表现了逃避现实的思想。康纳利在青年时代就把他的思想体系称为寻找"完美的幸福”；在20世纪30年代的无产阶级时代，他称之为“审美的唯物主义”，现在它成了“对文明标准的捍卫”。

但是事实上直到1946年6月，那时战争已经结束，康纳利才在《地平线》的一篇社论中详细地表明他的纲领。颇具典型意味的是，正是目光敏锐的伊夫林·沃注意到这一说明，他一直密切地关注着康纳利在干些什么，即使是在战时的动荡不安之中也是如此。后来他在《荣誉之剑》三部曲中讽刺战时的康纳利，称他是“不安分的常青树”，称他的杂志是“残剩品”，称他漂亮的知识分子女助手——在实际生活中她们是莉丝·鲁保克和索尼娅·布朗威尔，前者和康纳利共眠一床，后者成为第二位奥威尔夫人。这时他把《碑》的天主教读者吸引到康纳利的纲领的穷凶极恶上来。康纳利曾列出以下10个目标，称之为“文明社会的主要标志”：（1）废除死刑；（2）改造刑法，建立模范监狱，实施犯人重新就业；（3）推进贫民窟卫生和建设“新城镇”；（4）对照明和取暖进行补贴，“像空气一样免费供给”；（5）免费供应药品、食品和衣服；（6）废除检查制度，人人都可以按照自己的愿望写作、说话和行动，废除旅行限制、货币兑换控制，停止电话窃听和为具有异端思想的人物设立档案；（7）修改禁止同性恋、堕胎和离婚的法律；（8）限制财产所有权，保护儿童权利；（9）保护建筑和自然美，对艺术进行补贴；（10）制定反对种族和宗教歧视的法律。

这个纲领事实上是为实现一个宽容的社会所制定的准则。而且如果除去康纳利某些不切实际的经济思想，他所号召的一切最终不但在英国，而且在美国和多数西方民主国家，在20世纪60年代都被写进了法律。这些变化几乎影响了社会、文化和性生活的每一个方面，它使20世纪的60年代类似于18世纪的90年代，成为现代历史上最关键的几个10年之一。沃感到了惊恐，这是可以理解的。他怀疑，按照康纳利所提议的那样去做，实际上会导致铲除基督教社会的基础，用普遍的对快乐的追求来取代它。康纳利把这些看作文明的最终确立，在其他人看来，则是在地狱中结束文明。然而，它毫无疑问地表明，多少有影响的知识分子离开了政治的乌托邦，转而去侵蚀社会的纪律和准则。这一点在18世纪为卢梭所证明，在19世纪又为易卜生所证明，现在它又再一次被证明了，而在康纳利所说的政治化的20世纪30年代，它失败了，从知识分子的无论何种观点看来，20世纪60年代是宽容的，它取得了令人瞩目的胜利。

康纳利虽然一直活到1974年，他在确定了他的程序表之后，却很少通过革命去实行它。他生来不是进行长期斗争或做出英雄般作为的人。有时他至少思想上愿意这么去做，但是体质一直很弱。他有过一段话，很适用于他自己："每一个胖子体内都禁锢着一个瘦子，他狂暴地躁动着，想挣扎出来。"但是瘦子西里尔从来没有出现。在"反英雄"这个词汇造出来之前很久，他就是这种人，他所走的每一步，都显示出贪婪、自私和卑劣的破坏。早在1928年，因为一张洗衣房的账单他没有付款，德斯蒙德·麦卡锡就称他是机会主义者和"寄生虫"。任何一个殷勤接待过康纳利的人，也确实有理由感到后悔。比如，有一位在祖父的时钟底部发现了他称之为"盥洗室残垢"的东西，伯纳斯爵士在他的奇彭代尔式家具[①]中发现

① 奇彭代尔（1718—1779），英国木工，以家具用料考究和式样豪华著称。

了一只装着死虾的破盆，毛姆追查到康纳利偷了他奖品鳄梨中的两只，逼着他打开手提箱拿了出来。康纳利住过的卧室的抽屉里曾收回来几个星期前他吃了一半的饭食，或者几根面条、一点火腿片会在主人的书里面出现，表明他读到这里了。他“带着恶意，漫不经心地把雪茄烟灰弹到一位著名的美国知识分子的妻子在烹饪比赛中取胜的食品上”。康纳利还有一些毫无骑士风度的行为：1944 年当 V 形炸弹投向伦敦的时候，他同一位高贵的女士正在床上——就同 30 年前罗素所做的一样，她可能是帕蒂塔夫人（后来在实际生活中成为安妮·弗莱明夫人），伊夫林·沃说她是这一时期在康纳利的兴趣中扮演角色的人物。不过当罗素跳下康斯坦斯·梅尔森夫人的床时，做出一副对人类的野蛮行为十分气愤的姿态；而对康纳利来说，他跳下床是为惊恐所支配，不过又用一句漂亮话来弥补：“极度的恐惧赶走了爱情。”

显然，这样一种人，即使有精力，也是不可能领导改革运动走向文明的，当然不可能。懒散、嫌麻烦、自我厌倦，这些使康纳利在 1949 年扼杀了《地平线》：“我们关上了对着贝德福广场的长窗户，电话拿走了，家具收藏起来，过期的杂志送进地下室，档案在尘土中腐烂。只有来稿还是源源不断地继续送来，就好像一个已经自杀了的人的牛奶。”康纳利最终同可怜的吉恩离婚，同一位知识分子的姘妇、美貌的芭芭拉·谢克尔顿结婚。但是这场婚姻（1950—1954）并不成功，两人都警惕地注视着对方，两人也都继承着托尔斯泰和索尼娅以及布卢姆斯伯里许多居民的传统，相互竞争着写日记，准备将来出版。这场婚姻破裂以后，康纳利向埃德蒙·威尔逊激烈地埋怨过谢克尔顿的日记，其中写到她同他的关系，也许不知道什么时候就会作为小说出现，而威尔逊记下他的话并说："她把他的一部日记没收来藏了起来，其中他记下了他同她的关系，但是他知道藏在哪里，于是趁她不在，就破门而入，把日记拿回去了。"显然没有过这种事，因为至今没有出现过这样一本日记。但谢克尔顿的日记最终在1987年出版了，康纳利担心其中的内容是有理由的，它提供了一个怠惰的知识分子仰面而卧时的一幅令人难忘的画像。

比如，1950年10月8日，谢克尔顿写道："（西里尔）又陷到床里去了，像一只死鹅，还穿着睡衣……他更深地陷进枕头，闭上眼睛，带着一种从痛苦中解脱出来的表情……1个小时后我进了卧室，西里尔还在躺着，闭着眼睛。"10月10日的日记写道："（西里尔）在盥洗室已有很长一段时间了，那时我在洗衣服。后来我进了卧室，发现他赤身站在那里，以一种失望的神情凝视着空中……我回到卧室，发现他继续向空中盯着看……我写了一封信回到卧室，他还在那里，背对房间，倚着窗框。"一年以后，1951年11月7日的日记写道："（西里尔）不愿下去吃饭，他躺在床上，嘴吮着被单的一角……他躺了差不多1个小时了，折叠着的被单一头从他嘴里拖下来，像是蛹壳。"

然而，这位文明的价值观的拥护者生下的是宽容的蛋，伊拉斯谟以同样的方式生下宗教改革[①]的蛋。不过孵蛋却是别人的事了，在这个过程中增加了一个令人不安的新因素，康纳利确实没有预见

① 指16世纪欧洲发生的宗教改革运动。

到，如果他预见到了，他会感到后悔的：这就是对暴力的崇拜。这是一个奇怪的事实，暴力对某些知识分子总是具有强大的吸引力，它同希望得到激进的、绝对的结论是一致的。此外，我们怎么能解释托尔斯泰、罗素以及其他许多名义上的和平主义者对暴力的兴趣呢？萨特也是，他迷恋暴力，在如同昏暗云层般的委婉词句的后面，暴力沾湿了他的手。正如他所说的："年轻的时候，面对警察，我们的工作不仅是要证明警察就是一种暴力，而且要把年轻人团结起来，反对暴力。"后来，一个知识分子没有投入支持黑人的"直接行动"（即暴力），萨特说他"犯了谋杀黑人的罪恶——那些被警察、被制度所杀死的（黑豹党党徒[①]）好像就是他扣动扳机杀死的"。

知识分子同暴力的结合是如此经常地发生，不能认为这是一种偶然现象。它常常采用赞美"行动者"即实行暴力者的形式。墨索里尼在知识分子中间的追随者的数字令人吃惊，他们并不全都是意大利人。希特勒在攀登权力宝座的时候，他在校园里始终得到很大的成功。他对学生的竞选呼吁一般超出他在全体居民中的表演，他在教师和大学教授们中间的表演总是非常出色，许多知识分子被吸引进入纳粹党的较高层次，更多的人参加了冲锋队令人憎恶的暴行。比如在希特勒东欧"最后决战"的先锋部队 4 个机动杀伤营中，军官中大学毕业生的比例就高得异乎寻常。比如指挥其中 D 营的奥托・奥兰道夫就从 3 所大学获得过学位，其中一个是法学博士。同样的，斯大林在他的时代在知识分子中也有众多的赞美者。

---

① 黑豹党是1966年美国成立的一个军事化的政治组织，鼓吹通过暴力革命取得黑人解放，到20世纪80年代逐步消失。

知识分子对暴力的鼓励或容忍，有时是一种典型的思维不严密的结果。奥登关于西班牙内战的诗歌《西班牙》发表于 1937 年 3 月，其中有一行是臭名昭著的：“有意识地接受这种犯罪：必要的杀人。”奥威尔总体上喜欢这首诗，但批评了这一行，因为只有对那些“杀人至多只是个字眼的人”才写得出这样的诗。奥登为这行诗辩护说：“如果有正义的战争这种东西，那么为了实现正义，杀人就是必要的了。”但是他又把“必要”一词去掉了。金斯利·马丁在第一次大战中曾在公谊会救护队服役，他退出了任何形式的实际暴力，有时在理论上又乱说一通，为暴力辩护。

另一方面，一些知识分子甚至对暴力事实并没有感到厌恶。诺曼·梅勒（1923—2007）的例子是特别能说明问题的，在许多方面，他是我们正在考察的那种知识分子的典型。他出身上流社会，是一个女性当家的家庭中唯一的男孩子，他一开始就处于一个宠爱他的女性小圈子的中心，其中有他的母亲范妮和她的许多姐妹。母亲的娘家谢奈德尔也很富有，她管理着一个很成功的企业，后来梅勒本人的姐妹也加入这个圈子。这男孩是模范的布鲁克林儿童，安静、得体，在班级里总是第一名，16 岁进入哈佛大学。他的进步得到家中女性们热情的赞扬，“家里所有的女人都把诺曼看成猫咪”，这是他的第一任妻子比阿特丽斯·西尔弗曼的评价，她还写道：“范妮不愿意她的小天才结婚。”“天才”是范妮嘴里提到梅勒时常用的一个词，有次梅勒出现在法庭中，她告诉记者：“我的孩子是个天才。”梅勒的几个妻子，或迟或早，都很不乐意地认识到有一个范妮总管。第三个妻子吉恩·坎贝尔夫人抱怨说：“我们所做的一切就是同他母亲一道吃饭。”第四个妻子是个白肤、金发、碧眼的女演员，她自称贝弗莉·本特利，她因为捏造反范妮的言论而受到严厉指责（甚至受到身体的攻击）。然而，这些妻子本身也是以成人代替了梅勒儿童时代的女性小圈子，因为梅勒同她们离婚以后，除了其中的一个，她们仍然全都同他保持着关系。他辩解说："当你同一个女人离婚以后，那时友谊就开始了，因为其中无价值的性关系不再存在。"他总共有过 6 个妻子，同她们生下了 8 个孩子，第六个妻子诺里斯·丘奇和梅勒的长女同岁。此外还有其他许多女人。第四个妻子抱怨说："我怀孕的时候，他弄到一个航空乘务员，我们的孩子带回家 3 天，他就开始干那种事。"他从一个女人转到另一个女人，使人强烈地想到罗素，而那种后宫般的气氛，又使人想起萨特。虽然梅勒出身的家庭具有女性当家的背景，但他具有强烈的大男子主义思想。他第一次婚姻的破裂，是因为他妻子期望有个职业，梅勒就把她当作"处于发育阶段的妇女解放分子"而打发了。他抱怨第三个妻子说："吉恩夫人放弃了 1000 万美元而嫁给了我，但她却从来没有为我做过一顿早餐。"至于他同第四个妻子关系的结束，是因为她同别人有私情。他的女人之一曾抱怨说：诺曼不愿意同有职业的妇女发生任何关系。1971 年，V.S. 普里契特[①] 在评论梅勒的一本书时说，梅勒有这么多的妻子（到那时还只有 4 位），这一事实表明，他"显然对妇女不感兴趣，他感兴趣的是她们具有的某种东西"。

梅勒和许多知识分子共有的第二个特点是自我宣传的天才，他的著名小说《裸者与死者》（1948）的出色的推销，是由他的出版

---

① V.S. 普里契特（1900—1997），英国小说家，以短篇小说知名。

商拉因哈特所做的高度专业性的工作，是战后最费苦心、确实也是最成功的推销活动之一。活动一旦开始，梅勒就把他自己的公共关系——这在其后的30年中，都是一种奇迹，对一切人也都是一种警告——包括他的作品、众多妻子、离婚、他的观点、吵架以及政治活动，巧妙地编织成一件无缝的天衣，作为自己的广告。他是第一个有效地运用电视推销自己的知识分子，在其中演出了一幕幕值得回忆的、有时又是可怕的场景。他早就领会了电视对动作的胃口是永远不会满足的，同仅仅是讲话正好相反，这样，他就沿着海明威已经在引导的方向，使自己成为知识分子中最活跃的人物。设计出所有这些自我推销是为了什么呢？虚荣和利己主义。当然，也不能过于强调像托尔斯泰、罗素、萨特这些人的许多行为，用他们想吸引别人的注意就能准确地解释，虽然表面看来他们是非常理性化的。这里还有一个比较世俗的目的：挣钱。梅勒大男子主义的爱好被证明是很费钱的，1979年他被第四个妻子带到法庭，他在申辩中说，他不可能每周付给她1000美元，他说他每周付给第二任妻子400美元，第五个妻子400美元，第六个妻子600美元。他有50万美元的债务，欠他的经纪人18.5万美元，没有付的税款80500美元，以至国内税务局对他的房产保留了10万美元的扣押权。他为自己做的这些广告显然是打算用来吸引读者的，做得非常漂亮。这里只举一个例子，他的长篇论文《性的囚徒》对女权主义进行了攻击，并作为他婚姻上的越轨行为的结果进行了详尽讨论，此文发表在1971年3月的《哈泼斯》上，这期杂志在书报摊上卖掉的份数，超过了它120年历史上的任何一期。

然而，梅勒的自我推销也有个严肃的目的：推动一种思想，这成为统治他的工作和生活的主题——人类需要抛弃某些限制自己发挥力量的约束；迄今为止，多数受过教育的人，把这种约束同文明等同起来——比如诗人叶芝就明确地把文明界定为“自我抑制的试验”。梅勒对这一假设提出了疑问：有些时候，人身暴力对某些人也许并不是必要的或正义的吧？他通过一条迂回曲折的道路到达这一立场。年轻的时候，他是个标准的共产党的同路人，1948 年的总统竞选活动中，他为华莱士[①]写过 18 篇演说稿，但在 1949 年沃尔多夫代表大会上他同共产党断绝了关系，此后，他的政治观点，虽然有时只是反映出左翼自由派的看法，但变得更富有个性和独创性，特别是他的小说创作和新闻报道，引导着他去考察黑人的地位和美国西部地区生活中黑人文化的形式。欧文·豪的杂志《异议》在 1957 年夏季一期上发表了他的论文《白种黑人》，这是他最有影响的作品，甚至是战后最重要的文献之一。在文中，他对年轻、自信、坚持自我权利的那些黑人的“嬉皮士[②]意识”和他们的行为进行了分析，认为这是一种反文化的形式，他进行了解释，并为之辩护，这又促使了激进的白人采取这种“嬉皮士”态度。梅勒论证说，黑人文化有许多方面，进步的知识分子应当去作仔细的考察，如反理性主义、神秘主义、对生活的力量感，特别是暴力以至革命的作用。梅勒写道，想一想两个年轻人把一个糖果店主拷打致死的实际例子吧，其中就没有有价值的方面吗？“我所杀的不仅是一个

① 亨利·埃加德·华莱士（1888—1965），美国作家和政治家，曾任副总统（1941—1945），反对冷战政策，1948年曾为进步党总统候选人。

② 嬉皮士是指美国战后出现的聪明、机灵而又具有玩世不恭倾向的年轻一代。

50岁的弱者，也杀死了一种制度，我侵犯了私有财产，也同警察建立了新的关系，把一种危险的因素引入了自己的生活。”既然狂热向内转，对于创造活动是一种危险，当暴力被使用、被具体化和得到发泄的时候，这本身不也是创造性的吗？

这是第一次对个人暴力——作为同社会的“制度化的暴力”所对立的东西——做出认真的考察，并力图赋予其合法性的精心作品，它在某些地区引起了愤怒，这是可以理解的。豪后来自己承认他最好是删去关于糖果店主被杀的段落。这时，诺曼·波德霍雷茨[①]攻击它是“我所见到过的道德上最令人讨厌的观点之一”，它表明“嬉皮士主义思想会通向哪里”。但是大批的年轻人，有白人也有黑人，所期待的正是这样一种引导和理性化的说明。《白种黑人》是20世纪60年代和70年代发生的许多事件的证明文献，对迄今为止被认为不属于文明行为的举止和态度，从理论上赋予正当性，也给西里尔·康纳利在10年前所提倡的宽容化的程序加上了重要的、也是有害的条目。

梅勒依据他的中心思想，通过他自己公开的和私下的行动，来强化和宣传它，使它具有了更大的影响。1960年7月23日，他因为在普洛温斯城的一家警察局吵闹而受审，被判犯有酗酒罪，但还不是“妨碍治安”罪。11月14日，他再次被控在百老汇一家俱乐部中有妨碍治安的行为。5天以后，他在纽约家中举行盛大招待会，宣布竞选纽约市长。到了半夜，当各种各样的客人，如贾森·爱泼斯坦和乔治·普利姆顿离开宴会的时候，他在寓所外面的街道上

① 诺曼·波德霍雷茨（1930—），美国作家，1960年起主编著名的《评论》杂志。

强忍着醉意，同他们打了起来。到凌晨4点30分，他从外面回来了，眼睛被打青，嘴唇肿着，衬衫上沾着血迹。他的第二任妻子阿黛尔·莫洛丝是一位有西班牙血统的秘鲁画家，有一次规劝他，他就拿出一把有2英寸半刀刃的铅笔刀刺进她的腹部和背部，一个伤口有3英寸深，她侥幸没有死。这一事件发生以后是复杂的法律程序，阿黛尔拒绝签署诉状，诉讼1年后结束，梅勒被延期宣判和缓刑。他这一时期的评论中没有显示出任何特别内疚的色彩。在同麦克·华莱士的一次会见中，他说："对于少年罪犯来说，小刀是非常有意义的，你看，这是他的宝剑、是他的男子汉气概。"他还补充道，在中央公园应当有年度团伙比武。1961年2月6日，他在"犹太青年联盟诗歌中心"朗读他的诗作，其中有这样的句子："只要你用起一把刀 / 就留下了某种爱"；中心主任以"猥亵言论"为由赶紧打铃落幕。这件事情结束以后，梅勒总结说："10年的愤怒使我这么做，做了以后我感觉好多了。"

梅勒还故意做出公开的努力，以推进反文化。一个被《白种黑人》所鼓励的青年国际党徒杰里·鲁宾策划了1965年3月2日在柏克莱举办的反越战集会。梅勒是大会的主要发言人，他说，林顿·约翰逊总统所说的"伟大社会"正在"从玩杂耍到拉大便"。他劝告2万名学生说，不要只是批评总统，而是要侮辱他，把他的相片倒过来贴在墙上。听众中有一位阿比·霍夫曼很快就成为反文化的高级宣教士，他说，梅勒表明了"不是把目标对准决议，而是对准做出决议的核心人物，这就能更有效地调节你的抗议情绪"。两年以后，即1967年10月21日，在五角大楼前的大游行中，梅勒扮演了一个显眼的角色，他用下流话来取悦和刺激无数的听众，他对他们说："我们要去试一试，把它戳在政府的屁股上，正好是五角大楼的括约肌上。"他因此被逮捕，判刑入狱30天（缓期25天执行）。被释放后，他告诉新闻记者说："亲爱的美国同胞们，你们看，今天是星期天，我们去焚烧在越南的基督徒的血和肉。"——他为自己的引喻辩护说，虽然他自己不是基督徒，但他同一位基督徒结婚了。这就是他的编号第四的妻子。

实际上梅勒把嬉皮士的语言，即马路上的声音带进了政治，他在腐蚀政治家的神圣性，其中伴随着大量的做作。1968年5月，学生骚动的高峰期，一位作家在《乡村之声》上撰文分析梅勒的呼吁时说："他们为什么不能研究研究梅勒呢？这个梅勒，在运动发生之前他就宣传革命了，这个梅勒，他称L.B.J[①]是怪物，而计算尺般的自由主义者还在为他写作讲演稿。这个梅勒，他变成了黑人、变成了钱罐、变成了古巴、变成了暴力、变成了存在主义……而在C.赖特·米尔斯的眼睛里，新左派仍然是一阵闪光。"当梅勒确实在压低政治话语的调子时，并不清楚他是否在提高其内容。他对文学生活的影响与此类似，他和同行作家的争斗可以同易卜生、托尔斯泰、萨特、海明威相比，甚至超过他们，他私下里或公开地同威廉·斯蒂伦、詹姆斯·琼斯、考尔德·威林汉姆、詹姆斯·鲍德温、戈尔·维达尔[②]以及其他人争吵过。他也同海明威一样，有时

① L.B.J，即美国第36任总统（1963—1969）林顿·白因斯·约翰逊（1908—1973）。

② 威廉·斯蒂伦（1925—2006），美国小说家；詹姆斯·琼斯（1921—1977），美国小说家；考尔德·威林汉姆、詹姆斯·鲍德温（1924—1987），美国黑人作家；戈尔·维达尔（1925—2012），美国小说家、戏剧家和文学评论家。

争吵就变成暴力的形式。据说1956年他在斯蒂伦住房外面的花坛上打过架。他的敌手是本奈特·塞夫，梅勒对他说："你不是个出版家，你是个牙医。"1971年，在一次狄克·凯维特的电视节目上，梅勒同戈尔·维达尔打耳光、撞头。在1977年的一次聚会上，有这样的记录：梅勒对维达尔说："你看起来像个肮脏的犹太老头。"维达尔回答说"你看起来才像个肮脏的犹太老头"。梅勒把一杯饮料泼到维达尔的脸上，维达尔就咬梅勒的指头。在那次打耳光之后的一次电视辩论中，有《纽约客》驻巴黎记者、雍容华贵而又无辜的珍妮特·弗莱纳参加，辩论发展成为关于鸡奸的维达尔—梅勒式的怒气冲冲的讨论：

> 弗莱纳："哎呀，看在上帝的分上！"（笑声）
>
> 梅勒："我知道你生活在法国多年，但是相信我，珍妮特，用另外一种方式进入一个女人之中是可能的。"
>
> 弗莱纳："那我就听着。"（更多的笑声）
>
> 凯维特："关于这个妙不可言的评论……我们就结束这个节目吧。"

梅勒把宽容同暴力的交织概括为20世纪60年代和70年代的特征，他从他丑角式的行为中奇迹般地逃脱出来。其他人就没有如此幸运或容易恢复了。知识分子猛然离开旧式的乌托邦理论而转向新的、让人眼花缭乱而又越来越野蛮的享乐主义时，确实有一些可悲的伤亡者。1946年6月，当西里尔·康纳利发表他的宣言的时候，肯尼斯·皮科克·泰南刚在牛津大学麦格德林学院过完第一年，他已成为当地知识分子社会中的领袖。4个月以后，新学期开始了，我作为一年级的新生曾敬畏地目睹着他来到麦格德林的宿舍。我惊奇地注视着这个高个、漂亮而又女人气的青年，他淡黄色的鬈发，比尔兹莱[①]那样的颧骨，时髦地有点结巴，梅红色的外套，淡紫色的领巾，红宝石的图章戒指。我推着我唯一的学生用的普通皮箱，他的东西以及工读学生似乎把他的房子塞满了，他以一种平静而傲慢的威严指挥着这些工读生。他的一句话特别使我难忘："伙计，那只箱子小心些，里面装的是贵重的衬衫。"并不是我一个人被这种精致的浮雕宝石般的表演所打动。1946年，泰南和我属于很少的几个直接来自中学的大学生，而大部分学生参加过战争，有些人已经得到了较高的军衔，并目睹过、也许是参加过骇人听闻的屠杀场面，但他们还从来没有见过眼前这样的事。来自步兵卫队的粗壮的少校打仗打得沉默寡言，在柏林爆炸大火中杀死成千上万人的轰炸机驾驶员只是瞪眼看着，击沉过俾斯麦号的海军少校畏畏缩缩地打量着。泰南统治着他创造的舞台，他选择了最佳时间，气宇轩昂地走了过去，后面跟着他的那些辛辛苦苦的搬运工。

在这个奇怪的年轻人的背后，有一个更奇怪的故事（虽然当时他自己并不知道），它也许直接来自报纸专栏，但同麦格德林的毕业生、英雄人物奥斯卡·王尔德或康普顿·麦肯齐确实没有关系，而是来自阿诺德·本涅特[②]。泰南生平的全部事实都被他的第二任妻子卡萨琳仔细收集起来，发表在一部细致而悲伤的传记中，成

① 奥布莱·文森特·比尔兹莱（1872—1898），英国插图画家兼作家。

② 阿诺德·本涅特（1867—1931），英国小说家和批评家。

为这类传记的典范。泰南在伯明翰出生（1927）和长大，进入本地著名的文法学校，在那里他十分活跃，扮演过《哈姆莱特》中的主角，获得半额奖学金进入牛津大学。他认为自己是罗丝·泰南和一位布商彼得·泰南备受宠爱的独生子。他父亲每两个星期给他 20 英镑的零用钱，这在当时是很大的数目了。事实上，泰南是个私生子，他父亲是本涅特所说的一张“纸牌”，过着双重生活，一个星期里有一半时间他是伯明翰的彼得·泰南，另一半时间里他身着燕尾服，戴大礼帽，套着灰鞋套，穿着手织丝衬衫，他是治安官彼得·皮科克爵士，一位成功的创业者，6 次当选为沃林顿市长，他有一位皮科克夫人，还有许多小皮科克也安排得妥妥当当。直到 1948 年，泰南在牛津大学的生活结束时，这一骗局才被揭露。这时彼得爵士死了，在沃林顿的那个合法家庭突然义愤填膺地赶来，宣称具有处理遗体的权利，泰南眼泪汪汪的母亲被禁止参加葬礼。牛津的大学生突然发现自己是私生子，这种事情不是没有发生过——麦格德林学院的另一个学生，被认为是男爵的爱德华·胡尔顿就是如此，他不得不把自己门牌上的“爵士”去掉——泰南对这件事的反应是，立即编造出一个故事：他的父亲是劳合·乔治[①]的财政顾问。不过这一发现还是给他造成很大伤害。他用“皮科克”作为他全名的中间部分。此外，他母亲由此产生的对儿子的犯罪感，也有助于解释为什么从一开始她就过分地护卫和溺爱他；而他对待自己的母亲也总像是对待某种高级仆人。

① 戴维·劳合·乔治（1863—1945），英国政治活动家，第一次世界大战期间曾任首相。

泰南总是习惯于指挥周围的人，他具有大师的风格。有段时期，牛津严格执行布料的定量分配，他却穿得像个王子。除了梅红色的珍贵的衬衫外，他还有一件用红色丝线缝起来的斗篷。他的另外一套衣服是深绿色的，据说是用弹子球台的料子缝制的。他的绿色鞋子是小山羊皮做的，他用化妆品——“嘴的四周恰是一个小小的深红色的湖”。这样他就恢复了牛津在审美上的奢靡名声。在他整个一生中，总是轻易就成为城里被谈论最多的人物。他写作和演出戏剧，在大学生俱乐部里滔滔不绝地讲演，为杂志写作并做编辑，举办轰动一时的招待会，伦敦娱乐界的名流前来参加[①]。他有一个由年轻妇女和被人尊敬的绅士所组成的宫廷。他的模拟画像被嫉妒的纨绔子弟焚烧，他似乎把当时新出的畅销书《旧地重游》中的事件带给了生活，又加上了一些新的东西。

此外，同所有那些在牛津引起一时轰动的人物相比，他实际上有所不同：他在现实世界中取得了成功，他写作戏剧和评论，他同亚利克·基尼斯[②]一道工作。更重要的是，他很快就使自己成为伦敦最厚颜无耻的文字新闻记者，他的格言是“写那些歪门邪道的东西，要纯粹的歪门邪道”。他把激励的标语钉在他的书桌上：“挑动情绪，刺痛伤害，制造旋风。”他始终遵循着这些规定。这也很快给他带来了他所垂涎的一个职务——《标准晚报》的戏剧评论家，他可以卖弄一番了。过了一阵，他又在当时英国最好的报纸《观察家》弄到了一个更有影响的剧评家的位置，读者正如在麦格德林学

① 作者原注：收取10先令的入场费。

② 亚利克·基尼斯爵士（1914—2000），英国著名演员，主演过多部电影和电视。

院宿舍里的学生一样，瞪眼看着这个令人惊讶的非凡人物。他似乎懂得世界上所有的文学，使用着诸如贪得无厌、散兵游勇、兴奋异常之类的字眼。他成了伦敦戏剧界的强人，戏剧界人士面对着他，或是敬畏，或是恐惧，或是仇恨。他把奥斯本的《愤怒的回顾》炒热，制造出一个“愤怒的青年”的说法。他把英国介绍给布莱希特。尤其是他发起了一个强大的运动，给剧场提供补贴，这使布莱希特式的戏剧产生了影响。当英国的国家剧院建成以后，1963—1973 年，他是第一位文学主管，并使其作品成为世界性的、不变的保留剧目，从而确定了这家剧场的地位。在他的统治期内，那里演出了 79 部戏剧，其中大部分出自他的意见，有一半作品风行一时，这是一个惊人的记录。他在美国也已经是著名人物，这要归功于 1958—1960 年间他发表在《纽约客》上的一些一流的评论。在国家剧院他确立了全球性的声誉。甚至 20 世纪 60 年代有段时期，他很可能比世界戏剧界任何其他人都更具影响力，而且正如我在本书里已经说过的，戏剧比任何其他艺术，最终更能影响人们的行为。

泰南也不是没有严肃的目的，同康纳利一样，他也同样是含糊地把享乐主义和宽容同社会主义联系在一起。在“愤怒的青年”的《宣言》（1957）中，他提出了一个经过认真考虑的目标说明，坚持认为，艺术不能不“公开表明见解，必须承担自己的义务”，但同样的，社会主义应当意味着“走向愉快的进步”，是“快乐的国际宣言”（当时是“快乐”被绑架之前的时代）。梅勒在这一年写作和出版了《白种黑人》，也部分地具有同样的目标，要打破舞台上和出版中的禁忌。在英国，对于铲除陈旧的，包括正式的或非正式的审查制度，没有人发挥的作用有泰南那么大。他在这方面的努力被一些更传统的政治态度所强化，虽然这些态度也有其宽容的方面。1960 年，在使用了各种策略之后，他成功地把一个有 4 个字母的词[①]用进了《观察家》。第二年他在海德公园组织了一场支持卡斯特罗的示威，一些漂亮姑娘出场得分，助了他一臂之力。1965 年 11 月 13 日，在 BBC 的深夜电视讽刺节目中，他用了“性交”一词，完成了他故意设计的自我宣传的杰作，在一段时间里，他成为这个国家中最声名狼藉的人物。1969 年 6 月 17 日，他在普通舞台上表演了编排好的裸体，并加上自己的评论《哦，加尔各答！》。这部戏剧后来演遍全世界，总票房超过 3.6 亿美元。

然而泰南在消灭审查制度的同时也消灭了自己。他在 1980 年的最终死亡是由肺气肿引起的，他从父亲那里遗传了一个虚弱的肺，而又经常吸烟，造成了这一结果。但是在此之前，他已经无法挽回地毁灭了自己的道德生命，他所做的只能称之为在性祭坛上的自我杀戮。他很早就开始了对性的迷恋，后来他声称 11 岁时开始手淫，并常常夸耀其中的乐趣。在生命走向结束的时候，他老是这样总结自己的性格：把自己描述成一个“同性恋手淫”的正在消亡的类型。还是孩子的时候，他就尽力收集色情作品，在战争时期的伯明翰，这并不是一件容易的事。当他中学时代演出《哈姆莱特》时，他劝诱詹姆斯·阿盖特——他后来成为一位最重要的评论家，也是声名狼藉的同性恋者——为节目写一个通知。阿盖特写了，并邀请这个年轻人去他伦敦的寓所，把手放在他的膝盖上说：“你是同性恋吗？我的孩子。”“我恐怕不是。”“哎，我想，那样做也不关

① 即英语中的“fuck”一词，这是一个俚俗词，有“操”“混账”“他妈的”等含义。

别人的事。”泰南说出了真相。他有时喜欢穿上妇女的服装，也并不特别去纠正一般人所认为的他是个同性恋者的想法，他认为这样可以使他更容易接近妇女。不过他从来没有过同性恋的经验，正如他所说的，“甚至轻轻的触摸也没有过”。但是，他对施虐—受虐狂很感兴趣，阿盖特发现了这一点，把自己广泛收集色情作品的秘诀告诉了他，这使泰南的腐败完整了。

后来他自己开了一家货栈，过了一阵，他的各种各样的女房东，以及他的两任妻子凑巧都发现了它，都大吃一惊。奇怪的是，泰南从来不想费神去隐瞒他对性的兴趣，有时还公开宣布。有一次在牛津大学生俱乐部的辩论中他宣称：“我的主题是——在天色微明的时候，只要一条皮鞭。”他在牛津同一大批青年妇女有关系，他通常要求她们把内裤送给他，他就把这些内裤同他用来装饰墙壁的鞭子并排挂在一道。他喜欢风骚的犹太姑娘，特别是那些有个严厉的父亲，并常受到肉体惩罚的犹太姑娘。他对她们当中的一位说过：“严责”一词使“惩罚具有了维多利亚时代的美好情趣”，他补充说：“打屁股一词很有力量，具有恰如其分的中学女生的特色……性交就意味着打屁股，美就意味着屁股，并且总是意味着欲望。”他从来不指望他的两个妻子中谁肯做这种事，他把这些同享受犯罪感联系起来，是有罪的、邪恶的。但是他一旦成为戏剧界的强人以后，就毫不费力地找到一些无戏可演的女演员，她们得到他的某些帮助，就以同他配合为报答。

妇女对他的性虐待的不满还小一些，在这方面他只是采取了还算温和的形式，妇女们更加不满的是他的自大和专制。一位女子离开了他，因为她发现进饭店的时候，他总是阻拦她用镜子。另一位妇女说："你一离开他，他心里就没有你了。"他对待妇女就如同对待他的物品。在许多方面，他具有愉快的天性，富有感受力和理解力，但他希望女人围绕着男人转，就如卫星围绕着行星转。他的第一任妻子艾兰·邓蒂有自己的雄心，她最终写了一部第一流的小说[①]，这引起了一次次激烈的、而不是舞台上的那种争吵，伴随着叫喊、摔东西，还骂出"我杀死你，你这个杂种"之类。对于婚姻方面的争吵，梅勒可不是个蹩脚的法官，他大大捧了泰南夫妇一番："他们相互开火，你只要坐在那里喝彩，好像在看一场职业拳击比赛。"泰南保留着一种不合理的权力：他自己并不诚实，却期待配偶对他忠诚。有一次，他从他当时的情妇那里回到伦敦的寓所，发现他的第一任妻子同一个裸体的男子正在厨房里。泰南认出他是一位诗人，也是英国广播公司的一位制作人，没有什么了不起，他就采取了一个大胆的步骤：从卧室里抓起他的衣服投进了电梯井，平常他并没有这么勇敢。同第一任妻子离婚以后，他勾引凯思琳·盖茨离开丈夫与他同居，她后来成为他的第二任妻子。那位丈夫打破了泰南家的前门，泰南哆哆嗦嗦地躲在沙发后面。那位丈夫后来在汉姆普斯提德靠近凯思琳母亲家的地方抓到了他，在他躲进房子得到安全之前，发生了一场混战，泰南金色的头发——现在是灰色的了——被扯下了好些。第二任妻子继续说道："肯[②]和我在我母亲家坚持了一段时间，后来我们偷偷溜进黑夜，在离路不远的地方，肯

① 作者原注：有人问西里尔·康纳利这部小说有什么长处时，他回答说："哎，我不该这么想，这正如另一位妻子要证明她的存在一样。"

② 肯是泰南的名字肯尼斯的爱称。

发誓说我们被人跟踪了，我们就爬进附近的一个垃圾箱。”那位丈夫就是泰南原先瞧不起的剧作家塞缪尔·贝克特，泰南不愿意提到他。

泰南的第二次婚姻同第一次一样破裂了，因为他坚持自己有绝对的性自由，却要求妻子忠诚。他同一位失业的女演员长期私通，并同她演出一套精心编造的施虐—受虐狂的幻想剧。他装扮成妇女，那个女演员扮成男人，有时还有一个妓女加入进来。他告诉凯思琳，他打算把这一套一个星期继续做两次，“虽然一切常识和理性，以及别人的好意和友谊都反对我这么做……但这是我的选择、我自己的事情、我的需要……这完全是喜剧，也有点下流，但它如同传染病在袭击我，我除了发抖以外什么事情也不能做，直到发作过去”。这已经够糟了，更糟糕的是，泰南决心把自己的专业放到一边，去做色情作家，而他在这方面并不成功。早在 1958 年，他的约会簿上就有这样的字句：“写戏剧，写色情作品，写自传。”1964 年，他同《花花公子》杂志有了关系，但是非常奇怪的是，他要给这家杂志提供色情材料，但被拒绝了。泰南为《哦，加尔各答！》耀眼的成功所鼓舞，他似乎乐观地相信，他能把色情作品改造成为严肃的艺术形式。在 20 世纪 70 年代初期，他打算收罗一大批著名作家，编辑一部想入非非的手淫作品集，但是使他蒙受羞辱的是遭到纳博科夫、格雷厄姆·格林[①]、贝克特和梅勒等人的断然拒绝。此后，他越来越陷入制作一部色情电影的计划，这件事旷日持久，但最终流产，原因只有一个：他从来没有筹集到资金。同多数知识分子不同，泰南并不贪婪，正好相反，他非常大方，甚至

---

① 格雷厄姆·格林（1904—1991），英国小说家。

是不顾后果地大方，这是他和萨特相同的性格。他母亲死后，把已故的彼得爵士财产中的很大一部分留给了他，他就尽可能快地把它花光。他漫不经心，在国家剧院的赢利极少，关于《哦，加尔各答！》，他签了一个愚蠢的合同，从这部戏剧极其成功的演出中他只得到25万美元。他一生最后的岁月中花了许多时间为一个计划筹集资金，他的比较聪明的朋友对这个计划的看法是蔑视和失望。他对自己也有了怀疑，他在普鲁旺斯写信给凯思琳说："我在这里弄出些色情作品，算什么呢？太丢人了。"在圣・特鲁培，他梦见一位裸体的姑娘，满身尘土和粪便，她的头发被剃光，头上钉着几十枚大头针。他写道：就在这时，"我醒过来了，害怕极了，旅馆庭院里的狗不知为什么突然叫了起来，据说人看不见的魔王经过时它们就这么叫"。泰南最后的岁月里，对性的迷恋和体质的虚弱构成了灾难性的对比。他的寡妻把这些讲述得非常动人，引得那些认识他、称赞他的人争相阅读，他们想起了莎士比亚的名句："把精力消耗在耻辱的沙漠里。"

带着更强烈的暴力特征的宽容，有一个更让人难忘的受害者，这就是莱纳・瓦纳・法斯宾德，他也许是德国有史以来最富天才的电影导演。1945年5月31日，在希特勒自杀后随之而来的灾难性的失败中，他生于巴伐利亚。康纳利、梅勒、泰南这些知识分子力图给文明人提供新的自由，他是这种自由的少年受益者，也是牺牲品。在20世纪20年代，德国电影领导着世界，纳粹的出现造成电影界的才能之士四处流散，好莱坞分得了其中的一些名流；纳粹政权覆没，美国占领军当局在德国的土壤上移植好莱坞电影。这个时代到1962年结束了，这一年，62位年轻的德国电影编剧和导演发表了被称为《奥本豪森宣言》[①]的德国电影的独立声明。两年以后，法斯宾德离开了学校，这时他21岁，已经拍摄过两部短片，在被布莱希特的阴影统治着的德国艺术领域，他组成了一个被称为“反戏剧”的小小的制片集体。在他们第一部获得成功的作品中，他扮演了布莱希特《三分钱歌剧》中的麦克骑士。虽然“反戏剧”在理论上是平等主义的，实际上却实行等级制度和有组织的专制，法斯宾德如同一个暴君，用路易十四管理凡尔赛的方法管理（就是这么说的）着它。他就是靠这个拍出了他的第一部成功的电影《爱比死更冷》，在1969年4月，只用了24天的时间就拍摄了出来。

法斯宾德以一种惊人的速度使自己不但成为这个宽容的时代里主要的、而且是代表性的电影制片人，他具有强大的意志和权威，还有一种令人羡慕的很快做出坚定的决定的能力；这些使他能够迅速而且经济地制作出高质量的电影。评论界的赞美很快出现了。但直到《恐怖吞噬心灵》(1974)，他才取得了世界性的票房上的成功，这已经是他的第21部电影了。而从1969年11月往后的12个月中，他拍摄了9部长片，其中《四季商人》在评论界和商业上都是最成功的作品之一，有470个场景，是在12天中拍完的。到37岁的时候，他已经拍摄了43部电影，13年中，每100天拍一部，没有间断。星期天他总是在工作，也总是让别人工作。从职业的意义上说，他有一种狂热而持久的自我约束力，他说过：“等我死了，我就可以睡觉了。”

---

① 奥本豪森是德国西部的一个城市，1962年，德意志联邦共和国的一批青年电影工作者在此开会并通过一些决议。

法斯宾德这种高产的背后，是他的自我放纵和让人起鸡皮疙瘩的手淫。他的父亲是个医生，他6岁的时候父亲就离开了这个家，放弃了医学去写诗，靠经营破烂的房产养活自己。他母亲是个演员，后来曾经出现在他的一些电影中，母亲离婚之后嫁给了一个短篇小说作家。法斯宾德童年和少年时代的背景中包含着波希米亚生活方式、文学以及那些变幻不定、不道德、不负责任的东西。他读过许多书，很快就开始创作，写作短篇小说和歌曲。他同做其他一切事情一样，迅速而果断地吸收宽容的新文化。用嬉皮士的新词语来说，他有“马路上的智慧”。他15岁的时候，就帮他父亲为贫民窟里的公寓收房租。他宣称他同一个屠夫的男孩子相爱了，他父亲的回答是——这是典型德国式的：“如果你想同男人上床，你就不能同大学里的什么人去吗？”此后，法斯宾德就冷酷而凶猛地追求20世纪60年代新文化的三大主题之一：毫无顾忌的性享乐。随着他在戏剧和电影界的权力的增长，他的追求和他的无情也在增长。他的大部分情人是男性，有些人已经结婚并有孩子，经历过可怕的家庭变故的场面。他们的关系几乎从一开始起就暗示出施虐—受虐狂和极端主义。他从工人阶级中吸收来男子，把他们变成演员，也变成他的情人。其中一个他称为“我的巴伐利亚黑人”，似乎是一个制造昂贵汽车失事的专家。另一个过去在北非是男妓，杀过人，弄得法斯宾德的伙伴，也弄得法斯宾德本人常常感到恐惧。第三个是从屠夫改做演员，自杀了。但法斯宾德对妇女也有兴趣，他会如同家长一般地说什么“建立传统的家庭”。他对妇女的态度是，她们是他的所有品，他喜欢控制着她们。在晚年的生活中，为了给电影筹款，他就利用所控制的妇女为来自国外的移民、德国人所谓的

“客工”服务。1970年，他同一位叫英格丽·凯文的女演员结婚，她以为她能把法斯宾德改造成为异性恋者。他们的婚礼变成了一场可以预见的胡闹。新娘发现她的卧室的门锁着，新郎同他最相好的男人在她床上。他们离婚了，法斯宾德后来又同他的一位电影编辑朱丽安娜·洛伦兹结婚，但是在酒吧、旅馆和妓院中，他继续在炫耀他的同性恋生活。十分奇怪的是，他却要求她忠诚，在把小说《柏林亚历山大广场》拍摄成电影的时候（1980），他发现她同一个电气工程师在一起过了一夜。法斯宾德妒火中烧，骂她是婊子，她则当他面撕掉了她的结婚证书。

法斯宾德在他的电影和生活方式中也反映出新文化的第二个重大主题：暴力。还是非常年轻的时候，法斯宾德似乎就已经同安德里亚斯·巴德尔接近，后者曾参与创建西德最臭名昭著的一个恐怖主义帮派，法斯宾德也同巴德尔－美因豪夫集团中制造燃烧弹的豪斯特·舒恩莱因接近。他的演员朋友哈里·拜尔说过，法斯宾德常常表示，他禁不住想去参加恐怖活动，但他告诫自己“‘对于事业’来说，拍电影比出去走上街头更为重要”。当1977年10月巴德尔同他的帮派中的其他成员在斯泰姆汉姆的监狱中自杀时，法斯宾德愤怒地大叫：“他们谋杀了我们的朋友。”他其后的一部电影《第三代》（1979）的梗概是恐怖主义的威胁被当局所利用，使德国重新变成了极权主义的国家。这部电影激起了强烈的愤怒，在汉堡，一群暴民把电影放映员打昏，销毁了电影。在法兰克福，一些年轻人把硫酸弹投进放映这部片子的电影院。法斯宾德通常是从国家那里为他的电影得到补助——这也是时代的一种标志——但是他拍这部电影是用自己的资金：他是为爱或恨而工作。

不过，这时他又接受了新文化的第三个主题，并处于被其毁灭的过程中，这就是毒品。对毒品的容忍和接受，对于一个宽容的社会，特别是在其嬉皮士的行话中，总是一种内含的前提。20世纪60年代，在要求颁布毒品自由法的请愿书上签名，成为知识分子的标准行为。法斯宾德年轻的时候，通过把偷来的汽车开出国界线挣钱，但他那时似乎没有卷入毒品。很自然地，他成为德国嬉皮士舞台中的一部分，他同布莱希特一样，为自己设计了一套适宜的服装：仔细弄破的牛仔裤，方格衬衫，磨损了的漆皮鞋，稀疏的络腮胡，他每天一根接一根地抽100支烟。他吃大量的油腻食品，到30岁时，已经开始肥胖臃肿，像一只青蛙，他自称："越变越丑，是你把自己封锁起来的办法……你的结实的、肥胖的身体是一座奇特的堡垒，可以对付一切形式的爱慕。"他酒也喝得很厉害，在美国时每天喝五分之一瓶，有时喝二分之一瓶吉姆·比姆牌的波旁酒[①]。当要睡觉时，他就服用大量镇静剂之类的药品。在1976年拍摄《中国轮盘赌》之前，他似乎还没有服用烈性毒品，那时他31岁。但后来他使用了可卡因，并确信它能给人创造力，就经常服用了，用量也不断增加。到了拍摄《布尔斯威塞》（1977）的时候，他还强迫一个演员扮演他服毒后的情形。

这些事情发展到不可避免的高潮。1982年2月，他在柏林电影节上得到了金熊奖，他还想得到戛纳电影节的金棕榈奖和威尼斯电影节的金狮奖，从而演出一场帽子戏法。但他在戛纳电影节上没有得奖，他在那里为可卡因花掉了2万马克，并用他的下一部电影

① 波旁酒，一种烈性威士忌酒，最初产于美国肯塔基州的波旁，故得此名。

的销售权换取将来毒品的保证供应。他最近养成了对妇女施加暴力的怪癖，有次他喝醉酒或是服了毒品，变得暴怒异常，毫无理由地踢一个女场记员的胫部。在5月31日他的生日宴会上，发生了一件半公开的事，他给他的前妻英格丽一个巨大的塑胶做的阴茎，说是能让她快乐一阵。他继续工作和会客，但是他的毒品、酒和禁用的安眠药的用量在上升。6月10日早晨，朱丽安娜·洛伦兹发现他死在床上，电视录像机还在转动着。给他举行了一场葬礼，但棺材是空的，警察还在因为毒品而检查他的尸体。教训是如此简单而深刻，实在不值得任何人花费时间去研究，虽然有许多人在这么做。为了对已故的艺术家表示尊重，按照歌德和贝多芬的方式给他带上了死亡面具，那年9月的威尼斯电影节上，这个讨厌的东西的盗版仿制品在圣马可广场的咖啡桌之间传递着。

泰南和法斯宾德可以说是享乐主义祭坛上的牺牲品。也还有一些人，他们成为知识分子所要证明的暴力的合法性的牺牲品，他们之中就有詹姆斯·鲍德温（1924—1988）。他是20世纪美国黑人作家中最敏感、在某些方面也是最强有力的人物。他本来可以凭借他的巨大的成就，过一种幸福和充实的生活，但是相反，他被他那个时代知识分子的新风气弄得十分悲惨，这种风气要他相信，必须痛恨他作品的主旨，这一主旨是他以一种愤怒的热情表达出来的。这进一步表明了一种奇怪的悖论：知识分子本来是应当教导男人和女人们相信自己的理性的，却鼓励他们去服从感情；不是鼓励进行讨论以实现人类的和谐，而常常都是挑动用暴力进行裁决。

鲍德温对自己童年和青年时代的叙述，由于我们很快就要说到的一些理由，是不可信的。不过按照他的传记作者芬·马加·爱克曼的著作和其他材料，还是可以做出一种相当准确的概括。鲍德温20世纪20年代在哈莱姆的背景材料有某些方面丢失了。他实际上是8个孩子中最大的一个，直到他3岁的时候，他母亲还没有结婚。他祖父是路易斯安那的奴隶，他的继父是个星期日传道士，“摇喊派”教徒[①]。他在一家装瓶厂工作，拿着极低的工资。不过尽管贫穷，鲍德温还是得到了很好的、严格的教育。他母亲说，他总是一只手抱着一个小弟弟或小妹妹，另一只手上拿着一本书，他认真阅读的第一本书是《汤姆叔叔的小屋》，他一次又一次地读这本书，此书对他的作品影响很大，尽管他自己想除去其痕迹。他的父母发现了他的才能，就鼓励他，其他人也是这样。在20世纪20年代和30年代，哈莱姆的学校中还没有失败主义的种族意识，人们相信，黑人只要足够努力地工作，就会超过别人。贫困从来不被认为是不学习的理由，学习的标准很高，学生要么符合这些标准，要么就会受到惩罚。鲍德温就在这样的气氛中成长。在公立第二十四学校，他的班主任格特鲁德·艾耶是一位非常优秀的人物，后来成为纽约市唯一的黑人校长；另一位老师奥里拉·密勒，把他领进了他的第一部戏剧，并鼓励他写作。在弗雷德里克·道格拉斯初级中学，鲍德温13岁时，在学校的杂志《道格拉斯领路人》上发表了他的第一篇短篇小说，不久他就成为这个杂志的编辑。他得到两位著名的黑人教师的帮助：一位是诗人康蒂·库伦，他教法文；另一位是赫尔曼·波特尔。鲍德温还在少年时代时，作文就极为优美，他也对自己的进步感到十分高兴。他离开学校1年以后，给这个杂志投去

① “摇喊派”是美国基督教的一个派别，在做礼拜时以叫喊和乱动表示虔诚。

一篇稿件，赞扬学校的“善意的精神和友谊”，这使它成为“这个国家中最伟大的初级中学之一”。鲍德温作为一位有才华的作家，这时也成为一位著名的青少年的传教士，被认为“非常热情”。他得到礼拜堂里的那些老黑人们的称赞、鼓励和极其友好的对待。他去纽约的一所著名学校，位于布隆克斯的德·维特·克林顿高级中学继续求学，这所学校培养出保尔·卡里科、帕迪·柴耶夫斯基、杰罗姆·魏德曼、理查·艾威顿等人，鲍德温在这个学校办得极为出色的杂志《鹊》上发表了他的小说，后来又成为其编辑。他同样得到学校里一些一流的教师的友好对待，他们在自己的权力范围之内，对他突出的才能给予一切鼓励。

鲍德温后来在《鹊》上发表的一些文章表明他失去了信仰。他脱离了教会。他的工作是做行李搬运工和电梯工，后来去了新泽西的一个建筑工地，晚间写作。这时他也得到一些年长者，包括黑人和白人的鼓励和帮助。当时最重要的黑人作家理查·赖特使他得封了尤金·F.萨克斯顿信托纪念奖金，这使他能够去巴黎旅行。他在《国家》和《新领袖》上发表作品，他的上升并不轰动，而是稳定地逐步提高。熟悉他的人都证明他工作认真勤奋，对家庭很负责任地供养，把省下来的每一个便士都寄了回去，一切迹象都表明他很幸福。他的飞跃是在1948年，他在犹太知识分子的杂志《评论》月刊上发表了一篇备受赞誉的文章《哈莱姆的犹太人区》。许多人借钱给他，好让他继续他那富于想象力的工作，马龙·白兰度[①]提

① 马龙·白兰度（1924—2004），美国电影演员，1954年和1972年两次获得奥斯卡金像奖。

供的一笔借款使他能够完成表现哈莱姆教会生活的小说《到山上去说》。此书1953年出版，赢得一片赞扬。他过起了一种世界化知识分子的生活，完全绕过了黑人资产阶级，直接从哈莱姆跳到了格林威治村和巴黎左岸[①]。他不过问南方的事，黑人问题对于他也不是一个主要问题，他的早期作品和最好的作品中有许多确实看不出他是个黑人。他在生活中，和他的作品一样，都主张反对种族隔离。他有一些最好的文章是投给主张取消种族隔离的《评论》的，这家杂志的编辑诺曼·波德霍雷茨后来说："他是个黑人知识分子，几乎可以在完全同样的意义上说，他们这些人也是犹太知识分子。"

但在20世纪50年代的下半叶，鲍德温感受到知识分子中新出现的一种风气：一方面是宽容；另一方面是赞同仇恨。他是，或者说他相信自己是一个同性恋者，他的第二部小说《乔瓦尼的房间》[②]就是有关这一主题的。他的出版商拒绝出版，他被迫送给了另一家，（他要自己相信）那家出版社付的钱太少，这一经历使他对美国出版业满怀怒火。而且他发现，这种来自他这样的"被剥夺者"的怒火，无论在何种情况下都成为一种话题，都是时髦的和正当的。他把怒气扩展开来，包括指向那些他曾经表示过尊敬的人物和机构，也对着理查·赖特和其他许多帮助过他、比他年长的黑人。他开始对白种人进行总体的评价，他重新描述他个人的全部历史，毫无疑问，这在很大程度上是无意识的。他变成了另一个知识

① 格林威治村是美国纽约曼哈顿岛上艺术家和自由思想家聚居的豪华区。巴黎塞纳河左岸（南岸）是富人居住区，艺术家和高级知识分子常住于此。

② 乔瓦尼·德·波罗（1403—1483），文艺复兴时期意大利著名画家。

分子，他的自传作品为了显示坦率，披上了欺骗的外衣，危险地走向错误的方向。他发现他是个非常不幸的孩子，父亲告诉他，他是父亲所见过的最丑的孩子，丑得就像恶魔的儿子。关于父亲，他写道：“我想不起来，在那么多年中，他的孩子中有哪一个看到他回家时，是感到高兴的。”他宣称，父亲死了，他听到母亲在叹息：“我是个 41 岁的寡妇，带着 8 个我从不想要的小孩子。”他发现他在学校里被人野蛮地欺侮，他带着恐怖描述弗雷德里克·道格拉斯初级中学。当他 1963 年重访这所学校时，他对学生说：“白人们要让自己相信，黑人在这地方非常幸福，你们要做的事，就是一刻也不要相信它。”他宣称在他读书的高中，只有白人是快乐的，对他的这种说法，他的同时代人理查·艾威顿予以坚决的否定。鲍德温在谈到那些帮助过他的英语老师时说：“我们相互仇恨。”对那些他曾经喜爱过的书，比如《汤姆叔叔的小屋》，他猛烈地、反复地予以指责。他攻击那些自称反对种族隔离主义的黑人中产阶级。他研究了南方，并在 20 世纪 50 年代后期同民权运动发生了联系，对这两者他在此以前都是不关心的。不过对马丁·路德·金的那种甘地式的策略，他并无兴趣。对贝阿德·罗斯亭这类黑人知识分子强有力的论证——他以熟练的技巧对平等进行了严格的理性推断——鲍德温也不关心。在梅勒的《白种黑人》所营造的气氛中，鲍德温越来越热衷于玩感情牌，特别是对梅勒。他告诉梅勒，他宁愿花时间同一个白人种族主义者在一起，而不愿同一个白人自由主义者在一起，因为在前一种情况下，他至少知道自己应该站在哪里。

事实上，鲍德温在美国、在欧洲，都花了大量时间同白人自由主义者在一起，没有什么比白人自由主义者的殷勤好客更让他那么长久地喜欢了。鲍德温继承了卢梭等知识分子古老的自大传统，把享乐转为一种高贵的善事而纡尊降贵地接受它，正如他的传记作者芬·爱克曼在1968年所写的："当处于创造的阵痛时，鲍德温通常是从一座房子来到另一座，正如一位巡视自己领土的中世纪的国王，他把接待他的特权授予那些荣幸的臣民，以此施行王家的恩泽。"鲍德温也邀请他的朋友，把他的主人的住宅改造成为非正式的俱乐部的聚会地，然后就以"你的房子太公开了"（他对主人中的一位所说的）为理由而离开。有位主人不是气愤而是怀着敬意赞扬说："吉米[①]在你家中的时候不像是一位客人，你像是在招待一个旅行团。"他越是制造仇恨，他得到的就越是有用。他对卢梭的效仿真是非同寻常。

仇恨在广泛地传播，黑人自由主义者甚至比白人遭到更多的仇恨，正如他们中间的一位所抱怨的："无论你认为自己多么自由，吉米总是让你感到你身上还是有些汤姆叔叔的成分。"20世纪60年代初，波德霍雷茨要求鲍德温对马尔科姆·艾克斯[②]和他的黑人穆斯林所煽动的新的黑人暴力活动进行调查，并允诺把他的调查结果在《评论》上发表。鲍德温去调查了，但是他以大得多的价钱把文稿卖给了《纽约客》。此文又加上他对青年时代所经历的种族歧视的描述，在1963年以书的形式出现，名为《下一次是火》。此书在美国畅销书排行榜中连续41个星期居于前五名，并被推广到全世

---

① 吉米是鲍德温的名字詹姆斯的爱称。

② 马尔科姆·艾克斯（1925—1965），美国黑人军事领导人，信奉正统伊斯兰教，曾创建非—美统一组织，后被暗杀。

界。从一个方面来说，它是梅勒《白种黑人》逻辑上的继承者，或许可以说没有《白种黑人》就没有它。不过无论在美国还是在其他地方，《下一次是火》的影响都要大得多，因为这是一份声明，其作者是以种族为基础所构想出来的黑人民族主义中最重要的一位黑人知识分子——迄今为止他们都是在文学传统和西方文化的话语模式中操作。鲍德温这时赋予他的愤怒一种正式的文学表达形式，把它固定化，捍卫它和宣传它。他在这样做的时候，造成了一种新的种族上的不对称，没有一位白人知识分子会想到要宣称所有的白人都仇恨黑人，更不用说去捍卫这种仇恨了。而鲍德温现在却坚持说，黑人仇恨白人，他的著作还要表明，黑人的仇恨是正当的。这样，对于黑人种族主义迅速传播的新形式——它正在夺取全世界黑人社会的领导权——他从理智上证明了其合理性。

鲍德温是否真的相信黑人种族主义以及把种族分隔开来的看来无法沟通的裂缝是不可避免的，这是很容易被人怀疑的。年轻时的詹姆斯·鲍德温会强烈地否定它，这同他的实际经历有所矛盾——这就是年长时的鲍德温要重写他个人历史的原因。这样，鲍德温最后 20 年的生活就是以一种虚伪，特别是以一种应当受到谴责的混乱为基础的。事实上，他大部分时间生活在国外，远离任何斗争，但是他的作品被他自己点燃的火所烧毁，失去了影响。他赖以生存下去的，是《下一次是火》的精神，这种精神强化了弗兰兹·法农在《全世界受苦的人》中所作的疯狂攻击以及萨特那些花言巧语的主旨；暴力是那些被种族、阶级或环境规定成为道德罪恶的牺牲品的人的合法权利。

现在，在这里我们涉及知识分子生活中最关键的问题：对暴力的态度。这是一道栅栏，多数世俗的知识分子，无论他们是不是和平主义者，在这里都迟疑不决，变得前后不一——确实是完全失去条理。他们在理论上，正如他们在逻辑上，必然会谴责暴力，因为暴力是同解决问题的理性方法对立的；但是在实践上，他们不时发现自己是赞同暴力的——这可以称之为“必要屠杀综合征”——或者是赞成他们所同情的人使用暴力。其余的知识分子，当他们面对着他们希望维护的人在实施暴力的事实，就通过一通巧妙的论证，把道德责任推给了他们希望攻击的人。

这种技巧的另一位著名的实践者是语言哲学家诺姆·乔姆斯基，在其他方面，他更多的是个旧式的乌托邦主义者，而不是新式的享乐主义者。他于1928年12月生于费城，在许多最重要的大学，诸如麻省理工学院、哥伦比亚大学、普林斯顿大学、哈佛大学等，成为经济方面的名家。也是在梅勒出版《白种黑人》的1957年，乔姆斯基出版了题为《句法结构》的巨著，对于一个从古代延续至今的争论，即我们如何得到知识，特别是如何获得如此之多的知识，这本著作做出了高度独创性的、在当时是决定性的贡献。正如罗素所说的：“人们同世界的接触是短暂的、个别的和有限的，然而他们怎么能够懂得那么多的东西？”对这一问题有两种对立的解释。一种理论是人生来具有理念，如柏拉图在《梅诺》[①]中说：“人并不知道他有同他所不知道的东西有关的真正的知识。”精神最重要的内容是从一开始就有的，虽然需要外部的刺激或经验作用于感

① 梅诺是古希腊塞萨利的一位将军，柏拉图写了一篇苏格拉底同他的对话，讨论知识的起源等问题，此篇即名《梅诺》。

觉，才能把这种知识带入意识。笛卡尔认为，这种直觉的知识比任何其他知识都更可靠，任何人生来都有它的残留部分，虽然只有那些最爱思考的人才意识到它的丰富的潜能。欧洲大陆的哲学家在一定程度上大多采取这一观点。

与这一观点相对立的是由洛克、贝克莱和休谟教导出来的、盎格鲁-撒克逊的经验主义传统。它认为，肉体的特性是可以遗传的，而人心生来就是一张白纸，精神的一切特性都要通过经验获得。这些观点一般都有着高度完美的形式，通常在英国、美国和其他国家因其文化而流行。

乔姆斯基对句法的研究——句法是制约词和声音的排列以形成句子的原则——使他发现了所谓的“语言普遍律”。世界上语言的差异，比它们表面上所显示的要少得多，因为一切语言都共享语言普遍律，它决定了句子的等级结构。他以及后来他的门徒所研究的一切语言都符合这一模式，乔姆斯基对此的解释是：句法是直觉的，它固定不变的规则深入于人类的意识，它们必定是遗传学上的继承的结果，我们运用语言的能力是天生的而非习得的。乔姆斯基对他的语言学资料的解释也许并不正确，但迄今为止又似乎是唯一有道理的解释，这一解释也把他坚定地置于“笛卡尔阵营”或“大陆阵营”。

这在知识分子中，不仅是在学术界，都引起了巨大的轰动，也使乔姆斯基在某种程度上成了名人，就如罗素发表了关于数学原理的作品以后，以及萨特把存在主义通俗化以后所得到的那样。成为这种名人的诱惑使他们把从自己学科得到的名声作为资本，获得一个就公众问题宣传自己观点的舞台。正如我们已经看到的，罗素和萨特都不能抵抗这种诱惑，乔姆斯基也是如此。整个 20 世纪 60 年代，在西方，特别是在美国，知识分子越来越为美国在越南的政策，以及执行这一政策时暴力的日益升级所激怒，在这里就出现了一种悖论：知识分子为了得到种族的平等或殖民地的解放，越来越愿意接受使用暴力，甚至是通过信仰太平盛世的恐怖集团；而当他们发现西方的一个民主政府为了保护 3 个小国免受一个专制政权的占领而使用暴力时，就如此反对，这是怎么回事呢？实在没有一种合乎逻辑的方法可以解释这一悖论。知识分子提供的解释是，他们一方面反对“制度化的暴力”，另一方面又在证明个体的、私人的反抗暴力的正义性（同一理论还有许多变种），认为这样解释就够了。对于乔姆斯基，这些解释确实足够了，他成了并一直是知识分子中对美国的越南政策最重要的一位批评者，他从解释人类如何获得使用语言的能力，转而建议他们如何实施语言的地理政治学。

现在，这些知识分子的一个特点是，他们从自己的学科——在那里他们被公认为大师——转向公众事务。在这里，可以说他们听取意见时比其他任何人都没有更大的权利，他们认为自己的转向没有什么不适合的。他们总是宣称他们的特殊知识使他们的观察更富价值。毫无疑问，罗素认为他在哲学上的技能对人类许多问题的建议都是值得注意的——乔姆斯基在他 1971 年的“罗素讲座”中表示赞同这种主张；萨特说，存在主义同“冷战”所引起的道德问题有着直接的关系，它是我们对资本主义和社会主义的一种答复；乔姆斯基则得出结论说，他关于语言普遍律的作品本身，就是美国在越南政策不道德的主要证据。怎么得出这一结论呢？乔姆斯基论证说，这依赖于你接受哪一种知识理论，如果人心生来确实是一张白纸，那么人们现在同过去一样，如同是一块块黏土，可以把它塑造成我们喜欢的任何形状。这样，他们就成为国家政权、公司经理、专家治国论者或“中央委员会”进行他所谓的“行为规范”的适合的主体。另一方面，如果男男女女具有一种天生的心理结构，对文化和社会的模式有一种本能的需要，这种模式对于他们是“自然的”，那么国家的种种努力最终必然失败，但在失败的过程中，它们会阻碍我们的发展，并包含着可怕的残酷性。美国企图把它的意愿和它的社会、文化和政治发展的特定模式强加在印度支那人民的身上，就是这种残酷性的一种恶劣的范例。

要得出这样的结论，就需要特别的“刚愎自用”，这对于任何一个研究知识分子经历的人，都可悲地感到熟悉。乔姆斯基的论证，从天生的结构开始，如果它有根据的话，完全可以说，它构成了对任何一种社会工程的总辩驳。由于各种原因，社会工程确实已经成为明显的骗局和现代史上最大的祸害。在 20 世纪，在纳粹德国和其他地方，它已经杀死了千百万无辜的人，但是这种社会工程，包括它的全部错误，也是西方民主国家一直信奉的最后一件事。正好相反。社会工程是相信太平盛世的知识分子的创造，他们认为可以依靠自己独自的理性的光芒重新塑造世界。这是极权主义与生俱来的权利。卢梭是其先行者。极权主义是历史上有关社会工程的最长的一次试验，由于它缺少成功，确实证明了乔姆斯基的总辩驳。虽然所有社会工程的方案都由专制或极权的政府实施，但它们起初都是知识分子的作品。比如种族隔离，就是在斯泰隆布希大学[1]的社会心理学系中，详细地设计出其现代形式。在非洲其他地方，类似的制度——比如坦桑尼亚的“乌贾马”[2]、加纳的“良心运动”、塞内加尔的“非洲自豪”运动、“赞比亚人道主义”等等——都是在本地大学的政治系或社会学系中炮制出来的。美国对印度支那的干涉，虽然也许是轻率的，后来又是十分愚蠢地进行下去，但其最初的意图正是为了把那里的人民从社会工程中拯救出来。

乔姆斯基却无视这类讨论，对于极权主义压制或改变人的天性的企图，他显得毫无兴趣。他论证说，同专制暴政一样，自由主义的民主，放任主义的状态，也应当反对，因为资本主义制度，作为它们必然的有机组成部分，就提供了一种强迫因素，这同样是对自我完成的否定。越南战争就是一个典型的例子，资本主义自由派在对一个小国的人民进行压迫，这些人民正力图表明自己天生的强烈要求。当然，战争注定是要失败的，同时也无比残酷。

就美国而言，最初有着坚定的决心，要确保民主社会在印度支那得到一个发展的机会，而这一决心的改变，乔姆斯基这样的知识分子的论点，无疑起了主要的作用。当美国军队撤出以后，正如那些支持美国干预的人一直预言的，社会的工程师们就进来了，其后就真诚地开始了那些难以言述的暴行。美国军队撤出的直接后果，是在 1975 年的柬埔寨产生了这个充满惊人罪行的世纪里的最大的罪行之一。一群左派知识分子，在巴黎接受过教育，如今控制着一

① 斯泰隆布希大学，南非的一所大学，位于南非西南的斯泰隆布希。

② 坦桑尼亚政府20世纪60年代推行的一种农村社会主义组织形式，把农民集中到一起居住，集体生产，称为“乌贾马”村。

支可怕的军队，他们在进行着一场残酷无情的社会工程的试验。

乔姆斯基对这种暴行的反应是颇有教益的，这是一种复杂的歪曲，其中包含许多以晦涩的笔墨所做的捏造。不可能花费太多的时间去作详尽的考察，但是实质却非常简单：照乔姆斯基的定义——这一定义现在已经被认为是形而上的事实——美国是印度支那的恶棍，因此根本不能承认柬埔寨发生过大屠杀，直至找到了一些方法，可以表明美国要直接或间接地为这些大屠杀负责任。

这样，乔姆斯基和他的同伙的反应就经过了4个阶段：（1）从来没有过大屠杀，这是西方宣传机关的捏造；（2）也许有过小规模的杀人，但是“柬埔寨的痛苦被玩世不恭的西方人道主义者所利用，他们不顾一切、急于克服越南综合征”；（3）杀人比最初想象的规模更大，这是美国的战争罪行使农民变得野蛮的结果；（4）乔姆斯基最终被迫引用“少数几个权威的柬埔寨学者之一”的话，这些学者巧妙地改变了材料排列的次序，以证明最恶劣的大屠杀不是发生在1975年，而是发生在1978年中期，所以发生是由于“传统主义的、种族主义的、反对越南人的原因”，这时的统治政权成为“极端沙文主义的贫苦农民的民粹主义的工具”。它“最终”得到中央情报局的批准。中央情报局就从出于宣传的目的对大屠杀进行夸张，进而实际上犯了屠杀罪。简而言之，波尔布特的罪行正是美国人的罪行。

到20世纪80年代中期，乔姆斯基的主要注意力从越南转向尼加拉瓜，但他已经完全不准备同那些富有理性的人们进行严肃的争论了，他在重复着罗素和萨特的悲剧模式。又是一位似乎曾高踞于同伴之上的知识分子，沉重而缓慢地进入极端主义的荒原，正如老托尔斯泰从雅斯纳雅·波良纳出发时那样，愤愤不平而又语无伦次。在许多梦想太平盛世的知识分子的生活中，似乎有着一个不祥的更年期、理智的断经期，这也许可以称之为“理性的逃亡”。

我们的探讨现在要结束了，从世俗知识分子开始取代旧式的神职人员，成为人类的引路人和导师，至今大约是两百年。对于那些力图教导人类的知识分子，我们已经查看了他们当中的许多个案，考察了他们是否具有完成这一任务的道德的和判断力的资格。我们特别考察了他们对待真理的态度，寻找证据和评价证据的方式；他们对待特定的人，而不是对待人类整体的态度；他们对待朋友、同事、仆人，首先是对待家人的方式。我们也涉及按照他们的劝告会带来的社会的、政治的后果。

应当得出什么结论呢？读者自己会做出判断。但我觉得，当知识分子站起来向我们说教的时候，我发现，公众现在已经产生了某种怀疑，那些大学教师、作家和哲学家，他们或许是很优秀的，但在普通群众中，一种怀疑的倾向正在日益增长：他们是否有权告诉我们应当如何立身行事？人们越来越相信，作为导师，或是作为榜样，知识分子并不比古代的巫医或牧师更聪明、更值得尊重。我也具有这种怀疑。在街上随便找十来个人，他们对道德和政治问题所提出的观点，很可能与同一个层面的知识分子至少一样合乎情理。但我还要再进一步说，在我们这个悲剧的世纪（20世纪），千百万无辜的生命牺牲于改善全部人性的那些计划——最主要的教训之一是提防知识分子，不但要把他们同权力杠杆隔离开来，而且当他们试图集体提供劝告时，应当成为特别怀疑的对象。提防知识分子的委员会、讨论会和联盟，不要信任他们拥挤的队伍中发出的公开声明。他们对政治领袖和重要事件所做的判断不要看得很认真，因为知识分子远不是极端个人主义的和没有信仰的，他们的行为有某种固定的模式。他们形成团体，在他们赞成和高度评价的人所组成的集团中，他们是极端的信仰主义者，这使他们变得十分危险，因为他们制造了舆论潮流和流行的正统思想，其本身常常导致非理性的和破坏性的行为。任何时候我们必须首先记住知识分子惯常忘记的东西：人比概念更重要，人必须处于第一位。

译后记

本书的翻译是我同3位世界文学专业的硕士研究生的集体成果，我翻译本书的2、10、11、12篇，她们所做的工作是（以拼音为序）孟冰纯译6、8、9篇，施敏译1、5、7篇，赵育春译3、4篇。她们的译文均由我校阅定稿，译责由我承担。

本书牵涉到大量背景材料，而且范围极广，这就大大增加了翻译的难度。我们在翻译过程中曾查对各种资料，但错漏恐怕还是难免，请读者诸君指正。原著有几百条尾注用于注明资料出处，这对一般读者用处不大，为了节省篇幅而予删除；为了阅读的方便，我们另外加了一些脚注，其中取自原著的均有说明。

博士研究生杨莉馨正在美国访学，她帮我查找到国外对本书的一些评论，我在此一并向她表示谢意。

杨正润　于南京大学